普通高等院校哲学大类专业课程“十三五”规划精品教材

PHILOSOPHY OF SOCIETY AND HISTORY

社会历史哲学

韩东屏◎著

華中科技大學出版社
http://www.hustp.com
中国·武汉

图书在版编目(CIP)数据

社会历史哲学/韩东屏编著.—武汉:华中科技大学出版社,2018.11
普通高等院校哲学大类专业课程"十三五"规划精品教材
ISBN 978-7-5680-4664-0

Ⅰ.①社… Ⅱ.①韩… Ⅲ.①社会哲学-历史哲学-高等学校-教材 Ⅳ.①B0

中国版本图书馆 CIP 数据核字(2018)第 243440 号

社会历史哲学 韩东屏 著
Shehui Lishi Zhexue

策划编辑:周晓方 杨 玲
责任编辑:张汇娟
封面设计:廖亚萍 杨玉凡
责任校对:刘 竣
责任监印:周治超
出版发行:华中科技大学出版社(中国·武汉) 电话:(027)81321913
武汉市东湖新技术开发区华工科技园 邮编:430223
录 排:华中科技大学惠友文印中心
印 刷:武汉市籍缘印刷厂
开 本:787 mm×1092 mm 1/16
印 张:20.25 插页:2
字 数:446 千字
版 次:2018 年 11 月第 1 版第 1 次印刷
定 价:58.00 元

总　序

随着世界历史在21世纪不断深入地向前推进，整个人类世界日益被裹挟进一个命运共同体之中，每一个民族和国家都不可能完全离开人类命运共同体而孤立地寻求实现自身现代化的特色发展之路，只有开放性地参与其中才能完成富有自身特色的现代化的历史使命。中华民族自被迫融入世界历史进程以来，没有任何时候像现在一样恰逢实现具有自身特色的现代化的一个历史发展新时代。如何抓住机遇，迎接挑战，积极参与人类命运共同体的构建，努力实现中华民族伟大复兴的中国梦，是中华民族在这个百年难遇的新历史时代所面临的重大历史使命。完成这一历史使命的关键在于能够培养出堪当这一历史重任的全面发展的人。为此，中国现代化建设的领导者和设计者们恰逢其时地作出了统筹推进中国特色世界一流大学和一流学科建设的重大战略决策。“双一流”建设的核心和根本任务是培养人才，即坚持中国特色社会主义办学方向，培养德智体美劳全面发展的社会主义建设者和接班人。2016年召开的全国高校思想政治工作会议提出，要坚持把立德树人作为中心环节，把思想政治工作贯穿教育教学全过程，实现全程育人、全方位育人，努力开创我国高等教育事业发展的新局面。党的十九大再次提出了加快一流大学和一流学科建设，实现高等教育内涵式发展，全面提高人才培养能力，提升我国高等教育整体水平的要求。为了贯彻落实党中央和国务院对我国高等教育事业发展提出的这一重大战略决策和一系列要求，我国首批获得“双一流”建设资质的高校都纷纷把立德树人摆在办学治校的核心位置上，结合自身的优势特色积极进行综合改革，努力培养能够适应我国现代化建设需要的一流人才。

然而，培养能够适应我国现代化建设需要的一流人才，不仅需要对大学生进行自然科学和社会科学教育，而且需要对他们进行人文科学教育。虽然自然科学和社会科学十分重要，但是它们至多只能使人成为某种人，而不能从根本上使人成为人；唯有人文科学才是斯文在兹的“成人之学”或者安身立命的“为己之学”。人文科学教育的首要目标在于从根本上使人成为人,人的世界观、价值观和人生观的形塑与人文科学教育须臾不可离。培养一流人才必须以抓好人文科学教育为前提,只有这样才能达到“化成天下”之目的。因此,培养全面发展的人理当以人文科学教育为本分。自古及今,无论东西,但凡具有远见卓识的教育家都无不特别强调人文科学对于整个人类文明的塑造和发展,以及对人与自然、社会的和谐相处具有根本意义,特别强调立德树人和厚德载物的人文科学教育。

作为首批进入全国“双一流”建设高校的华中科技大学,虽然是一所以强大工科和医科为特色的高校,但是经过近几十年的积累,文科也取得了巨大进步,而且发展势头良好。华中科技大学历届领导班子都高度重视对理工科和医科学生进行人文科学教育,注重学生人文底蕴的积淀和人文价值的提升。目前,高扬人文素质教育已成为一张充分彰显华中科技大学人才培养特色的耀眼名片。为了更好地发挥人文科学在“双一流”建设中的育人功能,华中科技大学人文学院党政领导班子瞄准“一流人才”培养目标,把教材建设作为学科建设和教学改革的重要抓手之一,决定编写并出版人文科学领域的一系列普通高等院校各大类专业课程“十三五”规划教材,包括哲学大类专业课程规划教材、中国语言文学大类专业课程规划教材和历史学大类专业课程规划教材,拟为我校“双一流”建设作出自己应有的贡献。

本系列“十三五”规划教材的编写坚持以下四个基本原则。第一,政治正确原则。本系列规划教材的编写必须坚持以习近平新时代中国特色社会主义思想为指导,坚持马克思主义在意识形态领域的指导地位,坚持社会主义核心价值观,充分体现教材的价值导向功能和思想政治教育功能。第二,学术创新原则。本系列规划教材要力争充分反映国内外最新人文学术研究成果,注重挖掘新材料、发现新问题、借鉴新方法、提出新观点、构建新理论,充分体现教材的思想性、科学性、时代性和前瞻性,力争打造一流的精品教材。第三,学术规范原则。本系列规划教材的编写必须严格遵守国家规定和学界公认的学术规范,无论材料的遴选、思想的借鉴、观点的引用,还是体例的安排、语言的表达,都要尽可能做到符合教材的基本要求,不得出现任何违反学术规范的学术不端行为。第四,中国特色原则。本系列规划教材的编写要充分体现构建中国特色哲学社会科学体系的要求,立足中国实践、解决中国问题、加强中国元素、讲好中国故事,把国际化与本土化有机融合起来,努力打造一批具有中国特色、中国风格和中国气派的一流教材。

虽然本系列“十三五”规划教材的编委会在主观上强调教材建设的使命感和责任感,要求每一本教材的编写者都必须遵循上述基本原则进行编写,并且努力做到严格审查,但是由于教材建设本身是一项复杂的系统工程，加之每一位编写者的能力和水平都有其自身的局限性，因此客观上难免存在着技术方面和学术思想方面的不足之处。在此衷心希望广大读者和专家学者们进行严格的审查和批判，欢迎大家多提宝贵的批判性和建设性的意见，以便我们在今后再版时能够予以修正。我们期待本系列“十三五”规划教材能够在培养一流人才的过程中对于弘扬人文精神、提升人文素养、增强人文情怀贡献自身的一份正能量！

2018 年 11 月 15 日于武汉喻家山

前 言

以往，在人类学问中，从哲学高度亦即最普遍的视域对人类的社会历史开展研究的，只有“历史哲学”和“社会哲学”，而没有“社会历史哲学”。历史哲学是从时序或过程的维度论述人类历史，社会哲学是从空序或结构的维度论述人类社会。但是，因为人类的历史与社会或说人类的社会与历史本来就是浑然一体的，而没有独立于社会的历史或独立于历史的社会，所以我们需要也应该将社会与历史合到一起进行论述，从而形成一个关于社会历史的统一性学说。这样的学说，既属于历史哲学也属于社会哲学，故可命名为“社会历史哲学”。

问题是，在实际论述中，是否存在将历史与社会合到一起言说的这种可能性？如果存在，为什么以往的哲学家或思想家全都只是在进行分别论述（或是关于历史的论述，或是关于社会的论述）？这个普遍而长期存在的事实似乎已然表明，这的确是个不好解决的问题。若从道理上分析原因，大概就是因为时序性论述和空序性论述本来就是两个不同维度和不同线索的论述，怎么也“跑不到一条道上来”。

由马克思和恩格斯所创立的历史唯物主义亦称唯物史观或许算是个例外。虽然它自己是以“历史”为其名称的首要修饰词，亦为首要标识，但内容上其实也有大量关于社会的论述，而且从总体上看，其关于社会的论述，明显多于其关于历史的论述。只是它关于历史的论述和它关于社会的论述最终形成的却是两套平行且互不搭界的不同理论，而且在各自的基本观点上还实质性地存在紧张关系。历史唯物主义在关于历史的叙事中，将历史视为人的活动，将人视为历史的创造者和主体，历史的规律就是人们活动的规律。而在关于社会的叙事中，人却不见了踪影，社会中的最终决定者变成了不以人的意志为转移的“物质”，即物质生产力和以其为主要因素构成的社会经济基础，社会的规律也变成了生产力与生产关系、经济基础与上层建筑之间的矛盾运动，于是，整个社会的演变也就因为是纯粹社会范畴的运动而被说成是“一种自然史的过程”。

历史唯物主义将历史视为人的活动是非常正确而有道理的，因为人是创造历史的主体，人类历史确实是由人的活动构成的。如果没有人的活动，也就不可能有人的历史。只可惜历史唯物主义在论述社会的结构和运动时，没有继续以人为主体，也没有始终围绕人的活动来展开论述、解析社会。

与之不同，本书一开始就将人的活动与社会制度相联系，既由此解释历史的走势走向及其规律，也由此解释社会的结构、性质、形态及其规律，从而使历史的逻辑与社会的逻辑得以统一。

与以往的历史哲学或社会哲学相比较，本书所论述的社会历史哲学在方法论方面，还有一个基本的不同。这就其关于历史和社会的解释，不是从诸如神、理念、精神、知识、文化、英雄、有机体、生产力之类的超验范畴或各种术语开始的理论建构，而是以三个可以得到普遍公认的客观事实为基本前提而逻辑地推出的系列结论。这三个普遍的客观事实依次为：人类历史就是人的有目的的活动；人是怀赏畏罚的理性自利人；制度化社会赏罚机制是最为强大的社会赏罚机制。据其推出的基本结论是：一方面，制度化社会赏罚机制能够通过决定怀赏畏罚的理性自利人的活动的方式和方向而决定历史的走势走向；另一方面，能决定人的活动的社会制度，以及由它派生又服务于它的制度意识形态和制度保障机器这三者所组成的制度性三位一体，又构成了整个社会的核心结构。一言概之，制度就是社会历史的决定因素。

既然本书是从普遍客观事实出发的理论建构，那么，它实际上就具有了实证科学的性质，只要据此事实前提开展的后续逻辑推导是没有问题的，就可以说，它应该能正确地揭示出人类社会历史的真相和人类社会历史的一般规律。并且，在实证性的保护下，这套理论不会惧怕任何挑战，也经得起任何挑战，并会得到越来越多的认同。

目录

第二部分 物质生产活动原理

第三部分 社 会 原 理

绪　论

关于人类历史的已有解释

每一个存在者都有自己的历史，而历史就是指一个存在者从出现到消亡的过程。如果该存在者还未消亡，那其历史就是从其出现到当下的过程。

本书所论述的"历史"是指人类社会的历史。人类及其社会在目前是连消亡迹象也谈不上的存在者，自然无法盖棺论定。于是，人类这个唯一有自我意识的存在者难免要反躬自问：历史是怎么回事？它会走向何方？有没有一以贯之的目的？其动力何在？有没有自己的运动模式和必然的规律？而所有这些，也正是反思人类历史的基本问题。

一、审视既有历史观

人类思想史上，回答人类历史问题的理论已有不少，但绝大多数回答都不能令人满意。

奥古斯丁等神学家宣称，人类历史来自上帝的安排，其最终目的是人类灵魂的得救，因而人没有任何自由，只是实现上帝旨意和计划的工具。这种神意决定论的历史观，在中古时期统治西方世界千年之久，自近代以来日益式微。神意决定论的式微有其必然性，因为这种依赖虚构的神话和非理性的信仰支撑的说法，没有任何理论讨论价值。并且因为神不是不能证伪的，而是可以证伪的，所以以神为预设的神意决定论也是可以证伪的。对神的证伪可以很简单，一句"万能的神能不能造出一个自己也搬不动的石头"的诘问就会让所有有神论的神话现出原形。当然，也有不服气的宗教哲学家为之提供两种辩护。一种辩护是说，神能做这件事，只是不愿做这件事。但既然"能做"，就意味着神能造出一个自己搬不动的石头。如是，神不是万能的。另一种辩护是说，对一个逻辑上自相矛盾的提问，没有回答的必要。而所谓自相矛盾，就是一方面肯定了神是万能的，一方面又问神之不能。但是，"神是万能的"或"上帝是全知、全在、全能的"之类的肯定性说法，难道当初是诘问者说出来的吗？显然不是，而是宗教教条和神学家说的。那么，非宗教人士又为何不能就此发问？从逻辑学上说，任何一个被给出的全称判断，都不能存在反例。犹如说"天下乌鸦一般黑"的人，要保证世上没有不是黑颜色的乌鸦。既然宗教神学说神是全能或万能的，没有其办不到的事，就要负责对任何反例或反例提问进行解释和回答。如果逃避这种责任，回答不了针对“万能”提出的“石头问题”，那就说明，“神是万能的”这个全称判断是不成立的。当然，证明了神不是万能的，还不直接等于证明人类历史不是出于神的安排，这还需要提供一个稍微复杂点的证伪：每个宗教所信的神都不一样，并且都否定除自己所信之神之外的其他所有的神也是真神，而迄今却没有任何一个神能涤除那些假神而独存的事实只能说明，有史以来被每个宗教所信奉的神统统都是假神。既然没有一个神是真的，或者说，连所谓安排人类历史的神或上帝都是假的，那神意决定论的历史观自然也是完全不可信的。对此，宗教神学也有辩解：神就像是“盲人摸象”寓言中的大象，每种宗教所摸到的神，都是同一个神的不同方面，因而神还是只有一个。但这个比喻并不恰当。大象的存在是事实，所以每个盲人摸到的都是大象。但神的存在并不是事实，或说尚不能证明为事实，所以也就不能确定每个宗教所摸到的究竟是不是神，更不能确定究竟是不是同一个神。

在神学历史观式微的过程中，维柯率先宣布：“这个包括各民族的人类世界确实是由人类自己创造出来的。”但这个决裂并不彻底，还是留下了神意历史观的尾巴。在其开创的所谓“新科学”中，最终仍然要用“超自然的力量”，即“天神”“天神意旨”“天意”来解释人类创造人类世界的历史过程。[①]

黑格尔把人类历史归于“绝对精神”（亦称“绝对观念”）的运动和自我实现。黑格尔的“绝对精神”，不是人的精神，而是本原性的东西，不依赖于人而独立自存，人类社会的历史发展，则只是“绝对精神”发展到一定阶段的产物。因此，“绝对精神”就是人类历史发展的决定者。黑格尔的“绝对精神”和宗教的神一样纯属虚构，实质上是不以神相称的神。这一点他在其《历史哲学》中也坦然承认：“上帝统治着世界，而世界历史便是上帝的实际行政，便是上帝计划的见诸实行。”[②]所以黑格尔的历史观与神意决定论殊途同归，也是由神来决定人类历史命运的宿命论的历史观。在这种历史观中，人既不在历史舞台的中心，也不是历史主体，只是“绝对精神”在一定阶段实现自己的工具而已。

康德在其历史观的根本层面主张自然决定论：“人类的历史大体上可以看作是大自然的一项隐蔽计划的实现，为的是要奠定一种对内的，并且为此目的同时也是对外的完美的国家宪法，作为大自然得以在人类身上充分发挥其全部禀赋的唯一状态。”[③]因而在康德那里，历史的目的就是实现大自然的隐蔽计划，即充分发挥人的禀赋，历史就是人类活动按照大自然的隐蔽计划进行的过程。这个过程，正如任何别的事情一样，总是为普遍的自然律所决定。康德的历史观虽然没有神，但最终对人的活动起决定作用的大自然或其自然律，也跟神差不多了，仍然是不以人的意志为转移的。更经不起检验的是：康德的自然律或自然法则是指能被人的自由意志或善意志所把握并自觉服从的具有普遍性的绝对道德律令，可人类有史以来的所有历史，不仅从来就没有

---

① [意]维柯：《新科学》，朱光潜译，人民文学出版社1986年版，第573、140页。
② [德]黑格尔：《历史哲学》，王造时译，三联书店1956年版，第76页。
③ [德]康德：《历史理性批判文集》，何兆武译，商务印书馆1991年版，第15页。

出现过人类活动普遍按这种道德律令进行的过程，而且连这种普遍的绝对道德律令也从未出现过。

赫尔德、斯宾塞等人把人类历史归结为社会有机体的进化。该理论认为，自然界是不断进化的，人类社会是自然界进化的结果和继续，与自然界的发展一样，具有规律性，是有机进化的规律，因而人类社会历史就是人类社会有机体按照有机进化规律逐渐进化的过程。在这个过程中，人的作用受制于社会有机体或其构成的社会环境，伟人或英雄也不过是社会有机体的一长串因果联系中的一个结果。斯宾格勒的文化历史哲学也可归入有机决定论，只不过他所说的有机体不是社会而是文化。他认为世界历史是各种文化兴亡盛衰的过程，是人类各种文化的传记，而文化是活生生的有机体，具有青春、生长、成长、衰老的周期性特征，“它们和田野上的花一样无终极目的地生长着”[①]。因此，世界历史及所有文化都是宿命的。各种有机决定论尽管形态不一，实际上也是自然决定论，因为它们所说的有机进化规律也是自然规律，它们所说的社会进化的方向和路线也与人无关，并且无可测度，无法言说。社会或文化的确可以被看作一个有机体，也是在不断进化的，这都是事实。但我们在这里要做的，不应是直接将社会有机体进化的事实当作社会历史发展的原因，而应该是揭示社会有机体如何进化或如何演化的秘密与原因。

当代西方学者列维-斯特劳斯、福柯、布罗代尔等用结构决定论的观点解释人类历史。结构决定论的基本观点是整体决定一切，因为整体结构规定着各个部分的性质、作用和相互联系。将这个观点运用于解释人类社会历史，就是社会的内在结构决定社会的历史发展和人的活动。社会内在结构的变化与人无关，是根据结构自身的转换规则发生的，因而人不是驾驭社会结构的主宰，而是受社会结构支配的傀儡。结构决定论与有机决定论几乎无差异，因为社会作为有机体必有其内在结构，而有内在结构且能自我变化的社会自然就是有机体，只是结构论对人的历史地位的贬低更甚于有机决定论。这表明它与有机决定论一样不可取，一样不能对人类社会历史的走向做出任何回答。

笛卡尔、培根、伏尔泰、杜尔阁、孔多塞和孔德等理性主义者，把人类理性看作决定历史发展和进步的因素，将人类历史发展说成作为人类理性产物的知识的增长过程，而这个过程的最终目的就是理性社会的实现。从人类已有的历史看，人类社会历史的发展确实总是伴随着知识这个人类理性产物的不断增长，但我们能否就由此认定，知识就是历史发展的决定因素？知识可做解释性知识和改造性知识之分，前者关乎对世界及万物的解释，以科学为典型；后者关乎对世界及万物的改造，以哲学做代表。所有的解释性知识都是一元的，所有的改造性知识均是多元的。这是因为，解释性知识关乎对对象的描述，与所描述对象真正相符的知识只能有一种，不可能同时有多种；而改造性知识关乎对对象的改造，改造对象永远存在多种甚至无限多的可能性，于是用于阐述这些可能性的知识或理论也就不可能只有一种。[②] 显然，人类社会历史的发展只

---

① ［德］斯宾格勒：《西方的没落》，齐世荣等译，商务印书馆1963年版，第39页。

② 韩东屏：《人是元价值——人本价值哲学》，华中科技大学出版社2013年版，第111-120页。

能是人改造世界的结果而不可能是人解释世界的结果，所以人类社会历史的发展也只能是用改造性知识指导人改造世界的结果。但问题是既然改造性知识是多元的，从来不止一种，那么同一历史时期的人们改造世界的活动究竟被多少种改造性知识所指导？如果只是其中的一种，为什么单单是按这一种改造性知识进行而不是其他的？对理性决定论者来说，这显然都是必须加以考虑并予以回答的问题，但他们却从未对之做出过任何阐释。不仅如此，他们也没能有效回答“为什么在知识不断增长的背景下，人类社会历史也不是总在进步，而是也会有退步的时候”这个问题。理性决定论者通常是用二元人性来对此加以解释，即人除了有理性还有非理性，除了有社会性还有反社会性。当社会中理性和社会性的力量战胜非理性和反社会性的力量时，人类社会就取得进步；反之，人类社会就出现倒退，因而人类社会的历史发展也是一个理性和社会性的力量不断战胜非理性和反社会性的力量的过程。可是，理性决定论者从不继续告诉我们：同样是人，为什么有的人会成为理性和社会性的力量，有的人却会成为非理性和反社会性的力量？为什么这两种力量均有取得优势地位的时候？最终获得胜利的为什么总是理性和社会性的力量？

卡莱尔、尼采、雅思贝尔斯、汤因比等人则把历史的发展归为英雄的作为，是英雄决定论的历史观，或简称为英雄史观。卡莱尔宣称，“世界历史只不过是伟人的传记而已”，因为伟人或英雄虽有不同的类型和特点，“但他们都有共同的‘素质’，都具有确知某一时代需要的‘超人智慧’，他们如同茫茫黑夜中的‘北极星’，‘从上帝手中直接取得了自由的权力’，是每个时代的‘救世主’。人类历史就是由这些伟人的传记汇编而成”。[①] 尼采的英雄是具有最强的权力意志的“超人”，“超人”与一般的人存在巨大差异，犹如人高于动物。在他看来，“世界的本质是权力意志”，因而世界历史的万千变化就是最强的权力意志即超人的创造和表现。雅思贝尔斯认为英雄是伟大的杰出人物，他把他们视为历史发展的动力所在，而群众则是历史的消极因素，充其量是杰出人物的追随者：“历史是代表杰出的个人的不断推进，各个杰出的个人号召其余的人追随他们。凡是听到并理解他们的人都加入到他们的前进运动。”[②]由少数伟大的杰出人物引领民众创造历史，也是汤因比的观点。汤因比的历史理论与斯宾格勒的相似，也是从文化的维度诠释历史，属于文化历史哲学的套路。但他不像斯宾格勒那样，有意无意地回避文化或文明如何出现、如何生长的问题，而是提出了“挑战与应战”的理论来加以解释。其基本观点是：严酷的自然环境和随后出现的人为社会环境对人的生存都构成了挑战，而环境中的人为了自己的继续生存，就要对挑战进行应战。成功的应战导致了文明的起源和发展，失败的应战则意味着文明的衰亡。成功的应战不是源自所有人，而是源自具有创造性禀赋的少数文化英雄。大多数民众缺乏创造力，他们的行为方式是对文化英雄的模仿、追随和服从。而失败的应战则是缘于少数的文化英雄丧失了创造力，这时多数人便撤销了对他们的模仿与支持，人们的活动或社会整体不再具有统一性。所以，历史的运动即文明的起源、发展与衰亡，都取决于具有创造力的少

① 转引自严建强、王渊明：《从思辨的到分析与批判的西方历史哲学》，浙江人民出版社 1997 年版。

② [德]卡尔·雅思贝尔斯：《历史的起源与目标·雅思贝尔斯文集》，朱更生译，青海人民出版社 2003 年版，第 59 页。

数文化英雄。

对于以上各种英雄史观,这里只说它们的三点共同弊端:第一,完全漠视和否定人民大众在历史发展中的作用。第二,每个历史时代的英雄都不止一个,且他们的创造,尤其是对社会的规划,也并不一样甚至相互冲突。但英雄史观没有解释,在这样的情况下,历史中的民众为什么只是追随了其中的某一个英雄而不是其他的英雄?第三,英雄史观不能解释,历史上为什么经常也有民众不去追随有创造性的改革者而去追随不思创造、固守传统的守旧者的时候?

与以上各种互不相同但都共同认为历史有决定者的历史决定论相反,波普尔、萨特等人持反决定论的历史观,他们否认人类社会历史有任何决定者,否认人类社会历史有规律性,否认历史有任何目的和意义。反决定论的基本论证逻辑是:人是自由的存在者,有自由意志,是按自己的自由意志决定自己的行动,而不可能被任何其他东西所决定。由于每个人运用自由意志所做出的行为决定往往不一样,这就使整个人类社会历史的运动成为个别的、偶然的事件或因素的集合,没有明确的目的和意义可言。又因为由这种偶然因素集合形成的历史过程只可能是一次性的、不可重复的,所以历史也没有规律可言,完全不可解释和预测。但是,如果历史是偶然事件的集合,而偶然事件是出自个人由自由意志做出的行为,那波普尔等人的非决定论闹了半天其实也是决定论,即把人的自由意志当作了历史的决定者,只不过是不承认由不可揣测、人各不一的自由意志所决定的历史会有规律、会有一贯的目的和同一的意义罢了。人是有自由意志的,这也是人不同于其他所有存在者的一个方面,可是有自由意志的人并不是全能的、不需要任何"有待之物"(庄子之语)就能续存于世的神,并且人也确实不是生活在真空之中的。那么,他(们)的自由意志就有可能受到某种"有待之物"的共同制约,从而使每个人的活动呈现出某种普遍的一致性,使整个人类活动呈现出一定的规律性和方向性。因此,自由意志的历史观与前述各种历史观一样,也是不可取的。

那么,除了这些历史观之外,还有没有具有可取性的历史观?

二、唯物史观及其悬疑

人的历史作为一个运动过程,只能是由人的活动造成的。人作为有自我意识,当然也有自由意志的存在者,其活动都是有目的的,这就诚如马克思所说:在社会历史领域内进行活动的,全是具有意识的,经过思虑或凭激情行动、追求某种目的的人;任何事情的发生都不是没有自觉的意图,没有目的的。[①] 正因如此,相对于上述各种历史观,马克思的一个关于历史的说法简明又在理:"'历史'并不是把人当作达到自己目的的工具来利用的某种特殊的人格,历史不过是追求着自己目的的人的活动而已。"[②]如是,人的活动就是历史的运动,人的活动之目的就是历史运动的方向或目的,人就是根据自己的目的开展活动并形成历史的。既然如此,历史就不会仅仅是个别英雄的活

① 《马克思恩格斯选集》第4卷,人民出版社1972年版,第243页。

② 《马克思恩格斯全集》第2卷,第118-119页。

动，而是所有人的活动，所以由马克思和恩格斯所创立的历史唯物主义历史观，也是人民群众创造历史的历史观。

从人的活动解释历史的思路值得赞赏，问题是“追求着自己目的的人”从来就非常多，他们的目的往往又各不相同，如此，历史又会朝哪个方向发展呢？

历史唯物主义用“合力说”解答这个问题。恩格斯说：历史是这样创造的，最终的结果总是从许多单个的意志的相互冲突中产生出来的，而其中每一个意志，又是由许多特殊的生活条件，才成为它所成为的那样。这样就有无数相互交错的力量，有无数个力的平行四边形，由此就产生出一个合力，即历史的结果；而这个结果又可以看作一个作为整体的、不自觉地和不自主地起着作用的力量的产物。因为任何一个人的愿望都会受到任何另一个人的妨碍，而最后出现的结果就是谁都没有希望过的事物。所以到目前为止的历史总是像一种自然过程一样地进行，而且实质上也是服从于同一运动规律的。[①] 不过，在他看来，这并不意味着个人意志对历史丝毫不起作用，他接着说：各个人的意志——其中的每一个都希望得到他的体质和外部的、归根到底是经济的情况（或是他个人的，或是一般社会的）使他向往的东西——虽然都达不到自己的愿望，而是融合为一个总的平均数，一个总的合力，然而从这一事实中决不应作出结论说，这些意志等于零。相反地，每个意志都对合力有所贡献，因而是包括在这个合力里面的。[②]

这就是说，无数互不相同、相互作用、相互冲突的个人意志及其活动会形成一个总的合力，这个合力就是历史的最终结果。尽管每个人的活动都对这个结果有所贡献，但这个结果已不同于任何个人活动的意志和目的，所以人类历史超出了任何个人的目的，是一个不以任何个人意志为转移的过程，所以历史总像是一种自然过程。恩格斯把历史看作自然过程的说法源自马克思，马克思在阐述自己的历史观时说：“我的观点是把经济的社会形态的发展理解为一种自然史的过程。不管个人在主观上怎样超脱各种关系，他在生活意义上总是这些关系的产物。”[③]

合力说用合力解释了人对历史的创造和历史的结果，但没有进一步告诉我们，合力的矢向即运动方向是什么？人所创造的历史在合力中会走向何方？这似乎是人意所不可预测和不可言说的。而这里语焉不详，或许正是把合力视为“一个作为整体的、不自觉地和不自主地起着作用的力量的产物”的必然结果。当然，结合历史唯物主义的基本理论，即生产力是社会结构的决定因素和社会发展的最终动力的观点来说，合力的矢向或历史的走向应该就是生产力的走向。因为合力说中所谓成就了“许多单个的意志”的“许多特殊的生活条件”，主要是指一定的社会物质生产方式以及由此划分的社会人际关系（在阶级社会，这些人际关系表现为不同阶级之间的关系和斗争），而一定的社会物质生产方式，亦即物质生产关系之总和，又是适应一定的社会生产力的产物。恩格斯明确指出：“用‘历史唯物主义’这个名词来表达一种关于历史过程的观

① 《马克思恩格斯选集》第 4 卷，人民出版社 1995 年版，第 697 页。
② 《马克思恩格斯选集》第 4 卷，人民出版社 1995 年版，第 697 页。
③ 《马克思恩格斯选集》第 2 卷，人民出版社 1995 年版，第 101-102 页。

点，这种观点认为一切重要历史事件的终极原因和伟大动力是社会的经济发展、生产方式和交换方式的改变、由此产生的社会之划分为不同的阶级，以及这些阶级之间的斗争。”[①]因此，“许多单个的意志的相互冲突”或“无数相互交错的力量”的结果，最终是由社会生产力决定的，生产力的发展方向就是人类社会历史的发展方向。

历史唯物主义从人的活动出发解释历史，不像自然决定论那样无视人的存在，同时也不同于那些把人的“精神”“理念”“理性”“知识”“自由意志”当作历史最终动力的唯心史观，而是“去研究隐藏在这些动力后面的是什么，这些动力的动力是什么”[②]，并唯物地将“动力的动力”论证为具有客观性、物质性和确定性的东西即生产力。这一套革命式的研究方法和独特理论自问世以来，产生了巨大的社会影响。在各种历史观中，可谓是最具竞争力的理论，似乎也从没有遇到过真正可以与之匹敌的对手，包括在它之后出现的各种历史理论。同时，它还在当时至现在的现实世界中，成了许多国家的人民改造世界和发展社会的指导思想和理论武器。

然而在笔者看来，它关于历史的生产力决定论的解释还是存在一些不好处理的问题。历史唯物主义所说的物质生产力，存在多种说法，却始终缺少一个统一而严格的基本定义。

如果历史唯物主义所说的生产力是指人们的物质生产实践活动，诚如恩格斯所说，“根据唯物史观，历史过程中的决定性因素归根到底是现实生活的生产和再生产。无论马克思或我都从来没有肯定过比这更多的东西”[③]，那么在历史观上就形成了一个解释上的循环：无数具有单个意志的个人活动，最终是由他们自己的物质生产活动决定的。这就等于说，人们的活动是由人们的活动决定的。或者，人们的所有活动，是由其中的一种特殊活动决定的。这样的解释基本上等于什么也没说，而其中不等于没说的那一点即“生产活动决定其他活动”，也是说不通的。同样都是人的活动，为什么其中的物质生产活动能够决定其他各个种类的活动？何况社会有分工，很多人，如社会管理者、学者、记者、教师、医生、军人等，并不从事任何物质生产活动，可他们的活动为何会被别人的物质生产活动所决定？又能否被别人的物质生产活动决定？如果确实能的话，那又何需非物质生产者来从事这些工作？而能决定其他一切非物质生产者之活动的物质生产者，又为何会在历史上沦为被某些非物质生产者欺压、剥削的被统治者？

如果历史唯物主义所说的生产力是指由当代人所承袭的前人的物质生产活动所造就的一切成果，那么生产力乃至人类社会历史就不可能再出现任何实质性的变化和发展。因为既然当代人的所有活动最终都是被既有的生产力决定好了的，那他们的活动也就不可能超越既有的生产力，从而也就无法产生新的生产力和新的生产方式、新的社会关系、新的社会。尽管历史唯物主义实际上认为，当代人的活动能够超越既有的生产力，它却从未谈过当代人可以凭什么实现这种超越。其实它也不能谈，因为一

---

① 《马克思恩格斯选集》第3卷，人民出版社1995年版，第389页。
② 《马克思恩格斯选集》第4卷，人民出版社1995年版，第248页。
③ 《马克思恩格斯选集》第4卷，人民出版社1995年版，第477页。

旦它确认有这样的东西存在，那生产力就不会是所谓最终的历史动力。

如果历史唯物主义所说的生产力是指一种不以人的意志为转移的可以自己独立发展的物质力量，那么它就与有机决定论和结构决定论一样，实质上仍然属于把人的历史视为“自然的过程”或“自然史的过程”的自然决定论，同样是把人当作了缺乏历史主体性及主动性的纯粹受动者，而其实也就是被历史唯物主义的创造者自己曾一再严厉批判并欲有所超越的机械唯物史观。

正因为在合力说中，无论是从哪种意义的生产力概念出发去解释合力矢向，都会导致不好收拾的局面，所以唯物史观实际上还是对历史的走向留下了巨大的悬念。

千百年来，人类经过如此众多的探索，对自身历史的各种回答还是存在这样或那样的致命问题，这个事实说明了什么？

难道是意味着人类社会历史之谜的诡异和无解？

应该不是这样的。

第一部分

历史原理

笔者认为，人类历史的走向抑或是无数个人活动的结果，其实是可以预测和可以言说的，这就是会顺着制度的导向运动。因为绝大多数的人都会选择按制度的导向来设置自己的活动目的，于是他们的活动也就被统一到了制度所给定的方向上来。

何以见得？

基于两个方面的事实。一个是人性方面的事实，另一个是制度方面的事实。而这两个方面的事实一旦被联系起来加以思考，就能得出制度决定历史的结论。

第一章

人性论：人是怀赏畏罚的理性自利人

凡是说到人，就不能不对人性即所有人都共同具有的内在规定性进行基本的把握，否则就不可能对人的任何问题形成普遍有效的理论概括，更不用说还能达到深刻精准。所以，各种与人相关的学问都有自己的人性论，而谈人的活动和由人的活动构成的历史，自然也要这样。

一、人皆自利而怀赏畏罚

人这种由动物进化而来的另类活动者，首先有着与动物一样的自然本性，即吃、喝、穿、住、行、性等本能性的肉体感官需要。不论对动物还是对人来说，这些肉体感官需要的满足都能带来快乐，这些肉体感官需要的匮乏都会引发痛苦，所以趋乐避苦即喜欢追求快乐而不愿承受痛苦，也便成了一种动物和人所共有的自然本性。

不过，人也是社会性活动者，除了有与动物相同的自然本性，还有动物所没有的社会本性，那就是还有一些非肉体感官、非自然的社会性需求，如社会交往的需求和自我实现的需求。同时，人还有动物所欠缺的非肉体感官的发达理性。人凭这种理性发现：从个人长时段的生存发展来看，有些感官快乐不见得对人有利，如无节制地恣情纵欲；有些感官痛苦也不见得对人有害，如刻苦学习，如艰苦创业，如“吃得苦中苦，方为人上人”，等等。于是，纯属于动物的“趋乐避苦”在人这里就变成了西方哲人所说的“趋利避害”，或东方哲人所说的“好利恶害”。“趋利避害”与“趋乐避苦”是有差异的，

“趋利”不等于不经历某些痛苦，“避害”不等于不舍弃某些快乐，因而“趋利避害”，就是喜欢追求对自己有利的事，即便追求中要经历某些痛苦；同时厌恶并躲避对自己不利的事，即便厌避之事还能给人带来某种快乐。而喜欢追求对自己有利的事和厌避对自己不利的事，也就是中国哲人所说的“好利恶害”。

人在社会中的生存发展是需要各种资源的，既需要能满足其作为自然人的自然资源，也需要能满足其作为社会人的社会资源；既需要能满足其生理需求的物质资源，也需要能满足其精神需求的精神资源。而利益就是满足人生存发展之需求的各类资源的另一个说法。是故对个人来说，只有增加自己的资源或利益才会有利自己的生存发展，而减少自己的资源或利益则不利于自己的生存发展。所以，“好利恶害”也是乐意增加自己的利益和害怕减损自己的利益的意思或倾向。

人既然好利恶害，那么在满足人的生存发展需求的资源不是应有尽有的无限多和可以由个人自由获取的时候，必然也会“怀赏畏罚”，即希望获得奖赏而害怕受到惩罚。道理很简单：获得奖赏就是指其得到了本属于他者而不属于自己的资源，这意味着自己利益的增加；受到惩罚就是指本属于自己的资源被他者剥夺，这意味着自己利益的减少。能满足个人各种需求的各种资源一般都不能任由个人自由获取，而是被社会或他人掌控，而且除了阳光、空气等少数自然资源之外，其他绝大多数的自然资源和所有社会资源，不论是被掌握在谁的手中，从来都不是无穷无尽和可以无限量供给的，当然以后也永远不可能有这样的一天，所以，好利恶害的人也从来就是和永远都会是怀赏畏罚的。凭什么说人类社会以后也永远不可能有各种资源无限供给的情况？这是因为，一方面人的需求是无限的，既对每种资源的数量没有需求上限，也对资源的种类没有需求上限；另一方面，用于满足人需求的资源的生产，不论是物质资源的生产还是精神资源的生产，总是有限的。所以结论只能是：有限的生产是永远也超过不了无限的需求的。

人无论是好利恶害，还是怀赏畏罚，都是出于有利自己的目的，因而自利是人的本性，人就是好利恶害、怀赏畏罚的自利人。

关于这个观点，除了有上述推论为据，还可与现代西方经济学中的“经济人假设理论”相互印证。早在1549年，重商主义者约翰·海尔斯就提出了“人是追求最大利润”的观点，但经济人假设的基本思想是由亚当·斯密提出的，后经李嘉图、西尼尔、穆勒、杰文斯、门格尔等人的提炼、补充、推动和帕累托首创“经济人”概念的影响，终于发展成经济人假设理论。[①②③] 该理论因能成功解释诸多经济现象和社会现象而被越来越多的人认可和接受。该假设的基本内容是，人是自利而理性的人，在追求个人利益时，会选择自认为对自己利益最大的行为。既然如此，人自然好利恶害、怀赏畏罚。因为得利、获赏才与个人追逐自身利益最大化相一致，而损利、受罚则与个人追逐自身利益最大化完全相悖。

---

① 黄美慧：《我国学者对西方经济伦理思想研究综述》，武汉大学2013年硕士学位论文。

② 曾中秋：《经济人假设述评及其超越》，西北大学2003年硕士论文。

③ 黄丽：《“理性经济人”假设：演进与批判》，佛山科学技术学院学报（社会科学版）2008年第2期。

反过来，从人性好利恶害、怀赏畏罚的观点也可推出理性自利人的结论。显然，既然人恶害、畏罚，那么在若干可能的行为选项中，他必然会首先排除那些不利于自己的行为方式，其中自然包括能使自己招致惩罚的行为；既然人还好利、怀赏，那么他接着必然还会在剩余的行为选项中，去选择那种能给自己带来最大利益的行为，而获赏通常正是这种获利最大的行为方式。

不过，笔者这里说的“人性自利”或“人是好利恶害、怀赏畏罚的自利人”中的“自利人”，已不是如西方经济学家说的“人性自利”那样，只是把它作为一种关于人性的理论假设，而是把它视为真实的人之本性，即在每个人那里都普遍存在的天然属性。

西方经济学家之所以要把“人性自利”说成是“经济人假设”或“自利人假设”，是因为他们认同或者不能否认也没办法反驳休谟、斯密、卢梭等人关于人也有同情心和利他心的人性论观点，也不能否认现实社会中存在经常可见的利他主义行为和以此为据对自利人假设进行批判的论点，所以他们只有把“人性自利”或“自利人”局限在经济领域，说自利只是“经济人”的人性，而不是“道德人”甚至“政治人”的人性，并且不得不特别加以说明：“经济人假设仅仅是假设，并不意味着人性只有自利的一面，没有利他的一面。”[①]也就是说，自利人是一个非现实的抽象假定，在现实生活中是无法找到这种除了自利而没有其他任何欲望和动机的人。而之所以要做这种假设，张五常回答得非常直白：“人性自私的假设解释力惊人，暂时还没有更好的假设来代替。”[②]

正因如此，在西方经济学的公共选择理论创建之前，经济和政治是适用不同的人性假设的，人在经济领域被视为自利取向的自利人，在政治领域则是利他取向。可这种处理方式很难服人，一遇现实就出洋相。如一个成功商人后来进入政界成为政治家，比如特朗普，这时我们究竟应该把他视为追逐最大利益的经济人，还是把他视为具有利他取向的政治人？如果是前者，那就不符合政治人是利他倾向的说法；如果是后者，这种人在本性方面的前后不同的根本变化又如何成为可能？后来，由布坎南等人创建的公共选择理论结束了这种尴尬。该理论证明，人在政治领域，同样是追逐自身利益最大化的自利人，与经济人无异。于是，关于人性自利的假设也只好退后到只有“道德人”才不是自利人、才有利他倾向的观点。

但是事实上，不仅经济人是自利的，政治人是自利的，而且连道德人也是自利的。

二、人性自利无关善恶

在详细说明“人性自利不是假设”这个问题之前，需要先做个说明，笔者在这里所说的自利人的“利”，或自利人为自己追求的利益最大化的“利益”，不单指经济利益，而是包括一切利益，即所有他认为值得追求的东西，或所有有利于他的生存发展的资源。这就是说，自利人所追求的利益是多种多样的，既有经济利益，也有休闲、娱乐、爱情、友谊、荣誉、权利、权力、尊严、自由、信仰、心灵宁静、社会地位和天赋发挥、自我实现等

---

① 冯兴元：《大师仙逝，宪则永垂——悼念布坎南》，《读书》2013 年第 2 期，第 17 页。

② 张五常：《经济解释卷——科学说需求》，中信出版社 2010 年版，第 79 页。

非经济利益。而人之所以会如此，是因为每个人都有多种多样的需求，也需要多种多样的资源或利益来满足自己。在对各种资源或利益的实际追求过程中，有时难免会遇到孟子所说的“熊掌与鱼不可得兼”的情境，所以自利人对某种利益的放弃，比如对金钱、财富、商机等经济利益的放弃，并不意味他不是自利人，只意味他更喜欢其他利益，因而那些用某些人视金钱如粪土的事例来否定人的自利性的做法并不成立。既然人并不是任何时候都只重“经济利益”或“利润最大化”，那么已有的“经济人假设”这种表述就是偏颇的和不准确的，应该改为“自利人假设”。

接着还要澄清一个事实，这就是：说“人性自利”不等于说“人性恶”。

在人类思想史上，不少有影响的中外思想家，如荀子、霍布斯、维柯、康德、黑格尔和恩格斯等，都持人性恶的观点，而他们认为人性恶的根据都是在于人有自私（或自利或好利恶害）的本性。正是这种自私本性让人有了贪图财富、权力的“卑劣欲望”（恩格斯语），并为之做出种种相互争斗、相互倾轧、相互残杀的恶行。

与人性恶的观点相反，在相当长的一个时期，国内思想界把自私和自利都不加区分地视为为了自己的利益可以不择手段地损害他人利益乃至社会利益的极端利己主义，所以坚决反对人性自私或人性自利的说法。因为在这样的前提下，若是承认人性自利就等于承认人性恶，等于承认没有人性不恶的人，更没有舍己为人的人和大公无私的人，于是也就意味着人类社会永远也不可能消灭损人利己的人压迫人、人剥削人的现象，永远也进入不了那个没有这些丑恶现象的美好社会即共产主义社会。这就显然是一个严重违背历史唯物主义的原理和愿景的结论。历史唯物主义在此问题上的观点是：人所表现的自私自利并不是人的本性，而是由私有制所导致的历史现象，因而一旦铲除私有制，人也就不再会是自私自利的。实际上，在我国当下的理论界，仍有人在坚持这样的观点。在他们看来，人性自利只是历史的结果，是随着私有制的出现和发展才一步一步在人类的头脑中生根发芽的，并也将随着私有制的消灭而消失，因此人性自利并不是不可变更的。①

以上两种相互反对的逻辑看似都有道理，殊不知，说“人性自利”其实只是在陈述一种人性方面的事实，而不是在主张一种人生原则或人生价值观，也不是在为人性做或善或恶的定性。“人性自利”作为事实陈述，无非是指人作为一个要在社会中生存发展的生命体，必须从自己出发，考虑和安排好与自己相关的一切事务，以维持自己的生存，推进自己的发展。应该承认这就是一个事实。难道还有谁不是这样做的吗？即便如墨翟、雷锋、焦裕禄这般急公好义、品德高尚的人，岂不照样也要从自己出发，来考虑安排自己的吃穿住行、恋爱婚姻、学习工作、事业发展、人生规划和人生追求！可以肯定，一个从来不管自己事情的人是无法生存的，而如果将自己的事情全部交由他人或社会来管，所体现的也不是无私，倒恰恰是极端的自私。因为连经常损人利己的人，如偷盗惯犯和杀人狂之类，也从来没有不管自己的事。总之，有谁能不为自己的生存发展着想？又有谁能包办另一个人的所有生存发展问题？所以，否认人性自利是不可能

① 周新城：《绝不能把经济人假设作为经济学研究的前提》，《山西财经大学学报》2005 年第 4 期。

的，认为“人可以不自利”也同样是不可能的。就连被所有后继历史唯物主义者们视为导师的马克思也说：“各个人的出发点总是他们自己……”[①]，“在任何情况下，个人总是‘从自己出发的’”[②]。

人性自利作为一个事实，没有善恶含义和价值倾向，是中性的，甚至可以说“人的自利动机”也是如此。只有当自利人在自己的生存发展中开始考虑如何自利并付诸行动时，才会出现或善或恶的价值倾向：从行为相关方而不是行为者说，有人选择用损人利己的方式自利，如“以邻为壑”，这就属于恶；有人选择用利己不损人或利己也利人的方式自利，如“自扫门前雪”“以物易物”“等价交换”，这就属于非恶或正当；还有人选择用损己利人的方式自利，如“雪中送炭”，这就属于善。而把第一种自利方式作为人生原则来奉行的，是极端的利己主义；把第二种自利方式作为人生原则来奉行的，是合理的利己主义或合理的个人主义；把第三种自利方式作为人生原则来奉行的，是高尚的利己主义者。每个人在自利时都存在这几种可能，由此可知，损人与不损人，恶与非恶，都不是人的自利本性使然，而是自利人进行行为选择的结果。

为什么同样是自利人，竟会在追求自己的利益时有三种大不相同的选择？原因在于人后天所受的教育和后天所面临的外在约束条件有所不同。如果一个人所受的教育是不应损人利己并且自己也相信了这一点，那么他就不会选择以损人利己的方式自利，只会选择以不损人的方式自利；如果一个人所处的社会环境排斥并能及时有效地惩罚损人利己的行为，那么，即便他没受不应损人利己的教育，也不会选择损人利己的方式自利；如果前两个条件同时具备，他就更不会选择损人利己的自利行为。反之，如果一个人所受的教育是只要对自己有利怎么做都行，那么在损人利己可给自己带来最大利益时，他就有可能选择以这种方式自利；如果他所处的社会环境不能及时有效地惩罚损人利己行为，即便该社会在说教上也是反对损人利己的，那么，在损人利己可给自己带来最大利益时，他也可能会选择这种方式自利；如果前两个条件对他来说同时出现，他就必然会选择损人利己的方式自利。

不过应当承认，大量经验事实表明，在没有任何外在约束条件的情况下，如果损人利己的方式能给人带来最大利益，那么人们即便相信不应损人利己的道理或道德观念，最终往往也会放弃对这个道理的坚守而选择损人利己的方式自利。这其实还是人的自利本性使然，因为既然损人利己是此际获利最大的方式且实际上不受社会约束，没有任何风险，包括受舆论谴责的道德风险，那为何不选择它？而且，如果此际已经有人在用损人利己的方式谋利而你不跟随，那么情况很可能是，你非但追求不到自己的最大利益，反而还会落得最大不利的结果，即因所有资源都被别人霸占而使自己没了立锥之地，也无法继续生存。因而在纯自然状态下，损人利己的自利行为方式是很有可能会成为每个自利人的首选。不过，这仍然谈不上恶，既谈不上人性恶，也谈不上行为恶，因为既然是自然状态，那就没有任何限制，也没有任何所谓“应当”与“不应当”或“善”与“恶”的区别，如同弱肉强食的动物世界没有善恶可言一样。

---

① 《马克思恩格斯》第 1 卷，人民出版社 1960 年版，第 119 页。

② 《马克思恩格斯全集》第 3 卷，人民出版社 1963 年版，第 51 页。

当然也存在这种非自然状态的情况，就是社会对个人行为有是非善恶判断标准，同时还有外部约束条件，只不过这些外部约束条件实际上不起任何作用。那么，这时如果损人利己的方式能给人带来最大利益，人们又会如何选择？应该说，人们往往还是会采用损人利己的方式自利。因为外部约束条件不起任何作用，就等于没有任何外部约束条件，这就和自然状态没什么不一样。唯一不同的是，这时采用损人利己的方式自利存在一定的道德风险，即有可能会背负上"作恶"的恶名。但只要行为者认为恶名这个道德代价小于他所获得的其他利益，那么他就不会在乎这样的代价。而人的这种行为倾向，用现代西方制度经济学的说法，就是机会主义倾向。它是指人在追求自身利益的过程中，会随机应变、投机取巧，会采用非常微妙隐蔽的手段，会要弄狡黠的伎俩，会将自己的成本或费用转嫁他人，从而对他人造成侵害。据此，威廉姆斯假设，人总是尽最大能力保护和增加自己的利益，自私且不惜损人，只要有机会，就会损人利己，这就是机会主义。①

三、道德人也是自利人

既然"人性自利"或"自利人"不属于一种价值判断或人生价值原则的表达，那么说"道德人"即"有德之人"也是"自利人"就没有什么不妥。因为如前所述，道德高尚的人也不能不管自己的生存发展。反过来，说"自利人"也可以同时是"道德人"也没有什么不妥。因为如果损人利己定会受到社会惩罚，那么自利人就不会选择损人利己的自利方式；如果助人为乐能得到自己想要的某种特殊利益——有面子、受人赞扬、留美名、内心快乐、赎罪、死后进天堂等，那么他就还会是一个主动做有德之事的人。自利人的这两种选择都表明，至少在行为层面上，他就是一个有道德的人甚至高尚的人。当然，也有一些人是从内心真心相信道德而遵循道德，而不是出于个人实际利益得失的计算，所以他们不仅平时能助人为乐，而且也能在重大事情和关键时刻专门利人、一心为公、无私奉献乃至舍生取义。不过这也不意味着这种境界的道德人就不是自利人，可以不管自己的生存发展。他们还是自利人，还要管自己的生存发展，与一般人的不同仅在于，他们或把为他人谋幸福，或把与他人的共同事业，或把奉献人类社会，或把对某种道义的追求，当作了最能体现自己人生价值的方式，亦即自己的最大利益所在，因而每当他们这样选择、这样做之后，内心都会感到由衷的快乐、自豪而不是痛苦不堪。并且，当出现这种利益与个人的物质利益、生活水平乃至生命不可兼得的严峻时刻，他们依旧是选择了前者。如文天祥在生死关头的"人生自古谁无死，留取丹心照汗青"的考量和选择就是如此。而清末刺杀五大臣的英烈吴樾在行前的"与妻书"中，对自己的赴死抉择说得更是坦率而实在："盖生必有胜于死，然后可生；死必有胜于生，然后可死。"自己这次北上赴死，既是为汉族计，也是为自己计，"势不得不为一己计，则当捐现在之有限岁月，而求将来之无限尊荣"，何况他自忖身体不好，"不过可得寿四、五

---

① 卢现祥：《西方新制度经济学》，中国发展出版社 2005 年版，第 19 页。

十”。[①] 这就充分说明，那些被我们赞誉为为人民、为国家、为革命而死的人，其实仍是自利人，仍有对追求自己利益最大化的考虑。只不过他们所追求的个人利益是高层利益，是与很多人的利益相一致的个人利益，而他所付出的代价，是一般人所不愿意的。所以如果我们用“高尚”称赞他们时，其实并不意味着他们不自利，而是指他们所看重和追求的个人利益，是那种需要以牺牲自己的低层利益为代价的高层利益。正是在这个意义上，他们可谓高尚的自利人。由此可知，各种各样的利他主义行为，其实仍然是自利人所选择的利益最大化行为。这就是说，自利既可以以利己主义的形式来表现，也完全可以以利他主义的形式来表现。所以，马克思的这句话说得是很有道理的：“无论是利己主义还是自我牺牲，都是一定条件下个人自我实现的一种必要形式。”[②]

因此，就人性、人格及行为而言，并没有什么有私与无私、自利与不自利的区别，有的只是博大兼容的有私自利与狭隘渺小的有私自利、高尚骄傲的有私自利与卑下可耻的有私自利、善的有私自利与恶的有私自利的区分。

说人是自利人，也不等于否认人性中还有恻隐或同情之情。恻隐是同类相怜，不忍他人受苦之情。这种不忍之情如感同身受受苦人之情，故也谓“同情”或同情的一种。如卢梭就认为，同情是“我们的同类面临死亡或遭遇痛苦的时候，会感到一种天然的憎恶和反感”[③]。人性同时存在自利心和恻隐心并不矛盾，亦非不可思议，因为自利心是用来对自己的，恻隐心是用来对他人的，二者完全可以并行不悖。事实也是这样，每个自利人在遭遇一个可怜之人，尤其是初遇一个可怜之人时，他们的内心都会有恻隐之情发作。不过，有恻隐之情发作不等于必有利他举动随之做出，因而我们经常可以看到，并不是每个恻隐之情发作的人都必定会去帮助他所遇到的可怜之人。并且，在实施帮助的人中，也是略加施舍的多，一帮到底的少。为什么同是有恻隐心的人，会在面对可怜之人时有这些不同的表现？这是因为利他行动总要以牺牲自己的一定利益为代价，而自利人对这样的代价存在不同的看法：有的人觉得付出这样的代价值得，有的人觉得不值得，有的人则觉得如果付出的代价太大就不值得。这就是说，恻隐之心不与自利之心相冲突，有代价的利他之举会与自利相冲突，所以这时自利人才有不同的表现。其中，仅仅是恻隐之情发作而没有任何利他举动的，是所谓“拔一毛利天下而不为”的极端自我中心的自利人；愿以小的代价如举手之劳或少量财物来平复心里的难受或不忍之情的，是比较看重内心快乐的自利人；愿付出大量精力、财物来帮助可怜之人彻底脱离困境苦海的，则是以助人或履行美德为自己的幸福的自利人。正因恻隐心、同情心也要服从于自利心，所以休谟的“没有一种情感能够控制利己的感情”的说法是对的。[④]

恻隐心与自利心并行不悖且服从于自利心还体现在，恻隐只是一时之情，自利则是恒在之心。它是指，恻隐或恻隐意义的同情只是在看到他人(有时也包括动物)的悲

① 伍立杨：《英雄吴樾与〈黑暗时代〉》，《民国春秋》1998 年第 6 期。

② 《马克思恩格斯全集》第 3 卷，人民出版社 1950 年版，第 275 页。

③ Jean-Jacques Rousseau, *a Discourse on the Origin and Foundation of the Inequality Among Mankind*, London: Printed for R. and J. Dodsley, 1761, p. 67.（摘自阴志科：《糟糕的康德：伊格尔顿伦理美学的一个起点》）

④ [英]休谟：《人性论》下册，关文运译，商务印书馆 1983 年版，第 532-533 页。

惨境况时才可能会出现的偶尔情感，在其他绝大多数时间里则都无表现；而自利心则是在任何时候都存在并必然起作用的心理活动，甚至在恻隐之情发作的时候也是如此。总之，它时时都有显现，除非是人已入睡。所以伊格尔顿所谓“占统治地位的始终是自身利益，长期来看，同情(sympathy)处于短缺状态”[①]的说法也是对的。

唯一能让自利人超越自己的人性的因素是爱，不过不是所有的爱或一般的爱，而是某些特殊的爱，例如，父母对子女的爱使父母愿意为子女做任何事情，热恋中的男女也愿意为对方做任何事情，在必要的时候，他们甚至都愿为对方献出自己的生命。但诸如此类的特殊爱所体现的对自己的超越，其实并不是把自我排除在所爱对象之外的，而是把自我扩大了，将爱的对象纳入了自我的一部分，甚至是自己最珍爱的一部分。因为子女是“我的子女”，爱人是“我的爱人”，所以在这些爱中，爱对方也就是爱自己。并且这些能超越自己的特殊的爱，通常不会扩张到其他对象身上，这也进一步说明了这种爱所具有的自我性或自利性。当然，也有人将愿为对方做任何事情的特殊之爱扩大到全体人民或整个人类的身上，但他肯定不会也不可能为其中的每个人具体做任何事情，而只会为他们的共同事业或整体利益做任何事情，而这样的人其实也就是那些将为人类做贡献视为最值得追求的自我实现的自利人。

综上可知，人有自利性与人有恻隐心、人有利他主义举动、人有对他人的爱，并不相互矛盾，恻隐心、利他主义举动和对他人的爱的存在并不意味着自利不是人的本性。所以，任何人都是自利人，人性自利就是一个普遍的事实，而不是什么假设。同样，在人性或心理层面，说人是好利恶害、怀赏畏罚的自利人，也不是什么假设。

这里之所以要特别强调“在人性或心理层面”，是因为在行为层面，还是会有某些不怀赏畏罚的自利人，即不求获赏而宁愿冒受罚之险的人。不过从概率上说，只要赏罚是正常、有效的，而不是偏激或无效的，在行为上怀赏畏罚的自利人还是占绝大多数，在行为上不怀赏畏罚的自利人则为数甚少，大致仅出自这两种人：一是具有非凡的社会批判意识而引领时代的特立独行者；二是嗜财如命的胆大妄为之徒。前者如马克思、列宁、毛泽东等，他们发现现实社会不合理的秘密，决定对之进行批判和改变，并将此作为自己人生最重要的高尚使命和价值追求，故甘冒和敢冒受当时社会打压的风险；后者如“二王”、张军、周克华等抢劫杀人犯，则是怀揣侥幸之心，为了自己发大财而不惜以身试法，铤而走险。显然，这两种人在心理上也同样是不愿受社会惩罚的，只是为了谋取一个更被自己看重的巨大利益，才宁愿去冒受罚之险。

四、怀赏畏罚的自利人是理性的

每个人对“什么是赏？什么是罚？赏会赏什么？罚会罚什么？怎样才能获赏？怎样才能避罚？”之类所有有关赏罚问题的认知与把握，都只能是通过自己的理性达到的，因而怀赏畏罚的自利人必然同时也是理性人。简而言之，人是怀赏畏罚的理性自

---

① Jean-Jacques Rousseau, *a Discourse on the Origin and Foundation of the Inequality Among Mankind*, London: Printed for R. and J. Dodsley, 1761, p. 67.（摘自阴志科:《糟糕的康德:伊格尔顿伦理美学的一个起点》）

利人。

强调人是理性人，不能不交代理性是什么。

“理性”是中西学界常用的重要术语或重要概念之一，但迄今尚无一个可令人满意的定义。笔者认为，理性是人脑的一种能力。有了这种能力，就既可以从内深入分析对象，也可以从外整体把握对象，还可以在此基础之上，从人出发，进一步评估对象有何价值及价值大小，从而决定自己应对对象做什么。因此，理性就是深入分析对象、整体把握对象和评估对象价值以及确定自己应当如何行动的能力。不论是深入分析对象、整体把握对象，还是评估对象价值并确定自己应当如何，都无一例外地要用到概念、命题和推理等逻辑范畴，所以逻辑性就成为理性的突出特征，理性就是有逻辑思维的意识。理性有事实理性和价值理性之分。事实理性是深入分析对象和整体把握对象的能力。有了这种能力，人就能知道对象是什么样的存在者、有什么样的属性和变化，以及为什么会变化和按什么规律变化，等等。科学就是回答事实问题的，所以事实理性亦可称为科学理性。价值理性则是评估对象于人的意义的能力，有了这种能力，人就能基于自己的需求或利益，赋予对象或好或坏的意义，并能进而据此决定自己该如何对待对象或应当对对象做什么。价值理性所做的这些事，在学科分工方面，只能由哲学进行研究，科学则研究不了，所以价值理性不属于科学理性，而属于哲学理性。①

不少学者强烈反对对理性人的定性。在经济学中，最早的反对者是马尔萨斯(1789)，他认为人不是理性的动物，而是感性冲动的动物，其所作所为完全和理性的劝导相反，否则就不会有人口过剩、困苦、战争或罪恶，并首次把情欲引进经济学，认为是人的愚昧情欲支配着人的经济行为。凡勃伦(1899)也认为人们的行为举止是非理性的，主要遵循习俗与习惯，而不是力求效用最大化。福山对这个观点做了补充论证：人们并不是时时刻刻都生活在精打细算之中，相反，每天生活的大部分时间都是用习惯来应付各种风险和不确定性，因为这样可以大大降低决策成本。阿马蒂亚·森(1977)对理性经济人的批判又是一个套路：“作为个人，经济学家会表现出得体的友善，但在其经济学模型中，他们却假设人类的行为动机是单纯的、简单的和固执的，以保证其模型不会被友善或道德情操等因素所干扰。”因此，现代经济学不自然的无伦理特征与现代经济学是作为伦理学的一个分支而发展起来的事实之间是存在矛盾的。在这个经济人的解释模型中，一个人就只被赋予一个偏好序列，这一序列要反映他的利害考虑，代表他的受益，涵盖他认为应该做什么的一切想法，并描述他的实际选择及行为。可一个偏好序列能担当这么多任务吗？纯粹以经济学定义所界定的人，确实近似一个社会上的白痴。经济理论以那个看来了不起的万能偏好序列来界定一个理性的白痴，沉溺于其中而不能自制。②

然而，以上所有的批判都是经不起推敲的。

马尔萨斯以人口过剩、困苦、战争或罪恶的存在来证明人是感性冲动的动物，但人

---

① 韩东屏：《人是元价值——人本价值哲学》，华中科技大学出版社2013年版，第96页。

② ［印度］阿马蒂亚·森：《伦理学与经济学》，王宇、王文玉译，商务印书馆2001年版，第7-9页。

类历史上的所有战争和绝大多数罪恶，都是精心谋划的结果。也许人口过剩算是集体无意识的产物，但对于每个个体或每个家庭来说，其生育行为都不是无意识的，也不是纯粹的感性冲动，而是出于传宗接代、养儿防老和壮大家族等方面的考虑。至于困苦，就绝大多数困苦者来说，更与他们的感性冲动无关，而是由社会分配不公造成的。因为受压迫、被剥削的人们，即使严格控制自己的感情，从不感性冲动，他们仍然是困苦的，并且也不能由此而改变自己的困苦现状。还有，从普遍的情况看，在一个人一生的活动中，不仅困苦与他的非理性无关，而且，生育、战争和罪恶，都绝不是他的经常性行为，而是他的偶发行为。所以退一步讲，即使这几种偶尔发生的行为算是感性冲动的结果，我们又怎么能据此以偏概全，说人是非理性的呢？我们最多只能说，人也有非理性的一面，并偶尔由非理性发动行为。

当然，人性的非理性论者不会同意非理性行为是偶发行为的观点。他们还有这样的补充论证：非理性有两个特征。一是如果一个理性人认为某项酬赏从长远来看对于某人并没有什么好处，而该人采取了获取报酬的行为，那么，该行为就会被认为是非理性的。比如他喜欢上了他从理性上讲不应该喜欢的东西或人，就属于非理性行为。二是不管一个人的价值观如何，如果他不是经过“算计”去获取一个从长远来看有价值的最大酬赏的话，那么，他的行为被认为是非理性的。用非理性的这两个特征去看，在现实生活中，非理性的现象其实非常普遍，持非理性行为的人并不鲜见。[①]

可是，这两个特征能算得上是非理性的特征吗？倘若下面笔者能确证这两个特征算不上非理性的特征，那么以它们为据而推出的“非理性现象普遍”的结论也只能是完全不可靠的。就第一个特征来说，当某个人采取了被一个旁观的理性人认为不值得的行为时，并不见得这就是某人的非理性表现。因为，当某人的价值偏好与那个旁观的理性人的价值偏好不同时，某人出于自己的理性和偏好做出的最优行为选择，也会被那个旁观的理性人认为不值得，可这能进而说某人的行为是非理性行为吗？同时，这里也存在另一种可能性，就是当某人所知有限或认知有误时也会做出对自己来说不值得的行为。可这个行为的出现，显然也不能被归为非理性。非理性与理性相反，是没有逻辑思维的意识，具体表现为潜意识、本能欲望和情感之类形态，因而只有由这些直接发动的行为才是非理性行为。这就说明，有错误或缺陷的逻辑思维尽管存在错误或缺陷，却并不是没有逻辑思维的非理性。就第二个特征来说，将一切未经“计算”而获利的行为都归为非理性也是不对的。因为未经计算而获利，并不等于未用理性思维或逻辑推理来思考和选择行为，比如按照上级领导的指令做事而获得报酬，虽然得到的不一定是他的最大报酬，可我们能说这个行为是非理性的吗？何况有时不计算，恰恰体现的是理性的精明。因为如果已有前人现成的成功经验可资借鉴，何须自己再做计算？关于这些问题的分析，也可从下面批驳凡勃伦和福山的观点中看到。

凡勃伦、福山等把人们普遍遵从习俗和道德说成是非理性的行为，实际上就是错误理解非理性特征的结果。就习俗和道德本身来说，习俗是成功的做事方式，道德是

---

① 辛鸣：《制度论——关于制度哲学的理论建构》，人民出版社2005年版，第161页。

善的为人处事方式，二者都是人类智慧在长期实践中的结晶。[①②] 正因如此，习俗和道德才确实能降低人们应对一般事务的决策成本，使人们免于在每一件事务上都要靠自己劳神费力地精打细算。所以，人们遵循习俗或道德行事，仍然是理性的表现。它要么是教育的结果，要么是自己生活经验的总结。而无论教育还是经验总结，也都只能是理性的展现，而不会是非理性的体现。何况，如果把人们遵循习俗和道德说成是非理性行为，那岂不等于说，其相反的情况，即人们违反习俗或道德，倒是理性的行为？这显然是极端荒谬的。因为如果习俗和道德是人们实践智慧的结晶，那么有人对它们的违反就只可能是偶尔的行为，出现在其情绪不稳、情感冲动而丧失理智的时刻。虽然，现实中有时也会出现一个人遵循习俗或道德，其结果反而是对自己不利这种所谓的“非理性”的情况，比如扶贫济困、冒险救人之类的道德行为，但其实这样的道德行为还是有利于行为者的长远利益或更大的利益。因为这不仅在于每个人都有可能陷入无法自救的困境之中而期待有人会伸以援手，更在于这样的道德举动能提升行为者的人生价值。还有休谟提供的理由，即眼前遵守道德产生的不利结果，会在大家共同遵守规则的长期合作中得到超值弥补。正是因为道德具有这样的功效，所以它才被人们称为“聪明的远虑”。当然，如果习俗或道德已经过时，不再是“聪明的远虑”，那么人们这时还在遵循它们就显得有些不明智。但这只是人们在以往惯性思维的作用下，一时还未意识到这一点而已。这就是说，即便是这种情况也不属于非理性的表现，而只是人们认知失误、理性出错的表现。当笔者说怀赏畏罚的自利人也是理性人时，并不意味着笔者认为人的理性是永远不会出错的完全理性或无限理性。人的理性从来都是有限理性或不完全理性，并且永远也不可能变成完全理性或无限理性。因为每个人都不可能是全知全能的上帝，他的认知能力总是有限的，总有自己所不知道的知识，也总会有认知出错的时候，而他身处的环境也经常具有不确定性。除此之外，有时外部的环境或条件也限制了他对相关信息的了解和搜集，使之处于信息不对称的境地。但所有这些事实都不意味着人没有理性，也不意味人的行为选择不能由理性做出。它们最多意味着，人凭理性做事也有出错的可能。而人凭理性做事出错，显然并不意味着人是非理性的。

阿马蒂亚·森的批判逻辑如果针对的是“理性经济人”还有一定的道理，可如果针对的是“理性自利人”，则道理全无。他虽然没直接说人遵循道德是非理性的，但还是把它视为了与理性人相左的事情，似乎一个人只要有道德表现，就算不上是追求个人利益最大化的理性人。其实，理性自利人的解释在说人总是追求自己的利益最大化的时候，有一个前提，就是“在约束条件下”，而道德显然也属于外部约束条件之一。何况，理性自利人并非理性经济人，只是一味追求经济利益，而是同时有多种追求（这一点前面已有论证）。这就说明，理性自利人有时还会表现出道德或友善的一面，这与他是理性自利人的本性一点儿都不矛盾，丝毫不值得惊奇。因此，森的理性自利人也有道德的“一面”，并不能颠覆理性自利人的解释，也不能证明现代经济学是不讲伦理且

① 韩东屏：《道德究竟是什么？》，《学术月刊》2010 年第 4 期。

② 《人本伦理学》，华中科技大学出版社 2012 年版，第 37-43 页。

“没有伦理特征”的。事实上，如果在某个理性自利人的偏好序列中，道德的价值被他摆在较前面的位置，那么这个理性自利人就会更讲伦理。不管他是否自觉，每个人都会有一个自己的价值偏好序列，或者说，都会有属于自己的孰重孰轻的价值排序，并且一般来说，他们也是按这个序列来决定行为的，只不过这个偏好序列有时会发生一些变化而非一成不变，并且每个人之间的偏好序列也多有不同。正是这两种情况，导致了在理论上分析人行为问题的复杂性和不可能一劳永逸。但是，如果我们完全忽略这样的偏好序列，不用它做分析方法去说明人的行为选择，又能用什么方法？森是否能为大家找出更好的方法？从现在的情况看，他还没做到这一点。至于以后，他也不可能做到这一点。毫无疑问，任何理论都会有抽象的成分，而有抽象就会有省略，包括森自己构建的各种理论也是如此。用一些已被抽象掉的无关紧要的非普遍情况或具体细节来否定普遍理论，如否定“人有价值偏好序列，并且据此结合外部约束条件选择行为”这个观点，是没有道理的吹毛求疵，因为这种否定将使一切理论都无立足之地，而仅剩下让人不胜其烦的无穷无尽的流水账式的个案研究。所以，有偏好序列的人并不是“理性的白痴”，用这种偏好序列去分析人的行为选择的人也不是“理性的白痴”，恰恰相反，只有完全忽略这些的人，才真正属于“理性的白痴”。

与以上学者不同，还有一些学者是用大量的试验和案例来证明自利人并不总是理性的，即他们做出的行为选择，并不总能达到自己利益的最大化。

其中，一个著名试验是：将 100 元钱分给甲乙二人，甲来负责分配，乙可以同意或否决，若双方达不成一致，这 100 元谁也得不到。假设甲分给自己 99 元，分给乙 1 元，这时乙会不会同意？按经济学家的理性人假设，乙这时不会因赌气不要那 1 元钱从而否决方案。但在实验中，很多人都表示，如果由他充当乙的角色，他宁愿损失这 1 元钱，也要否决这个极不公平的方案。于是该试验的结论就是：生活中，理性人假设并不总是成立的。

一个源自现实经验的案例是：在铁矿石被垄断的情况下，铁矿石由卖家定价，这时卖家往往将铁矿石的价格定得很高，这时买家是决定接受还是不接受这个定价？若不接受，一拍两散，生意做不成，不是理性选择。可现实中，许多买家还是做了不接受卖家定价的决定。

还有许多“二奶”告发贪官的现实案例，也说明人有时不是按理性进行选择的。因为这些“二奶”在向贪官索要更多利益未遂时，都选择了放弃可得利益，鱼死网破，告发贪官，与之同归于尽，而不是自己安然无恙地得到那些可得之利。[①]

但在笔者看来，以上这些事例都不能证明理性自利人的说法不成立，它们证明的只是，理性自利人有多种利益追求，当有些不同利益追求之间发生冲突而不能兼得之时，他们中的某些人并没有把经济利益或物质利益看得最重而已。在分配 100 元的试验和铁矿石的案例中，宁愿不要 1 元钱和不接受卖主定价的人，是把公平的价值看得更重；在“二奶”告发贪官的案例中，那些选择鱼死网破的“二奶”，则是把对欺骗、背叛

① 以上实验参见阮青松、余颖、黄向晖：《关于经济人假设的实验经济学研究综述》，《学术研究》2005 年第 4 期；张小落：《最后通牒博弈》，《大科技・百科新说》2013 年第 4 期。

或玩弄自己情感的人的报复或惩罚看得更重，哪怕为此还要搭上自己的一定利益损失。这即是说，以上当事人的选择，仍然是理性的，只不过不是根据经济利益的考量做出的理性选择。所以，以上实验和案例充其量证明的只是人的非经济性或非只重经济性，而不是人的非理性。

当然，其中有的人有可能也是最重经济利益的，只是因为一时没有把事情想明白而做了非利益最大化的选择。但这也不能说明他们不是理性自利人，因为谁也没有保证过，理性自利人的理性就从来不会有算错利益得失的时候。

五、人没有人格分裂症

在人性问题上，当笔者说“人是怀赏畏罚的理性自利人”时，不等于认为，怀赏畏罚的自利人只有理性意识，而没有本能、欲望、情感、情绪和潜意识之类的非理性意识。为什么笔者在这里只提人的理性而不提人的非理性呢？这是因为，非理性在人认知和把握赏罚的事情上，不能起任何作用。同时也因为，每个人一生中的绝大部分行为选择，尤其是那些重要的行为选择，如入校、升学、就业、工作、志向、立业、择偶、成家、健身、治病、买房、购大件、过日子、度假休闲等，都是凭理性做出的。尽管人也有感情用事的时候，但这毕竟属于极小概率事件或极小比例情况，因而我们不能用它来以偏概全，据此而说怀赏畏罚的人不是理性人。

当笔者说“人是怀赏畏罚的理性自利人”时，也不意味着笔者认为人没有其他方面的人性。或者说，不意味着笔者认为，生物性、需求性、理性、非理性、自由性、创造性、主体性、精神性、文化性、道德性、合群性、社会性和想象力、实践能力，等等，不属于人的共同内在规定性，不是人性的体现。

人性既然如此丰富多样，为什么笔者在谈论人性时，只强调“人是怀赏畏罚的理性自利人”？

意图只有一个，这就是若想普遍地说明人的行为和行为选择，要以“怀赏畏罚的理性自利人”为前提或出发点，而人的其他方面的人性，则既不与这个前提和出发点相矛盾，也不与人的行为选择直接相关，故而不是分析人为什么会做这样的行为选择时所必须一一提及的因素。

不过，按照一些重要思想家的看法，他们不会同意笔者的观点。在他们看来，人性中还有与自利性截然不同的另一面，而且它同样能影响人的行为和行为选择。只是不同的思想家，对人性的另一面的说法不尽相同。

维柯说，人既有自私的本性，也有追求共同利益的本性，虽然后者不在人们的意识范围内，却会对人的意识和行为发生影响。伏尔泰说，人既有社会性，又有反社会性，后者源于人的自私性，前者源于人的理性。人是善与恶的混合物。康德则说，人的最基本的秉性有两种，即利己主义和利他主义，或个人主义和集体主义。人的本性的主要方面是恶的，是利己主义。正是恶的本性驱使人们为自我利益而奋争，从而推动历史的进步，但人的利他性最终制约着利己主义的恶性发展。两者的矛盾和统一构成了历史进步的整个过程。孔德也认为，人的本能有个人本能和社会本能之分。个人本能的表现是利己心，社会本能的表现是利他心。其中个人本能对历史发展起了决定性作用，但社会本能的作用也不容忽视，它使人具有改革精神。社会生活的起源就是个人本能和社会本能的调和。[①] 休谟的说法相对缓和，把“自私”的另一面说成“有限的慷慨”，认为人性是“自私和有限的慷慨”的对立统一，通过彼此之间的限制而不使另一方极端化，即有限的慷慨对自私的限制使其不至于下滑为兽性，而自私对有限的慷慨的限制使其不至于升华为神性。

由于人的活动与人性相关，人的活动自然也体现着人性。在现实社会中，从人们或每个人一生的行为看，都是既有利己的行为，也有利他的行为，据此我们似乎确实可以说，人患有人性分裂症：既有自利性，也有利他性；既有反社会性，也有社会性。

但是，这其实属于一个运思不慎的误会。

我们知道，生活中有大量的利他行为，尤其是大量发生于熟人圈中的利他行为，比方说，借钱、借东西给别人，或者给别人帮忙、办事之类，其实并不都是真正的利他行为，而是属于交换行为或曰利益交换行为，只不过这种交换不是双方当下的即刻交换，而是双方长时间完成的交换。也就是说，做了此类利他行为的人，是指望对方在将来回报自己的，而对方往往也认为确实需要找机会回报对方。因而这种情况就是有来有往的交换帮忙，其中率先向对方提供的利他行为，在对方看来，就是俗话所说的“人情债”，是故我们经常能听到“我欠了他一个人情”这样的说法。既然这样的利他行为实际上是交换行为，那它自然就和市场中的商品交易一样，出自每个交换者为得到自己所需的自利动机。

更进一步的分析是，如前所述，不仅经济人是自利的，而且政治人乃至道德人也是自利的；不仅普通的利他行为或休谟所说的“有限的慷慨”是利己的，而且最高尚的利他行为或伟大的慷慨也是利己的，只不过这种利己是以牺牲自己的某种利益而实现被自己更看重的另一种利益的形式实现的。因而当我们说某人“高尚”时，其实应该并不是指他“不自利”或“无私”，而是指他的自利性追求是高层次的追求，这种追求不是一般的人所能达到的，或者说，不是所有未经深刻省察人生意义的人所能达到的高度。因为它往往要付出某种其他层次的个人利益的代价。而孔子的“君子爱财，取之有道”和“君子喻于义，小人喻于利”，应该就是在这个意义上说的，即君子虽也爱财，但是按道德的方式获取，并且看重的不是物质方面的利益，而是道义方面的利益。老子的“天长地久。天地所以能长且久者，以其不自生，故能长生。是以圣人后其身而身先，外其身而身存。非以其无私耶？故能成其私”则是用比喻的方式说出了高尚也内含私心的道理。

现实中虽然确实还有不以交换为目的的利他行为，即不指望对方给予任何回报的利他行为，但这种利他行为还是有自利的动机在内，而绝不是被所谓“纯粹的利他动机”所驱动。

---

① 参见严建强、王渊明：《从思辨的到分析与批判的西方历史哲学》，浙江人民出版社 1997 年版，第 14-16 页。

这就是说，即便是高尚、美德，也是出自人的自利心。关于这一点，于18世纪撰写《蜜蜂的寓言》这部惊世之作的曼德维尔已有一定认识，他明言，人的各种意向和欲望都是出自自利自爱的本性，甚至一切美德都是出于人的自利自爱本性，德行只是自私心的变化形式而已。譬如，勤勉和智巧不过是为了使自己获得更多的收入，而善举、自豪和荣誉不过是受个人虚荣心的驱使。① 用寓言讲道理难以周全，曼德维尔的观点中也存在两个不足：一是延续了一个传统的误区，就是不恰当地将一切用于满足个人欲望的行为都不加区分地一概称为"恶习"；二是虽说出美德也出自自利，但未能进一步意识到不同的自利方式实际存在高尚与卑下的本质差异。比他早得多或许也是最早阐述高尚依然出自利己心的亚里士多德却看到了这种差异。亚里士多德认为，不管何种爱，其基础都是自爱。自爱者有两种，一种是将自爱演变为损人利己的自私的假自爱者，他们服从"沉迷于灵魂的非理性部分"，"按照情感生活，向往的只是对自己有利的东西"，因而经常"追从自己邪恶的感情，既伤害了别人，又伤害了自己，他们不是爱自己的人"。另一种是"真正意义的自爱者"，服从"自身中最有权威的部分——理性"，"按照理性生活，向往的是高尚的行为"，或者说，"向往的是正义以及节制等其他品德，想使自己高尚美好"，并能够自制，"这样的人就是热爱自己的人，他做高尚的事情帮助他人也使自己得益。……必要时甚至不惜牺牲自己的生命，只为自己求得高尚。他们才是真正的自爱者"。也只有这种自爱，才体现的是"明智"或"实践智慧"。②

这就说明，人的自利行为出于人的自利性，而且人的利他行为其实也出于人的自利性。所以，人虽然会有利他行为，却并没有利他人性。

同样，人有合群的社会性，愿意待在社会之中甚至做一些有利于社会的事情，也不是出于利他性而是出于自利性。不用多说，个人离开群体或社会就会面临生存危机。尤其是在人类初始阶段，面对野兽经常出没，气候恶劣无常，处处充满危险的严酷原始自然环境，一个人根本就存活不了多久。纵然是现代，完全离群索居的个人，即便如能自食其力的鲁滨孙，也依然会缺衣少食，缺医少药，缺少一切他不能生产的生活资料而使自己的生存质量大大降低。正因为离开社会对个人如此不利，所以个人才愿意待在社会中，哪怕有时要为之承受某些痛苦。而事实也是如此，各个历史时代，除了那种偶尔出现的没有任何其他办法逃避追杀的人，万不得已才会选择完全离群索居之外，再无任何其他人愿意做这样的选择。这是一个方面的情况。另一个方面，任何一个人，只有在社会之中，通过与他人的合作或协作，才能完成许多单凭自己做不到的事，才能获利更多，才能生活得更好。为此他就更愿意待在社会中。既然合作才能给每个人带来更多的利益，那么排除所有会影响或危害合作的行为就成为必要，于是人们也就愿意用共同的约束来禁止和排除这些行为，从而也使自己更加具有合群性或社会性。同样，人们在社会中做有利社会的事，出发点也是为了自己，因为只有如此他才能既得到自己赖以生存的资源，又能实现自己的人生价值或追求。当然，有时人也会做出一些反社会的事情，但不论是违法乱纪、作奸犯科的反社会行为，还是对现实社会进行批判

① 苏光恩：《从美德到文雅——曼德维尔论现代社会的气质》，《政治思想史》2013年第2期。

② 汪子嵩：《希腊哲学史》第3卷，人民出版社2003年版，第989、987页。

或改造的反社会行为，也都是出于其自利的动机。前者是为了给自己追求巨大的物质利益，后者是为了追求自己憧憬的理想社会。这两种反社会行为在任何一个现实的社会中都充满风险，代价巨大，所以凡是反社会行为都不会是人的普遍行为和常态行为。由上可知，人的合群意义上的社会性，也并不是以利他性为基础的，而仍然是建立在自利性的基础之上的。

人性作为人的内在规定性，必定是舍之人就不能存在或使人不再成其为人的东西。任何一个人如果从来不做不求对方回报的利他行为，或者从来不做反社会的行为，都既不会导致他不能继续生存，也不会使他丧失做人的资格。所以，所谓“利他性”或“反社会性”，都算不上是人性。相反，任何一个人如果从来不做自利的行为，他就不能继续生存；如果从来不待在社会中，他就不是真正意义上的人，而只是一个人形动物。所以，“自利性”和“社会性”才堪称人性。也就是说，在人性方面，人只有自利性，没有利他性，只有社会性，没有反社会性。

实际上，我们稍微认真想一下也能知道，人不可能患有既有自利性又有利他性，既有社会性又有反社会性的人格分裂症。如果真是这样，人岂不是就会像西方哲学寓言中的那只彷徨在两堆一样大小、一样色泽的草料之间左右为难而无从做出任何选择的“布利丹的驴子”那般——既不会做出自利的行为，也不会做出利他的行为；既不会做出有利社会的行为，也不会做出反社会的行为——结果最后什么都不做，只好像那头驴子一样活活饿死？

因此，被人们甚至是思想家所提到的人性虽多，却不见得全都是真正的人性。除却虚假的人性，真正的人性仍然会不少，但它们之间也绝不会是相互冲突、相互分裂的关系，而只能是具有相辅相成的内在统一性。具体说来就是，以生物性需求和社会性需求之满足为要旨的自利性，是人最基本的人性，其他的那些人性，即理性、非理性、创造性、自由性、主体性、文化性、道德性、精神性、合群性、怀赏畏罚性和想象力、实践能力等，则都要服从、服务于人的自利性，并且也都是为了自利性才发展出来的人性。事情很清楚，如果人不自利，不谋求自己的生存发展，那么上述那些其他人性就都是不必要的，也没有必要随着人的诞生而生成。即便如理性和非理性这对似乎相反的人性也是如此，因为人的理性是为自己的需求服务的，非理性也是为自己的需求服务的，只不过后者这种出自动物本能的人性经常不能为自己的需求提供好的或有效的满足方式而已。

第二章

制度论：制度是最强的社会赏罚机制

制度方面的事实是，制度是最强的社会赏罚机制，具有最强的社会赏罚功能。不过，在详细说明这个事实之前，有必要从制度的一般内涵说起。因为笔者觉得中外学界关于制度的各种已有解释都不够妥当，同时也因为既然笔者以制度解释历史，将制度作为本书的关键词，就也应该对笔者所理解的制度有一个全面而系统的交代。

一、制度的本质与功能

关于制度的本质，中西学界存在若干种互不相同的解释。西方学界解说制度本质的主要观点大致由以下学者的定义或表述构成。

凡勃伦将制度归为思想习惯，“制度实质上就是个人或社会对有关的某些关系或某些作用的一般思想习惯；而生活方式所由构成的是，在某一时期或社会发展的某一阶段通行的制度的综合，因此从心理学的方面来说，可以概括地把它说成是一种流行的精神态度或生活理论，说到底，可以归纳为性格上的一种流行的类型”①。

杰普森、马奇和奥尔森等人将制度归为惯例。杰普森说，制度是“社会建构的、自我复制的惯例”②。马奇和奥尔森说，制度是“相互关联的规则和惯例的集合体，它们从个体角色与周围环境的关系角度界定适当的行动”，并特别强调，其中“最重要的是惯例”。③

康芒斯和吉登斯将制度归为人的活动。前者说，“我们可以把制度解释为集体行动控制个体行动”④；后者说，“时空延伸程度最大的那些实践活动，我们可以称其为制度(institutions)”⑤。

亨廷顿等将制度归为行为模式或活动形式，不过具体说法不尽相同。亨廷顿的说法是：“制度就是稳定的受珍重的和周期性发生的行为模式。”⑥奥唐奈把制度视为“规则化的行为模式”⑦。迪韦尔热说：“制度是作为一个实体活动的结构严密、协调一致

---

① [美]凡勃伦：《有闲阶级论——关于制度的经济研究》，商务印书馆1997年版，第138-139页。

② [美]B·盖伊·彼德斯：《政治科学中的制度理论：“新制度主义”》，王向民、段红伟译，上海人民出版社2011年版，第115-116页。

③ [美]B·盖伊·彼德斯：《政治科学中的制度理论：“新制度主义”》，王向民、段红伟译，上海人民出版社2011年版，第29页。

④ [美]约翰·康芒斯：《制度经济学》，商务印书馆1962年版，第87页。

⑤ [英]吉登斯：《社会的构成》，北京三联书店1998年版，第80页。

⑥ [美]塞缪尔·P.亨廷顿：《变化社会中的政治秩序》，三联书店1989年版，第12页。

⑦ [阿根廷]基尔摩·奥唐奈：《论委任制民主》，见刘军宁编：《民主与民主化》，北京：商务印书馆，1999年，第49页。

的社会互动作用整体，它理所当然的主要是在这个范围内设立的模式。”①米德则说，制度“是有组织的社会活动形式或群体活动形式”②。

伯尔曼将制度归为结构化安排。他明确地说：“‘制度’(institutions)一词是指为执行特定的社会任务而做的结构化的安排”。③

青木昌彦则直接将制度等同于组织：“制度可以理解为有形的机构、组织或社会现象，如国家、公司、工会、家庭、垄断等。”④

还有一些西方学者把制度归结为权利或义务的关系集。例如，施密德认为，制度是“人们之间有秩序的关系集，它确定了他们的权利，对别人的权利的 exposure、特权和责任”⑤；布罗姆利也说，“制度是影响人们经济生活的权利和义务的集合”⑥。

更多的西方学者把制度理解为规则或规范，只不过具体说法略有差异。诺思的说法是：“制度是一个社会的游戏规则，更规范地说，它们是为决定人们的相互关系而人为制定的一些契约。”这些契约对政治、经济等社会相互关系构成一系列约束。其中既有非正式约束，如道德约束、禁忌、习惯、传统和行为准则，也有正式的法规，如宪法、法令、产权。所以，“制度是一系列制定出来的规则、守法秩序和行为道德、伦理规范，它旨在约束主体福利或效益最大化利益的个人行为”⑦。舒尔茨的说法是：“我将制度定义为一种行为规则，这些规则涉及社会、政治及经济行为。”⑧拉坦的说法是：“一种制度通常被定义为一套行为规则，它们被用于支配特定的行为模式与相互关系。”⑨韦伯的说法是：制度是一种宏观的公共产品，“决定不同社会群体的资源、地位和权力的分配”，“制度应是任何一定圈子里的行为准则”。⑩ 罗尔斯的说法是：“我要把制度理解为一种公开的规范体系。”⑪

以上西方学者关于制度的八种界说，在我国学界都有数量不一的呼应者。与西方情况相似，得到中国学者最多呼应的也是第八种说法。孙本文说，制度“是社会公认的比较复杂的而有系统的行为规则”⑫。刘李胜说，制度是“人们社会关系和社会行为的规范体系”⑬。林毅夫说：“从最一般的意义上讲，制度可以被理解为社会中个人遵循的一套行为规则。”⑭黄少安说：“制度是至少在特定社会范围内统一的、对单个社会成员的各种行为起约束作用的一系列规则。”⑮张宇燕说：“制度的本质内涵不外乎两项，

---

① 迪韦尔热：《政治社会学》，华夏出版社 1987 年版，第 200 页。

② [美]乔治·赫伯特·米德：《心灵、自我与社会》，霍桂桓译，华夏出版社，1999 年，第 282 页。

③ 伯尔曼：《法律与革命》，中国大百科全书出版社 1993 年版，第 6 页。

④ [日]青木昌彦：《比较制度分析》，周黎安译，上海远东出版社 2001 年版，第 28 页。

⑤ 转引自鲁鹏：《制度与发展关系研究》，人民出版社 2002 年版，第 9-10 页。

⑥ [美]丹尼尔·W·布罗姆利：《经济利益与经济制度》[M]，陈郁译，上海三联书店、上海人民出版社，1996 年，第 50-51 页。

⑦ [美]道格拉斯·C. 诺斯：《制度、制度变迁与经济绩效》，上海三联书店 1994 年版，第 3-4 页、第 226 页。

⑧ [美]R. 科斯等：《财产权利与制度变迁》，上海三联书店 1994 年版，第 253 页。

⑨ [美]R. 科斯等：《财产权利与制度变迁》，上海三联书店 1994 年版，第 329 页。

⑩ [德]马科斯·韦伯《经济与社会》，上海商务印书馆 1997，第 345 页。

⑪ [美]约翰·罗尔斯：《正义论》，何怀宏等译，北京：中国社会科学出版社，1988 年，第 50 页。

⑫ 孙本文：《社会学概论》，天津人民出版社 1985 年版，第 157 页。

⑬ 刘李胜：《制度文明论》，中共中央党校出版社 1993 年版，第 19 页。

⑭ 转引自辛鸣：《制度论——关于制度哲学的理论建构》，人民出版社 2005 年版，第 41 页。

⑮ 黄少安：《产权经济学》，山东人民出版社 1995 年版，第 90 页。

即习惯和规则。”[①]鲁鹏说：“制度可定义为交往规则。”[②]施惠玲说：“我们可以给制度下这样一个定义：制度是通过权利与义务来规范主体行为和调整主体间关系的规则体系。”[③]辛鸣说：“制度，就是这样一些具有规范意味的——实体的或非实体的——历史性存在物，它作为人与人、人与社会之间的中介，调整着相互之间的关系，以一种强制性的方式影响着人与社会的发展。”[④]

虽然拥有最多呼应者的观点不一定就是正确的观点，但在上述八种关于制度的界定中，相对而言最可取的还是第八种界定，即将制度落脚于规则的观点。因为按照逻辑学“被定义项＝属＋种差”的定义法则，只有“规则”一词才称得上是“制度”概念的上位概念或属概念，而其他制度界说中的落脚概念，即“思想习惯”“惯例”“生活方式”“活动”“行为模式”“权利与义务的集合”“结构化安排”，则都不是制度的上位概念。不仅如此，除了“惯例”概念之外，其他概念甚至也不是“规则”这个可作“制度”上位概念的“种差”，它们充其量只是与规则或制度有某种外部关联的东西。其中，凡勃伦所谓的“思想习惯”，只是规则或制度的思想形式，或者说，只是规则或制度在头脑中的主观反映；康芒斯和吉登斯所谓的“活动”“行动”“实践活动”之类，只是规则或制度所要约束的对象；亨廷顿等人所谓的“行为模式”或“活动形式”，只是规则或制度约束行为、行动、活动或实践的后果；施密德和布罗姆利所谓的“关系集”“权利与义务的集合”，只是规则或制度规范人际关系的必然产物；伯尔曼所谓的“结构化安排”，只是规则或制度为如何做某种事而规定的程序或步骤；青木昌彦所谓的“组织”，其实只是规则或制度的造就者和需要者，而非制度的等同者，其道理就像我们不能因为人生产粮食并以其满足自己的需要，就说粮食与人一样。

显然，任何一个事物的本质，都不可能取决于跟它有外部关联的东西，何况跟这个事物有外部关联的东西往往不止一种。这就说明，用上述那些只是与规则及制度有外部关联的概念给制度下定义，得到的都不可能是关于制度的本质性规定。同时也说明，这些不正确的制度定义，也不是完全不着边际的空穴来风，而是失误在把与规则及制度有某种外部联系的事物当作了内含制度的概念即制度的属概念。

杰普森、马奇和奥尔森的“惯例”倒是与“规则”有内在关联，即惯例属于习俗，习俗又属于规则，是规则的一个“种差”。但无论惯例还是习俗，都与法律这种典型的制度存在明显的不同，这一点恐怕谁都不会否认。尽管有某些法律最初来自惯例，但绝大多数法律都不是由惯例而来。何况那些变成法律的少量惯例，也已经与没变成法律的惯例有了质的不同。既然如此，惯例就不可能是制度的属概念，将制度定义落脚于惯例的做法就是极其褊狭而不可取的。关于这一点，后面的论述还有更具体的说明。

经过以上分析，现在只有“规则”概念可以胜任“制度”概念的上位概念，可在笔者看来，将制度解释为规则的第八种界定仍不够确当。

---

① 张宇燕：《经济发展与制度选择：对制度的经济分析》，中国人民大学出版社1992年版，第120页。

② 鲁鹏：《制度与发展关系研究》，人民出版社2002年版，第12页。

③ 施惠玲：《制度伦理研究论纲》，北京师范大学出版社2003年版，第10页。

④ 辛鸣：《制度论——关于制度哲学的理论建构》，人民出版社2005年版，第51页。

既然规则这个概念对于定义制度关系重大，我们就不能不先来回答规则是什么。

规则属于指令文化，用于指导人的实践，内含要人“做这个”“不做那个”之类的命令。但这些命令都不是只对某个特定的个人所下达的命令，如“张三去关门”“李四把书拿来”，也不是针对所有的人下达的一次性命令，如“下午所有的人都来开会”“明天大家都去体检”，而是对一定群体内的所有人下达的可持续有效的如何作为的指令。据此，规则就可以被定义为：在一定群体内对人之作为的普遍有效的固定指令。正因为规则作为指令是对群体内所有人的作为都普遍有效的固定指令，所以规则就成了他们共同的作为标准。而从词义上看，规则也确实有标准之意，因“规则”通“规范”，二者可互换使用，而规范即标准。为什么笔者在这里要选用“作为标准”的用语，而不是采用学界惯常使用的“行为标准”的说法？这是考虑到规则或规范中有一类特殊规则即道德规范，与其他规则不同，并不只是针对人的行为的，也是针对人的心理或品质的，如“仁慈”“开朗”“乐观”“不要贪恋他人钱财”等道德品质规范就是如此。而“作为”这个概念，既可指人的肢体活动，也可指人的心理活动或品质修养活动；既可指做事，也可指为人。而“行为标准”这个概念就无法包含品质规范。另外，还需要说明，上述规则定义中所说的“固定”是相对意义的，指该指令在一个时期内不变，而不是永远不变。至于何时会变、为何会变，则有多种不同的情况和原因。

规则有正式规则和非正式规则之分，这一点应当无人置疑。依笔者之见，正式规则才是制度，包括法律、法规、体制、建制、政策、政令、纪律、规章等具体形态，它们都是由组织制定的。而那些不是由组织制定的规则，即非正式规则，如习俗、道德，则不是制度。因此，制度就是组织制定的规则。而“组织制定”就是制度的本质所在，或制度作为规则之一种的“种差”所在。这里所说的“组织”是广义组织，既包括社会中的组织，即政府、军队、企业、医院、学校、研究机构、社团、教会等种类不一和数量众多的小于社会的“社会组织”，也包括“社会”本身。社会是具有唯一性的独特组织。它的独特性在于，它是总体性组织，是唯一能将以上所有社会组织都囊括于自身的超大组织；还在于只有它的成员是天然聚集在一起的，而不是如社会组织的成员靠招募而来。既然组织有社会和社会组织之分，由组织制定的制度自然也有社会制度和社会组织制度之分。在人类历史上，是先有社会后有社会组织的，所以社会制度的出现要早于社会组织制度的出现。

组织属于主体，但不是原生主体，更不是外在于人的所谓非人主体，而是由一定数量的个人或所有个人组成的主体，亦即以个人主体为前提的次生主体，因而所谓由组织制定的制度，其实是由组织中的人以组织的名义制定的。组织中制定制度的人，可谓制度安排者。其中，制定社会制度的人是社会制度安排者，制定社会组织制度的人是社会组织制度安排者。

组织之所以要制定制度，从根本上说，是为了用制度来规塑其成员的行为方式和规导其成员的行为方向，以实现组织的目的或目标。因为每个组织都是有目的的，而其成员的方向不一，方式不同的行为势必导致相互冲突，这就会离散组织的力量，不利于组织目的的实现。因而规塑组织成员的行为方式和规导组织成员的行为方向以实现组织的目的，就是制度最基本的功能。

既然制度仅为正式规则，那非正式规则就不是制度。非正式规则有习俗和道德这两种形态，同样存在于人类生活的各个领域，它们作为规则即普遍有效的固定指令，虽然也是人为的产物，但不是由社会或社会组织刻意制定出来的，而是一定群体内的人们在长期的共同生活中逐渐约定俗成的，往往形成于不经意间。

许多学者将道德也归入习俗，还有不少学者用“自然法”的概念统称习俗和道德。这类观点有一定道理，但不全面。道德与习俗最初是混在一起而难分彼此的，并且只以习俗的名义存在，只是当人群中又约定俗成出仁慈、仁爱、忠诚、智慧、勇敢、节制、正直之类品质性规范时，道德才凭这些品质规范并与原来混藏于习俗中的某些行为规范从习俗中独立出来而自成一体。因此可以说，品质规范的出现，乃是道德诞生的标志。从规则的种类看，习俗都是关于行为或做事的规则，而没有关于品质或做人的规则，而道德既有行为或做事的规则，也有品质或做人的规则。这一点构成了道德与习俗的最明显、最根本的差异。不言而喻，仁慈、仁爱、诚信、忠诚、智慧、勇敢、节制、正直之类，无论在哪个时代哪个民族，都属道德规范而非习俗。①

即便是在行为规则或做事规则方面，习俗与道德仍有一些不同。一般说来，习俗的做事规则所涉之事，通常都是与他人无关的个人私事，并且习俗都是从程序或形式的维度来规范人做这些事。其程序规范告诉人怎样干活、怎样使用工具、怎样保管工具，怎样制作各种用品、怎样衣食住行，怎样装饰打扮自己，怎样结婚繁衍，怎样应对生老病死，怎样进行游戏娱乐，怎样过节祭祀，等等；其形式规范告诉人要打造什么式样的工具，要建造什么式样的房屋，要制作什么样式的服饰，要烹饪什么式样的菜肴，等等。而道德的做事规则所涉之事，则既包括与他人无关的事，也包括与他人有关的事，并且道德是从人的利益之得损增减的维度来规范行为的。其中，与他人利益之得损增减相应的规范是协调性道德规范，如“勿偷盗”“勿骂人”“不要坑蒙拐骗”“不要以权谋私”“要孝顺父母”“要礼尚往来”和“应助人为乐”“应扶贫济困”“要热爱祖国”之类；与自己利益之损增减相应的规范是自为性道德规范，如“不要暴饮暴食”“不要酗酒”“不要吸毒”“要按时作息”“要三思而行”“要勤俭节约”“要好好学习，天天向上”“要艰苦奋斗”之类。

正因为有此差异，所以两种行为规则作为具有价值倾向的规定，所含价值也不相同。习俗的行为规范内含的是效用与审美方面的价值，道德的行为规范内含的则是善恶价值。因而在非正式规则中，只有那些与人的利益之得损增减相关，照做或不照做会涉及善恶判断或善恶评价的行为规范，才是道德规范。而那些告诉人按什么形式或什么程序步骤去做一件事，但照做或不照做此事并不关乎善恶评价而只关乎效用评价或审美评价的行为规定，则是习俗规范。比如一个人没按习俗规定的程序或步骤盖房子会被认为“效率低”，没按习俗规定的样式穿戴打扮自己会被说成“丑”，没按中秋节的习俗吃月饼会被认为“乏味”“不会过节”或“不合习俗”，但均不会被指认为“恶”。

① 韩东屏：《人本伦理学》，华中科技大学出版社2012年版，第37-39页。

另外，从两种行为规则的表现形式看，道德具有概括性、抽象性，是由概念或短句表述的规范，而习俗则往往是一些由固定化、程式化、形式化的具体动作和步骤构成的做事方式，这种做事方式如果没有人以身示范，一般很难通过一个概念或一句话就让人明白和学会。比如男女如何求偶、成人如何行割礼、吃饭如何用筷子等习俗就是如此。因而一个具体习俗的传承往往需在实践中教与学，舍此则难以相传。而道德的传承则主要靠言教，即便没有以身示范，传承者也可通过语言文字明白其含义。①

现在话说回来。为什么笔者只将"制度"等同于"正式规则"而不是所有规则？

可以确认，规则之所以要作正式规则与非正式规则的区分，就在于正式规则是制定出来的，非正式规则是约定俗成的。因此，"制定"与"约定俗成"，既是"正式"与"非正式"的本质差异所在，也是正式规则和非正式规则的本质差异所在。而在中文中，构成"制度"一词的"制"就是"制定"之意，"度"则是"标准"之意，合在一起就是制定标准之意。不过这个被制定的标准并不用来针对物，而只是关于要人如何行为的标准，亦即要人做这个或不做那个的规则。所以，制度作为制定出来的行为标准或行为规则，只可能是规则中的正式规则，而不可能同时还是约定俗成的非正式规则。应该说，"制定"与"约定俗成"都属于人为，但相对而言，"制定"是出于具有全体性的组织的行为，其意图更明确，自觉性更强，短时间就能形成对任何人都有效的具有普遍性的规则。而"约定俗成"则是出于分散性的个人之间的行为，其意图不够明确，自觉性不强，往往需要很长时间才能逐渐形成对人们都有效的普遍性规则。正是在这种意义上，我们才可以说，"制定"和"正式规则"属于有明确意图的自觉而成；"约定俗成"和"非正式规则"属于无明确意图的自发而成。也许有人会说，道德规范也有组织制定的，而非一概约定俗成。如我国政府前些年推出的公民20字道德规范和"八荣八耻"之类，岂不就是如此？其实并不是如此。政府设定或提出某些新的或自己中意的道德规范在整个社会推广，只属于向社会大众"要约"，还不是现实的道德，只有当它们被社会大众"应约"即愿意接受履行，并用于生活实际，这些规范才算达到"约定俗成"，成为在现实生活中真正开始起作用的道德。

为何将"制度"仅等同于"正式规则"还有一个考虑：如果制度即规则，二者完全等同，那么再用"规则"来定义"制度"就会是定义循环，等于什么也没说，或者至多只是告诉我们"制度"还有一个名字叫"规则"。虽然某些人，如诺斯、舒尔茨，关于制度是"行为规则"或"游戏规则"的说法，似乎是在强调制度只是规则中的某一种类，但根据这些界定者的论述，不仅行为规则与游戏规则的外延是完全重合的，而且它们同时也与整个规则的外延完全重合。因此，说规则是行为规则的，不会承认在"行为规则"之外还存在另一种与之不同的"游戏规则"；而说规则是"游戏规则"的，也不会承认游戏规则不是关于行为的规则。总之，把制度说成是"行为规则"或"游戏规则"也好，把制度说成"规范体系"或"规则体系"也罢，都没有道出制度的本质或特殊之处。而这，也就是笔者说第八种制度的定义不够准确、恰当的原因所在。

① 韩东屏：《人本伦理学》，华中科技大学出版社2012年版，第35-36页。

此外,从用词上说,不把制度当作正式规则,而是把制度等同于规则,也不符合用词的效率原则。因为这不仅意味着“制度”与“规则”这两个不同词的概念是完全同义的,而且意味着当我们说“规则有正式规则与非正式规则之分”时,就等于也在说“制度有正式制度与非正式制度之分”。可这样一来,我们就再也不能用“制度”作“正式规则”的简称了,并且我们这时再也找不到一个合适的其他的词语做“正式规则”的简称,所以这无疑是对词语的严重浪费。

更为重要的是,学界主流观点将制度等同于规则,就是将制度等同于习俗和道德这些实际上与制度有明显实质性差异的非正式规则,而正是这一不分实质性差异的等同,使中外学界总是说不清或说不好制度的本质、起源和变迁等一系列问题。因为谁也没有能耐用一套话语同时把两种本不相同的事物都说清楚。

在中国学界,“制度”被作“规则”解,一方面是唯西方学界马首是瞻的心理在作祟,另一方面大概也与不恰当的翻译有关。在英文中,共有 4 个词语被翻译成中文的“制度”,即 order、style、system 和 institution。但实际上只有后两个单词即 system 和 institution 可以和“制度”对应,因为这两个单词在英汉辞典中都明确注明包含“制度”的含义。system 的全部含义是“系统,体系,制度,体制,秩序,规律,方法”,institution 的全部含义是“公共机构,协会,制度”。而前两个单词则不是这样,并没包含“制度”的含义。order 的名词含义是“次序,顺序,正常(工作)状态,秩序,会议规则,命令,定购,定单”,动词含义是“命令,定购,定制”,里面均没提到“制度”。虽然其主要含义“命令”,似乎也能将由组织制定的固定指令即制度包含在内,但因“命令”即“order”同时有动词用法,如“我命令你去完成这项任务”之类,而“固定指令”或“固定命令”或“制度”都仅有名词用法,所以“命令”即“order”,就只可能是指那种针对个别行为者下达的一次性命令,而不可能是指制度这种对组织内所有人下达的可持续起作用的固定命令或固定指令。style 的名词含义是“风格,时尚,文体,风度,类型,字体”,动词含义是“称呼,设计,使合潮流”,由此可知,该词与中文的“风尚”更接近,与“习俗”都不对应,与“制度”更是相去甚远。中文翻译把未含制度却含有大量其他意义的 order 和 style 也与“制度”对应,这就在无形之中大大地扩大了“制度”的内涵和外延,于是在用中文诠释制度时,就不得不把它视同于“规则”。可是这些翻译者们忘了,即便在英文中,“规则”与“制度”也并不是一个词,因为有“规则”含义的英文单词是 rule、formula 和 regulation。

二、制度的类型与结构

制度这种由组织制定的普遍有效的固定指令,存在多种类型。

从具体形态看,制度有法律、法规、政策、政令、体制、建制、纪律、规章之分。

从表达形式看,有口头指令和文字指令两种。由口头指令形成的是不成文制度,由文字指令形成的是成文制度。不成文制度一般是人类还没有发明文字之前的制度形式,而在有文字之后,一般都采用的是成文制度的形式。

不论是成文制度还是不成文制度，作为普遍有效的指令，全都是对人或各类行为主体下达的行为指令，这些指令在内容上可归为两类：一是指令行为主体要做什么、不要做什么；二是指令行为主体要怎么做，按什么步骤去做。属于第一类指令的，可谓实体制度，属于第二类指令的，可谓程序制度。

如同“人”这个概念可以是一个人的所指，也可以是若干人的所指，还可以是所有人的所指一样，“制度”这个概念既可以是一条制度的所指，也可以是一套制度的所指，还可以是所有制度或总体制度的所指。

一个现实社会的所有制度，往往在数量上非常多，乃至无法精确统计。不过，这些各不相同的制度并不仅仅是数量加和的关系。它们不是相互隔绝、相互独立的，更不是杂乱无章的堆积，而是相互之间存在内在逻辑关联的有序排列组合，并由此形成一个有机的制度系统或制度体系。

由各条制度构成的制度体系，可从制度适用或覆盖的人的行为领域或人类实践领域着眼，在结构上大致分为五个层次，这就是一般制度、领域制度、部门制度、事项制度和单条制度。一般制度处于制度体系的底层，是基础性制度，也是适用覆盖面最大的制度，所覆盖的是人类实践的所有领域；领域制度属于中层制度，处于制度体系的第二层，也是适用覆盖面第二大的制度，所覆盖的是人类实践的某个领域，如经济制度、政治制度、文化制度等，分别适用人类实践不同领域的领域制度；部门制度亦属中层制度，处于制度体系的第三层，也是适用覆盖面第三大的制度，所覆盖的是人类实践某领域中的某个部门或某个方面，如产权制度、金融制度、税收制度等均是经济领域的部门制度，行政制度、司法制度、立法制度均是政治领域的部门制度；事项制度还是属于中层制度，处于制度体系的第四层，也是适用覆盖面第四大的制度，所覆盖的是人类实践某领域内的某个部门中的某一种具体事务，如存贷款制度就是经济领域的部门制度之一的金融制度中的一个事项制度，公务员反腐败制度，就是政治领域的部门制度之一即公务员制度中的事项制度；单条制度处于制度体系的表层，亦可谓表层制度，其适用覆盖面最小，仅覆盖人类实践的某一种行为，如生产营销者不准制假售假、公务员不准索贿、医生不准收红包、教师不准体罚学生等，都是分属不同事项制度中的单条制度。以上五个层次的制度，由于在制度体系中地位不同，相互之间是决定与服从的关系。简略地说，一般制度决定其他所有制度，其他所有制度都要服从一般制度。详细地说，一般制度直接决定领域制度，间接决定部门制度、事项制度和单条制度；领域制度直接服从一般制度，直接决定部门制度，间接决定事项制度及单条制度；部门制度直接服从领域制度，间接服从一般制度，直接决定事项制度，间接决定单条制度；事项制度直接服从部门制度，间接服从领域制度和一般制度，直接决定单条制度；单条制度直接服从事项制度，间接服从部门制度、领域制度和一般制度。

制度体系的结构也可从制度安排者和制度适用的地域范围着眼，将其分为宏观制度、中观制度和微观制度这三个层次。宏观制度是适用于整个社会的制度，由社会制度安排者制定；中观制度是适用于一个地区或一个区域的制度，由地方社会制度安排者制定；微观制度则只在各个社会组织内部适用，是由社会组织内的制度安排者制定的制度。这三层制度尽管其制度安排者各不相同，但它们之间所体现的仍然是一种决定与服从的关系，即一方面是宏观制度决定中观制度，中观制度决定微观制度；另一方面是微观制度的制定要服从中观制度，中观制度的制定要服从宏观制度。

三、制度的性质与特征

对制度的把握，不可以只停留在给出本质性规定或定义的程度上，还应进一步了解制度的其他性质和特征，而这需要通过全面分析制度与非正式规则的关系来进行。制度是正式规则的唯一形态，制度与正式规则完全等同，因此，制度与非正式规则的关系，就是正式规则与非正式规则的关系；非正式规则包括习俗和道德这两种形态，因此，制度与非正式规则的关系，也是制度与习俗、道德的关系。

作为正式规则的制度与非正式规则既然同为规则，必有相同的一面；又因有“正式”与“非正式”之别，自然也有不同的一面。

制度与非正式规则的相同之处在于，二者作为规则，都有规则所具有的指令性、稳定性、普遍性、标准性、目的性和价值性。

所谓“指令性”，是说所有规则，不论是制度还是习俗和道德，作为命令，都是有一定所指的命令，如“要依法纳税”这一制度规范中的“纳税”，“要用筷子吃饭”这一习俗规范中的“用筷子”，“要守信用”这一道德规范中的“守信用”，都是命令的所指。

所谓“稳定性”，是说所有规则，即制度、习俗和道德，都不是一次性的命令，而是长时间起作用的固定指令，尽管它们也不是永恒不变的。

所谓“普遍性”，是说规则作为固定指令，是对一定群体内所有成员普遍起作用的固定指令，而不是仅对某些人或某个人起作用的固定指令。

所谓“标准性”，是说由制度、习俗、道德体现的固定指令，都是告诉人或行为主体如何作为的标准或规范，如“依法纳税”是制度在税务方面确立的一个作为标准或标准作为，“用筷子吃饭”是习俗在吃饭方面确立的作为标准或标准作为，“守信用”是道德在交易方面确立的一个作为标准或标准作为。

所谓“目的性”，是说所有规则，或每一个制度规范、习俗规范和道德规范作为固定指令或标准作为，都服务于某种目的，如“要依法纳税”这一制度规范服务于征税这个目的，“要用筷子吃饭”这一习俗规范服务于吃饭这个目的，“要守信用”这一道德规范服务于交易这个目的。

所谓“价值性”，是说制度规范、习俗规范和道德规范作为固定指令或标准作为，既有否定性的指令即不要做什么的指令，也有肯定性的指令即要做什么的指令，而被否定的作为之所以被否定，就是因为它们已被认定为不正当的作为或不好的作为或恶；被肯定的作为则相反，不是被认定为好的作为或善，就是被认定为正当的作为或非恶。

既然以上所说的指令性、稳定性、普遍性、标准性、目的性和价值性，是规则的性质，即正式规则与非正式规则都同有的共性，那么它们自然就只是制度的一般性质而非特性或特征。制度的特性或特征，只可能体现在制度与非正式规则所不同的方面。

制度与非正式规则的不同之处，除了在形成上有“制定”与“约定俗成”或简称“约定”这个根本差异之外，还有诸多其他方面的差异。

其一是制度除了有行为规则之外，还有专门的行为赏罚规则，而其他社会规则或非正式规则，即道德和习俗，则全都没有。比如，法律中的反不正当竞争法，不仅有禁止不当竞争的规定，也有对不当竞争行为进行惩罚的规定；而“坦白从宽，抗拒从严”的司法政策，既有对坦白行为的认定规则，也有对坦白行为如何从宽即如何奖励的规定。道德则不同，虽然它对人的行为既有禁令性规范，如勿说谎、勿插队、勿偷盗、勿骂人等，也有倡导性规范，如勤俭节约、助人为乐、扶贫济困、见义勇为等，却没有对前一类行为的惩罚规范和对后一类行为的奖励规范。习俗更因无关善恶而没有用于赏善罚恶的规范。

其二是二者的后盾和实现方式有所不同。制度不仅是由组织制定的，也是由组织以组织的力量作为后盾来推行和维系的，而非正式规则依赖的则是外在的社会舆论和内在的个人信念，并以它们为后盾来维系和推动的。虽然非正式规则的后盾有内外两种，而制度只有外部后盾，但非正式规则的后盾还是不如制度的后盾强。毋庸置疑，国家及社会组织的力量与社会舆论的力量相比，显然前者更为强大，因为它可以对违反制度的人进行各种事关实际利益的惩罚，如剥夺其金钱财产、社会身份、职业资质、人身自由乃至性命之类。尤其是社会或国家，还有合法的暴力可以使用，而社会舆论最多只能影响到人的声誉。相对而言，制度对行为主体具有强制性，而非正式规则则都没有强制性，其中无关善恶的习俗更是如此。倘若我们认为社会舆论对违反道德的作恶者的谴责也是一种惩罚因而说道德也有一定的强制性，那么我们就得说制度对人的强制性更强，属于“强强制性”。正因为支撑非正式规则的外部力量远不如支撑制度的外部力量强大，所以非正式规则的实现，更多的是依赖内部力量，即个人内心对它的信念。但信念是个因人而异的东西，有的人有，有的人没有，不太靠得住，这就使制度与非正式规则在实施效果方面也存在明显差异：前者凭其特有的强制力，实施后一般都能被人们普遍遵守；而后者的实施效果则往往不确定，只有对其有信念的人才会遵守它，对其无信念的人则不一定遵守它。

其三是二者的权威性有所不同。在一个统一的社会或国家里，体制建制、法律法规、政策政令等制度只有一个来源，均由国家权力机构制定，故一国之内只可能存在一个统一的制度体系，而不可能同时存在多个制度体系，否则必然引发制度与制度的相互冲突，导致管理失灵，因而体制建制、法律法规、政策政令都是具有唯一性的社会权威。与之同理，在一个社会组织或社会团体之内，也只可能存在一套统一的纪律、规章。但习俗和道德的来源往往不止一个，一国之内，有可能存在多套习俗规范系统和多套道德规范系统，如传统的与现代的、本土的与外来的，以及不同利益集团的。这些不同的习俗系统和道德系统，在社会中都有一定的影响力，但其中的每一个都不是具有唯一性的社会权威。因此，制度是一元的，习俗和道德则是多元的，制度有唯一的权威性而习俗和道德则没有。

其四是二者的清晰度有所不同。制度作为组织有意制定的固定指令，在表达形式上，有口头制度即不成文制度与成文制度之分，不过当人类有了文字之后，基本上都是采用明文的方式制定、颁布，有统一的正式文本可查，也有统一的文字表述，各条制度规范的含义都是明确的。即便人们偶尔对某个规范的认知产生歧义理解及争议，也有事先专门预设的社会权威机构出面做补充说明或最终解释。因此，人们在运用制度规范对某个清楚的事件进行价值判断时，一般都不会出现有差异或差异较大的结论。习俗和道德则相反，既无统一的文本和统一的文字表述，也无公认的权威解释，这就使习俗规范和道德规范的明确性和清晰性远逊于制度规范。正因如此，人们在运用道德规范做道德判断时，即便事实方面不存在异议，往往仍会得出不同的道德评价。

其五是二者的立废过程有所不同。各类制度的制定、颁布、修改和废止，都要遵循并经过某种固定程序，都有明确的时间界限。而习俗和道德的出现与消失则是一种逐渐演变的过程或“自发演生的过程”，既无固定程序，也没有明确的关乎“开始”和“结束”的时间界限。

其六是二者对行为的价值划分有所不同。制度规范没有底线规范和高线规范之分，要做什么和不许做什么的指令都是必须遵守而不可违反的，否则都是对制度的违反，所以制度对行为的价值划分是两分的，即符合制度的行为和违反制度的行为。如法律法规对行为是合法或违法的两分，体制建制对行为是符合体制建建制或违反体制建制的两分，政策政令对行为是符合政策政令或违反政策政令的两分，纪律规章对行为是遵纪遵规或违纪违规的两分。从价值上说，违反制度的行为就是“不当行为”，就是“恶”；符合制度的行为就是“正当行为”，就是“非恶”。表面看，非正式规则似乎对行为的价值划分采用的也是正当与不正当的两分法，即习俗将行为分成合乎习俗的和违反习俗的两类，道德将行为分成了合乎道德的与违反道德的两类。其实不然，习俗和道德的规范有底线规范和高线规范之分，底线规范是由“不要”“勿”等否定性用语表述的禁令性规范，如道德的“不要骂人”“勿说谎”，习俗的“饭后不要喝酒”“上船不要说‘翻’字”等；高线规范是用“应当”“应”等肯定性用语表述的倡导性规范，如道德中的“应当帮助有困难的人”“应当见义勇为”，习俗中的“应当用筷子吃饭”“中秋节应当吃月饼”等。因此在非正式规则中，只有底线规范才是要求人们必须遵守的，高线规范则只是提倡人们去践行。所以，并不是非正式规则中的任何规范或指令都是必须被遵守的。由此可知，非正式规则对行为的价值划分至少比制度多出一个“应当”的层次，属于三分法，即不当、正当与应当。其中，违反底线规范的行为属于不当行为或坏的行为；符合高线规范的行为属于应当行为或好的行为；而在二者之间的行为，即既没有违反底线规范，也未达到高线规范的行为，则是属于无所谓好坏或非好非坏的正当行为。在道德方面，好的行为可谓善，坏的行为可谓恶，无所谓好坏的行为可谓非善非恶。违反底线规范的行为之所以会被认定为“不当行为”或“恶”，是因为它们都是“以邻为壑”式的损人利己行为。相反，遵循高线规范的行为之所以会被认定为“应当行为”或“善”，是因为它们都是“雪中送炭”式的损己利人行为。损己利人意味着在利人时总要付出一定个人利益的代价，这并非每个人都能做到，而且一个人即使未做到也不属于恶或不道德，而是还在正当行为的层面，所以遵循高线规范的行为是属于难得的“美德行为”。而既没有违反底线规范，也未达到高线规范的行为之所以会被认定为正当行为，就是因为它既没损己利人，也没损人利己。至于道德为什么要将以邻为壑式的损人利己行为和雪中送炭式的损己利人行为认定为不当与应当、恶与善，则在于前一种行为违背、后一种行为符合道德建构和谐人际关系的本性。在习俗方面，情况略有不同，违反习俗禁忌或习俗底线规范的行为之所以会被认定为“不当行为”或“不好”，是因为这类行为被认为会给行为者本人乃至其他人同时带来危害或灾祸；遵循习俗高线规范的行为之所以会被认定为“应当行为”或“好”，是因为习俗要人做的，都是普遍流行的能把事情做成的做事方式。但习俗要人做的事通常都是只与当事人有关的私人事务，并且事实上也会存在做成此事的不同于流行做法的其他做法，所以一个人即使没按习俗“应当如何做某事”的规范去做某事，如没有按过中秋节的习俗吃月饼，没有按结婚要摆婚宴的习俗广邀亲朋好友，虽会被认为“不合习俗”，但不会被认为是“坏”，更不会被认为是“作恶”，该行为还是在正当行为域，而不属于不当行为，可谓无所谓好坏的行为。

正因制度与非正式规则还存在以上差异，所以制度作为组织制定的固定指令，除了有制定性这个根本特性外，还有强制性、权威性、清晰性、程序性和非善性的特征。需要特别注意，最后的“非善性”，并不是说制度本身没有善恶或好坏优劣之分，而是仅指制度对行为在价值评价上没有“善”的规定和标准，只做“恶”与“非恶”的区分。

以上制度与非正式规则的差异，是制度与习俗、制度与道德共有的差异。鉴于我们已知道德与习俗之间也存在某些重大差异，这就意味着，制度与习俗的差异，不会完全等同于制度与道德的差异。事实也是如此，这就是至少在规则的针对性方面，制度是与习俗相同而与道德不同的。制度与习俗的相同方面在于，二者的所有规范都是针对人或行为主体的行为规范，这些规范给人提供的都只是做事的方式。而道德规范则既有针对人的行为提出的行为规范，也有针对人的品质提出的品质规范，向人提供的就不仅仅是做事的方式，而是为人处事的方式。关于这一点，前面也有所论及，这里就不再细说。

四、制度的开端与缘起

制度起于何时？

在认识论上，从起源上了解对象，也是深入把握对象的一个惯常而有效的方法。

我们已知制度是由组织制定的，但最早的制度是由组织在什么时候、什么情况下制定的？是在组织成立之初与组织一起出现的，还是在组织成立之后才出现的？

说社会组织制度与社会组织是一起诞生的，社会组织的开端就是社会组织制度的开端想必不会有人质疑，因为每一个具体的社会组织，如政府、企业、学校、医院、政党、社团，等等，都无不是由该组织的发起者招募成员并制定制度才得以组建立起来的。用社会学的话说，“有一个规范性的组织章程”，乃是成立社会组织的必要条件之一。而社会组织之所以一定要有这个必要条件(制定一些制度)，就是为了实现成立社会组织所要达到的目标或目的，因而社会组织的目的也就是制定社会组织制度的目的，社会组织制度就是与社会组织一起诞生的。

然而，社会这种由个人天然聚集而成的组织的开端，也同样是社会制度的开端吗？

国内外学术界普遍认为，社会中最先出现的规则是习俗，此后出现的规则是道德，最后出现的规则才是由法律所代表的制度。其中有的人也把这个过程更简单地表述为社会中先有自然法，后有正规法。[①] 根据这类观点，习俗或自然法才是在社会之初就有的规则，而制度或正规法则只是人类历经数万年而进入文明时代以后才有的规则，是故非正式规则的出现要远远早于制度。

但笔者要对此做出修正：成文制度或明文制度大致是这样的，而非成文制度则并非如此。尽管社会与社会组织在人员来源上有所不同，可是社会制度的开端还是在社会之初，即便不在社会的伊始，也相差无几。

人类社会之初有没有社会这种组织所制定的规则（制度），已是我们无法直接或间接考证的，因为后起文明时代的所有人，包括近两百年前开始出现的人类学家，他们当时考察过的那些偏存于地球一隅的原始社会，也早已不是最初的原始社会，而是已经延续了数万年的原始社会。不过，根据摩尔根等人类学家的考察，这些绵延至今的原始社会都有遇到重大事务要集体表决的规定，而这个固定的议事程序规则，最初自然也只能是通过大家集体表决所制定出的正式规则。这就说明，至少发展到一定阶段的原始社会是有制度的。至于原始社会的开端有没有制度，亦非完全无解。纵然我们完全没有这方面的经验和资料，我们还是可以通过一种能被大家认可的合理推论来得出答案。

人类最早的社会是原始社会，原始社会中的原始人为了自己的生存发展，在生产生活中，必然要面对和处理各种各样的事务。诸如，如何看待天地日月星辰和多种多样的自然物，如何迁徙，如何定居，如何适应所处环境，如何应对风雷雨雪，如何防备野兽袭击，如何制作、使用和保管工具，如何开展生产，如何进行劳动，如何分工合作，如何获取食物，如何分配食物，如何食用食物，如何储存食物，如何建造居所，如何安排起居作息，如何取暖防寒，如何用水用火，如何出行，如何繁衍生息，如何疗伤治病，如何迎生送死，如何祭祀鬼神，如何嬉戏娱乐，如何表达感情，如何装饰打扮自己，如何吸引异性，如何处理两性关系及男女婚配，如何协调社会内部关系，社会成员之间如何相互沟通和相互对待，如何形成统一行动和如何统一行动，如何产生首领和成为首领，如何与其他群体相交相处，如何解决群间纠纷，如何对待群间战争，如何处置战后的俘虏，等等。

起初，原始人对于如何处理这些事务无前例可寻，也无一定之规，于是只能摸索尝试行事。其中，有的事由个人分别进行摸索尝试，并由每个人决定摸索尝试的方式方法；有的事由组织即原始共同体进行统一的摸索尝试，并由组织决定摸索尝试的方式方法。由个人决定摸索尝试的事情一般都是个人事务或可由个人分别去处理的事务，

---

① 自然法通常被解释为包括约定俗成的习俗和道德，而正规法指被有意制定的法则。

例如怎样吃饭，怎样睡觉，怎样行走，怎样应对野兽，怎样取暖御寒，怎样避风躲雨，怎样用水用火，怎样繁衍生息，怎样疗伤治病，怎样对待生死，怎样祭祀鬼神，怎样嬉戏娱乐，怎样与人交往交流，怎样表达感情，怎样装饰打扮，怎样吸引异性，等等。由组织决定摸索尝试的事情则必然都是公共事务，它们或是需要采取集体行动的公共事务，例如群体的迁徙，群体的定居，群体的生产劳动，群体的分工协作，群体的祭祀和群体的对外战争，等等；或是与每个社会成员的利益都相关的公共事务，例如怎样分配食品、生活日用品等劳动产品以及由谁来进行分配，怎样决定集体行动和怎样统一集体行动，怎样协调和处理社会内部关系，怎样确定和对待男女的结合或婚配，怎样抚养小孩和小孩由谁抚养，怎样产生首领和首领负责什么，怎样与其他群体相交相处，怎样解决群间纠纷，怎样对待群间战争，怎样处置战俘，等等。

在不断的摸索尝试中，一些做法成为成功的或看似成功的做法。这些成功的做法，不论是由某个人独自决策而率先做出来的，还是由组织决策做出来的，都会得到保留，只是保留的形式有所不同。前者的保留形式是习俗，后者的保留形式是制度。

具体说来，由个人决策针对某个个人事务做出的成功做法，首先会成为引人瞩目的范例，接着陆续得到其他社会成员的认可与效仿，最后逐渐成为各个社会成员处理此类事务的共同方式或共同习惯。而这种共同习惯其实就是习俗，确切地说，是原始习俗，即在原始时代约定俗成的做事规则。由组织决策针对某项公共事务做出的成功做法，一旦被认定确实是成功的做法，就立刻会被组织固化为所有社会成员今后凡遇此事都要遵守的做事规则，亦即原始制度。在那个时代，组织决策的方式无非两种，即由大家共同商议决策和由首领代表组织决策。这两种决策方式虽有不同，但不论是其中的哪种方式的决策，在取得成功而被固化之后，就都属于由当时的组织即原始社会所制定的制度。

原始人要处理的事在任何时候都不可能只是私人事务而没有公共事务，当然也不会呈现相反的情况，所以原始习俗和原始制度的出现应该是同时的，并没有什么先后之分。只不过今人要将“是否成文”作为制度或正规法的一个必要标志，才把原始人制定的固定指令（制度）也都统统地当作了原始习俗。当然，由于原始人当初的情景无法复制或重现，我们迄今也无法完全判断和分清究竟哪些原始规则属于约定俗成的习俗，哪些原始规则属于组织制定或集体制定的制度。但是，大致可以肯定，那些要求所有原始人共同遵循而不得违反的行为方式或做事方式，应该都是由原始制度形成的，它们包括集体生产的劳动方式、男性狩猎女性采集的分工方式、两性结合的婚姻方式、由成年社会成员共同决定社会大事的决策方式、经选举产生群体首领的方式、由群体首领在平时处理集体事务和领导集体行动的管理方式、惩处违反禁忌者的方式，等等。

与成功的做法相反，原始人在摸索尝试中出现的那些不成功的做法则被放弃，而其中那些同时给人带来坏结果甚或灾祸的做法，不论是由个人摸索尝试的做法，还是由组织或集体摸索尝试的做法，都会遭到严厉的隔绝或禁止，从而成为原始禁忌。因为如果某种做法导致的后果对人是严重而惨痛的，原始人就不会重蹈覆辙，让危害反复发生。原始禁忌属于否定性的原始规则，它与肯定性原始规则一样，也有习俗和制度这两种形态。其中，习俗性原始禁忌，是来自个人摸索尝试的约定俗成；制度性原始禁忌，是来自集体摸索尝试后的组织规定。

原始禁忌的种类不一，但起因都是预防对人的危害。如世界上许多原始氏族和土著族之所以都有禁止砍伐水源周围的草木，禁止在河流、泉水附近大小便和野合的规定，是因为害怕会因此遭受水神的报复；之所以往往也有对火的禁忌，如不准向火堆泼水、扔脏物、吐痰，或用刀、棍向火中乱插等，也是因为畏惧火神的惩罚。再如世界上的游猎氏族往往有在狩猎期禁止接触妇女和严禁发生性关系的禁忌，如苏联学者谢苗诺夫所说："凡存在这种狩猎性禁忌的民族都深信，在整个这段时期内节制性关系是打猎成功的必要条件，违反了这种禁忌必然会遭受挫折。"还如世界上的采撷氏族或农耕氏族之所以禁止在山中乱砍滥伐，是因为怕触怒山神，影响山珍采摘、谷物丰收、牲畜兴旺；之所以禁止乱放扁担、不允许妇女跨过扁担，是因为相信前者会使肩膀生疮，后者会使妇女产生阴毒；之所以禁忌踩踏农具、向农具吐口水和焚烧篮子、木犁之类，是因为相信这样会生畸形孩子或缺手的孩子。① 尽管许多原始禁忌的理由甚是荒唐，但全都是为了避害则是确定无疑的。

既然不论在肯定性原始规则的方面还是否定性原始规则的方面，都发现不了习俗早于制度出现的逻辑，那么我们就可以进一步确认，制度与习俗是同时出现的。又因为社会作为组织要以规则和领导体系为其存在、运行以及实现内部管理的首要条件和必要前提，所以最早的习俗和制度就是与社会一起诞生的，社会的开端也就是它们的开端。

其实，人们一直以来普遍使用的"原始氏族制""原始婚姻制""原始民主制""原始公有制"之类的说法，不也说明他们实际上是承认没有文字的原始社会也是有制度的吗？此外，中国上古时期所说的"礼"，正是习俗、道德和制度的统称。这个事实也是对原始社会既有习俗、道德也有制度的一个有力印证。

或许有人这时会指出，在原始社会由社会或原始人集体制定的规则或普遍有效的固定指令不能叫作"制度"，因为制度以组织的力量乃至组织的合法暴力为后盾，相对习俗、道德而言，具有强制性或"强强制性"，而早期原始人制定的固定指令并没有同时被原始人用组织的力量或暴力来维系与推动，不具有强强制性，所以不能被称为"制度"。

虽然制度相对道德的舆论制约这种弱强制性而言，是有强强制性的，但这种强强制性作为制度的属性其实是从制度总体的意义上说的，而不是就每个具体制度说的。也就是说，这种说法并不意味着宣布的每个具体制度都必然具有强强制性。确切地说，一种制度只有在为它的行为指令或行为规则同时配备了行为惩罚规则的情况下才开始具有强强制性，而如果还没有这样的配备，该制度就没有强强制性。因而强强制性并不是所有具体制度的必然特征，只是配备了行为惩罚规则的制度的特征。既然如此，即使原始人集体制定的规则还没有强强制性，我们也不能说它不是制度。

① 参见徐朝旭：《原始宗教禁忌中的科技伦理萌芽》，《哲学动态》2007 年第 10 期，第 48-52 页。

再说，原始人的制度并非没有强强制性，例如中国早期典籍就有“昔者圣王制为五刑，以治天下”[①]的记载。这里“圣王”，是指我国新石器时代的部落联盟首领蚩尤。在他当政之时，因“苗民弗用灵，制以刑，惟作五虐之刑曰法”[②]。又如近代人类学家对澳大利亚处于中石器时代的部落社会的大量考察资料表明，那里一直存在对部落成员处死的惩罚，其较多用于破坏族外婚制和违反图腾禁忌制的成员。当然，新石器时代和更早的中石器时代还算不上原始社会之初，不过这也不碍事，我们只要随便翻阅一本关于最初原始社会的著作都能看到，那时也有对违反制度者的实际惩罚，比如剥夺其个人用品或消费品充公，或者将其逐出社会甚至处死。而这些岂不就是原始制度具有强强制性的体现？法学界关于原始社会就已经有法、已有惩罚的观点渐成主流看法也是一个证明。此外，在原始社会普遍存在的、建立在迷信基础上的由自然或自然神来对违反制度者进行善恶因果报应的惩罚机制，尽管实质上是虚构的惩罚机制，但由于原始人相信它，它也就成了一种具有强强制性的真实的惩罚机制。这一点说明，原始社会中那些没用组织的暴力维系的制度，其实也是由暴力维系的，即自然的暴力。

退一步讲，就算原始社会没有专门针对行为的惩罚规则，也没想到借用自然暴力来维系集体制定的规则，并且其最初的确有不少这样的规则也没用组织的暴力来维系，不具有强强制性，我们也不能说这些规则就不是制度。强强制性虽然经常与制度相伴，但它仍不是制度得以成立的必要条件。制度的成立条件很简单，只要某种规则是由组织制定的，那么它就是制度。而如果我们不承认这样的规则是制度，我们又应该叫它什么？难道要将其归入非正式规则？

任何一个社会作为组织而制定出各种制度或各种普遍有效而固定的行为指令，都是为了实现组织的某种目的或目标，因而也自然会要求每个社会成员都遵守照做。如果这些制度制定出来以后，社会不用采取任何强制措施大家也会自觉遵守，那么这时社会就没有必要画蛇添足地再为这些行为指令或行为规则配置和制定相应的行为惩罚规则，并用组织的力量或合法暴力来做后盾，使之必须具有强强制性，而原始社会恰好就有这样的情形。根据摩尔根《古代社会》的记述，他所考察的美洲原始氏族社会的成员把共同劳动、分工协作和平均分配食物均看作极其自然的事情；每个有劳动能力的人都自觉地参加劳动，懒惰则被视为非常可耻的行为；关于处理公共事务的规则体现为：重大事务由氏族大会讨论表决，氏族首领须经选举产生，可随时撤换，任何人都必须服从集体的决定。这一切在氏族全体成员看来都是天经地义的。[③]

可以说，地球上在不同地域出现的每个原始社会的前期都会有这样一个有如摩尔根所描述情形的阶段。而这一阶段的原始人之所以会自觉地服从集体的决定，遵守包括制度在内的各种社会规则，是因为这时的原始人都生活在大家庭之中，过的是集体生活，大家每天都在一起，共同饮食起居，共同生产劳动，每个人都无时无刻不在其他所有人的视野之内。于是，一旦有人违反规则，不管是违反约定俗成的规则，还是违反

---

① 《墨子·尚同书》。

② 《尚书·吕刑》。

③ [美]路易斯·亨利·摩尔根：《古代社会》，杨东莼、马雍、马巨译，中央编译出版社 2007 年版，第 45-156 页。

集体制定的规则，立刻就会被其他人发现，受到大家的批评和指责，从而感受到巨大的心理压力而无地自容，而懒惰，也正是在这样的机制下成为“非常可耻的行为”。所以，这个时期一般就没有人不遵守制度和其他社会规则；在这一时期，包括制度在内的所有社会规则，基本上都只需用社会舆论维系，如“神农之世，男耕而食，妇织而衣，刑政不用而治，甲兵不起而王”（《商君书·画策》）。

但是，在原始社会，随着婚姻形式从不固定的对偶婚过渡到固定的专偶婚和大家庭的解体，个体家庭及个体生产出现了，人们不再居住在同一屋檐之下，集体生活和集体劳动亦不复存在，每个人都开始有了不在众人视野之内的情形，这不仅意味着以往人们随时随处都有的相互监视或相互监督大大减弱，也意味着公众舆论由于难以随时针对各种不良行为发威而威力下降。于是，一些为了个人便利或个体利益而不遵守制度的投机现象或不良行为开始出现，并逐渐呈现日益增多的趋势，严重威胁到整个社会的秩序与安定。

“序成而有不至则修刑”[①]，正是为了解决上述“序成而有不至”的问题，原始人才想出了要为行为规则同时配置制定行为惩罚规则的方法来制止不良行为，这样制度才开始普遍具有了强强制性。而这样的前车之鉴，也使社会以后制定的行为规则往往是同时配好了相应的行为惩罚规则再出台。久而久之，今天的人们就以为制度天生就有强强制性，或所有的制度都必然有强强制性。其实，不仅人类社会最早出现的不少制度没有强强制性或由合法暴力支持的强制性，就是后来乃至当代出台的制度也不是全都有强强制性的，即也不是全都有配套的行为罚则，并且这样的事情并不见得非常罕见。比如不准公款吃喝，不准公费旅游，不准党政干部过年接受拜年送礼，不准医生收患者的红包，不准在封闭的公共场合吸烟，三甲医院要为住院病人提供不需家属陪护的全天护理，等等，都是当代我国公共管理机构制定颁布的纪律或法规，其中，前四种制度颁布后曾经很多年都没有惩罚制度和惩罚机制配套，后两种由国家卫生部颁布的法规直到现在也没有任何惩罚制度和惩罚机制配套。又如《中华人民共和国人民币管理条例》有关于客户要求兑换硬币，各银行“理应兑换”的规定，却没有银行拒绝客户的这一要求会受到何种惩罚的规定。

至此可以确认，强强制性并不是每个具体制度的特征，而是制度总体或大多数制度的特征。这个特征是由制度中晚于行为规则出现的行为惩罚规则构成的。也就是说，制度中的行为指令本身没有强强制性，与之配套的行为惩罚指令才具有强强制性。如果一种或一套具体制度只有行为指令而没有行为惩罚指令，那它就没有强强制性，除非两者兼有，才既有指令性，也有强强制性。

因此，在人类社会的开端就是有制度的，即使它那时还没有比非正式规则更强的强制性，也并不意味着它不是制度。

---

① 《周语上·祭公谏穆王征犬戎》。

五、制度的演变及规律

制度作为组织制定的固定指令，不是一次性命令，而是在一个时间段内持续有效的指令，所以制度具有非固定指令所没有的稳定性。不过这种稳定性并不意味着制度一旦出现就永不变化。所有人类社会历史的经验事实都表明，不论哪种制度或哪个社会中的制度，都会在某一时刻发生变化，并且这种变化既没有统一的时间表，也没有一定次数的限制。而制度在时间上的这种时有时无、断断续续的变化过程，就构成了制度的演变史。

此处所谓制度变化“没有统一的时间表”，是指制度发生变化的那一刻或迟或早，迟的可达千百年之久，如等级制就在各大文明民族的历史上持续了两千多年才变；早的则只有几天，甚至朝令夕改，如我国 2013 年修改的交管法把机动车闯黄灯也定为违规受罚行为，但没实施两天，就又取消了这项规定。又如 2015 年 4 月 1 日，重庆市卫计委和物价局共同喊停了已实施七天的医疗调价规定，恢复原医疗服务项目收费规定，据说是因为新规定对需要长期治疗的患者考虑不周。[①] 再如我国 2016 年 1 月 1 日起开始实施的股市“熔断机制”规定，没过几天（当月 8 日）就被暂停实施。

所谓制度变化“没有一定次数的限制”，是指一种制度只要长期存在，就总存在不断变化的可能，而不会凝固在某一个点上再也不变，与人类社会相伴而生的经济制度、政治制度就是如此，它们不仅在以往的历史中已经发生了多次重大变化，而且在今后还会发生次数不定的变化。

制度演变的具体情况和具体形式无法尽说，但归根到底不外乎两种基本类型，这就是制度增减与制度变迁。

制度增减即制度在种类或数量上的增加或减少。其中，制度的增加是指在既有制度的种类或数量的基础上，又推出了新的制度或前所未有的制度，如我国当代实行的计划生育政策、环境保护法、珍稀动植物保护法等，就是过去时代所不曾有的制度。制度的减少则是指某个制度或某些制度的消失，使整个既有制度的种类或数量减少，如我国最近几年在简政放权中对许多政府审批制度的取消，就属于这种情况。

与制度增减不同，也无关制度数量的增减，制度变迁作为制度演变的另一种类型，体现的是制度在内容方面的变化，即制度在内容上出现了由这种规定变为另一种规定的情况。这种变化，既可以发生于某一具体制度，如机动车管理制度从新车上牌没有限制变为有限制；也可以发生于某一领域制度，如经济体制从计划体制变为市场体制；还可以发生于多个领域制度乃至制度整体，如中华人民共和国成立后，社会在政治、经济、文化和民生诸领域的制度安排，与之前的中华民国时期相比，在内容规定上都发生了巨大变化。

制度为什么会发生变化？其原因何在？

---

① 余彬摘编：《重庆医疗调价实施 7 天后喊停》，《楚天都市报》2015 年 4 月 3 日。

在经济学方面，舒尔茨说是为了适应人的经济价值的提高①，科斯和诺思说是为了降低交易成本，哈耶克说是源于制度自发的演化过程②。在政治学方面，摩尔说是革命造成的，道宁说是战争引发的。③ 在哲学方面，马克思和恩格斯说是生产力的发展使然："社会制度中的任何变化，所有制关系中的每一次变革，都是产生了同旧的私有制关系不再适应的新的生产力的必然结果。"④后来，又有比较政治学的历史制度主义综合各家之说，将制度变化说成是革命、战争、经济、技术革新等多种社会因素起作用的结果。⑤ 笔者认为，以上这些说法都有某种程度的正确性，但都不够准确，包括最后那个试图说得全面的说法。

我们已知，制度是由组织制定的。既然如此，制度的任何变化，不论是制度的增减还是制度的变迁，也都只能是由组织做出的，而不可能是哈耶克说的制度自发，也不会是战争、经济、技术和生产力这些既非制定制度，亦非改变制度的人类活动的直接结果，尽管它们可能会对组织制定或改变制度的活动有某种影响。组织是一种主体性存在者，但不论是社会还是社会组织作为主体，都没有本能欲望、潜意识和情感这些仅属于个人主体的非理性意识，因此组织做任何事情都不可能是没有明确意图的非理性行为。如是，制度发生变化的原因，必然出自组织变更制度的意图。正如组织制定制度是为了实现组织的目的(或目标)一样，组织变更制度也仍然是为了实现组织的目的。具体说来，组织增加某种新制度，会是为了实现组织的某种新增目的，或为组织的某种新增目的服务；而组织减少制度或更改既有制度，则会是为了更好或更有效地实现组织的既有目的。如果不是这样，组织便没有任何必要去变更既有制度。不过，这一说法只是从应然的角度出发得出的结论，如果是从实然的角度出发来看问题，制度演变的原因就不是这么简单。

组织的所有行为，自然也包括组织制定制度和变更制度的行为，实际上都是由组织中的人做出的，而不是由无人身的概念性的抽象组织直接做出的，它也无法做出。组织中有权制定制度或变更制度的人，可称为"制度安排者"，负责制度的设计、选择、确定、出台、解释和变更。因为组织有社会和社会组织之分，所以制度安排者也有社会制度安排者和社会组织制度安排者之分。

人类社会历史的经验事实表明，在社会这个最大的组织之中，社会制度安排者有可能是社会的所有成员或其代表(如原始公社时期)，也有可能是社会中的部分成员或其代表(如阶级社会或利益集团社会时期)，还有可能是对社会实行垄断的少数几个人(如西方古代寡头政治时期)，甚至某个人(如中外历史中的帝王时期)，这就会使社会这个最大组织变动制度的原因复杂化。

当社会制度安排者是社会中的全体成员时，他们制定或变动制度的意图，同时也就是社会这个最大组织的意图。因为社会是由一定疆域内的所有个人构成的最大组

---

① 吕中楼：《新制度经济学研究》，中国经济出版社 2005 年版，第 236 页。

② 程虹：《制度变迁的周期——一个一般理论及其对中国的研究》，人民出版社 2000 年版，第 27 页。

③ 刘圣中：《历史制度主义——制度变迁的比较历史研究》，上海人民出版社 2010 年版，第 124-125 页。

④ 《马克思恩格斯选集》第 1 卷，人民出版社 1995 年版，第 238 页。

⑤ 刘圣中：《历史制度主义——制度变迁的比较历史研究》，上海人民出版社 2010 年版，第 7 页。

织，所以只有全体社会成员的意图，才真正算得上是社会的意图，只有根据全体成员的意图推出的制度，实现的才是真正的社会的目的，而不是某个人或某些人的目的。

当制度安排者是社会中的部分成员或少数几个人甚至是某个人时，他们制定或变更制度的意图，就只会是部分人或几个人或某个人的意图而不是社会的意图。或者说，名义上是社会的意图，实质上是他们(或他)自己的意图。因为这时所谓的社会目的已不是社会中每个人的目的或全体成员的目的，而是部分人或少数人或某个人的目的。

当制度安排者是社会中全体成员的代表时，不论是由全体成员共同推选的代表，还是毛遂自荐或自我命名的代表，他们制定或变动制度的意图，都存在两种可能的情况：一种情况是其制度意图确实能代表社会或全体社会成员的意图，制度的制定或变更实现的确实是社会的目的；另一种情况是其制度意图不能代表社会或全体社会成员的意图，制度的制定或变更所实现的是他们自己的目的，或曰虚假的社会目的。

为什么当社会制度安排者是社会中的部分人或几个人或某个人时，他们以社会的名义所制定或变更的制度，实现的却是他们自己的目的而不是社会或全体社会成员的目的？这还是需用理性自利人的人性论来加以解释。理性自利人在以社会之名来制定或变更制度时，也会和他做其他事情一样，追逐自己利益的最大化，而如果让制度去实现全体社会成员的目的，就有可能与制度安排者自己所看重的利益不相符合，从而影响对自己利益最大化的追求。

然而，如果这个解释是对的，那么为什么说当制度安排者是全体社会成员的代表时，由他们的代表所制定或变更的制度，仍然有可能实现的是代表们自己的目的而不是社会或全体社会成员的目的？这里的关键在于社会内的全体成员能否对他们的代表进行有效的监督与制约，以使他们的代表总是能按照全体社会成员的意志行事。如果能，由他们的代表们所制定或变更的制度所实现的就是社会或全体社会成员的目的；如果不能，这时制度所实现的将只是他们的代表的个人目的，而不是他们的目的，只不过代表的个人目的往往是假他们之名而呈现的。

社会组织作为社会内的组织，其变动自身制度的情况与社会基本类似，同样复杂。唯一不同的地方是，当某个社会组织不是所有成员共同发起、平等组建的联合体，而是由某一个人或某几个人筹建而成时，这个人或这几个人就成为该社会组织的制度安排者，他或他们制定制度或变更制度的目的，不仅是自己的目的，而且也是该社会组织的目的，因为这个社会组织本来就是属于他或他们自己的，而不是属于全体组织成员的。既然如此，这个社会组织制定或变更制度的意图，就不会同时是全体组织成员的意图；这个社会组织制定或变更制度的意图所实现的目的，也不会是全体组织成员的目的。

正因为各类组织的制度安排者制定或变更制度的目的并不一定就是组织的目的或全体组织成员的目的，所以制度变更并不全都属于舒尔茨说的是为了普遍适应人的经济价值的提高，也不全部都属于科斯和诺思所说的是为了减少组织内人与人之间的交易成本。并且，这种制度变更在客观效果上，也的确不是总有普遍减少人们交易成本的作用。无须赘言，那些不是由全体成员担当的制度安排者，为追求自身利益最大化之目的而进行的各种制度变更，除了有实现他们自己目的的效用外，注定不可能同时还具有减少其他所有人的交易成本的功效。不仅如此，恰恰相反，这样为一己之私做出的制度变更其实只会进一步增加其他所有人的交易成本。譬如我国一些行政部门或基层政府不经正当立法程序而擅自出台的收缴税费规定或擅自提高已有税费标准的规定，实现的就只是它们自己获利最大化的目的，而给普通百姓带来的则是交易费用（税费负担）的增加而不是减少。又如某些地方政府出台的限制网约车发展和提高网约车门槛的种种规定，就降低了网约车的社会效益和经济效益，加大了网约车公司、网约车司机和乘客间的交易费用，有利于相关管理部门的自身利益。这就是说，在一个社会中，当社会制度安排者把某种制度从适合实现社会目标或公众利益变成适合实现自己的目标或利益最大化时，该社会制度虽已发生变化，但不会提高实现原有社会目标的效率，反而会使其效率下降。所以凡是这样的制度变更——不论是制度增减还是制度变迁——既不是为了普遍提高人们的福利或为了普遍减少人们的交易成本，也不能普遍提高人们的福利或普遍降低人们的交易成本。一个社会的情况是这样，一个社会组织的情况亦如此。

综上可知，在现实中，一个组织的制度发生变化的原因，并非都是出于组织的意图，但一定全都是出于组织中的制度安排者的意图。只不过在制度安排者是该组织全体成员或他们的真正代表时，制度安排者的意图同时也是组织的意图。因此，任何时候，制度演变的主导者都是社会或社会组织中的制度安排者，而社会和社会组织则不一定是制度演变的主导者。

正因为组织中的制度安排者才是制度的真正主导者，而制度安排者又存在全员型的（即由全体成员共同出任）、部分型的（即由部分成员出任）、个人型的（即由几个人或某个人出任）和代表型的（即由全体成员或部分成员推选的代表出任）这几种情形，且每种情形的制度安排者又都是根据自己的制度意图来制定或变更制度的，所以制度的变化才没有一个统一的时间表。不过，这并不意味着其中没有任何规律性的东西可寻。既然不论哪种类型的制度安排者制定或变更制度的意图都是为了实现自己的目的，那么，他们就都会在如下四个节点变更制度：

第一个节点是他们觉得既有制度未能达到预期效果或不能有效地实现制度目的时，就会去变更原有制度。比如全员型的制度安排者发觉已推出的反腐败制度不能有效预防官员腐败时，就会设法通过改变已有的反腐败制度来提高反腐败的效率。

第二个节点是制度安排者认为制度的指令对象（即人们的活动）出现了与自己的制度意图不符的新变化或新情况，而现有制度又不能对其进行有效制止时，就会通过调整既有制度或增加新制度的举措来加以应对，以使其符合自己的制度意图。比如当有人发明了不在既有制度惩罚范围之内的模仿名牌商标来推销自己同类商品的新销售方式，如果制度安排者认为这种新销售方式破坏了自己所预期的市场竞争秩序，就会通过立法的形式将这种行为纳入受制度惩罚的范围之内，对其进行禁止和抑制。又如发明汽车之后引出的车祸问题和车与行人争路权的冲突，如果被制度安排者认为与其维护社会安全和社会和谐的制度意图不相符合，也会通过制定道路交通法之类的方式来加以化解。再就是当域外力量采取了新的活动方式，比如实行经济制裁和发动侵略战争之类，来挑战本国利益或本国对外制度意图时，本国的制度安排者也会通过调整自己的内外制度，如实行反经济制裁政策和建立战时制度之类来加以应对。

第三个节点是制度安排者的制度意图发生了由此种目的到彼种目的的转移之时，需要通过调整、修改既有制度来为转移了的目的提供服务。比如全员型的社会制度安排者让制度从为追求富裕的社会目标服务，变成为追求公平的社会目标服务；又如代表型的制度安排者让制度从为所有人的福祉服务，变成只为自己的福祉服务。

第四个节点是制度安排者在追求原有目的的基础上，又增添了一种新的目的追求，而这一新的目的追求需要以相应的制度作为保障手段，于是为其制定出新的制度。比如秦始皇决定通过修万里长城防御外敌入侵，需动员大量人力物力，为保证该工程有序进行，于是为此专门制定一系管理制度；又如我国的社会制度安排者在 20 世纪 70 年代制定的计划生育国策，就是为控制人口增长过快这一个以往不曾有的新现象而诞生的；再如我国社会制度安排者在近些年逐渐建立起的前所未有的网络制度体系，也是为了实现一个前所未有的新目标——使人们在互联网中的活动有序进行，以避免混乱、冲突与侵权的发生。

在上述制度安排者变更制度的四个节点中，前两个节点是属于人们活动的实际情况不符合制度意图而改变制度，后两个节点是属于制度意图本身发生变化而改变制度。这就说明，制度的改变总是根据制度安排者的制度意图来进行的，制度安排者的制度意图就是制度演变的决定因素。而所谓“制度意图”，就是指用什么样的制度去实现什么样的目的的想法。

既然制度是根据制度安排者的制度意图而改变，而不同的制度安排者的制度意图又往往互不相同，那么在制度安排者发生变化时，制度往往也会随之发生改变。革命为什么会被摩尔看作制度变迁的原因？就是因为革命者有新的社会目的或新的制度意图，而革命就是一场革命者要通过取代原有社会制度安排者的方式来改变既有社会制度的运动，所以每当革命获得成功，革命者马上就会变革原有社会制度，实施新政。据此可知，把革命说成制度变迁的原因是不准确的，革命只是革命者变革制度所采取的一种手段，革命者才是制度变迁的原因。并且作为手段的革命只有取得成功，才能使革命者最终获得变革既有制度的权力，进而去变革既有制度。而不成功的革命，则达不到这样的效果。

不仅当社会体制外的革命者成为新的制度安排者后会变更既有制度，就是体制内通过各种不同方式继任的新制度安排者也往往会变更既有制度，甚至即便在其制度目的与前任的制度安排者完全一样时也是如此。这是因为，继任的制度安排者一般都想显示自己比前任的制度安排者更优秀，而要显示这一点，只有通过调整、修改既有制度以提高制度效率这一种方式，是故才有“新官上任三把火”的普遍现象。这时，制度原先所服务的目的并没有发生变化，只是继任的制度安排者还想让制度有显示自己能耐的功效。而这种制度意图，是他的前任所没有的制度意图。

这就表明，除制度安排者的制度意图的变化会导致制度变更之外，制度安排者的变化也会导致制度的变化。不过,制度安排者发生变化会使制度发生变化的原因,是新的制度安排者的制度意图与原来的制度安排者的制度意图不同,而这也属于制度意图发生了变化,所以这里制度变更的原因还是在于制度安排者的制度意图。

总之,所有的制度变更或制度演变,都是因为制度安排者要改变制度,而制度安排者之所以要改变制度,或是因为制度指令对象即人们活动的实际情况与自己的制度意图不符,或是因为自己的制度意图发生了变化,如果没有这两种情况中的任何一种出现,制度安排者就不会想到要去改变制度,制度也不会发生任何改变。

如果制度安排者的制度意图的变化也势必导致制度的变化,那么,其制度意图的变化又是如何发生和被什么东西决定的?

应该说,制度意图的变化有可能与外部因素无关,也有可能与外部因素有关。

如果与外部因素无关,那就纯粹是制度安排者自己的思想发生了变化的结果,比如代表型的制度安排者的制度意图从重公共利益变为重自己的个人利益,又如帝王即个人型的制度安排者的制度意图从重个人政绩声望变为重个人物质享乐,等等,就都是因为他们自己的想法或价值偏好发生了变化。显然,凡是诸如此类的思想变化,都会使制度安排者把制度变得与以往不同。

制度安排者的制度意图的变化,如果与外部因素有关,则大致存在以下几种情况的关联:

其一,受到了他人意见的影响。如汉武帝“罢黜百家,独尊儒术”的制度安排,就是受了董仲舒的影响;又如武则天皇帝在帝国传承问题上,受到重臣狄仁杰对问题所做利弊分析的启发,遂将以武氏为宗的大周王朝改回李唐王朝。

其二,受到了某种制度理论的影响。譬如原本重个人自由和社会效率的制度安排者,读了罗尔斯的《正义论》,或许会在制度意图和制度安排上变为看重社会公平;而原本重个人平等和社会公平的制度安排者,信了诺齐克的个人自由理论,或许会在制度意图和制度安排上变成看重个人自由而轻社会公平。

其三,直接受到了来自他人的压力。如某些人或某个利益集团为自身利益而提出的制度保护诉求,还有制度改革者的呼吁和既有制度受压者的抗争之类,都有可能使制度安排者为安抚他们而对既有制度相应地做出某些变动调整或妥协性改良。

其四,某种新技术的出现使制度安排者设计出台新的制度成为可能。如蒸汽机和大型机器的出现,使发明工厂化生产制度成为可能;如电脑和互联网技术的出现,使分散办公或在家工作的制度安排设想有了可实现性。

其五,制度安排者当初设立某一制度的外部前提条件出现了变化。比如当社会已经出现人口负增长之时,再继续用计划生育制度严格控制人口出生就不仅是没有必要的,而且还会是有害的。

以上五种关联说明,某些外部因素确实可以影响甚至改变制度安排者的制度意图,并进而改变制度。但是,同样可以肯定的是,这些外部因素对制度意图的影响再大,也起不了决定作用,因为制度安排者完全可以无视这些外部因素的存在而继续坚持己见和保持已有的制度安排。特别是当这些外部因素所要求的制度变更并不符合制度安排者本身的利益或目的追求时，制度安排者就更不可能因为这些外部因素的存在而改变自己的制度意图和既有制度安排。例如，当今实际操控美国社会制度安排权的华尔街金融大鳄们，就非常不愿意按照罗尔斯的《正义论》来安排美国的社会分配制度。

因此，所有外部因素都算不上制度意图变化的决定性因素，自然也就算不上是制度演变的决定性因素，既有制度能不能变，尤其是何时会变、怎么变，统统还是得由制度安排者自己说了算。如果制度安排者自己就是不想根据外部因素的情况改变自己的制度意图和制度安排，那其制度意图和既有制度就不可能发生任何变化。这就再次说明，只有制度安排者的制度意图，才是制度演变的决定因素；只有制度安排者，才是制度是否改变、何时改变和如何改变的决定者。易言之，制度安排者有可能根据外部因素来变更制度，但最终是否变更、何时变更和如何变更，还是要其根据自己的想法和制度意图来做决定。

既然如此，我们就能获得这样的启发：在崇尚民主的时代，如何让制度安排者总是全体社会成员或他们的真正代表，如何让制度安排者的制度意图总能真正体现全体成员的共同目的，乃是决定制度制定和制度演变之结果是好是坏的头等大事。

六、制度化社会赏罚机制

社会制度作为通过统一人的行为以实现社会目的的工具，从总体上说，不仅有要人做什么和不做什么的行为规定，还通常有与之配套的哪些行为会受到惩罚和哪些行为会受到奖励的行为赏罚规定。正是这样的结构，使社会制度同时成为一种社会赏罚机制，具有了社会赏罚的功能，既有强制性，也有诱导性，可以以强力实现对人的行为的指令。

社会赏罚可定义为社会力量就一些特定行为对行为者做出的奖赏或惩罚。定义中的“社会力量”，既可以是指执掌社会公共权力的政府和社会机构，也可以是指拥有一定社会资源的各类社会组织、群体乃至个人。而定义中的“特定行为”，既然以“特定”为修饰语，自然不是指所有行为，而是指那些事先已经被纳入了赏罚范围的行为。至于定义中的“行为者”，就是做了“特定行为”的行为主体。在现实社会中，所有的自然人和法人，包括政府、政府官员等社会公共权力执掌者，都有可能是这样的行为主体。

社会赏罚是一种对象性活动，从结构上说，一方面要有由各种社会力量构成的赏罚者即赏罚主体，以进行社会赏罚的实际操作；另一方面要有由做出特定行为的行为者构成的赏罚对象即赏罚客体，来承受社会赏罚。此外还要有一定的赏罚手段和赏罚之物，否则即使有赏罚者和赏罚对象，一种现实的赏罚活动仍难以成立。赏罚手段是指实施赏罚的具体方式方法，常见的有法制的、行政的、舆论的形式。赏罚之物则是指能满足行为者各种需求的资源。一般说来，凡是行为者所欲而社会力量又有权支配处置的东西，均可用以作为赏罚之物，如金钱、物品、财富、利润、权力、权利、名声、荣誉、资格、良机、自由等社会资源都可充当赏罚之物。显而易见，在赏罚活动中，如果没有具体的方式方法落实赏罚，赏罚永远只能是抽象的；而如果没有赏罚之物，赏罚也会因不痛不痒而不成其为赏罚。

制度有惩罚规定和惩罚功能（强制性）广为人知，制度有奖励规定和奖励功能（诱导性）则鲜有人知，但制度确实也有这样的一面，制度实际上是有罚有赏、赏罚兼备的。

制度对行为的赏罚有显性赏罚和隐性赏罚这两种形式。

显性赏罚是由制度中明确含有赏罚内容的规定构成的，因其赏罚内容从语言表述上就能直接读出，故谓“显性赏罚”。比如，法律中关于惩罚诽谤、欺诈、偷盗、抢劫、行贿、受贿、伤人、杀人等行为的规定，关于奖励坦白、自首、检举、举报、协助破案等行为的规定；行政政策中关于论功行赏、论过受罚的规定，都是这样的赏罚规定。显性赏罚的具体规定甚多，难以一一列举，但这些赏罚规定在制度设计思想上所贯彻的一般性原则无非两个：一是惩罚所有违反制度的行为。这就是不论是做了制度规定不准做的事，还是没做制度规定要做的事，都属于违反制度的行为，都要受到惩罚。前者如官员违反了不准权力寻租的规定要受罚，后者如公民没依法纳税也要受罚。二是奖励某些好而稀缺的行为。被制度奖励的好而稀缺的行为，也就是社会或社会组织所匮乏的好行为。首先包括某些制度规定要求做而人们极不情愿做的行为，如我国计划生育政策要求一对夫妻只生一个小孩，考虑到该要求与传统不合而使很多人不情愿，故在制度安排上既有对违反政策的超生者的惩罚规定，也有对遵守政策者给予一定福利关照的奖赏规定；其次是某些出色完成社会职责或分内之事的行为，如政府奖励卓越科学家或劳动模范的制度、社会组织奖励优秀员工的制度、军队中的军功嘉奖制度等；再次是指某些社会或社会组织希望人们去做而人们经常未做的行为，如通过税票刮奖或抽奖的制度安排来鼓励消费者向商家索要税务票据；最后是指某些社会公认的美德行为，如中国古代“举孝廉”的制度安排、当今社会有关奖励见义勇为行为的各种制度安排，等等。

为什么在显性赏罚的制度设计中，惩罚规定是对“所有违反制度的行为”，奖励规定却不是对“所有符合制度的行为”而只是“好而稀缺的行为”？这是因为，任何一个具体制度若被违反、破坏而不受处罚，就会使该制度丧失其应有的权威性及强制性，最终变得跟没有该制度一样。而任何一个具体制度若被遵循而不予奖励，都不会降低该制度原有的权威性和强制性，更不会导致如同没有该制度一样。奖励遵守制度的行为的作用在于能激励行为人遵循制度的积极性，但社会也总要为之付出一定的社会成本。假若奖励所有遵循制度的行为，社会将不堪重负，所以只能根据实际情况的需要有所选择地奖励某些遵循制度的行为。既然有社会成本方面的考虑，那么制度为何还要奖励某些不属于制度规定的行为，即希望人们去做的行为和美德行为？这有两个方面的考虑：一是这种奖励最终其实是得大于失、不亏本，如税票奖励的成本远低于由此挽回的税收流失；二是缺乏某种美德带来的社会危害比激励这种美德所支付的费用更不能让社会忍受，如对见义勇为的奖励就是出于这样的考虑。这后一点说明，制度的赏罚也可用于推行和维系道德这种非正式规则。

制度化社会赏罚的显性赏罚形式有两种，即法制性赏罚和行政性赏罚。

法制性赏罚是用法律法规构成的社会赏罚，在制度安排上，实施赏罚的赏罚者是法院、检察院、公安局、工商局、税务局、质检局、物价局、城市管理等国家司法、执法机构及其人员；赏罚对象是包括个人、社会组织、政府在内的所有社会主体；赏罚之物是行为人的财产权、人身权和其他社会权利，主要包括金钱、财产、名声、资格、自由、生命等权利。法律法规基本上都是一些告诉行为人不要做什么和必须做什么的行为规定，所以与之配套的法制性赏罚规定的一个突出特点是"罚远多于赏"，即赏罚规定的绝大多数都是惩罚性的规定，而赏的规定则甚少，通常只体现为坦白从宽和悬赏破案之类的规定。

行政性赏罚是由具体政策、纪律、规章、条例等制度构成的社会赏罚。在行政性赏罚中，实施赏罚的赏罚者是包括政治组织、经济组织、文化组织等在内的各类社会组织；赏罚对象是组织内部成员或被这些组织有权管辖的其他行为人；赏罚之物主要是职位、职级、资格、待遇、薪酬、奖金、荣誉、良机等种类的社会资源。行政制度既有不要做什么的规定，也有要做什么的规定；既有对违反行政规定行为的惩罚规定，也有对好而稀缺行为的奖励规定，所以行政赏罚规定与法制性赏罚相比，其特点就是赏罚平衡，赏和罚的规定大体相当。对同一种事情，若有罚的规定，往往同时也会有赏的规定，反之亦然。如在贯彻政策或工作业绩方面，一方面会针对做得差的制定扣奖金、降薪、降职等惩罚规定，另一方面会针对做得好的制定加薪、提拔、重用等奖励规定。

制度的隐性赏罚存在于人或各类行为主体可以自由选择自己行为的领域，也就是正当行为域。正当行为域，处于制度直接要人做什么和不准做什么的规定之间，而这些直接要人做什么和不准做什么的制度规定也就是正当行为域的边界。制度在正当行为域的隐性赏罚是由广义利益制度构成的。广义利益不独指物质利益或财富、金钱，而是包括财富、金钱、福利、权力、权利、地位、自由、良机、资格、荣誉等在内的各类社会资源。广义利益制度就是有关这些资源如何分配、如何获取和如何交换的规定。其中，如何分配的规定主要指社会或社会组织将哪些资源分给哪些人、各分多少；如何获取的规定主要指社会或社会组织允许个人或行为主体可以获取哪些资源和可以以哪些方式去获取这些资源；如何交换的规定主要指社会或社会组织允许各主体之间可以采取哪些方式交换资源和交换哪些资源。在整个制度中，只有这些制度规定即广义利益制度才可称为"游戏规则"，其他制度规定则是没有游戏色彩的纯粹的行为规则。游戏规则即广义利益制度的综合效果，是在客观上使正当行为域中各种可自由选择的行为选项在效益上出现分化：有些行为方式成为有利可图的，有些行为方式成为无利可图的。在有利可图的行为方式中，有的行为方式成本低而获利多，有的行为方式成本高而获利少甚至亏本，于是又有获利多、获利少和亏本的行为方式之分。相对而言，行为主体选择了回报大于成本的有利可图的行为就是得赏，选择了回报低于成本的无利可图的行为和亏本行为就是受罚。所以，广义利益制度也有赏罚功能。例如，在历史上的身份等级制社会，一方面由社会掌控的资源是按照个人出身身份的等级高低来进行或多或少的分配的，另一方面这些身份等级一般是改变不了的，所以人们要想通过改变自己身份即提高自己身份等级的方式来获取更多的利益就是很难实现的，结局大多属于无利可图或亏本。这时，正当而可行的获取更多利益的行为方式大致只有以下三类：一是在身份等级制内按身份等级的要求努力做好分内之事以得到赏赐；二是在不讲身份等级的市场流通领域通过经商获利；三是用探险或战争的方式向身份等级制管辖不到的新地域扩张而获利。又如，在现代社会的市场经济体制下，按身份等级分配资源的制度已不复存在，人们对各种经济资源乃至许多社会资源的获取是通过市场竞争实现的，于是那些有利于人竞争获利获胜的勤劳、奋斗、冒险、开拓、创新等行为方式就实际上受到了市场经济体制的鼓励，成为“吃得开”的有利可图的行为方式，而不利于竞争的因循守旧、安于现状、慵懒不勤、畏惧冒险、不思进取等行为方式则实际上受到市场经济体制的排斥，成为“吃不开”的无利可图的行为方式。计划经济体制则相反，由于贯彻的是平均主义的分配方式，懒汉不仅不比勤劳者少得一分钱，反而比勤劳者多得一份闲暇，实际造成奖懒罚勤的效果。正因为广义利益制度使正当行为域的行为方式有了有利可图、无利可图乃至亏本的分化，所以，它虽然没有直接而明确地指令人们做什么和不做什么，但还是间接而隐晦地传达出了这样的指令。经济体制对人有这样的影响，政治体制亦如此，这种道理在柏拉图那里已有所悟，他说：“有多少种不同类型的政治制度就有多少种不同类型的人们的性格。”[①]由于制度来源不同，广义利益制度也有社会广义利益制度与社会组织广义利益制度之分。社会广义利益制度主要是由存在于经济、政治、军事、文教、科技、医卫、社保等公共事务领域内的体制或建制或成套宏观政策构成的，所以社会制度的隐形赏罚，也就是体制性社会赏罚。虽然制定体制的是政府或国家立法机构，但实际的赏罚其实并不是由体制制定者直接做出的，而是由体制代其做出的，加之体制从内容看只有关于广义利益如何分配、获取和交换的表述，而没有什么行为可获赏、什么行为会受罚的表述，因而体制性赏罚的显著特点就是它的赏罚比较间接、隐晦，一般人们即使已经受到了它的赏罚导向，仍然意识不到它的存在，而不似法制性赏罚和行政性赏罚那样能给人以直接而明确的感受性和认知性。正是在这种意义上，这里才将其称为“制度的隐性赏罚”。社会组织的广义利益制度与之完全相同，只是其构成隐性赏罚的体制是社会组织自身的体制，而不是社会体制。

综上可知，制度化社会赏识总共包括三种类型，即法制性赏罚、行政性赏罚和体制性赏罚。其中，前两种属于显性赏罚，最后一种属于隐性赏罚。

在现实社会中，无论是显性制度赏罚还是隐性制度赏罚，都有很多各不相同的具体赏罚方式，但其基本方式就是一个：让服从制度导向的行为人得到其渴望得到的东西，令不服从制度导向的行为人失去其不愿失去的东西。所谓“渴望得到的东西”和“不愿失去的东西”，都是能满足行为者需求的各种资源即利益的所指，所以制度的赏罚也就是对利益的给予与剥夺。

制度不仅可以构成社会赏罚机制，具有社会赏罚功能，而且构成的是最强大的社

① ［古希腊］柏拉图：《理想国》，商务印书馆 1986 年版，第 313 页。

会赏罚机制，具有的是最强大的社会赏罚功能，对人们的行为有最强的塑形导向作用。

社会赏罚除了有制度化的社会赏罚之外，还有非制度化的社会赏罚。非制度化社会赏罚不是由组织通过制定制度成立的，而是由非组织化的社会力量构成的，具体体现为人情性赏罚、舆论性赏罚与神秘性赏罚三种类型。

人情性赏罚是用人情态度构成的社会赏罚，表现为知情人对行为人的品行做出的或肯定或否定的态度反应，包括憎恶或喜爱、尊重或鄙夷、亲近或疏远、认同或排斥等。与制度化赏罚一样，人情性赏罚也有调控人的行为的作用。对一个言而无信的人来说，由于会逐渐被大家鄙夷、疏远，他就不得不对自己的言而无信行为有所收敛。而一个乐于助人的人，由于会受大家的喜爱、尊重、亲近，就会继续乐于助人。为什么他人的态度就能影响一个人的作为？达尔文的解释是："人是一种社会动物……因此，每个人都会在最高的程度上受到世人用姿态和语言所表达出来的对他的希望、赞许和谴责的影响。"①斯密则解释为："大自然，当她为社会造人时，就赋予人一种欲求使同胞们愉快和避免使同胞们不快的原始感情。她教导人被同胞们赞扬便感到愉快和被同胞们谴责便感到痛苦。她使同胞们的赞许自身就成为对人来说是最令人满意和愉快的事，并把他们的不赞同变成最令人羞辱和不快的事。"②不过这两种解释都没说到根子上。不错，人们大都愿意被他人喜爱、尊重、亲近、认同，而不愿被他人憎恶、鄙夷、疏远、排斥，于是不得不注意选择那些能被他人认可的行为。可是人们为什么会有这样的倾向？光用"人是社会性动物"或人有天然的"原始情感"作解释是不够的。真正的原因在于，人在社会中生存发展，不仅需要物质资源，也需要人情资源。对每个人来说，都是喜爱、尊重、亲近、认同他的人越多，就意味着其人情资源越多，在需要时越容易得到他人的帮助。相反，如果是憎恶、鄙夷、疏远、排斥他的人越多，则意味着其人情资源越少，在需要时越不容易得到他人的帮助。人们之所以会被人情性赏罚调控、导向，就在于人希望拥有更多的人情资源。在人情性赏罚中，赏罚者是了解行为者的所有知情人，他们或者对行为者知根知底，或者是行为者所作所为过程的在场者，主要包括行为者的家人、亲戚、邻里、朋友、同学、同事、同乡等；赏罚对象是每个自然人；赏罚手段以态度反应为工具；赏罚之物是人情资源。各知情人的态度反应并无任何组织来进行统一指挥，而是分别做出的，所以赏罚的分散化便成了人情性赏罚的主要特点。

舆论性赏罚是由社会舆论构成的社会赏罚，表现为公众用言语对行为者及其行为进行褒贬扬抑，道德评价是其典型形式。舆论性赏罚同样能影响行为者的行为，直接的原因是每个行为者都有一定程度的荣辱心和羞耻心，这种心理机制会使其以得到社会赞扬为荣誉，以受到社会谴责为耻辱。更深层的道理则与人情性赏罚的深层道理相似，也是因为社会对自己的好坏善恶评价，会首先影响自己的名声，进而会使自己在社会中的生存发展变得顺利或不顺，于是不得不在乎舆论性赏罚的行为导向。在舆论性赏罚中，赏罚者是公众与大众传媒人，赏罚对象是引起公众关注的行为者，赏罚手段以

---

① Adam Smith, The Theory of Moral Sentiments, Edited by D. D. Raphael and A. L. Macfie, Clarendon Press, Oxford, 1976, P128。

② ［英］亚当·斯密：《道德情操论》，蒋自强等译，商务印书馆 2002 版，第 18、106、302 页。

言论褒贬为工具，赏罚之物是名声、声誉。由于舆论性赏罚没有明确的启动标准，它的随机发生性成了其突出特点。

神秘性赏罚是由神话构成的社会赏罚，也是以神或神秘力量的名义对人进行的赏罚。构成神秘性赏罚的神话有两种，一是宗教神话，一是民间神话。宗教神话告诉人们要按神的旨意行事，遵者会获来世幸福，违者会在来世遭殃。民间神话则告诉人们冥冥之中，存在善有善报、恶有恶报的因果报应。从历史和现实中存在的大量经验事实看，神秘性赏罚同样有调控人的行为的作用，许多人的行为都被其左右。神话本是虚构，由它构成的神秘性赏罚何以也能影响人的作为？这是因为它利用了信徒或信者对神或神秘力量的信仰和敬畏。既然如此，对不信神的无神论者来说，神秘性赏罚就是无效的，也是不存在的。在神秘性赏罚中，赏罚者是神或神秘力量；赏罚对象是所有相信神话的信徒；赏罚手段以神话预言为工具；赏罚之物有两种，在宗教神话中是来世的幸福或灾难，在民间神话中则是在将来出现的各种善果与恶果。赏罚的虚拟性是其显著特点。

以上三种非制度化社会赏罚，虽各自的赏罚方式及其借助的赏罚之物有所不同，一为人情资源，一为声誉，一为来世幸福，但三者进行赏罚所依据的标准或规范，全都是道德规范。也就是说，人情性赏罚中态度的肯定或否定、舆论性赏罚中的褒扬或贬抑，神秘性赏罚中的善报或恶报，都是以被赏罚的行为是否符合道德规范做出的，尽管其间存在一般道德和宗教道德的区别。因此，非制度化社会赏罚其实也可称为道德化社会赏罚。道德化社会赏罚既然与制度化社会赏罚一样，同为社会赏罚，同样具有社会赏罚功能，自然也能对人的行为进行调控和导向，只是在力度和能量上完全不能与制度化的社会赏罚相比。这是因为，这些由态度、舆论和神话构成的社会赏罚，不仅所能利用的赏罚之物十分有限，仅为声誉、人情资源和来世幸福，而且其实施赏罚的赏罚者只是分散化的个人和虚构的神，远不如实施制度赏罚的赏罚者即社会和社会组织的力量强大和现实。尤其是其中的社会或国家，可以合法地拥有暴力和使用暴力，以对付违反制度的人。虽然由某种邪教或邪说虚构的神秘性赏罚有时能蛊惑某些信徒挑战制度化社会赏罚，做出自焚式抗议、人肉炸弹等以死抗争之事，但编造此等邪教邪说的人自己从不率先垂范，因而它的欺骗性并不能持久，而被骗上当者也只能是其中极其愚昧的少数人。更为要紧的是，只要制度化社会赏罚愿意，此等邪教邪说本身都会被立刻取缔，那时就连这少数极其愚昧的制度对抗者亦会消失殆尽。因此，在现实社会中，当制度化的社会赏罚和道德化的社会赏罚即非制度化的社会赏罚在对人们行为的实际导向上出现不一致时，绝大多数人出于实际利益得失的考虑，都会选择按制度化社会赏罚的导向行事而不是相反。

正因如此，我们就不难理解，为什么有些在今天看来是邪恶的道德要求，在历史上却能得到人们的普遍遵从？这就是因为这些邪恶的道德要求得到了制度化社会赏罚的支持。如中国古代“三从四德”之类歧视妇女的道德之所以会流行，就是因为照做并且做得好的女子会受到社会赐名分、立牌坊之类的奖励，做得不好的轻则舆论谴责、宗法责罚，重则刑法惩处。二战时期纳粹德国对犹太人进行种族迫害与灭绝，大量日耳曼普通民众也参与其中，也同样是制度化社会赏罚的驱使：参与迫害的人会得到赏识、信任、提拔与重用，同情犹太人的人则会受到警告甚至处罚。

同时，我们也不难理解，为什么让人向善的道德劝诫在生活中有时却会沦为苍白无力的忠告？就是因为这些道德劝诫缺乏制度化社会赏罚的支持，不仅如此，甚至实际上得到的是制度化社会赏罚的打击。如人们都知道做人要讲诚信的道德劝诫，可长期以来，为什么我国官场、商场、学界中不讲诚信的人也有不少？就是因为一些不讲诚信者能得到他们渴望得到的东西，并可以轻易逃脱社会赏罚的惩罚。既然如此，不讲诚信实际上就等于是受到了社会赏罚的鼓励。相反，由于诚信者往往得不到他们渴望得到的东西，他们实际上就等于是受到了社会赏罚的打击。总之一句话，正是制度方面恶有善报，善有恶报的状况让道德劝诫失灵。所以美国学者萨拜因说："当人们处于从恶能得到好处的制度下，要劝人从善是徒劳的。"

因此，从社会赏罚导向的实际效果看，各种非制度化的社会赏罚都根本无法与制度化社会赏罚相匹敌。

当然，行动来自思想。除了各种非制度化的社会赏罚之外，还有以知识、观点、理念、理论等道理为内容的说教也能通过影响人的思想而对人的行为进行导向，但纯粹的说教连一点社会赏罚的功能都没有，不能给人带来任何看得见的利益，因而它对人的实际导向作用比非制度化社会赏罚中的任何一种都差，更遑论与制度化社会赏罚相比。

第三章

推论：制度赏罚造就历史的走势走向

正因为制度有最强的社会赏罚功能——这是上面刚刚确证的事实命题，而人又是怀赏畏罚的理性自利人——这是上面确证的另一事实命题，所以，将这两个事实命题放到一起作为前提推出的结论就是：在社会中，只要有制度化的社会赏罚存在，那么，除了那些敢于付出个人代价而不在乎社会赏罚的极少数人，绝大多数行为者在选择行为时，都势必会选择按制度规定可能获赏获利的行为方式，而不会选择其他行为方式，更不会选择按制度规定必然会受罚受损的行为方式，从而形成顺着制度的导向进行活动的态势。

这个道理，在我国先秦时期的法家思想家韩非子那里已经有一定觉悟："凡治天下，必因人情。人情者有好恶，故赏罚可用。"[①]只是他没有接着说：制度乃赏罚之极，故臣民皆从其而行。

一、制度决定历史的含义

问题是：如果自利的怀赏畏罚是人的本性，那为何不是说"所有人"而是说"绝大多数人"的行为会受制度化社会赏罚的导向？这一点疑问其实前文已说明，这就是有极少数人可能不被制度化社会赏罚左右，他们或是特立独行的社会批判者，或是嗜财如命的赌徒，或是受邪教邪说所虚构的神秘性社会赏罚蛊惑、驱使的极度愚昧者，不过他们在本性上还是怀赏畏罚的自利人，只是为了追求自认为更有价值的价值或更值得追求的价值，才愿付出个人代价而与制度化赏罚导相对抗。可芸芸众生则没有这样的意识和价值追求，同时也没有这样的胆量与制度赏罚抗衡，更不愿付出被制度惩罚的代价。

既然社会中的绝大多数行为者都会按制度化的社会赏罚选择行为，那么这时那些所谓无数意志不同、方向不一的"追求着自己目的的人的活动"，其实就已经被统一到了制度所规定的活动方式上，而他们各自活动所追求的所谓"自己目的"，也不过就是制度的目的或制度化社会赏罚的导向所指而已。例如在中国传统社会，人们之所以都愿意为皇帝尽忠效力，还不是因为在由皇帝掌握一切资源并决定一切资源的给予与剥夺的制度化赏罚机制下，个人唯有如此才有可能加官晋爵、光宗耀祖、荫及子孙，获得

① 《韩非子·八经》。

自己乃至家族的利益最大化。又如现代市场经济社会，人们普遍“向钱看，奔钱去”，也无不是由社会“钱是一切等价物”，“有钱就有一切，无钱寸步难行”的制度化社会赏罚机制的诱逼激励使然。因此，在绝大多数行为人确实都会按制度的赏罚导向选择自己的活动方式和活动目的或活动方向的情况下，人类历史在当下的走势走向当然就是由制度决定的。又因为制度作为组织制定的固定行为指令在人类社会之初就存在[①]，所以人们从古至今也一直都是在顺着制度化社会赏罚的导向进行活动并形成一定的活动方式和活动方向，人类历史以往的走势走向也是被制度决定的。这就是说，虽然历史是由人的活动创造的，但人创造历史的活动方式和活动方向亦即历史的走势走向是被制度决定的。而这，就是制度决定历史的要义。

制度不仅可以用其赏罚规定来形塑人们的活动方式和规导人们的活动方向，而且也可以通过改变既有的赏罚规定来改变人们的原有的活动方式和活动方向。因为如果制度化赏罚对行为的干预规定变了，原有的各种行为方式于个人的意义也会随之改变。例如我国始于20世纪80年代的市场经济体制改革，由于废除了“铁饭碗”“大锅饭”式的平均主义分配方式，就使原来在计划经济体制下获利最大的偷懒耍滑行为，变成了完全不能获利的行为而被人们普遍放弃。又比方说，一个社会组织一方面对其内部成员实行以工作业绩论功行赏的规定，另一方面却无相应的工作业绩审核制度安排，这时弄虚作假就会成为多数人的选择，因为这种行为方式在此时只有收益而无任何风险，人们何乐不为？而某个时期的官场中的所谓“干部出数字”和“数字出干部”的现象，就是这一状况的真实写照。如果制度安排者不满意这种状况，希望人们都是真干实干，那就可以在以业绩论功行赏的同时，再辅之以严格的工作业绩审核制度，这就能逐渐使真干实干成为大多数人的选择，因为这时真干实干已经变成了人们唯一可以获得更多奖赏或更多利益的利益最大化行为方式。再举一个更明显的实例，我国未实行严格的计划生育国策之前，每家都是生三五个小孩，在实施该国策后不久，绝大多数家庭只生一个小孩，尽管多子多福的传统观念并未被其中的很多人否定。由此可见，具有最强社会赏罚功能的制度也能对人们的活动或大众行为进行调控，同时也是调控所有行为主体之行为的最强手段，它可以随时根据情况和需要，来随时改变人们的行为方式或行为取向，从而也改变历史的走势走向。这就又从另一个方面说明，历史的走势走向的确是由制度决定的。同时也进一步说明，一切有关大众行为和历史逻辑的解释，都应该从也只能从制度化的社会赏罚入手，才能找到正解。

也许有人觉得这个结论不对，指出相对于人的活动或行为，制度常常体现出滞后性，就是被某个制度禁止的具有特定取向性的行为方式，往往在有禁止它的制度之前就存在了，比如在我国还没有反不正当竞争法之前，就已经有了“傍名牌”的商业竞争行为。如此，我们何以能说大众的活动方式和活动方向是被制度所塑导的？尽管制度相对于人的活动方式，尤其是新的活动方式，确实存在滞后性，但各种新的活动方式能否成为大众普遍的行为方式，能否持久地成为大众普遍的行为方式，则是由制度决定

① 韩东屏：《制度的本质与开端》，《江汉论坛》2014年第9期。

的。显然，只有持久的普遍的大众活动方式和活动方向，才代表历史的走势走向；而非普遍的或一时普遍的大众活动方式和活动方向，则都构不成历史的走势走向。易言之，只有在制度允许的前提下，新的活动方式和活动方向才可能成为持久而普遍的大众活动方式方向，形成历史的走势走向；而被制度禁止的新的活动方式方向就难以成为持久而普遍的大众活动方式方向，也形成不了历史的走势走向。

也许还会有人觉得这个制度决定历史的结论不对，因为无数历史和现实的经验告诉我们经常有这种现象：虽然有制度的规定和赏罚导向，但很多人实际上并没有跟着制度的导向走，甚至是与制度的导向倒行逆施。比如我国当代改革开放以来，虽有反腐败制度，但腐败无法完全杜绝；虽有打击假冒伪劣的制度，但假冒伪劣仍屡禁不止，甚嚣尘上；虽有医生不许收病人"红包"的制度禁令，但动手术要给医生送红包还是成了普遍的行为。不过在笔者看来，这些现象的存在不仅构不成对制度决定历史走势走向之结论的否定，反而是进一步的印证。

制度从实施效果上说，有有效制度与无效制度之分。在有效制度中，还有效力高低之差。大而言之，只有有效制度才能正常地发挥制度的赏罚导向功能，实现制度的预期目的；无效制度则不能正常发挥制度的赏罚导向功能，实现不了制度的预期目的。制度能实现预期目的意味制度赏罚有效灵验，制度不能实现预期目的意味制度赏罚无效失灵。无效失灵的制度化社会赏罚大致体现为四种情形，即赏罚过度、赏罚倒错、赏罚低能、赏罚错乱。

制度化的赏罚过度是指制度的奖赏或惩罚在程度上超过了应有的限度，结果物极必反，非但不能实现设立制度的预期目的，反而引发不良后果。先说惩罚过度，这方面的例子不少，如历史上时有发生的穷苦人揭竿而起，就是被统治者的"苛政猛如虎"逼的。陈胜、吴广的起义，是被秦王朝对役民实施的那种即使因非主观因素导致的违纪也要统统杀头的严苛制度所逼。而其他如绿林、赤眉、黄巾、黄巢、李自成、太平天国等名号的起义之类，则都是被过度征收税赋徭役这种暴敛财富的制度安排所引发的官逼民反。不管是以上哪种形式的苛政，其结果都是统治者非但不能继续压榨、盘剥劳苦大众，反而其统治地位也遭撼动乃至颠覆。又如朱元璋的官员反腐败制度安排也有惩罚过度的问题。这就是该制度对贪官的界定极其不严谨，不仅任何百姓都可自行捉拿贪官往上押送，而且上面仅凭一面之词就可认定贪官；同时该制度对贪官实施严惩并有"宁可错杀一千，不可放过一个"的倾向。另外，这时在薪酬制度安排上给官员的俸禄太少，一个县令每月只有五两银子，仅相当于现在的一千多元。结果导致两种朱元璋所不愿意看到的结果，一是官场上的贪官非但未见减少，反呈"前腐后继"之状，因为官员们本来就生活拮据，再心想纵然清廉也往往会被当作贪官杀头，那就不如趁早捞一把；二是原准备进入官场的秀才们开始视仕途为畏途，普遍退缩，放弃为官的打算。读书人也"以溷(即混)迹无闻为福，以受玷不录为幸"，"多不乐仕进"，或休学种地，或自残肢体。[①] 制度安排惩罚过度的情况，到了现代社会仍不少见。如前些年一些地方

① 张宏杰：《朱元璋的反贪运动》，《领导文萃》2006年第6期。

管理机构给所属管理人员下达数量很高的罚款任务，并规定完不成任务就扣工资奖金，致使管理人员挖空心思搞罚款，乱罚款，一时间，“钓鱼罚款”和“放任娼妓，只罚嫖客”等违背法治目的的怪诞执法现象频频出现。再看一个与之类似的具体案例。1999年，重庆大足县法院给所属三驱法庭下达了300起案件审理的任务，三驱法庭段光元庭长多次向县法院领导反映，他们庭无法完成这一工作目标，因前两年想尽一切办法去找“案件”，甚至对当事人进行劝诉、诱诉，也最多只在250件左右。可是反映无效，县法院领导以“文件已下发，必须按此执行”为由予以驳回。至年底，三驱法庭离300起案件还差25起，为避免挨批受罚，段庭长提议编造假案凑数，得到其他法官一致赞同。在这个法官造假案中，问题出在几个法官身上，根子却在不切实际的考核机制上。[①] 制度奖赏过度方面的实例相对较少，但也还是有。如我国河南省某地方政府曾用给过马路走斑马线的行人奖励50元的方式来治理乱穿马路的现象，结果不仅不能持久，还让人滋生出了不给钱就不必走斑马线的意识。又如现代西方某些国家的高福利政策由于对失业者的救济标准过高，往往与就业者的收入不相上下，结果不仅导致不少失业者不愿再积极寻找工作重新就业，而且一些在业者也宁愿辞职失业去拿社会救济。显然，以上这两种状况都不是两种制度的安排者在设计制度时所想要的局面。

制度化的赏罚倒错是指制度赏罚非但不能奖其所奖，罚其所罚，反而在客观上产生了相反的效果，使本该受罚的行为得到鼓励，使本该获赏的行为受到打压。如前已提到的我国计划经济时期的分配制度，实质上是“干与不干一个样，干好干坏一个样”的绝对平均分配方式，这就等于是在奖励懒汉，打击勤劳，从而极大地影响了人们的生产积极性，导致懒汉越来越多。还有，一个时期以来，我国为什么跑官买官的官员越来越多，清廉实干的官员越来越少？还不是因为既有的反腐败制度安排不能发现和惩罚跑官买官者和受贿卖官者，结果他们之间买官卖官的交易都能几乎没有任何风险地达成，各自得到其想要的东西，而清廉实干者由于不屑于跑官卖官，也没本钱跑官买官，结果总是得不到领导的欢心和提拔重用。制假售假和医生收红包的情况也是如此。就说制假售假吧，由于现有打假制度安排不能及时发现和严厉打击制假售假，制假售假者就总能用很小的成本占到更大的市场份额，得到其欲求的高额暴利，而货真价实的制售者却因生产成本比制假售假者要高得多而处于竞争劣势，于是其市场日小，获利日少。这就等于现有的打假制度安排，实际上是在鼓励制假售假，打击货真价实。

制度化的赏罚低能是指某种制度安排及其赏罚规定对其预期实现的目的，只能起微小的作用或一时的作用。比如我国20世纪90年代曾用“四菜一汤”的制度安排限制公款大吃大喝，由于缺乏明确的标准和及时有效的监督惩罚举措，实施不久就被各种形同实异的大吃大喝方法破解。又如许多单位实施的评选奖励优秀或先进的制度安排，也是由于标准不清和程序不合理等因素的存在，逐渐失去调动人们工作积极性的作用，在很多地方，这种激励甚至被当作一种福利，大家轮流坐庄享用。再如我国医

---

① 李同欣、崔佳：《重庆大足法庭编假案凑指标 考核方式不当是病根》，《人民日报》2003年9月19日第5版。

药管理部门，经常试图用降低某些药品价格的硬性行政规定来缓解患者看不起病的问题，未想到药品供应商马上就用停产降价药或将降价药换名换包装再重新推出，甚至经常是涨价重新推出的方法来应对，结果最终不仅未能降低患者的医药费用，反而是有所增加。制度的赏罚低能与制度的赏罚倒错有内在关联。制度赏罚低能是从一个具体制度的实际效果说的，制度赏罚倒错是从一组或一套制度的实际效果说的，而这组或这套有赏罚倒错效果的制度就是由一个一个赏罚低能的制度构成的。比如赏罚倒错的反腐败制度体系，就是由一个一个低能的具体反腐败制度构成的。

制度化的赏罚错乱是指在社会的制度体系内，属于不同种类或不同层次的制度赏罚规定出现了赏罚不一致，甚至相互冲突的情况。也就是说，被某种制度禁止并惩罚的行为，却被另一种制度允许甚至鼓励。虽然制度化的赏罚错乱在讲究规定的价值一律性的同一制度体系内较为罕见，但也不是完全没有。比如在我国还没有全面免除农业税的相当长的一段时间，国家级的制度规定禁止向农民乱摊派，可不少地方政府却经常发文向农民收这个费那个费；又如我国计划经济时期，在宏观制度层面以按劳分配为原则，在微观制度层面又搞的是与按劳分配原则相悖的"铁饭碗""大锅饭"。再就是我们也见过，被这一管理部门明文禁止的事，却被另一管理部门明文允许。不论制度化的赏罚错乱还有哪些具体表现，它们的结果在实质上都是一样的，这就是，不仅会使受该赏罚机制管辖的人们或行为者不知所措，而且最终因必须有所选择而不得不违反其中的一种制度。当然，被人们选择违反的那一种制度，都只会是"离"他们"较远"而不能对他们进行"现管"，从而风险或代价也相对要小一些的上层制度或业外制度。

综上可知，即使是无效的制度安排或失灵的制度赏罚，其实对人们的行为仍有赏罚塑导功能，只不过其塑导已偏离或背离制度安排的初衷，成了反向塑导或另类塑导。这就是说，在一个社会中，不论人们或各类行为主体的普遍行为是怎样的，其实都是制度赏罚塑导的结果，有的是有效灵验赏罚塑导的结果，有的是无效失灵赏罚塑导的结果。在制度化社会赏罚无效失灵时，虽然制度安排者的制度意图不能得以实现，但制度对人们行为方式还是有型塑作用，对人们的行为走向还是有导向作用。所以，所谓制度赏罚的无效失灵，其实仅仅是相对于制度安排者说的，而制度赏罚本身，不论在什么情况下，实际上都是有效灵验的，都有型塑大众行为方式和规导大众行为方向的作用。因而制度无论在制度安排者眼里体现为有效灵验还是无效失灵，人们活动的方式方向，也就是历史的走势走向，都是在被制度所左右。

二、制度决定历史的规律与实质

根据上述结论，倘若人类历史确有某些规律可循，那其基本规律就是：制度决定历史，有什么样的制度，就有什么样的人类活动和历史；当制度发生改变时，人类活动和历史也会随之发生改变。这个历史基本规律揭示的是制度与人类活动的关系，所以它同时也是人们活动的基本规律，或马克思所说的“人们自己的社会行动的规律”①。

这时可能有人会发难：不论人们怎样行动，你都说是被制度化社会赏罚决定的，并且还不论制度赏罚是有效还是无效，这岂不是有怎么样都能说得通的诡辩色彩？换个学术性的说法就是：你演绎的历史规律岂不是缺乏一个正确道理所应有的可证伪性？

非也。被有效制度决定的大众行为，在方式和方向上，与被无效制度决定的大众行为是完全不一样的；当制度从有效变无效，或从无效变有效时，大众的行为方式和行为方向也会发生不同的改变。所以，这里并没有什么诡辩，这里提出的历史规律也有可证伪性，并且其可证伪性明显而简单：或是发现一例有效制度与无效制度所决定的大众行为在方式或方向上是一样的事情，或是发现一例人们的活动方式和活动方向居然在制度赏罚改变之后未变的情况。不过，这样的反例恐怕是永远也找不到的，因为它们只能出现在人性不再自利而怀赏畏罚之时。可人性会有这样的改变吗？

前文已交代，制度作为组织制定的规则，实际上不是由组织这种次生主体直接制定的，而是由组织中有制度安排权的人代为制定的。在同样的条件下，对同一个社会或社会组织中的制度安排者而言，永远都不是只能制定一种制度，而是会有多种甚至无穷多种可能的制度安排，因而制度不是大自然的产物，也不是社会的自然而然的产物，而只能是人为制定的产物，而由制度决定的人类活动史，也就注定不是什么“自然史的过程”，而只能是人为选择史的过程，即制度安排者选择制定什么样的制度，大众选择按这种制度的导向行动的过程。

尽管制度安排者由于智慧有高有低，设计出来的制度或有效或无效，或效率高或效率低，但鉴于无论是有效制度还是无效制度都能对大众行为形成赏罚塑导的事实，这里还可以在“制度决定历史”的观点上进一步说，是制度安排者对制度的设计或抉择决定着历史的走势走向。因此，不管智慧高低，谁只要掌握了社会制度的安排权，谁就能够创造历史，决定历史的发展模式。这也应该算是一条历史规律。差别仅在于，能制定有效制度的高明制度安排者，总能按自己的愿望来创造历史，让历史的走势走向符合自己的预期和目的；而制定不出有效制度的愚蠢制度安排者，非但不能按自己的愿望创造历史，让历史的走势走向符合自己的预期和目的，反而会使历史的走势走向对自己不利。而人类历史中的所谓“伟大人物”或所谓“英雄”，正是那些能让历史按自己的意志运动并实现自己目的的高明制度安排者。

既然制度不是自生的，而是由制度安排者制定的，那么就可以说，制度决定论的实质是制度安排者决定论，即制度安排者制定的制度决定无数个人的活动方式和活动方向，从而决定历史的走势走向。

从人类历史经验和现实可能性看，在一个社会中，决定历史走势走向的制度安排者，可以是某个人，如君王、教皇、元首、独裁者之类的大人物，也可以是所有社会成员或其代表。如果制度安排者是大人物，即社会制度是按大人物的意志建构的，那么不管我们愿意还是不愿意，都得承认，历史是被大人物创造的，而不是被所有社会成员或

① 《马克思恩格斯选集》第3卷，人民出版社195年版，第634页。

人民创造的。只有当制度安排者是后者即所有社会成员或真正代表他们的代理人时，我们才可以说，历史是被人民创造的，而不是被大人物创造的。所以以往的历史哲学中，无论是英雄创造历史的英雄史观也好，还是人民创造历史的人民史观也罢，都是不符合历史真相的片面之词。全面的观点是：历史有时被人民创造，有时被英雄创造。历史被人民创造时，制度安排权由人民所掌握，人民通过为自己定制立法而决定自己活动的方式方向和历史的走势走向；历史被英雄创造时，制度安排权由英雄所掌握，英雄通过为所有人定制立法而决定他们的活动和历史的走势走向。

人们是在社会中进行自己的所有活动的，这说明人类历史实际上也是人类社会历史。因此，在确认制度是历史的决定因素之际，也等于同时确认了制度是社会的决定因素。制度对社会的决定性作用体现为：有效的制度安排将人们的活动诱逼激励到与社会目的相一致的方向，推动社会按既定目的平稳而持续的发展，日益兴盛；失灵的制度安排则将人们的活动诱逼激励到背离社会目的的方向，不仅不能推动社会按既定目的发展，反而致使社会陷入混乱与离散，逐渐走向衰败。所以，决定“国之所以废兴存亡者”，并不是孟子所说的“仁”与“不仁”[①]或更大范围的道德与不道德，也不是制度之外的任何其他东西，而就是制度。套用一句“成也萧何，败也萧何”的成语说，就是：国之命运，成也制度，败也制度。有效的制度可谓良制，失灵的制度可谓劣制，因此上述道理还可更简约地说：良制推进社会发展，国家兴盛；劣制导致社会衰落，国家破败。这当是人类社会发展的基本规律。

三、历史的真相

或有人道，你仅凭两个事实判断为前提，就推论出了人类历史和人类社会的发展规律，从而宣称破解人类社会历史发展之谜，这是不是也太简单和太轻率了？

简单不等于轻率。中国古人有“大道至简”之说，意为大道理极其简单。当代西方人霍克海默则说：“基本原理数目越少，理论就越完整。”[②]这两种意思相近的古今说法尽管都未见有任何论证，但只要我们去看看数学的公理、几何学的公设、牛顿经典力学的三大定律和爱因斯坦相对论的质能公式是何等简明，就知道这两种古今说法是很有道理的。毫无疑问，说明人类历史这个超大事物的道理自然也属于大道理，那么它也应该是简单的。

说明历史的道理简单，在于历史的简单。自从维柯在其诠释人类历史的名著《新科学》中宣布“这个包括各民族的人类世界确实是由人类自己创造出来的”之后[③]，“人类的历史是由人类自己创造的”之类说法也以“维柯观点”之名得以流行，加之马克思也有“人们自己创造自己的历史”[④]和“如维柯所说的那样，人类史同自然史的区别在

---

① 《孟子·离娄上》。

② 霍克海默：《批判理论》，李小兵译，重庆出版社 1989 年版，第 181 页。

③ [意]维柯：《新科学》，朱光潜译，人民文学出版社 1986 年版，第 573、140 页。

④ 《马克思恩格斯选集》第 1 卷，人民出版社 1972 年版，第 603 页。

于,人类史是我们自己创造的,而自然史不是我们自己创造的”[①]之类的说法,以致现在基本上已经没什么人会否认历史是由人创造的。

但我们是否同时知道,人们从来不是为了创造历史而活动,而是出于“活得更好”(若用当代学者的话说就是“生存发展得更好”)这个再简单不过的动机。因为既然人们总是在追求自己利益的最大化,而不是自己利益的持平不变,那么不管每个人是什么身份,也不管各自对所求利益的理解有多么不同,他们就都不仅仅是要活着,而是要设法活得比以往更好。所以,历史作为人们的活动,从来就不是什么隐秘计划或深谋远虑,而就是人为了活得更好的活动而已。想想历史之初的那些茹毛饮血的原始人,就知道最早的人类也不可能有关于历史的深奥想法。如是,历史也不会有什么神秘莫测的目的,有的只是人的活得更好的动机而已。既然如此,活得更好的动机就是人们亦即每个人的所有活动的原动机,同时也是人类历史的原动机。只不过这个原动机或由这个原动机发动的人的活动是在制度的规导下,总是顺着制度的塑导运动,被制度所决定。由此可知,严格地讲,历史实际上并不是被人有意识创造的,而是被人们为了自己活得更好的活动顺便构成的。维柯承认:“如果谁创造历史也就由谁叙述历史,这种历史也就最确凿可凭了。”[②]此话有理。如果历史是被人类有意识创造的,人们也就不会分别弄出那么多出入甚大的历史观,而号称揭示了历史真相的所谓“新科学”,也不会一直等到维柯出世才被叙述。反过来说,正因为历史不是由人刻意创造的,我们才总是说不清、道不明也找不着历史的目的,亦即我们创造历史的目的。所谓创造,只能是人的既有明确目的,同时又发挥想象的活动。可当人们出于活得更好的动机而活动时,不仅并不一定要用想象,而且往往也没有意识到自己是在“创造历史”,更谈不上有创造历史的目的。既然如此,人又如何创造历史?

当然,鉴于不论过去、现在还是将来的具有自利本性的人们所进行的活动的原动机或基本动机都是为了使自己活得更好,我们也可以在比喻的意义上,把“活得更好”说成是整个人类历史从来就有且始终不变的永恒目的。与之相应,就也可以在这种比喻的意义上,说人在追求这个永恒目的的过程中创造了历史。如果不是比喻,充其量就只能在间接的意义上,即制度决定历史,而制度则又是由人创造的这个意义上,才可以说历史是由人创造的。

尽管人们都在追求活得更好,但不同时代甚至同一时代的人们对“活得更好”往往会有不同的具体解释——有人将其解释为拥有更多的食物和衣服,有人将其解释为拥有更多的土地和房屋,有人将其解释为拥有更多的金钱或财富,有人将其解释为拥有更高的社会地位或更大的权势,有人将其解释为拥有更多的知识和文化,有人将其解释为拥有更多的闲暇和自由,有人将其解释为拥有更安宁的生活和更宁静的心灵,有人将其解释为拥有更公正的社会和更和谐的人际关系,有人将其解释为拥有更多施展个人天赋才能的机会和条件……不过,这并不意味“活得更好”不是人们所有活动的基本动机或永恒目的,因为所有这些被不同之人视为实现活得更好的东西,在其他人眼

---

① 《马克思恩格斯全集》第23卷,人民出版社1972年版,第409-410页。

② [意]维柯:《新科学》,朱光潜译,人民文学出版社1986年版,第145页。

里同样也是好东西而不是坏东西，只不过不算最好的东西而已。因而不同个人所追求的不同意义的活得更好，其实都属于每个人的整体性活得更好的一个方面的内容，因而它们自然也就同时都属于整个人类活得更好的各个方面的内容。

正因为古往今来的每个人都是在为了“活得更好”而活动，而且不管何种个人意义上的活得更好都属于人类活得更好的一个方面，所以由他们的活动所构成的人类历史，就是一个让人类本身活得越来越好的进化过程。而人类历史在事实上也的确就是这样一个过程。在这个过程中，后一代的人类总是比上一代的人类活得更好，于是经过代代推进到了今天的人类，其生活质量已经与原始人类的生活质量有了天壤之别。在这个进化过程中，虽然有时也有某些人比他的上一代活得更糟的情况发生，但毕竟只是某些人而不是全体人，而人类生活质量的进化程度在什么时候也不能由那些活得更糟的人来代表，这就如同任何一个时代的人类文明程度都不会由这个时代的最差人造之物来标识一样；虽然有时也有类层面的短暂的整体性倒退，如战乱和“文化大革命”这样的时期，但毕竟是短时期的状况。因此从总的趋势来说，人类历史就是一个一代比一代活得更好的进化过程。可以断言，这个进化过程还将继续下去并永无止境，因为活得更好对人来说在什么时候都是没有极限和终点的。

在断定历史就是人类活得越来越好的进化过程之后，历史对人类的意义也得以显现，这就是，它一方面已经让以往的人类活得越来越好，另一方面它能为当代和未来的人类追求活得更好的活动提供教训与经验、启示和智慧，以使这一追求活动变得比以往更加顺利而高效。

至此可知，人类历史本来就不复杂，并不是笔者把它说简单了。相反，它是被某些人说复杂了。确切地说，是那些发明玄之又玄的历史理论的人把简单的历史说得复杂无比且难以捉摸。不过需提请注意的是，历史的大道至简，不等于把它说出来也是一件简单的事。这就犹如，为什么只有哥伦布能率先用简单的方法把煮熟的鸡蛋竖起来。

诚然，要想使人们普遍认可笔者的制度决定论的历史观，还要论述一些更深层次的问题，尤其是制度与社会及国家的真实关系。同时，也需要回应许多可能被提出的疑惑与诘难；也需要面对所有已经存在的与制度决定论相悖异的种种理论，它们既包括那些与制度决定论不同的历史决定论，如技术决定论、文化决定论、环境决定论之类，也包括各种形态的反历史决定论。

而所有这些，正是本书接下来要做的工作。

第二部分

物质生产活动原理

在得出制度决定历史的结论之后，意味着其他任何东西都不会是历史的决定因素，包括人类生产物质生活资料的生产力。

在笔者之前，国内学界也有貌似制度决定论的说法。张宇燕说，“制度在国家兴衰过程中起着决定性的作用”[①]；陈朝宗说，“制度决定社会发展”。但是，前者并未全面论证他的观点，只是在新制度经济学框架内说事，也没讨论制度决定论与生产力决定论的冲突或不相容。后者则通过简单地把制度说成是生产力甚至“第一生产力”来化解两种理论的对立：“这个观点与历史唯物主义所主张的‘生产力是社会发展最终决定力量’是并行不悖的，因为制度也是生产力。而徐纪敏教授甚至认为：‘制度是第一生产力。’”[②]既然陈、徐二位把制度视为生产力本身，也不谈二者有无差异，是何关系，并且是在认同生产力决定论的前提下说制度决定社会发展，那么，他们的观点在本质上就仍然属于生产力决定论。确切地说，是扩大了生产力原有内涵的生产力决定论。

马克思说：“人们自己创造自己的历史，但是他们并不是随心所欲地创造，并不是在他们自己选定的条件下创造，而是在直接碰到的、既定的、从过去承继下来的条件下创造。”[③]而这些条件，就是指已经先于人们而存在的社会及作为构成这个社会的基本要素的生产力，以及由生产力派生的生产关系、生产方式、经济基础和树立在经济基础之上的包括国家机器和意识形态的上层建筑。正因生产力是其中的首要条件和第一要素，所以它经常被加以强调：“历史的每一阶段都遇到一定的物质结果，一定的生产力总和，人对自然以及个人之间历史地形成的关系，都遇到前一代传给后一代的大量生产力、资金和环境，尽管一方面这些生产力、资金和环境为新的一代所改变。但另一方面，它们也预先规定新的一代本身的生活条件，使它得到一定的发展和具有特殊的性质。”[④]并且特别指出：“人们不能自由选择自己的生产力——这是他们全部历史的基础，因为任何生产力都是一种既得的力量，以往的活动的产物。可见，生产力是人们的应用能力的结果，但是，这种能力本身决定于人们所处的条件，决定于先前已经获得的生产力，决定于在他们以前已经存在、不是由他们创立而是由前一代人创立的社会形式。”[⑤]

在解释人类历史方面，历史唯物主义创始人之所以如此看重和强调生产力或物质生产活动，除了在于认为它是其他条件的基础或社会结构的第一要素，还在于这个道理：“人们为了能够‘创造历史’，必须能够生活。但是为了生活，首先就需要吃喝穿住以及其他一些东西。因此第一个历史活动就是生

① 张宇燕：《个人理性与制度悖论》，《经济学研究》1993年第3期。
② 陈朝宗：《制度学理论与我国制度创新实践》，中共中央党校出版社2008年版，第32页。
③ 《马克思恩格斯选集》第1卷，人民出版社1972年版，第603页。
④ 《马克思恩格斯选集》第1卷，人民出版社1995年版，第92页。
⑤ 《马克思恩格斯选集》第4卷，人民出版社1995年版，第532页.

产满足这些需要的资料，即生产物质生活本身，而且这是这样的历史活动，一切历史的一种基本条件，人们单是为了能够生活就必须每日每时去完成它，现在和几千年前都是这样。”①恩格斯也说：“人们首先必须吃、喝、住、穿，然后才能从事政治、科学、艺术、宗教等等；所以，直接的物质的生活资料的生产，从而一个民族或一个时代的一定的经济关系阶段，便构成基础。人们的国家设施、法的观点、艺术以至宗教观念，就是从这个基础上发展起来的。因而，也必须由这个基础来解释。”②因此，恩格斯说：“根据唯物史观，历史过程中的决定性因素归根到底是现实生活的生产和再生产。无论马克思或我都从来没有肯定过比这更多的东西。”③当代中国的历史唯物主义者也说：“一个社会处于什么样的历史时代，它的经济形态、政治形态、观念形态以及整个社会形态具有何种性质，最终是由生产力的状况决定的。”④并且他们都承认这一规律：“无论哪一个社会形态，在它所能容纳的全部生产力发挥出来以前，是决不会灭亡的；而新的更高的生产关系，在它的物质存在条件在旧社会的胎胞里成熟以前，是决不会出现的。”⑤

不难发现，在上述关于社会历史的解释中，制度不仅不是历史的决定因素，不是人们创造历史的重要条件，甚至连一般因素或一般条件也够不上，充其量只是一个不值一提也确实没被提到的因素或可有可无的条件。

然而，只要我们认真省察一下生产力究竟是什么，就会发现制度其实仍是这里的决定性因素。

第四章

生产制度也是生产力的构成要素

阐明制度与生产力的关系，需从严格定义生产力开始。因为我们已对制度有了明确的本质性把握，而对生产力则还谈不上。

---

① 《马克思恩格斯选集》第1卷，人民出版社1995年版，第79页。
② 《在马克思墓前的讲话》，《马克思恩格斯文集》第3卷，人民出版社2009年版，第601页。
③ 《马克思恩格斯选集》第4卷，人民出版社1995年版，第695页。
④ 马克思主义哲学编写组：《马克思主义哲学》，高等教育出版社和人民出版社2009年版，第195页。
⑤ 《马克思恩格斯选集》第2卷，人民出版社1995年版，第33页。

一、定义生产力

虽然生产力已是人人尽知、人人会用的概念,可"生产力究竟是什么?"却并不是一个已经得到有效解决并没有问题的问题。

笔者认为,以往学界关于生产力的各种定义,存在两个层面的问题。

第一个层面的问题是只有关于人类物质资料生产的生产力定义。

自从世界学界有了"生产力"的术语以来,人们基本上都是从物质资料生产的视域来对生产力进行论述的。从"生产力"概念的首创者魁奈,经亚当·斯密、李嘉图、李斯特到马克思,再从马克思到今天的国内学界和国外学界,莫不如此。

然而,是不是除了物质资料生产意义的生产力之外,就再没有其他意义的生产力?如果是没有,学界这样论说生产力就是可以的;如果不是,这样的论说不说是错误的,也至少是片面的。那么,实际的情况究竟是怎样的呢?

回答是"不是"。

首先,在物质产品的生产之外还有精神产品的生产,这就说明,在物质生产力之外,还有精神生产力的存在。事情很明显,人类除了有物质生活方面的各种需求,也有精神生活方面的各种需求,而用于满足人类精神生活方面需求的文学艺术作品和科学知识、人文知识和价值理念之类的精神产品,自然也是由人用精神生产力生产出来的。正因有此事实存在,所以在马克思那里,也有"物质生产力和精神生产力"的分类与表述①,只不过马克思一直没有对后者展开过专门的具体论述。既然确实也有精神生产的存在,我们怎能只有物质生产的生产力定义?

其次,在人类的物质生产和精神生产之外,还有与这两种生产的性质截然不同的人类自身生命的生产,亦曰人本身的生产或人口的生产。人口的生产也是确确实实存在的,没有它就不会有人类后代的繁衍和世代的承续。既然人口的生产的存在不容置疑,那就一定也有人口生产的生产力。

最后,在人类的生产力之外,还存在动物的生产力。如果说人繁衍后代属于人自身生命的生产,那么,动物繁衍后代也属于其自身生命的生产;如果说人类生产物质生活资料的生产,也包括早期人类赖以维生的采集与渔猎,那么,食草动物的采集、食肉动物的狩猎和杂食动物如猩猩、狒狒的既采集又狩猎,也应属于动物的物质生产。而历史唯物主义的创始人,也的确有关于"动物的生产"的用语和论述,并曾在论述人类的物质生产时,以其为参照,进行相互比较:"诚然,动物也生产。动物也为自己营造巢穴或住所,如蜜蜂、海狸、蚂蚁等。但是动物只生产它自己或它的幼仔所直接需要的东西;动物的生产是片面的,而人的生产是全面的;动物只是在直接的肉体需要的支配下生产,而人甚至不受肉体需要的影响也进行生产,并且只有不受这种需要的影响才进行真正的生产;动物只生产自身,而人再生产整个自然界,动物的产品直接属于它的肉

① 《马克思恩格斯全集》第48卷(上),人民出版社1972年版,第173页。

体，而人则自由地面对自己的产品。动物只是按照它所属的那个种的尺度和需要来构造，而人却懂得按照任何一个种的尺度来进行生产，并且懂得怎样处处都把固有的尺度运用于对象，因此，人也按照美的规律来构造。”[①]既然动物也有生命的生产和物质生活资料的生产，那自然也有它们的生命生产力和物质生产力，如此我们怎能仅有一个人类生产中的物质生产的生产力定义，而没有一个既涵括人类的两种生产也涵括动物的两种生产的最一般意义的生产力定义？并且，在我们不知道或者不承认这个最一般的生产力定义的情况下，自然也不会知道或承认有最一般的生产，这时，我们又凭什么把不同于人类的物质生产力的“生命的生产”及其生产力，和“动物的（物质）生产”及其生产力，也都认定为“生产”和“生产力”而不是其他的什么东西？

第二个层面的问题是，以往学界不仅从不界说其他意义的生产力，就是对人类的生产物质生活资料意义上的生产力概念的界定，也均存在偏差或不足。

“生产力”一词首先出现于经济学，虽说它是历史唯物主义的基本范畴和基本术语，却并不是马克思的创造。据考证，历史上首次使用生产力概念的是法国古典经济学重农学派的创始人魁奈。不过，他并没对这个概念做任何界说，只有“土地生产力”“人口生产力”这样的说法。其后，亚当·斯密把生产力视为生产的能力或劳动生产率；李嘉图把生产力看作是各种不同因素的自然力；李斯特把生产力理解为人们获得物质财富的一种能力或手段。[②] 以上这些表述，基本上都属于关于物质生产力的说法，但也仅仅只是一些简单的说法而已，都还算不上是对生产力的本质性界定。

到了马克思，他将人类的物质生产力视为社会结构的第一要素和历史发展的最终动力，所以对之有大量的论述。可令人遗憾也费解的是，马克思也从未对其给出过一个明确的定义。尽管他关于生产力是“人们的实践能力的结果”[③]；生产力包括“物的因素和人的因素，即生产资料和劳动力”[④]；“生产力当然始终是有用的具体的劳动的生产力，它事实上只决定有目的的生产活动在一定时间内的效率”[⑤]，而“有用的具体的”“劳动过程本身，就是劳动通过劳动资料作用于劳动材料”[⑥]等一系列说法，已经是在对人的物质生产力进行界定，可所有这些还是不能称为标准定义或严格定义。

是故，国内的马克思主义继承者就只有根据自己对马克思诸多相关说法的理解来用自己的语言给出生产力定义。当下的主流定义是从人与自然的关系入手，将生产力视为改造自然的物质力量。例如，国内权威哲学教科书的定义是，“所谓生产力，是指人们改造自然，使之适应人的需要的物质力量，标志着人类改造自然的实际能力和水平”[⑦]；权威政治经济学教科书的定义是，“生产力是人类利用自然和改造自然，进行物

---

① 《马克思恩格斯选集》第 1 卷，人民出版社 2012 年版，第 57 页。

② 参见王伟光：《生产力概念历史考察》，《党校科研信息》1993.1.28；吴成达：《生产力概念的历史考察》，《管理观察》2009 年第 5 期。

③ 《马克思恩格斯选集》第 4 卷，人民出版社 1972 年版，第 321 页。

④ 《马克思恩格斯文集》第 5 卷，人民出版社 2009 年版，第 215 页。

⑤ 《马克思恩格斯全集》第 23 卷，人民出版社 1972 年版，第 59-60 页。

⑥ 《马克思恩格斯全集》第 47 卷，人民出版社 1972 年版，第 65 页。

⑦ 马克思主义哲学编写组：《马克思主义哲学》，高等教育出版社和人民出版社 2009 年版，第 169 页。

质资料生产的能力”[①]；工具书《生产力经济学辞典》的定义是，“人类在与自然的物质交换过程中，把自然物改造成为适合人类需要的物质资料的力量。亦称‘物质生产力’或‘社会生产力’。它表明的是人与自然界的关系”[②]。

从改造自然的维度解说人类物质生产力不能说不对，因为它客观上确实有这种效果。但需要思考的是，人们从古至今，难道都是为了改造自然才进行物质生产，并拥有了物质生产力的吗？显然不是。当然，其中有两个定义有明确交代，说是为了“适应人(类)的需要”。即便如此，从古至今的芸芸众生，在为了适应自己的需要而与自然进行物质交换的过程中，他们又何曾意识到了自己是在进行这种交换，是在改造自然。这就说明，“改造自然”并不是生产者的自觉，也不是生产者必须有这种意识才能进行生产。既然如此，为什么要将这种不必要的东西放到生产力定义中加以强调？将生产力这种如此经验可感的每日每时都在大量发生的具体活动用一个如此抽象而“高大上”的概念来加以界定，即便不错，至少会给人以“小头戴大帽子”的不当之感。

诚然，如此下定义者可以说，这是因为人的物质生产过程或生产力，客观上确实有这种作用。这一点笔者已承认。但是，这个过程客观上其实也有改造人类自身的作用，不仅能改造人的身体或体质，也能改造人的大脑或智慧，在恩格斯看来，也正是在这个过程中，“我们的祖先”才完成了“从猿到人的过渡”，最终变为了“完全形成的人”。[③] 如是，那又为什么在定义中单单只提“改造自然”的客观作用？这又是何道理？从叙事逻辑上说，人类物质生产力所具有的改造自然和改造自身的客观作用，可以在定义了人类物质生产力的概念或说揭示了其本质之后再加论述，而不应用它们或其中的某一个来对人类物质生产力概念进行定义。要不然，为什么所有曾经界说过生产力的前人，尤其是马克思这位重视改造自然和改变世界的思想家，在界说人类物质生产力概念时，都从不提这个茬儿？

不仅如此，从改造自然的维度定义生产力还会导致定义不周延的问题。试问：人类之初的采集时代，乃至后继的采集-狩猎时代，有没有生产生活资料的物质生产？显然也是有的，否则人类就是连一天也存在不下去。可是，对植物的采集和对动物的猎杀，能叫“改造自然”吗？如能，岂不是动物的采集和狩猎也属于“改造自然”？如果回答是“也属于”。那就再次表明，我们有何必要将并不属于人类物质生产力之特点、特性的“改造自然”，也放到生产力定义中加以强调？所以，这类生产力定义不仅未使马克思的生产力界说精确化，反而更远离生产力的本质。

对作为历史唯物主义基本概念的生产力的解释，在苏联，主流观点是斯大林根据马克思的一些说法概括出来的：“用来生产物质资料的生产工具，以及有一定生产经验和劳动技能来使用生产工具，实现物质资料生产的人，所有这些因素共同构成社会的生产力。”但它其实仍然算不上是标准定义，只是对生产力的各种构成因素的一个大致说明。在当代西方马克思主义那里，也缺乏有亮点的建树。一些人认同斯大林的解

---

① 马克思主义政治经济学概论编写组：《马克思主义政治经济学概论》，人民出版社 2011 年版，第 1 页。

② 张志成，张佐友等主编：《生产力经济学辞典》，立信会计出版社 2002 版，第 20 页。

③ 《马克思恩格斯选集》，第 3 卷，人民出版社 2012 年版，第 989-993 页。

释;一些人只强调生产力的技术性,“将生产力简化为技术力量”;一些人给出了虽有新意却更加片面的解释,如阿伦特的生产力是“创造更大量直接消费品的能力”;还有一些人认为马克思的生产力存在把人变为被动客体的倾向,干脆拒斥生产力的概念。[①]

既然以往的各种生产力定义都不能令人满意,那就只有重构,而重构要想避免以往生产力定义中所存在的那两个层面的问题,就只有先来合理地明确定义一般意义的生产力概念,再来分别定义各种特殊意义的生产力概念。

所谓一般意义的生产力概念,就是前面没有任何限定词的“生产力”,它究竟应该怎么定义呢?

在笔者看来,术语“生产力”作为一个由“生产”与“力”构成的组合词,应该就如亚当·斯密所言,指“生产的能力”。这种能力,既可以是现实性的,已经发挥了作用的能力;也可以是潜在性的,尚未发挥作用的能力。不过,对生产力的定义却不能像当年的亚当·斯密那样就到此为止,而是还需继续解释其中的“生产”。并且,这一步的解释才是定义生产力的关键。

“生产”这个词看似简单易懂,可要准确定义并不容易,乃至迄今也未见一个。与生产力的定义不同,关于生产的定义要少得多,甚至在经济学、政治经济学和重视生产及生产力的历史唯物主义的著述中都难得一见,这就只能以两种权威词典的解释为例来说明其中的不足。一为哲学词典的:“生产是以一定的生产关系联系起来的人们利用工具改变劳动对象以适合自己需要的过程。”[②]一为政治经济学词典的:“生产是以一定的生产关系联系起来的人们,为了满足自己的需要,利用生产工具改造自然,创造物质资料的过程。”[③]这两个在表述上略有不同的生产定义,不但也像以往的生产力定义一样,只是关于人类物质生产的定义,而不是一般意义的生产的定义,存在片面性,而且同样也存在定义不周延的问题。人类物质生产的定义,应能涵括人类不同时期和不同类型的具体生产,可是按照这两个辞典定义,人类初期先后出现的采集和渔猎,乃至现在也常有的捕捞自然水生物,就不能被称作生产。因为这些活动与动物的采集、狩猎并无不同,既不属于“创造”,也不属于“改变劳动对象”。于是,从这类人类物质生产的定义出发,就只能说人类初期没有物质生产,且一直到今天也存在的捕捞自然水生物也不属于生产。此外,这两个辞典定义,还存在循环定义的毛病,这就是在对“生产”的定义语中,又出现了含有“生产”一词的“生产关系”“生产工具”的用语,形成解释的循环。

鉴于以往学界在“生产”和“生产力”定义上的失误,以及生产概念、生产力概念本应有的广泛所指,现在这里给出这样的定义:生产是有生命的活动者取得所欲对象的活动。

这个定义中,“有生命的活动者”指人和动物,是故生产就有人类的生产和动物的生产之分。正因有此区分并常有必要对人类的生产与动物的生产进行比较,所以此定

---

① 此段所用资料参见于姜海波:《国外学者论马克思的生产力概念》,《求是学刊》2007年第6期。

② 《辞海·哲学分册》,上海辞书出版社1980年版,第90页。

③ 许涤新主编:《政治经济学此辞典》上册,人民出版社1980年版,第91页。

义里才使用的是“有生命的活动者”的表述，而没有简单地使用“动物”一词。试想，如果“动物”这个概念的外延也包括人类，那么当我们说人类的生产与动物的生产有何不同时，岂不在逻辑上就是混乱不清的？犹如问：“男人和人有何不同？”更何况人类实际上也早已不是动物，而是超越了动物及动物世界已有多少万年的另类活动者，亦即不同于动物的活动者。至于此定义为何要选用“有生命的活动者”的表述而不是“有生命的存在者”的表述，那是为了将有生命而不会活动也没有任何生产的植物排除在该定义域之外。

此定义语中的“所欲对象”，既指所欲的物，也指所欲的后代。物和自己的后代在本质上是截然不同的对象，所以不论是人类还是动物，都存在两种截然不同的生产，一种是对所欲之物的生产或说物的生产，一种是对所欲后代的生产或说生命的生产。根据上面刚给出的生产定义和这两种生产实际所存在的种差，可将这两种生产分别如此定义：物的生产，就是有生命的活动者通过劳动作用于外在对象而取得所欲之物的活动；生命的生产，就是有生命的活动者通过两性结合取得自己后代的活动。现在，为解除用“劳动”解释“物的生产”有同义反复的循环定义之嫌疑，还需要解释定义语中的“劳动”。“劳动”与“生产”，以及“劳动过程”与“生产过程”，确实经常被人们混为一谈，交换使用，当作一回事，实则有所不同。劳动是指有生命的活动者为所欲之物付出自己的体力和脑力，劳动过程是指这个付出体力和脑力的过程。这就是说，劳动强调“付出”，生产则强调“取得”。

综上可知，“生产”这个概念如果前面不加任何限定词，就存在四种所指，这就是：人类的物的生产、动物的物的生产、人类的生命的生产、动物的生命的生产。与之相应，生产力自然也应有这四种所指。根据上面关于物的生产和生命的生产的定义和更前面对“力”的解释，人类的物的生产力就是人通过劳动作用于外在对象而取得所欲之物的活动能力；动物的物的生产力就是动物通过劳动作用于外在对象而取得所欲之物的活动能力；人类的生命生产力就是人通过两性结合取得所欲后代的活动能力；动物的生命生产力就是动物通过两性结合取得所欲后代的活动能力。

人类和动物在生命的生产方面，没有实质性差异，都是用身体器官产出后代，但在物的生产方面全然不同。在这个问题上，不仅有前面已引述过的马克思的那些解释，而且还可以有其他形式的分辨。

动物的物的生产几近全部都是用自身器官进行的，只有极其少数的动物即灵长类动物和海獭，在极其偶尔的情况才用了天然工具。而人类的物的生产则相反，除了人猿揖别的初期，几近全部都是在用自身器官的同时还要使用自制工具，只是在极其偶尔的情况下才直接用自身器官，如用肢体搬运生产资料。这是一种差异。

正因如此，又有一种差异。虽说在劳动方面人和动物没啥差异，都要付出体力和脑力，但在“通过劳动作用于外在对象”方面，还是存在差异的。在动物那里，被作用的外在对象全都是自然的原材料和为数极少的天然工具；而在人这里，除了也有自然的原材料之外，还有种类越来越多的自制劳动工具。并且，在作为劳动对象的原材料中，也还有大量人为的原料，即经过加工或改良的自然原材料。

第三种差异是，动物的物的生产所产出的所欲之物，都是其需要的东西；人的所欲之物则除了有其需要的东西之外，还包括其想要的东西。因而动物的所欲就是“需要”。而人类的所欲，则是同时包含需要和想要的“需求”。“需要”属于先天本性，是以自然界中的已有之物为满足对象，因而动物生产的产出方式都属于“获取”；而“想要”属于后天想象的结果，其满足对象在自然界中并不存在，只能通过自己的创造或制造来生成，因而人类生产的产出方式除了也有“获取”之外，还有动物所没有的“造出”或“造取”。

人类所独有的需要，不仅仅有物质方面的需要，也还有精神方面的需要，所以人的所欲之物的生产，就既有物质产品的生产或曰物质生产，又有精神产品的生产或曰精神生产。而动物的所欲之物的生产则仅有物质产品的生产。同时可知，人类的“所欲之物”和“物的生产”中的“物”，乃是广义所指，既包括实体性的有形之物，也包括非实体性的无形之物。实体性的有形之物呈现为器物，非实体性的无形之物呈现为符号，故我们也可以将物质生产称为器物生产，而将精神生产称为符号生产。此乃第四种差异。

既然人类的物的生产与动物的物的生产存在以上四种差异，那么人类的物的生产力与动物的物的生产力，自然也同样会存在这四种差异。

生产或生产力的四种特殊形态或四种所指，可以被归结为两类，并且有两种不同的归类方式：一种是归为人类的生产（力）和动物的生产（力）这两类，每类之中又各有物的生产（力）和生命的生产（力）两种；另一种是归为物的生产（力）和生命的生产（力）这两类，每类之中又各有人的生产（力）和动物的生产（力）两种。根据第一种分类方式，被历史唯物主义所特别看重的物质生产力，就属于人类生产力中的物的生产力中的物质产品的生产力。根据第二种分类方式，被历史唯物主义所特别看重的物质生产力，就属于物的生产力中的人类的物的生产力中的物质产品的生产力，与之相对的另一类是精神产品生产力。人类的物质产品生产力和精神产品生产力有所不同，前者取得的所欲之物是物质性的，后者取得的所欲之物是精神性的。因而物质产品生产力就是人通过劳动作用于外在对象而取得所欲物质之物的活动能力，精神产品生产力就是人通过劳动作用于外在对象而取得所欲精神之物的活动能力。

二、物的生产力的要素与构成

人类的物的生产力，不论是物质生产力也好，还是精神生产力也罢，其目的都是通过劳动取得所欲之物，或曰劳动果实、产物、产品，以满足自己的需求。因而人类发展物的生产力的目的，就是要提高取得所欲之物的活动的能力。

人类的物的生产力，作为人通过劳动作用于外在对象而取得所欲之物的活动能力，包含两种实体性要素，这就是生产主体和生产客体。生产主体在与生产客体的关系中居主导地位，是通过劳动作用于外在对象的人，即生产力中具有一定的生产经验或生产技能的劳动者或生产者。生产客体在与生产主体的关系中则处于被主导的地位，是被人的劳动所作用的外在对象，即生产资料或劳动资料，其中又有生产对象和生产工具之分。生产对象即生产原料或劳动原料，指最终形成劳动产品所需的原料；生产工具也称劳动工具，是生产者通过劳动在将生产原料变为产品过程中所用到的各种器物。在物质生产力即生产各种生活物品和生产器物的物质产品的生产力中，生产工具首先包括直接作用于对象的各种器物用具，其次也包括场地、道路、仓库、安保设备等生产辅助设施；而生产对象首先是自然的物质性原料，如土地、植物、动物、矿藏、原油、沙石、淡水，等等，其次也包括被人工改造过的自然原料，如铁锭、橡胶之类。与人类的物质产品生产力一样同属于人类的物的生产力中的另一种，即生产科学、哲学、宗教、游戏和文学艺术作品的精神产品生产力，自然也同样包含有这两种实体性因素，同样有主体、客体之分。所不同者，是物质产品生产力的外在对象或客体，一般都包含自然物；而精神产品生产力中的外在对象或客体，则基本上都是人工制品或人为之物。就劳动工具而言，是笔墨、颜料、纸张、乐器、电脑、照相机、摄影机、胶片、舞台、影剧院之类；就劳动对象而言，是语言、文字、数字、音符、线条、图形、图像、数码之类符号和用这些符号表述的载于书籍、报刊、文本、数码存储器之中的人类既有知识。

生产主体和生产客体这两种实体，在物的生产中缺一不可，否则，不论缺少其中的哪一个，都注定生产不出任何东西。同时，如果这两种实体只是各自独立的互不相干的存在者，也同样生产不出任何东西。反过来说，这二者必须相互结合起来才能开始进行生产并产出东西，成为现实的生产力。马克思已经意识到了这一点："不论生产的社会形式如何，劳动者和生产资料始终是生产的因素。但是，二者在彼此分离的情况下只在可能性上是生产因素。凡要进行生产，就必须使它们结合起来。"[①]万分可惜，马克思一直没有进一步探究二者怎样结合以及能将这二者结合到一起的究竟是什么？在笔者看来，它不是别的，正是制度。确切地说，是制度中的生产制度将这二者结合到一起的。而且，也正是有了生产制度，才使生产具有了马克思所说的"社会形式"。当然，除了生产制度之外，将生产中的主体和客体即生产者和生产资料结合到一起的还有生产习俗或生产道德，因此我们也可以更宽泛地说，是生产规则将生产者和生产资料结合起来的。但是，生产制度是由组织制定的正式规则，比自发约定俗成的生产习俗和生产道德有更强大的规导性，并且在人类最初的生产中就存在，所以，生产制度才是决定生产者和生产资料如何结合的关键因素和最终决定因素，而生产习俗和生产道德则是从属于生产制度的东西。不管是过去、现在还是将来，都只能是首先由生产制度决定生产者和生产资料结合的方式，生产习俗或生产道德则只起辅助作用或次要作用。

在人与物即生产者与生产资料的结合上，生产制度有生产资料归谁所有，由谁支配的规定，也有谁有资格使用生产资料进行生产和怎么使用生产资料进行生产的规定，于是生产者和生产资料才得以结合而形成现实的生产力或"活的生产力"。而这种结合的实质，就是生产者按照生产制度的规定使用生产资料并产出产品的过程。这个

---

① 《马克思恩格斯全集》第 24 卷，人民出版社 1972 年版，第 44 页。

过程作为活动，就是生产或生产活动；这种生产活动因为总是按照一定的制度要求进行的，所以必然会形成某种固定的活动形式或活动模式，这就是生产方式；而这个过程或这种活动的结果，即单位时间的产量，就是这种活动能力即生产力的体现。由此可知，生产、生产过程、生产方式、生产力这四者，虽名称不同，其实都是同一个东西。后三者，都是对生产这种活动的不同视角的称谓。“生产过程”强调的是这一活动的伸展或时序，“生产方式”强调的是这一活动的形态，“生产力”强调的是这一活动的能量。因此，没有生产制度，就不可能有生产者和生产资料的结合，就不可能有现实的生产活动、现实的生产过程、现实的生产方式和现实的生产力。所以，制度这个无形的非实体性存在者，其实也是构成生产、生产过程、生产方式和生产力的一个必不可少的要素。这就是说，生产制度并不是也从来不是在生产、生产过程、生产方式和生产力之外，而是在它们之内；生产、生产过程、生产方式和生产力不仅必然包括生产者和生产资料这两个有形的实体性要素，还必然包括生产制度这个无形的非实体性要素，它是勾连生产主体与生产客体并使之形成活的生产力的关键所在。

人的需求有“从匮乏到满足再到匮乏”的周而复始，所以人类的生产也注定不是一次性的，同样有“从生产到消费再到再生产”的周而复始，因而广义的生产制度势必还会有关于生产出来的产品或其收益归谁所有、由谁来分配的规定，以及产品流通、产品交换、产品消费等方面的规定。不过这些规定已经不是有关生产的制度即生产制度，而是生产之后的制度即产后制度，所以一直以来经常被人们在广义上使用的“生产”及“生产制度”概念，其实更适合用“经济活动”和“经济制度”。经济制度既包括生产制度，也包括产后制度，还包括产前制度（如生产可以在什么范围内进行，什么样的人才有资格进入生产领域并成为生产者或经营者之类），是人类经济领域中的所有制度之总和。

人类的物的生产力，除了可以按人的需求划分为物质生产力和精神生产力之外，还可以按其他标准进行划分。人类的物的生产力定义中的“人”，也就是在现实社会的具体生产中进行生产的生产者，在数量上既可能是单数，也可能是复数，即在数量上多于单个生产者的其他所有情况，因而若从生产者出发，生产力还有个人生产力和社会生产力之分。个人生产力是以单个生产者为主体，社会生产力则最少以两个生产者为主体，最多以所有生产者为主体。这就意味着，社会生产力所包含的生产制度，不仅要规定人与生产资料的结合方式，而且同时还要规定生产中人与人的结合方式，即生产中的人们如何相互对待，如何分工合作，如何处理相互关系及利益关系等。在这一点上，马克思当年同样也意识到了：“人们在生产中不仅仅同自然界发生关系。他们如果不以一定方式结合起来共同活动和互相交换其活动，便不能进行生产。为了进行生产，人们便发生一定的联系和关系。”[①]但同样他也没有继续深究。因此，生产制度实际上包括两个方面的内容，一是有关生产者与生产资料结合的规定，一是有关生产中人与人结合的规定，或说生产者与生产者结合的规定。前者可称“生产制度Ⅰ”，后者

① 《马克思恩格斯选集》第1卷，人民出版社1995年版，第362-363页。

可称“生产制度Ⅱ”。“生产制度Ⅱ”与“生产制度Ⅰ”一样，最终也能使生产中人与人的结合形成某种固定的形态，这就使生产方式也具有两个方面的内容，一是生产中人与生产资料结合的方式，一是生产中人与人的结合方式。人与生产资料结合的方式，体现的是人与自然、主体与客体的关系；人与人的结合方式，体现的是人与社会、主体与主体的关系。总之，社会生产过程，既需要人与物的结合，也需要人与人的结合才能形成，而不论是人与物的结合，还是人与人的结合，都需要按一定之规即制度来进行，所以与之相应的生产制度也是社会生产过程或社会生产力所不可或缺的内在构成因素。

至此可知，从完整的意义上讲，人类的活的物的生产力的定义，就应与前面已给出的静止状态下的人类的物的生产力定义有所不同，这就是要将能实现“两种结合”（人与物的结合和人与人的结合）的规则或制度加进去，变成：是人按照一定规则通过劳动作用于外在物质而取得所欲之物的活动的力量。其中，按照一定规则通过劳动作用于外在物质对象的人是生产者，也叫劳动者，既可以是单数，也可以是复数；被劳动所作用的外在物质对象，既包括用于生产的原料，也包括用于生产的工具，可统称为生产资料或劳动资料；最终取得的所欲之物就是生产果实，或曰产物、产品；而“一定规则”，就是指令劳动者在生产中如何相互结合和如何与物结合的生产制度以及辅助于它的生产习俗与生产道德。

在个人生产力或由单个人进行的生产中，似乎只有人与生产资料的结合而只存在生产制度Ⅰ，即个人与生产资料如何结合的规定。但是实际上，个人生产力也需要并受生产制度Ⅱ的规定。因为个人的生产总是在社会中进行的，适如马克思所说：“孤立的一个人在社会之外进行生产——这是罕见的事，偶然落到荒野中的已经内在地具有社会力量的文明人或许能做到——就像许多个人不在一起生活和彼此交谈而竟有语言发展一样，是不可思议的。”[①]所以，当个人生产者需要与他人交换某种生产资料、某种劳动、某种技术或某种产物时，也会发生人与人的交往关系，而社会对这种人际关系的制度规定，就属于生产制度Ⅱ的范畴。不仅如此，在个人生产力中，个人与生产资料如何结合的问题，除了存在个人生产者如何使用、保管生产资料的问题，也存在个人生产者使用的生产资料及用之产出的产品归谁所有的问题，而这样的问题显然也关涉人与人之间的利益关系，所以社会对处理这个问题就得事先有所规定，而这也属于生产制度Ⅱ的范围。由此可见，只要单个人进行的生产不是在社会之外进行的，也同样会受两种生产制度的规定。

既然不论是社会生产力还是个人生产力都内含生产制度，并且是既有生产制度Ⅰ，也有生产制度Ⅱ，这就等于再度证明：生产制度确实也是生产力的必不可少的构成要素。

三、生产力的外部相关因素

当笔者把为获得所欲之物的生产力的构成要素归结为生产者、生产资料和生产制

① 《马克思恩格斯选集》第2卷，人民出版社1972年版，第94页。

度这三者时，想必还要回应一个诘问，这就是：照此归纳，科学技术位置何在？难道它不是生产力的构成要素？

邓小平关于“科学技术是第一生产力”[①]的观点，在我国当代已成共识。而马克思当年也曾明确说过“生产力中也包括科学”[②]和“科学获得的使命是：成为生产财富的手段，成为致富的手段”[③]。

但笔者以为，这些说法都是欠妥的，或者至少是不严谨的。我们现在所说的“科学技术”，是指以科学理论为基础的技术，而不是以个人实际经验为基础的技术。可是，科学理论是什么时候出现的？以科学理论为基础的技术又是什么时候出现的？可以肯定，至少在近代科学诞生之前，人类社会还没有以科学理论为基础的技术。那么请问：这之前的人类社会难道就没有生产力？显然是有的，否则人类早已灭亡。既然没有科学技术也有生产力，那么，科学技术就注定不是生产力的内在构成因素，也不是必要因素，更不是什么“第一生产力”，而只能是生产力之外的东西。当然，尽管它在生产力之外，也确实能推动生产力的发展。这种推动作用体现为，当科学技术用于生产资料时，能提升生产工具的性能和生产原料的品质或说素质，也能使生产设施和生产场所之类的广义生产工具变得更有利于生产；当科学技术用于生产者时，能提升生产者的生产技能；当科学技术用于生产制度或经济制度时，能为改善制度的效率或制定新的制度提供新的可能性，如蒸汽机的出现使大工业制度成为可能，打卡机的出现可以降低实施考勤制度的成本。正因为科学技术可以全方位地分别从生产力的三个构成要素那里推动生产力的发展，所以我们虽然不宜说“科学技术是第一生产力”，但可以说“科学技术是生产力的第一外在推动力”。尽管这种外在推动力如此有效、如此重要，我们仍不能将其归为生产力的内在因素或生产力本身，就像我们不能因为食物重要而将它说成是人本身的构成因素一样。否则，必然导致泛生产力论。

依据一个东西有推动生产力的作用就说它是生产力的泛生产力论是荒谬的，这种逻辑不仅会使几乎所有的社会事物——诸如政治、司法、教育、科学、哲学、道德、宗教、文艺、休闲、消费等——都被说成是生产力的构成要素，而且还会使诸多自然事物，如气候、气象、地理环境、生态系统之类也被说成是生产力的构成要素，因为它们无疑都会或多或少、或直接或间接地影响到社会生产力。可是如果所有这些东西都属于生产力，都是生产力的构成要素，那么生产力究竟是什么，我们就再也说不清楚了。所以，我们必须注意严格区分生产力的内在构成因素和外在影响因素。

---

① 《邓小平文选》第3卷，人民出版社1993年版，第274页。

② 《马克思恩格斯全集》，第46卷下册，人民出版社1980年版，第211页。

③ 《马克思恩格斯全集》第31卷，人民出版社1998年版，第87页。

第五章

生产制度在生产力中的地位与作用

生产制度不但是生产力必不可少的构成要素，而且也是生产力中最重要的因素或决定性因素。其中的道理，可以从生产力的内部关系和实质发展这两个方面得到解释。

一、关系维度的解释

就生产力三要素之间的关系而言，生产制度始终处于支配地位，生产者和生产资料则处于被支配地位或从属地位。

事实很清楚，是生产制度规定生产者和生产资料，而不是生产者或生产资料规定生产制度。确切地说，是各个生产者按生产制度的规定生产、分工、合作，而不是生产制度按各个生产者的意愿来制定或改变；是生产制度规定生产资料归谁所有，由谁支配、由谁使用、由谁保管、由谁处置、由谁转移，而不是生产资料自动形成或自己制定这些规定。总之，是生产制度决定生产者、生产资料以及二者的结合方式，而不是生产者或生产资料决定生产制度。

一个可能的疑问是:如果生产制度不是由生产者或生产资料决定的，那它又从何而来？由谁决定？一如前章所述，生产制度与其他所有制度一样，是从制度安排者而来，由制度安排者制定。其中，社会生产制度或宏观生产制度由社会制度安排者制定，微观生产制度或企业生产制度由生产单位或经济组织内的制度安排者制定。因此，所谓“生产制度决定生产者和生产资料”，其实是说生产制度安排者通过制定生产制度决定生产者和生产资料，因而生产制度既不是由生产者而来，也不是由生产资料而来。

那么，生产者会不会同时就是生产制度安排者？如果是，说生产者决定生产制度不就没有什么不对吗?

有可能生产者同时也是生产制度安排者。即便如此，因为在生产中其身份是生产者而不是制度安排者，所以同样也要服从生产制度的规定，按生产制度的规定生产，犹如立法者在生活中亦要守法和按法律行事一样。何况，从各个历史时代看，生产制度由所有生产者制定的情况颇为罕见。而仅由少数生产者或少部分生产者制定生产制度，也肯定不意味着所有生产者都能“决定”生产制度。迄今为止，只有人类早期那种人口规模不大且人人平等的原始时代的生产制度安排者才有可能同时是所有生产者，因为那时的生产制度，如果不是由酋长或首领制定的，就有可能是由全体成员——自然包括所有生产者——经商议而共同制定的。但是，此后其他所有时代的生产制度安排者，都不同时是所有生产者，因为史实证明，这些时代的生产制度，尤其是宏观生产制度，从来都不是由所有生产者经商议而制定出来的，而是由少数从不进行劳动的统治者制定出来的，即便是当代的真正民主国家的生产制度或经济制度，也不是由所有生产者经共同商议而制定出来的。既然绝大多数历史时代的生产制度安排者都不同时是所有生产者，而早期原始时代的所有生产者也仅仅是有可能是，而不会必然是共同制定生产制度，那么我们就不能说生产者就是生产制度安排者，更不能说生产者必然决定生产制度。

另一个疑问是：就算制度安排者不是生产者，那么制度安排者在制定生产制度时，难道不需要考虑生产者和生产资料这两个方面的实际情况，并根据这些实际情况来制定生产制度吗？如果需要，岂不等于就是被生产者和生产资料所决定的吗？倘若是想制定切实好用的或有效率的生产制度，自然需要这样做，但这仍不意味着制度安排者所制定的生产制度是被生产者和生产资料决定的，并且其中具有不以人的意志为转移的必然性。因为实际上在任何时候制定生产制度，制度安排者都会同时面临多种选择，而不同的制度安排者往往也会做出不尽相同的制度安排，不仅微观生产制度即企业制度如此——各个企业内部的制度不尽相同，同类企业的内部制度也不尽相同，而且，宏观生产制度或经济制度也是这样。如当今之世，市场经济体制、计划经济体制和混合经济体制，都有可能是一个国家的经济制度，而且即便同是市场经济体制，在不同国家也不尽相同，比如中国的市场经济体制就大不同于西方国家的市场经济体制。正因各种类型的生产制度或经济制度都不是必然的而是选择的结果，所以，我们在历史上可以看到，不仅更换制度安排者的革命会导致经济制度的变迁，而且不更换制度安排者的改革或改良也会立刻导致经济制度的变迁。这些都说明，生产制度永远都不会被生产者和生产资料必然地或自动地孕育出来。

二、发展维度的解释

从社会生产力发展的角度看，生产制度也是生产力要素中最重要的要素。

这里所说的生产力发展，不是指生产力在量的方面的扩张，即生产者或生产资料的投入量的加大，而是指生产力在质的方面的提升。它一方面表现为社会生产效率的提高，即单位时间的产出量变大；另一方面表现为社会生产效益的提高，即生产投入产出比的改善。生产力在量的方面的扩张，既不能降低生产的时间成本，也不能降低生产的资源成本，因而最多只能增加社会生产的产品总量，而不能真正提升社会的富裕度。生产力的质的提高则不同，它既能提高单位时间产量，降低生产的时间成本，也能改善投入产出比，降低生产的资源成本，这就必然会提升社会的财富积累量和富裕度。所以，只有后者才称得上是生产力的真正发展。

生产力的实质性发展，可以通过提高生产者、生产资料和生产制度的品质而得以实现。因为既然生产力是由生产者、生产资料和生产制度等构成的，那么其中每个要素的变化，都必然会使整个生产力也发生变化。同理，其中每个要素的质的提高，也都必然能使整体生产力水平也得到质的提高。但是，生产者、生产资料、生产制度这三个要素作为影响整体生产力的三个变项，其地位并不相同，对提升社会生产力的作用也不可等量齐观。事实上，其中只有生产制度是决定性变项或主导性变项，而生产者和生产资料都是从属性变项。

历史经验证明，在生产者和生产资料的状况已定或未变的情况下，社会制度安排者可以制定不同的生产制度，并以此确定生产者与生产资料的结合方式和生产中人与人的结合方式，只不过由此形成的生产力在效果上会大不相同。有的生产制度导致社会生产效率低、效益差，有时低到生产力的产出难以满足人们的基本需求，甚至难以维系社会再生产；有的生产制度则能提高甚至大幅度提高整个社会生产的成效，并使社会生产力得到持续发展，可以适应人们不断增长的物质文化生活需求。关于这一点，我们只要回顾一下新中国成立后的两段历史就够了。一个是“文革”十年期间，虽然生产者和生产资料与此前相比没有什么变化，但原有的生产制度被突出政治，强调“政治挂帅”“以阶级斗争为纲”“停产闹革命”“工人阶级占领意识形态阵地”等新政策所取代，结果导致全国生产力水平大幅下降，社会经济供给出现严重短缺，整个国民经济甚至到了濒临崩溃的边缘。另一个是 20 世纪 80 年代，我国农村改革废除了人民公社生产制，改行新的生产制度即家庭联产承包责任制，结果虽然生产者还是原来的生产者，生产资料也还是原来的生产资料，甚至还不如以前，因为此时不仅由于土地小块分散经营变得用不上已有的拖拉机等大型农业机械，而且绝大多数单干农户也分不到或养不起这些大型机械。但是，这时整个农业的生产成效迅速得到大幅度的提高，农副产品的总产量大大超过以往，于是此前整个社会严重短缺而不得不严格凭票限量供给的农副产品，很快就变得可以敞开供给，自由购买。以上两个例子说的是宏观方面的情况，微观方面这样的例子更是俯拾即是。比如当年亚当·斯密在《国富论》一书中告诉我们，他那个时代的制针作坊通过实行按工序环节分工的生产制度，使人均产量一下子提高了数百倍，并将其中的原委归为专业化分工制带来的三大好处：熟能生巧、每个专业工人不必花时间转换工种和专业工人因长期专注同一工种而有机会改良机械。[①]又如，我国国企改革期间经常可见的“一个人救活一个企业，一个人搞垮一个企业”的经验事实也能说明这一点。为什么一个亏损严重、濒临破产的国有企业，换了一个领导之后就恢复生机，转亏为盈？为什么一个蒸蒸日上、生机盎然的国有企业换了一个领导就一落千丈？就是因为这些不同的领导所采用或制定的企业内部生产经营管理制度大不一样。

这就说明，就生产力而言，选择或设计制定什么样的生产制度在任何时代都是一件最重要的事情。因为只有好的生产制度，才能不断提高社会生产的效率和效益，保证社会生产力的持续发展；而坏的生产制度则相反，只会降低甚至大幅降低社会生产的效率和效益，阻碍社会生产力的发展。从理论上说，在生产者和生产资料的状况已定的前提下，可以有许多种甚至无限多种生产制度的设计方案，而且这些不同的生产

---

① 孙广振：《“斯密学”的曲折命运及其分工理论的一个历史维度》，《读书》2013 年第 1 期。

制度设计方案经过实施，均会形成水平不一的生产力。其中，有的水平低，有的水平高，水平高的其中还必然会有一种是最高的，而这种能形成最高水平的生产力的生产制度，就是此际最理想的生产制度。只不过制度安排者在构思设计生产制度时，要想事先从理论上完全弄清楚这种水平最高的理想生产制度是怎样的一套制度几乎不可能，所以每种已被选择实施的生产制度，即便实施结果证明是有效的，仍然会存在进一步改进的空间，而每一次这样的改进，也自然都会促成整个社会生产水平的提高。

既然在生产者和生产资料的状况不变的情况下，生产制度都存在继续改进的余地，从而改进整个生产力，那么在生产者和生产资料的状况发生变化时，生产制度被改进的余地就更大。由此可知，几乎在任何时候，生产制度都存在被继续改进或完善的可能。当然，这种改善可能是局部性的，也可能是全局性的。这就说明，如果我们想发展生产力，不断提高生产力水平，就随时可以也永远可以从改善生产制度入手。

同时历史经验也证明，在生产制度不变的情况下，单纯从生产者或生产资料方面提高社会生产水平力则相对困难。或者说，即使这样的做法能对生产力水平有所提升，也不会是普遍性的提升，更不会是普遍的大幅度的提升。

在生产者方面，能通过提升其品质而提升社会生产水平的机制无非体现为这两点：一是生产者的生产技能的提高，可以提高其在单位时间内的工作效率和质量；二是生产者的生产积极性的提高，除了能提高工作效率，还可以使他们在生产中热心于技术革新和厉行节约，这就更能提高其生产效果。生产资料方面能提高生产力质量的机制也体现为两点：一是生产工具的改善或推陈出新可以提高生产效果，这是主要的体现；二是生产原料之品质的提高也可以提高生产效果。因为品质更纯的生产原料，能使同量的原料产出更多的产品，并更易于产出优质产品。

但是，在生产制度未发生变化的前提下，其实无论是生产者方面还是生产资料方面的品质，都不会有大的改观。

先说生产者方面。如果生产制度未发生新的变化，生产者的生产积极性就不可能出现新的普遍提高，因为生产制度既然未变就不会有新的激励出现，而没有新的激励出现，生产者的生产积极性也就不会有什么新的变化。虽然其他措施，如政治思想宣传教育及由其鼓动的各种“生产运动”之类，好像也可以激发生产者的劳动热情，却只能是一时的热情而难以持久。就像计划经济时代，由于生产制度始终未变，尤其是“干多干少一个样，干与不干一个样”的“大锅饭”“铁饭碗”的平均主义分配制度始终未变，尽管社会管理者经常变着花样用政治思想和各种具有政治意义的运动鼓动生产者，但最终的结果还是偷懒耍滑的懒汉越来越多，整个社会的生产效果日渐走低。与之同理，在生产制度未变的情况下，由于缺乏新的相关制度激励，生产者的生产技能也难以出现新的普遍提高，因为这时生产者提高自己的生产技能，不仅不能为自己带来更多的利益，而且还要多花费自己的时间和精力，实在得不偿失，没有必要。所以，这个时候充其量只有个别人会因生产技能是其兴趣爱好所在，才乐意主动提高自己的生产技能。同理，由于缺乏新的相关制度的激励或强制，生产者也不会变得更加节约。

但是，如果以生产制度的改进为前提，情况就大不一样。我国农村家庭联产承包责任制改革之所以会取得成功,其中一个重要原因就是这种制度改革意味着多劳多得;这就激发了广大农民而非个别或某些农民的生产积极性,这种积极性不仅使他们愿意更好地生产,而且使他们愿意为更好的生产而自愿提高自己的生产技能和厉行节约,也愿意进行这些方面的发明创造。同样,从以往没有专门用于提高生产技能的制度安排,到有为提升生产技能而专门制定相关制度的改变,如规定产前集中学习培训、产中分散或轮流学习培训,并加之相应激励措施之类,也注定会对生产者的生产技能有普遍而明显的提高。

再说生产资料方面。生产资料作为物,本身不会自行提升其品质,不论是改进原有生产工具或创造新的生产工具;还是改善生产原料的质量,统统都只能是由人来实现的。既然如此,事情就会同上述生产者方面的情况一样:如果生产制度没有新的变化,就不会有新的激励让人以更大的热情和积极性去主动提升生产资料的品质,从而也就不可能从生产资料方面使整个社会生产力出现比以往更有效的发展。

当然,在原有的生产制度安排下——只要它不是太糟糕的错乱制度——人们可能也会有提升生产资料品质的积极性,从而也能对生产资料的质量有所提升。可以承认,中国自然经济时代的个体农民也有新生产工具的发明,也培育新的农作物品种;计划经济时代也有人在进行生产工具和生产原料的技术革新。但经验告诉我们,由于当时缺乏生产制度方面的激励或改革来加以配合,这些情况对生产资料质量的提升作用都很有限,所以不仅社会中普遍热心农业技术创造发明的人不多,而且少有的新工具和新品种的发明也都难以得到全面推广和普及性应用,至多只是在本地产生一些十分有限的影响。且看我国农村改革前的人民公社时代,尽管农业生产工具也在逐渐发展,即发电机、发动机、水泵、拖拉机、脱谷机等农机具从无到有,数量不断增加,可是由于这期间生产制度没有实质性变化,整个农业的生产水平也就没有得到相应的提高,更没有出现大的发展,农副产品总产量依然长期徘徊在低水平。还有更明显的案例。20世纪七八十年代,我国从国外进口了很多成套的先进生产装备,并同时派出企业员工出国学习相应的操作技术,但后来这些先进生产装备还是发挥不出其在产地国的高水平。如一个有同样装备的30万吨设计产能的大型化工厂,在国外只需80人就能运转并实现其设计产能,而在国内仍然需数百上千人,而其产能却还比不上人家。究其原因,就在于我们的企业制度没有做相应改变,即只引进新的生产技术和生产装备,而没引进与之相应的先进生产管理制度。由此可知,生产资料的品质的提高,只是为生产力的发展提供了一种可能性,这种可能性若是没有相应的新的生产制度与之配合,就永远只是可能性。换言之,生产资料品质的提高,只有通过生产制度的配合,才能变成现实生产力的提高。在这里,虽然生产制度也要根据生产资料的实际状态和新的变动来进行相应的调整和改变,才能保障整个生产力质量的不断提升,但这并不意味着生产制度是被生产资料决定的。因为如前文所述,生产资料本身并不能制定或选择生产制度,也并不能必然或自然而然地生成新的生产制度。

现在一个势必会被人提及的疑问是:在生产者、生产资料、生产制度这种生产力三要素中,如果包括生产工具在内的生产资料的品质的改善不是提高整个生产力质量的决定因素，那又如何解释"蒸汽机的发明将人类的物质生产带入蒸汽时代"的说法？或者，又如何解释马克思关于"各种经济时代的区别，不在于生产什么，而在于怎样生产，用什么劳动资料生产。劳动资料不仅是人类劳动力发展的测量器，而且是劳动借以进行的社会关系的指示器"[①]；"手推磨产生的是封建主的社会，蒸汽磨产生的是工业资本家的社会"[②]，以及"没有蒸汽机和珍妮走锭精纺机就不能消灭奴隶制，没有改良的农业就不能消灭农奴制"[③]等一系列著名的具有技术决定论色彩的论断？

蒸汽时代就是大工业生产的时代，为此我们可以承认没有蒸汽机就进入不了大工业生产的时代。但同样值得注意的是，如果当时没有大工业生产制度的出现，即使有再多的蒸汽机也同样不会进入大工业生产时代。这就像前面说的，有了先进的技术装备，不等于就有了先进的生产力一样。而所谓"大工业制度"，就是一种更系统、更细致的分工协作规定，它把生产过程分解成若干生产环节，又把生产者分到不同的生产环节上专司其职。因而马克思说"大工业的原则是，首先不管人的手怎样，把每一个生产过程本身分解成各个构成要素"[④]。这样的生产制度其实在还没有蒸汽机的时候就已经有了，如斯密提到的制针生产，就在大作坊中被分解为18个环节分工进行。不仅如此，事实上连蒸汽机之类新的生产装备和生产技术的诞生及进入生产领域，其实也是制度的结果。恩格斯就认为是大工业创造了像蒸汽机和其他机器那样的工具。[⑤] 在蒸汽机的发明地英国，如果没有在蒸汽机出现之前就已经出台的专利制度和充分自由竞争的市场经济体制，人们或许就不会有搞科学技术发明的热情，或者即使有所发明，也难以将它们应用于生产，就像我国计划经济时期的科技研究成果总是躺在大学实验室里而进入不了生产领域一样。所以，蒸汽机的出现仅仅是为进入蒸汽时代或大工业时代提供了物质的条件和可能性，大工业制度才是把这种条件和可能性变成现实性的决定性力量。

既然如此，仅有手推磨怎会产生封建主的社会？仅有蒸汽机又怎么会产生工业资本家的社会？并且，纵然同时拥有蒸汽机、珍妮走锭机和改良的农业技术，也消灭不了西方资本家社会之前的等级制和农奴制。事情很清楚，无论是历史上的奴隶制、农奴制还是等级制，都是通过变革制度才被消灭的；而工业资本家的社会，也只能是通过构建有利于资本家的制度才诞生的。这就是说，一种全新的生产工具或生产手段，与某种新的经济角色和新的生产资料所有制之间并没有必然的对应关系或因果关系。所以我们看到，后来时代相继出现的技术含量和技术等级并不比蒸汽技术逊色的电力技术、电子技术、核能技术、生物工程技术、计算机网络技术和现代信息技术，尽管已经问世并普遍运用数十年或上百年，却仍然都没有产生出任何新的生产资料所有制、新的生产资料占有者和新的社会形态，也没消灭原有的生产资料所有制、原有的生产资料占有者和原有的社会形态。

---

① 《马克思恩格斯文集》第5卷，人民出版社2009年版，第210页。
② 《马克思恩格斯选集》第1卷，人民出版社1995年版，第74页。
③ 《马克思恩格斯选集》第1卷，人民出版社1995年版，第81页。
④ 《马克思恩格斯选集》第1卷，人民出版社1972年版，第216页。
⑤ 《马克思恩格斯选集》第1卷，人民出版社1972年版，第216页。

三、结论与启示

综上可知，虽然在理论上说，从生产者方面或生产资料方面也能提升社会生产力的质量，但如果生产制度不变或不做相应的调整，这种提升作用就极其有限，或者只是产生了提升的可能性，或者只是在个别地方或某个局部有少量的提升。因为在生产制度不变的前提下，不仅生产者或生产资料本身难以出现普遍的实质性改变，而且生产中人与生产资料的结合方式和人与人的结合方式也不会发生任何普遍的变化，所以生产方式或生产力的总体水平也就不会有明显的变化。而生产制度的改变则不同，它不仅能改变自身，而且它本身就包含关于生产的各个方面的规定，既有分工协作的规定、生产管理的规定、生产资料的规定、产权的规定、产品归属的规定、产品交换的规定、产品收益分配的规定，而且也可以有生产人员培训的规定和生产技术研发的规定，所以，生产制度本身的改变对生产力的改变注定也是多方面的改变，它不仅能改变生产者与生产资料的结合方式和生产中人与人的结合方式，也能改变生产者的生产技能和生产积极性，还能改变包括生产工具、生产辅助设施和生产原料在内的生产资料的品质。并且，生产制度也正是通过这三种形式的改变，最终实现了对生产力总体水平的改变。这就是说，生产制度的改变，必然能引发生产者或生产资料的改变，不管这种改变是提高还是降低生产者或生产资料的质量，而生产者或生产资料的改变，则都不是必然会引发生产制度的改变，充其量只是为改变生产制度提供了一些新的可能或条件。

通过以上两个方面的分析，我们已经知道：生产制度在生产力三要素的相互关系中居主导支配地位，起决定作用；同时，在提升生产力的质量方面，也在生产力三要素中居主导支配地位，起决定性作用。既然如此，它就的的确确是生产力三要素中最重要的因素和有决定意义的因素。

既然生产制度是生产力中的决定性因素，它的改变能使生产力发生全面性的变化和质变，那么，处于不同历史发展阶段的生产力的本质属性，就只适宜于从生产制度的方面去进行分析和定性。换言之，生产者或生产资料的变化只能使生产力发生不大的量变或单方面变化，所以生产力的本质属性就不能从这二者的状况中得到体现。鉴于生产方式与生产力不过是对人的同一活动过程的不同角度的称谓，分属不同历史发展阶段的生产方式的本质属性与生产力一样，也只适宜于从生产制度方面去加以分析和定性。

我们从生产者或生产资料出发，也能为处于不同历史阶段的生产力或生产方式进行描述和定性。例如，从生产者出发，可将中国历史上的生产力或生产方式依次定性为，以所有氏族成员为生产者的生产力或生产方式，以奴隶为主要生产者的生产力或生产方式，以农民为主要生产者的生产力或生产方式，以工人为主要生产者的生产力或生产方式和以职员为主要生产者的生产力或生产方式；从生产工具出发，可将中国历史上的生产力或生产方式依次描述为，以石器为标志的生产力或生产方式，以青铜器为标志的生产力或生产方式，以铁器为标志的生产力或生产方式，以蒸汽机为标志的生产力或生产方式，以电力电器为标志的生产力或生产方式，以计算机网络为标志的生产力或生产方式；等等。但这样的定性，仅仅涉及生产者或生产资料等单一因素，所以它们均构不成对生产力本质属性的说明。从生产制度出发定性生产力则不同，它不仅必然包含自身，而且必然会涉及生产力的其他构成因素或方方面面，因为生产制度中既有关于生产者的规定和生产资料的规定，也有关于生产者和生产资料如何结合的规定，还有生产中人与人如何结合的规定。按此思路从生产制度出发加以考量，人类历史上的生产力亦即生产方式，在最基本的生产制度层面上，大致可依次定性并划分为四种，这就是：公有平等的生产方式、私有不平等的生产方式、私有平等的生产方式和公有不平等的生产方式。其中，“公有”和“私有”指的是生产资料归谁所有，是由生产制度Ⅰ决定的，反映的是生产中人与生产资料的关系；“平等”和“不平等”指生产中人们的地位状况，亦即是否存在压迫和剥削，是由生产制度Ⅱ决定的，反映的是生产中人与人的关系。

第六章

生产力的实质

在论证了生产制度决定生产力的命题之后，还不能直接宣布物质生产力不是人类社会历史的决定因素。因为在因果链条上，一个被某种原因决定的结果，仍然有可能是另一个结果乃至其他许多结果的原因。也就是说，虽然生产力是被生产制度决定的，但仅此并不妨碍生产力继续充当社会历史的决定因素。

只是这里的情况并非如此。

一、生产力不是超越于人的力量

毋庸置疑，任何制度都只能由人来制定。这就意味着，被生产制度所决定的生产力，不可能是那种所谓超然于人之上，并不以任何人的意志为转移的神秘之物。

尽管一个社会的生产力，是先于每个生产者乃至所有普通个人而存在，且不以他们的意志为转移的既得力量，诚如马克思所说：人们不能自由选择自己的生产力——这是他们全部历史的基础，因为任何生产力都是一种既得的力量，以往的活动的产物。[①] 但是，对于社会制度安排者来说，这个先于他(们)而存在的既得力量，却并不是不以其意志为转移的，而是可以随时随其意志而改变的。这就是，社会的生产制度是由社会制度安排者制定的，社会制度安排者就可以通过变更既有生产制度来改变生产力的状况，调控生产力的走势走向。因为如前所述，生产制度的改变，不仅可以改变生产中人与人、人与生产资料的结合方式，也可以改变生产者和生产资料的品质，从而改变社会生产的整体效果。既然决定生产力整体状况和发展趋势的生产制度，是由人也只能是由人来设计、制定的，那么人就是生产力的主宰。这不仅仅体现为人是生产者和生产资料的使用者，更主要的是体现为人是生产制度的设计安排者。而且，既然历史唯物主义认为当代人面对的生产力，是前人“以往的活动的产物”，那据此类推，人类最初的生产力就只能是当时的人们的当下活动的产物，那这岂不等于承认，生产力从来都是人类活动的产物？从来都是在被人们的意志所左右？

由此可知，笔者在这里建构的生产力理论，表面上看是属于“唯制度论的生产力理论”，其实是“唯人论的生产力理论”，它所彰显和确证的是这个命题：人是生产力的主宰和操控者。以往，我们一边宣布“人是社会历史的主体”，当然这也意味着宣布“人是

---

① 《马克思恩格斯选集》第4卷，人民出版社1995年版，第532页。

社会生产力的主体”;一边又宣布生产力是不以任何人的意志为转移的力量,生产力的发展是一个任何人都无法左右的“自然史的过程”。这就显然是一种极其明显的自相矛盾。而笔者的生产力理论,则不存在这样的谬误。

确认人是生产力的主宰,就等于确认生产力是人的生产力,而不是外在于人的可以独立运行的力量,所以生产力的发展也只能由人来操控和推动,人就是生产力发展的动力源。而人之所以要发展生产力,在于人有需求,并且这种需求不断增长,是一个无限开放的序列,永远无法彻底满足,因而人也就需要永远发展生产力,只要人类存在一天,就不会停止。斯大林有“生产力是最革命、最活跃的因素”之名言,但若没有人及其需求,生产力根本就“活跃”不起来,更谈不上进行任何“革命”。

二、生产力是诸多原因的结果而非诸多结果的原因

根据笔者的生产力理论,人推动生产力的质的发展,提高社会生产水平,可以从生产力的内部和外部这两个方面进行。从生产力内部讲,人可以从生产力的三个构成要素入手推动生产力的发展:一是通过提高生产者的品质提高生产力;二是通过改善生产资料的品质提高生产力;三是通过改革或完善生产制度的品质提高生产力。其中,第三种改变是最重要的,因为前两种改变,均要以生产制度的改变为前提或基础。从生产力的外部讲,人可以通过所有能影响生产力的外在因素推动生产力的发展,包括提高社会教育水平、发展科学技术、改进社会其他相关制度、改善自然生态环境等。但生产力的外在因素不能直接推动整个生产力,只能通过影响生产力的构成因素实现对生产力的推动。其中相对而言,发展科学技术这个外部因素对推动生产力有最全面、最明显的作用,因为一如前述,科学技术能对生产力的三个构成要素都起改善作用。而其他外在因素,则只能通过影响生产力的某一个内在构成要素来推动生产力的发展。例如,提高教育水平属于通过提高生产者的品质推动生产力的发展;改善自然生态环境属于通过改善生产资料的品质推动生产力的发展;改善其他相关社会制度属于通过配合生产制度来推动生产力的发展。

当然,若仅仅是推动生产力的量的发展,即单纯提高社会生产的产品总量,那就只有两种方式:一是增加生产者的数量,投入更多的个体劳动力;二是扩大生产资料的规模,即开发更多的生产资源或生产对象,以及投入更多的资金、资本。

我们已知,生产力的内部包含生产者、生产资料和生产制度这三种构成要素,同时这三种要素还会受来自外部的各种社会因素和自然因素的影响,所以一个社会的现实生产力的状况及其发展,乃是各种内外因素共同起作用的结果。其中,起决定作用的是生产力中的关键要素生产制度,起直接辅助作用的是生产力中的另外两个构成要素,即生产者和生产资料,起间接辅助作用的是存在于生产力之外的诸多社会因素和自然因素。如是,历史唯物主义将人类历史发展的最终决定因素或终极原因归结到生产力这一复杂事物的做法,就是一种错误的因果倒置:被众多事物或因素共同造成的结果,怎么又会成为这些事物或因素的原因或最终决定因素?显然,任何作为最终决

定因素的东西，都只能是单一或单纯的东西，而不可能是复合或复杂的东西，否则我们就还得在这种东西的内部继续寻找起决定作用的那个最终的构成因素。

退一步讲，即便我们不考虑生产力的内部构成，而只是将它视为一种外部独立而内部统一的整体性社会力量，也还是不能这么说。而且，即便是制度决定社会历史的观点，也不是指生产制度通过决定生产力而决定社会历史。

历史是由人们的活动构成的，历史的最终决定因素或终极原因，只能从影响人的活动的因素中去寻找，而作为一种整体性社会力量的生产力却不是这样的因素，它只是人活动的结果而非活动的原因，既非人们活动的内在动因或动机，亦非人们活动的外在动因或动力。一方面，已如前述，生产力作为一种经济领域的人类活动，其活动方式和活动结果，不是由这种活动本身或活动能力所决定的，而是由其中的生产制度决定的；另一方面，生产力这种人类经济活动，作为一种已经现实了的生产能力，也不可能对其他领域或其他种类的人类活动起决定作用，即便是被历史唯物主义刻意反复单独强调的不包括精神生产力的物质生产力也不能。因为它不仅本身不属于能指令人们行为的指令文化，而且也不能生产出在生产规则之外的包括习俗、道德、制度和价值观念在内的任何种类的指令文化，因而它也就不能对人们的非生产活动起任何指令作用。同时，它对所有的非生产活动，也不具备任何形式的赏罚调控功能。

当然，人类精神生产力是能够产出这些指令文化的，但它却不是物质生产力，并且也还是不能决定人们在实践中，最终是选择其中的哪一种指令文化来指导自己的行动；也不能决定社会制度安排者最终是选择其中的哪种制度来具体实施运用。而能决定这一点的，乃是社会制度安排者自己。毫无疑问，只有在现实中被实际实施运用的社会制度，才能对人们的活动进行型塑和规导，才能决定历史的状态和走向。而那些还在被某些精神产品生产者“推销”或“叫卖”的社会制度，就不会产生这样的效果。这就是说，尽管精神生产力也生产社会制度，并且从来不止一种，却不能决定现实社会最终会选择“消费”其中的哪一种社会制度及生产制度。所以，不论是狭义的物质生产力，还是包含精神生产力的广义的物的生产力，都不可能是任何一种人类活动的决定因素。

不过这样说，并不排除作为统一力量的生产力会有别的决定作用，这就是它能决定一个社会的产品总量或财富总量，但仅此而已。因为再稍进一步的社会财富该由谁来分配和怎么分配的问题，它就仍然决定不了。这就是说，尽管社会生产力能决定社会财富的总量，却不能决定所有人的生活状况及其相互间的贫富差距。这些仍然是被社会制度安排者，确切地说，是社会经济领域的分配制度安排者通过制定分配制度所决定的。

总之，生产力只是多种原因的结果，而不是多种结果的原因；只是人们活动的结果，而不是人们活动的原因。既然如此，它不仅不可能是社会历史发展的最终决定因素或终极原因，而且也不可能是所谓的“社会历史发展的根本动力”。社会历史发展的根本动力，只能来自作为历史主体的人本身，而笔者的制度决定论，其实就是作为制度安排者的人，通过制度决定社会历史发展的理论。而且，他（们）不仅安排社会生产制度，也同时安排其他所有社会制度。

第三部分

社 会 原 理

人类的历史应该也是人类社会的历史,我们不可能把这二者设想成两个不同或互不相干的过程,因而如果制度是人类历史的最终决定因素,那么它也应该同时是人类社会的最终决定因素。制度对人类社会的最终决定作用,具体体现在三个方面,这就是:制度决定社会结构,制度决定社会形态,制度决定社会起源。

第七章

制度决定社会结构

每个现实的人类社会,都有其内在结构,只不过不同的社会理论对其有不同的描述和论断。在已有的各种社会结构理论中,历史唯物主义的社会结构理论影响最为巨大而深远,它将人类物质生产活动中的生产力视为社会结构的首要因素和基本要素,继而引出在生产中与生产力相对应的生产关系因素,并以这二者的对立统一关系之总和即生产方式作为整个社会的经济基础,再以用来适应这个经济基础的社会意识形态和国家政权机器作为整个社会的上层建筑,从而刻画出人类社会的整体结构。

但是,由于笔者已经证明,生产力是被生产制度决定的,所以在社会结构中,制度应该是比生产力更为基本的构成要素。而所谓与生产力对应的生产关系,也应该是被生产制度而不是被生产力决定的。

一、生产制度决定生产关系

社会生产制度既含有人与生产资料在生产中如何结合的规定,也含有人与人在生产中如何结合的规定,即人们如何分工合作、如何相互对待、如何相互协调、如何统一管理等事关人与人的关系的规定,所以人的所有生产关系,统统都是由生产制度决定的。这就是:有什么样的生产制度,就必然会有什么样的生产关系;生产制度不变,生产关系也不会发生改变;而生产制度如果发生了变化,生产关系也必然会随之发生改变。因为广义生产制度即经济制度还对产前、产后的人与物(产品)、人与人的关系有一系列规定,所以与上同理,人的所有经济关系也是被经济制度决定的,有什么样的经济制度,就必然会有什么样的经济关系;经济制度不变,经济关系也不会发生改变,而经济制度如果发生了变化,经济关系也必然会随之发生改变。

想必国内学界很多人都不会对笔者的上述说法表示苟同，因为按照他们早已被历史唯物主义定型的看法，与生产力相对应的生产关系，是被生产力决定的，怎么可能被生产制度决定？

但这不仅是可能的，而且事实就是如此，即便是按照他们对生产关系概念的理解，也是如此。关于这一点，我们下面就可以看到。而如果他们愿意承认生产制度是生产力的决定性构成要素的立论，那么更是如此，因为这个时候说生产关系是由生产制度决定的，也就等于在说生产关系是由生产力决定的。其道理在于，生产制度就在生产力之内，只不过后面这个“等于”的说法，不如前面的说法即“生产关系是由生产制度决定的”显得精准。

现在再按“他们对生产关系概念的理解”来说。同对待生产力概念的做法一样，马克思也从没给“生产关系”这个在历史唯物主义的社会结构论中仅次于“生产力”范畴的概念正式下过定义。不过根据马克思文本中众多关于生产关系的论述，可以认定，马克思所说的生产关系，就是各个人借以进行生产的社会关系，即社会生产关系，是随着物质生产资料、生产力的变化而变化和改变的。生产关系总合起来就构成所谓社会关系，构成所谓社会。① 或者，就是“为了进行生产，人们便发生一定的联系和关系”②，这种联系或社会关系有很多，“形成一个统一的整体”③或“总体系”④。

但这个生产关系的总体系究竟包括哪些方面的内容，马克思和恩格斯均无具体的概括和交代，只是后来的斯大林有个归纳：“人们的生产关系，即经济关系。这里包括（一）生产资料的所有制形式；（二）由此产生的各种不同的社会集团在生产中的地位以及他们的相互关系，或如马克思所说的，‘互相交换其活动’；（三）完全以它们为转移的产品分配形式。”⑤

在这个归纳中，因为（一）中的“所有制形式”和（三）中的“分配形式”是制度或制度的形式，与“人们的相互关系”及“生产关系”并不是同类事物，其实不宜作为生产关系的内容或表述，所以国内学界主流观点在秉承斯大林思路的基础上，经过一番修改，最终以“生产资料所有制关系、生产中人与人的关系和产品分配关系”⑥这一新的表述来解释“生产关系总和”或“生产关系总体系”的内容。

如果这种对生产关系总体系的归纳是正确且周延的，那么请问：在社会中，若是不先有生产资料所有制，怎么会有生产资料所有制关系？若是不先有产品分配制度，怎么会有产品分配关系？若是不先有分工协作制度和生产管理制度，怎么又会有生产中人与人的分工协作和管理者与被管理者的关系？实际上，所谓“生产资料所有制关系”，不就是建立在生产资料所有制这一制度基础上的人际关系吗？所谓“产品分配关系”，不就是建立在产品分配制度上的人际关系吗？所谓“生产中人与人的关系”，不也

① 《马克思恩格斯选集》第1卷，人民出版社1995年版，第345页。
② 《马克思恩格斯选集》第1卷，人民出版社1995年版，第363页。
③ 《马克思恩格斯全集》第1卷，人民出版社2012年版，第222页。
④ 《马克思恩格斯全集》第4卷，人民出版社1972年版，第119页。
⑤ 《斯大林选集》下卷，人民出版社1962年版，第594页。
⑥ 马克思主义哲学编写组：《马克思主义哲学》，高等教育出版社和人民出版社2009年版，第170页。

要以分工协作制和生产管理制度为前提来形成吗？

史实也是如此。显然，在人类社会发展史上，是先有生产资料私有制，后有有产者和无产者的分野及其相互关系，即奴隶主与奴隶、地主与农民、资本家与工人的分野及相互关系，而不是相反；而如果没有生产制度方面的改变，奴隶主与奴隶的关系也不会变成地主与农民的关系，资本家和工人的关系也不可能变成生产者与生产者的关系。同样，在历史上，是先有身份等级制，后有人与人之间的尊卑贵贱关系；是先有“天子九鼎，诸侯七鼎，大夫五鼎，元士三鼎或一鼎”或“天子以牺牛，诸侯以肥牛，大夫以索牛，士以羊豕”（《礼记·曲礼下》）之类的分配等级制，后有人与人在产品或财富方面的等级关系。

就我国现代史而言，共和国成立以后，是先将原来的半自给、半市场的经济体制改造成计划经济体制，才有计划经济的生产关系；后来进行改革开放，也是先有市场经济体制的改革，才将计划经济的生产关系变成了市场经济的生产关系。

如是，我们就得承认，马克思所谓“人们在自己生活的社会生产中发生一定的、必然的、不以他们的意志为转移的关系，即同他们的物质生产力的一定发展阶段相适合的生产关系”[①]，原来并不是一种外在于生产力，并与生产力相对而立又互相作用的东西，而不过是构成生产力要素之一的生产制度的一个必然结果，即有什么样的生产制度，就必然有什么样的生产关系。正因如此，生产关系才可谓“必然的、不以人们的意志为转移的关系”。

生产关系由生产制度决定的观点，应该是不容否认的事实和道理。马克思虽然没有这样的观点或明确表述，但也曾流露出类似的意思，他在《资本论》中分析资本主义生产的起源时写道：“在资本主义制度的基础上，生产者和生产资料彻底分离了。”[②]而这，岂不就是生产制度决定生产关系的明确表述？

不过，也正因如此，这种关系只能被动地受制于生产制度或经济制度，而不可能对生产制度有任何反作用，更不可能对整个生产力形成任何反作用。既然如此，在整个社会结构中，生产关系就实在算不上是一个构成因素，更不可能成为整个社会的“经济基础”，倒真的是一个完全可以忽略不计的东西。既然如此，所谓的“社会基本矛盾”，如果确实有这种矛盾的话，也不可能是由生产力与生产关系的对立统一所构成，而那个所谓的“生产关系一定要适合生产力状况”的“社会基本规律”，自然也是根本不存在的。进而，既然历史唯物主义关于社会基本结构、社会基本矛盾和社会基本规律的观点都是不成立的，那么，整个历史唯物主义的理论大厦，在其基石层面就已经发生了巨大而严重的偏差。总之，在历史唯物主义中，“生产关系”这个仅次于“生产力”的重大范畴，其实不仅一点儿都不重要，而且还是一个添乱子的角色。

不过，这时大概又有人会立刻根据马克思有关“现存的制度只不过是个人之间迄今所存在的交往的产物”的论断发问：如果人们不先交往，不先发生关系，他们又怎么

① 《马克思恩格斯选集》第2卷，人民出版社2012年版，第2页。

② 《马克思恩格斯文集》第3卷，人民出版社2009年版，第589页。

可能制定出制度?[①] 同理,如果人们不是先在生产中交往,发生生产关系,又怎么会制定出生产制度?而这岂不就是生产关系对生产制度、对生产力的反作用?

可以承认,在没有制度及生产制度之前,确实个人之间就有了交往活动和交往关系,并且制度也的确是在人的交往和人的既有关系的基础上产生的。

但是,这种交往活动或交往关系充其量也仅仅是产生制度的基础或前提,而不能直接形成制度或产出制度,犹如自然虽是人类社会的基础却不是人类社会的创造者一样。制度作为组织才有的正式规则,只能是被组织中的制度安排者制定出来的。[②] 所以,所有在制度之前既已存在的交往关系,不管其具体状况如何,都不可能对包括生产制度在内的所有社会制度的产生起任何作用。此其一。

其二,在没有任何规则之前,即在既没有正式规则即制度,也没有非正式规则即习俗或道德之前,个人之间的交往活动肯定也不会有共同的方式或统一的方式,个人之间的交往关系也不会有固定的形式或普遍的模式。因为共同的交往活动方式和固定的交往关系形式只能被规则规定,由规则塑造,正所谓"没有规矩,不成方圆"。这个规则以制度为主,以习俗和道德为辅。因此,当笔者说生产关系由生产制度决定时,无非是指生产中人们的共同交往方式或固定关系形式,是被生产制度规定并型塑的。

例如,以往资本主义社会中,生产资料不归工人所有而归资本家所有的无产阶级与资产阶级的生产关系,就是一种固定的生产关系形式,而这种固定的生产关系形式,就是被当时社会的生产制度或经济制度决定的;而当代所谓"发达资本主义国家"中,工人和资本家同时拥有生产资料而形成的小股东与大股东的生产关系,也是一种固定的生产关系形式,这种关系形式也是被这些国家的经济制度决定的。如德国的经济制度规定,在一个具有相当规模的企业之中,包括企业主在内的任何个人最多只能持有20%的企业股份,其余的股份则必须社会化、分散化,或由企业一般职工购得,或由企业外的其他人购得。因此,说"制度决定社会关系、生产制度决定生产关系",与说"制度及生产制度是交往活动的产物"的说法其实并不矛盾。也就是,说"先有生产交往,后有生产制度",与说"先有生产制度,后有共同而固定的生产交往方式或生产关系模式"并不矛盾。

其实,马克思在《资本论》中也明确说过,在没有规则之前,人们的生产交往体现为"单纯的偶然性和任意性",而在传统中形成的"规则和秩序,正好是一种生产方式的社会固定的形式,因而是它相对地摆脱了单纯偶然性和任意性的形式"[③]。这段话显然就是在说:没有生产制度,生产方式就不会有"固定的形式",人们的生产关系也不会有"固定的形式",而只能是"单纯偶然性和任意性的形式"。

所以,马克思也这样说:"一定的生产方式……始终是与一定的共同活动方式……联系着的,而这种共同活动方式本身就是'生产力'。"[④]确切地说,这种"共同活动方

① 《马克思恩格斯全集》第3卷,人民出版社1960年版,第79页。

② 韩东屏:《制度的本质与开端》,《江汉论坛》2014年第9期。

③ 《马克思恩格斯全集》第46卷,人民出版社2003年版,第896-897页。

④ 《马克思恩格斯选集》第1卷,人民出版社1995年版,第80页。

式"就是由生产制度通过让生产者与生产资料相结合、让生产者与生产者相结合而形成的"生产方式",亦即"生产力"。因此,它们就是由生产制度塑造的。

人类社会是由人用制度创构出来的[①],而习俗则在人创构社会之前就已存在,所以人类社会一开始就有制度和习俗之类的规则。这就说明,从来不存在没有规则、没有制度的社会。所以,人类在有社会之后,包括生产关系在内的各种社会关系、人际关系或交往关系,就全都不再是"偶然性和任意性的形式",它们无一不是在被以制度为首的规则所型塑,并由此形成统一的模式。

如果以上所论不虚,我们就必须承认,有固定形式的生产关系,确实是被生产力中的生产制度决定或形塑的。

既然生产关系作为完全受制于生产制度的一个必然结果,既不能影响生产制度,也根本不可能反作用于生产力,更不能构成社会的经济基础,那么以往关于社会结构的历史唯物主义论述势必也是有问题的,这就需要重新探讨社会的结构。

二、分析社会结构的逻辑

探讨社会的结构,不能不先明确界定社会。显然,如果对社会的理解都存在偏差,也就不可能有对社会结构的正确解释。

那么,社会是什么?

国外学界大致有三种观点。达尔文、斯宾塞等认为社会是自然物,在动物那里就已存在。与之相反,霍布斯和卢梭等则认为社会是"一种人造物",是"一部完全由人的双手制作的机器"[②]。杜尔克姆(亦译作杜尔凯姆或迪尔凯姆)提出的是折中的观点,认为社会既有自然的成分,也有人为的成分,是一种通过宗教、习俗、道德和法律等人为之物所建构的"特殊的自然集体存在"[③]。不难看出,这三种观点实际上都是关于社会之属性为自然性还是为人为性的判断或主张,还不是关于社会本身的定义。

国内学界很多人则根据马克思的"社会——不管其形式如何——究竟是什么呢?是人们交互活动的产物"[④]这句话,将社会直接定义为社会交往的产物。但这样的说法其实只是一种关于社会产生的前提或原因方面的说明,也不是关于社会之本质的界说。

还有人根据马克思的另两段话,即"社会不是由个人构成,而是表示这些个人彼此发生的那些联系和关系的总和"[⑤];"生产关系总合起来构成所谓社会关系,构成所谓社会,并且是构成一个处于一定历史发展阶段上的社会,具有独特的特征的社会"[⑥];"古典古代社会、封建社会和资产阶级社会就是这样的生产关系的总和,而其中每一个

① 韩东屏:《社会诞生于人的制度性建构——论社会的起源与本质》,《华中师范大学学报》(人文社会科学版),2017 年第 1 期。
② 阎光才:《人类社会的想象建构与当代社会科学的困境》,《探索与争鸣》2017 年第 1 期。
③ [法]E·迪尔凯姆:《社会学方法的准则》,商务印书馆 1995 年版,第 136-137 页。
④ 《马克思恩格斯选集》第 4 卷,人民出版社 2012 年版,第 408 页。
⑤ 《马克思恩格斯全集》第 46 卷上册,人民出版社 1979 年版,第 220 页。
⑥ 《马克思恩格斯选集》第 1 卷,人民出版社 2012 年版,第 363 页。

生产关系的总和同时又标志着人类历史发展中的一个特殊阶段”[①]，而将社会定义为社会关系的总和。可以说，没有社会关系就不会有社会，但不能由此推断社会关系就是社会的本质。按照马克思的观点，没有生产力就构不成生产关系，更不可能有什么“生产关系的总和”和由这些生产关系构成的社会。那么，我们是否更应该据此说社会就是生产力？显然，不会有人赞同这个如此有失偏颇的说法。所以，社会关系或社会关系的总和充其量只是构成社会的因素之一，而不是构成社会的全部因素。而且，此前已经证明了生产力是被制度决定的，生产关系是被生产制度决定的，并且生产关系无论对生产力中的生产制度还是生产力整体，都因没有任何反作用而可以忽略不计。这就说明，社会关系不仅不是构成社会的全部因素中的最重要、最关键的因素，甚至连普通因素都算不上。其实，现在我们已经知道，所谓生产关系的总和不过是生产制度总和的必然结果，而生产制度又同时是生产力的内在决定性构成要素，因而与其说“处于一定历史发展阶段上的社会”的“独特的特征”是由社会关系的总和构成的，远不如说是由社会制度的总和构成的好。

笔者认为，一个确当的定义应能揭示对象的独特性，而这种独特性由于能将此对象与其他一切存在者相区别，就正是该对象的本质所在。据此思考，社会可定义为一定人化疆域内的所有个人的人为组合体。在这个定义中，“人化疆域”这个限制词，将人的社会与动物的世界区别开来，因为动物世界只在自然地域之上，人的社会才在人化地域即被人改造过的自然地域之上，并且这个地域的四周通常会有一条靠武力捍卫的明确边界或边疆；“所有个人”的表述，则将社会这种特殊而超大的组织与其他层次的社会组织区别开来，其他社会组织都是社会之中的组织，其成员全都不是社会中的所有个人，而只是其中的某些人或部分人，并且他们全都是经社会组织创建者挑选招募而来，而不是像社会中的所有个人那样，先已在或自然在该社会的疆域之内，是该社会的天然成员；“人为组合体”的概念，意在强调社会是由人有意建构、组合起来的组织，这就又将社会与源自人类动物祖先的原始群自然人群或社会中自发聚合的人群区别开来。因此可说，笔者给出的这个关于社会的定义已经抓住并凸显出了社会的本质，亦即其不同于其他任何存在者的特质。并且，这个定义也能从笔者后面关于社会起源的研究中得到发生学方面的证明。

社会作为一定地域内所有天然而来的个人的人为组合体，一方面是此地域内所有个人在其中生存发展的场所，另一方面也是一个有着自我意志和自我运行能力的有机系统。并且正是在这后一种意义上，我们才会把社会视为一种不同于个人的另一种形态的“人”或“主体”。这个特殊形态的人或主体虽然派生自个人，不属于元主体，但又是超越了个体主体及其机械加和的最大主体，既有属于自己的身体，即人化地域及其上的人口和各种设施、机构，也有属于自己的大脑及其意志和行动能力，即社会管理者或社会决策机构及其决策或公共选择。从历史看，社会的规模和形态都有变化，其最初形态是人数最少或人口规模最小的氏族，后来陆续有人口规模越来越大的部落、部

---

① 《马克思恩格斯选集》第1卷，人民出版社2012年版，第340页。

落联盟和国家等形态。它们无一不是这样的有机系统或主体。

既然社会是主体性的有机系统，其内部与其他系统一样必有结构，即构成系统并相互联系的部分。社会的内在结构可以有多种不同方式的解析。若从人化地域的维度出发，可以将社会按人口分布的地域状况解析为居住地和非居住地之类的横向平面结构；若从个人组合的维度出发，则可以将社会按组合方式解析为家庭、家族、族群、普通社会组织（包括各种社团和各种职所）和特殊社会组织即社会公共管理机构这样的纵向层级结构。但是，要说最能表明社会是一种具有独立意志且能按其意志而行动的主体的本质性社会结构，还当属使社会得以活动的内在结构或社会的运行机制。因为社会如果没有自己的活动方式或运行方式，它就不可能属于特殊形态的人或主体。因此，分析社会的本质性结构，必须将社会作为活动主体来看，并聚焦这个活动主体本身的运行机制，将其作为唯一的逻辑切入点。

又鉴于社会这个特殊主体的活动亦即社会的运行，归根结底只能是由所有个人的活动体现和构成的，就像家庭、家族、族群和各种社会组织的活动也都是由个人的活动体现和构成的，这就意味着，我们对社会的活动方式或社会运行机制的分析，理应从分析社会是如何将本属于无数个人的活动同时也变成了社会本身的活动开始。

并且，"历史不过是追求着自己目的的人的活动而已"[①]，构成社会运行的无数个人的活动，其实也就是构成历史的"人的活动"，这就更加说明我们如此进行社会结构分析的必要。这就是说，这样的分析方法可以使我们对社会结构或社会运行的解释与对历史过程的解释统一起来，而不会使这两种解释成为互不搭界甚或相互矛盾的两套理论。因为社会和历史本来就是密不可分的，即社会总是有历史的，而历史又总是人类社会的历史，所以构成历史过程的人的活动，同时也必然是构成社会运行的活动。这就证明，我们确实不能设想将构成历史的人的活动之外的其他东西，当作分析社会的本质性结构的逻辑起点。

三、已有社会结构理论的弊端

以往学界负责研究社会结构的社会学或社会哲学，提出的有关社会结构的各种理论，因为它们全都不是把社会作为具有独立意志和独立行动能力的主体来研究，也不是从社会如何将无数个人的活动变成了自己的活动的维度来描述社会的运行机制，解释社会的结构，所以也就不可能取得令人满意的效果，升为普遍共识。因为它们或者只是盯着个人，以个人的角色、行动或个人之间的互动关系来解释社会结构，或者只是盯着社会，以社会的系统及其运行来解释社会结构。

具体说来，由帕森斯、默顿等人建构的结构功能主义聚焦的是社会中的各个行动者，把行动者所处的地位和承担的角色看成社会结构的最基本单位。[②]

由库利、米德、布鲁默、柯林斯等人代表的微观结构论，同样聚焦个人行动者，不同

---

① 《马克思恩格斯全集》第2卷，人民出版社1957年版，第118-119页。

② 贾春增主编：《外国社会学史》，中国人民大学出版社2008年版，第183-197页。

的是，他们或是把行动者行动背后的精神遗传密码视为社会结构的表现，或是把个人之间的组织性和协调性的活动本身直接当作了社会结构，或是用“互动仪式链”去解释社会结构。[①]

由布劳独树一帜的所谓“宏观社会结构论”，其实一点都不宏观，只是从社区的范围和外部环境考察个人间的互动关系结构[②]，仅比微观社会结构的视域稍微宽泛一点，实质上仍属于微观结构论。

真正可称“宏观结构论”的观点，是由孔德、斯宾塞、滕尼斯、帕累托、杜尔克姆、吉登斯和卢曼等人论述的，他们都强调社会是有机系统或由部分构成的整体，只是大多还是没有将社会视为有独立意志和独立行动能力的主体来研究，更是全都没有从社会是如何将人们的活动变成自己的活动的问题入手来揭示社会的运行机制和内在结构。

因此，不论是孔德把家庭、阶级、种姓、城市、乡镇作为社会结构的观点[③]，还是斯宾塞把人口规模、国家、阶级、宗教及其礼仪活动作为社会结构的观点[④]，抑或滕尼斯把社会关系、社会集合体、社会集团作为构成社会的本质要素的观点[⑤]，都不可能是关于社会结构的本质性说明。并且，阶级、种姓、城市、乡镇、国家、宗教等并不是氏族、部落等早期社会形态也具有的成分，因而孔德和斯宾塞的社会结构论肯定不是对社会在任何时代都共同具有的一般性结构的说明，腾尼斯说的“社会集团”，也至少不会存在于最初的氏族社会。无须赘言，我们只有先明确社会的一般结构，才能再谈存在于不同时代的特定社会的结构。

帕累托关注的倒是社会本身的运行，并将其描述为三个子系统的循环，即社会情绪的循环、经济生产的循环和政治组织的循环[⑥]，只是这种结构性描述不仅不完整——至少缺少对文化系统的描述，而且更要紧的是没有联系构成社会活动的人的活动来谈社会的运行。卢曼关于社会运行的三级系统即互动系统、组织系统和社会整体系统的论述[⑦]，也存在忽略个人活动的弊端，似乎社会的运行和进化都是与人的意志和活动无关的自然过程。

杜尔克姆已经非常不简单地意识到了社会作为整体具有与个人所不同的行为方式，却不正确地把它直接等同于由他定义的“社会事实”本身：“社会事实是任何可以对个人施以外在制约作用的固定或不固定的行为方式，或在一个社会中普遍出现的、同时不依赖于个人而独立存在的任何行为方式。”社会事实有两大类：一类是包括地理环境、人口状况、交往情况、交通状况、住房样式等物质性社会事实；一类是包括宗教、道德、法律、习惯、风俗、时尚、舆论、公共情感等非物质性社会事实。[⑧] 不难理解，物质性的社会事实只是社会的硬件，非物质性社会事实只是社会的软件，它们充其量是社会行为的结果，而不是社会的行为方式本身。

---

① [美]乔纳森·H·特纳：《现代西方社会学理论》，范伟达译，武汉大学出版社1988年版，第582、579、605页。

② 贾春增主编：《外国社会学史》，中国人民大学出版社2008年版，第263页。

③ 贾春增主编：《外国社会学史》，中国人民大学出版社2008年版，第26-27页。

④ [美]乔纳森·H·特纳：《现代西方社会学理论》，范伟达译，武汉大学出版社1988年版，第568-572页。

⑤ 贾春增主编：《外国社会学史》，中国人民大学出版社2008年版，第64-66页。

⑥ 贾春增主编：《外国社会学史》，中国人民大学出版社2008年版，第145-150页。

⑦ 刘少杰主编：《当代国外社会学理论》，中国人民大学出版社2009年版，第297-307页。

⑧ 贾春增主编：《外国社会学史》，中国人民大学出版社2008年版，第109-112页。

吉登斯试图统一社会学理论在社会与个人、主体与客体、宏观与微观等方面存在的二元对立，但实际上最终还是以社会中的个体行动者为主体和核心，他之所以会把社会系统的结构规定为“规则”和“资源”，就在于这二者既是个体行动者在互动中要运用的东西，又是这一互动过程的产物或再造物。[①②]

以往社会结构理论中那种聚焦个人主体即个体行动者而展开解释的方法并无不妥，只是不应该仅仅是或始终是把这类行动作为个人活动来理解，而没有去思考它是如何变成社会主体的活动的问题。以下的论述将改变这一状况，它虽然也是从人们的活动开始的，但会引出并得到一系列不同的结论。

四、人类活动需要社会制度

人是以实践为活动方式的活动者，而实践可谓人的有目的的可感活动。这个定义强调三点：一为实践只能是人的活动，其他所有存在者的活动都不能称为实践；二为实践是人的有目的的活动，而没有目的的人的活动，比如人肌体、器官的生理活动和人的下意识的肢体活动之类，就不属于实践。三为人的有目的的活动应该是可以被他人所感知到的现实性活动。或者说，是在现实中可以被他人观察到的活动，而不能是在个人大脑或内心进行的他人无法感知的活动，所以凡是他人无法感知的活动均不属于实践。人在现实中进行的所有可被他人感知的活动，都是做出来的，因而“做”乃是实践的一个必不可少的表征。据此推论，人的“说”与“写”，也属实践。[③] 人之所以要实践，归根结底在于人有需求要满足，因而实践目的的指向终归也都是能满足人需求的外在对象。

人作为以实践为活动方式的活动者，还是群居性的活动者，这个人类之初如此，迄今也一直如此的历史事实意味着，人的一切获取需求对象的实践活动总是在群体中进行的，并且在活动中势必要发生人与人的交往。所以马克思说：“人是最名副其实的政治动物，不仅是一种合群的动物，而且是只有在社会中才能独立的动物。”[④]

人之所以会采取群居的方式共同活动并相互交往，在于这样能使大家都更好地满足自己的需求，亦曰“活得更好”。在这一点上，人与其他群居动物没有任何差别。事实也是如此，在人还没变成人之前，就已经采取的是群居的方式。为什么群居能让大家活得更好？因为这样可以使每个人都得到更多的好处。第一个好处体现为群居人多势众，具有安全性，可以大大减少猛兽来袭的危险与危害，也能缓解孤独感和对神秘莫测的各种自然现象的恐惧。第二个好处在于，群居产生的分工合作可以形成更大的能力，做很多单凭个人力量所办不到的事情，如猎获大型猛兽；同时也能提高做事效率，如捕获更多的猎物，从而也就可以获得更多的生活资料。第三个好处在于，群居可

---

① ［美］乔纳森·H·特纳：《现代西方社会学理论》，范伟达译，武汉大学出版社 1988 年版，第 641-645 页。

② 杨善华、谢立中：西方社会学理论［M］．北京：北京大学出版社 2006 年版，第 98-100 页。

③ 韩东屏：《人是元价值——人本价值哲学》，华中科技大学出版社 2013 年版，第 72 页。

④ 《马克思恩格斯选集》第 2 卷，人民出版社 1995 年版，第 2 页。

以方便个体相互学习、取长补短，分享他人的成功经验和创造性成果，而不必每个人在每种事务上都重复摸索。当然，群居似乎也会带来一定坏处，这就是使个人失去绝对自由和使个人之间的利益冲突得以可能。但是，独居个人的绝对自由其实极其狭隘而有限，连生命都会随时丧失就是一个绝好的说明。而群居中个人之间的利益冲突，毕竟只是一种可能性，何况未群居的个体，既然是所谓“绝对自由”的状况，没有任何人为约束，更是会因为相互争夺有限的资源或领地而经常发生利益冲突，并且其冲突方式往往更为激烈、残酷、血腥。因此，活得更好就是人们组成群体或社会，并发展群体或社会的动机或目的，尽管人类当初对此应该还没有这样明确的认识。至于人类究竟是何时明确意识到这一点的，目前尚不可考，不过至迟到古希腊的苏格拉底时已有一定觉识，他说：“真正重要的是，不仅仅只是活着，而是活得好。”[①]后来的亚里士多德则说得更明确：“一个城邦共同体不能仅仅以生活为目的，而更应该谋求优良的生活。”[②]

群居的人在自利本性的驱使下，为了满足自己的需求，维持自己的生存发展，也就是“活得更好”，要进行各种各样的活动或实践，处理各种各样的事务。这些活动和事务随着人的需求的增多和社会规模的不断扩大，越到后来越纷繁复杂，但不论在最初的时代还是在后来的时代乃至今天，都大致可以将它们归结为四大类，即经济的、政治的、文化的和民生的活动和事务。一般而论，经济活动或经济事务主要关涉物质生活资料及为之服务的物质生产资料的生产、分配、流通、交换和生产成本消费；政治活动或政治事务主要关涉对所有个人及其组合体的公共管理，包括对公共权力的分配、对公共权力机构的设置、对公共规则的制定和对各种公共事务的决策与处理；文化活动或文化事务主要关涉对非实体物品即各种符号产品或精神产品的生产、传播、运用、交换和生产成本消费；民生活动或民生事务则指个人在物品的生产或职业工作之外的所有活动和事务，主要关涉人口生产方面的两性结合、繁衍生育、婚配家庭，生老病死和吃、穿、住、行、闲、娱等在内的日常生活事务及生活成本消费。不过，在人类最初的时代，以上这些事务和活动的区分还很不明显，基本上都是人们在一起共同进行的，而不是在有着诸多分工的背景下分别进行的，其内容和形式相比后来也要简单得多。

不难想象，无数的历史经验也证明，满足人需求或满足人生存发展的资源从来都不是足够多的而总是匮乏的，同时，亦非人的任何一种交往方式都自然会有利于相互合作和共增福祉，所以在处理上述四类事务的活动中，如果对个人的活动方式没有任何约束和指导，完全听凭个人随心所欲地进行，那么不仅会因个人处事方式的不一样而难以把事情办好，而且还势必会引发人与人之间为争夺有限资源而发生的相互冲突、相互争斗、相互伤害，从而使整个社会陷入混乱无序的状态，结果非但不能使合群在一起的人们活得更好，反而会活得更糟。有鉴于此，为了使一切在相互交往基础上进行的各种活动协调一致，避免矛盾和冲突的发生以取得好的处事效果，以使每个人的需求都能得到一定的满足，进而形成稳定的社会秩序，真正实现让人活得更好的初衷和社会本身的各种诉求和目的，就需要有统一的活动规则或做事规则。这些规则有

---

① 转引自：宋希仁主编：《西方伦理思想史》，中国人民大学出版社 2004 年版，第 29 页。

② 苗力田主编：《亚里士多德全集》第 9 卷，中国人民大学出版社 1994 年版，第 90 页。

的以习俗和道德的形态出现，有的以社会制度的形态出现。社会制度属于正式社会规则，是由社会这种最大组织所专门制定的，以公共权力和最大组织的力量及合法暴力为后盾，同时具有出自约定俗成的习俗、道德等非正式社会规则所不具有的专门性的关涉最多赏罚之物的行为赏罚规则，于是生出使人们不得不服从于它的强制性，这就可以避免被人因自利心理而投机取巧屡屡肆意违反的不足，遂成为社会中最有现实权威性的统一活动规则或统一行事规则。

社会制度是制度的一种而非全部，只有那种在全社会范围内对所有人都普遍适用的正式规则才堪称社会制度，而那些仅在各种具体社会组织内部起作用的正式规则不属于社会制度，只可谓社会组织制度。社会组织制度虽因它存在于社会之中而具有社会性，但并不是社会制度，而是有社会性的制度。社会制度为人们在社会的各个活动领域都规定了统一的行为方式或做事方式，因而与人的四类必有的活动即经济活动、政治活动、文化活动和民生活动相对应，也有四类社会制度，即经济制度、政治制度、文化制度和民生制度。

与习俗、道德等非正式规则不同，所有社会制度都不是自发形成的，而是被有意制定出来的。而制定制度的，就是社会这个最大组织中的社会制度安排者。社会制度安排者既可以是有权安排社会制度的人，也可以是有权安排社会制度的组织或机构。但由机构或组织来安排社会制度，其实也是由其中的人来具体完成的。社会制度安排者负责各类社会制度的构思、设计、制订、实施、维护、修改和废止，并据此管理社会，实现对包括个体和各种社会组织在内的所有活动主体的管理及其行为调控，从而将各种活动主体的行动变成服从社会统一意志的社会本身的行动。由此可知，这里所说的“社会制度安排者”其实也就是社会之中的公共管理者，而不是一个神秘的虚构。因而只要我们承认了社会管理者的存在，也就承认了社会制度安排者的存在；只要我们知道了社会管理者的构成，也就知道了社会制度安排者的构成。

在人类历史上，社会制度安排者在不同的历史时代有不同的表现形式。就远古民主社会而言，通常是民族成员大会和元老会议；就古代专制社会而言，既有君王及朝廷体系的制度安排者，也有教皇及教会体系的制度安排者；就近现代出现的民主社会而言，社会制度安排者由代表所有人意志的既包括社会立法机构，也包括社会行政机构和司法机构的广义政府体现。

其中，在社会制度安排者是全体社会成员或其选定代表时，由人们的活动变成的社会活动，出于全体社会成员的意志，于是全体社会成员的意志也同时就是社会的意志；但在社会制度安排者是君王、教皇或其他独裁者时，由人们的活动变成的社会活动，只是出于某个人或由其代表的利益集团的意志，这种意志也同时成了社会的意志。

五、社会制度需要辩护传释和强力保障

不管什么时代的社会制度安排者在设计或选择社会制度时，总会面临多种社会制度安排方案。这些方案有的来自自己的思考和智慧，有的来自他人的思考和智慧。不

论是哪种社会制度安排方案，都会有属于自己的理论论证。但最终只能有其中的一种制度安排方案被制度安排者选中并实施于现实社会。当某种社会制度安排方案被社会制度安排者选中而正式制定并推出之后，为了避免众多社会成员因不知道或不理解而未能遵守，必须广告天下，向人们做必要的传释，并且还需要针对人们的各种不理解或疑问、异议，为已推出的社会制度进行理论辩护。而以上所有这些以社会制度为内容的言说、思想、观念、理论、学说，可统称为"社会制度意识形态"，或者简称为"制度意识形态"。

制度意识形态属于社会意识形态，但不等于社会意识形态，是社会意识形态中关于社会制度的意识形态，而不是指社会中的意识形态或有社会性的意识形态。因此，制度意识形态只是社会意识形态的一种，而不是社会意识形态的全部。制度意识形态是为社会制度服务的社会意识形态，它一方面负责为制度的设计、制订、修改、废止提供理念、方案和理论论证；另一方面负责向所有社会成员传释社会制度的内容以及实施社会制度的必要性。是故制度意识形态大体可分为两个部分，即制度理论和制度说教。前者用于制度建构，后者用于制度推行。制度意识形态会因所主张的社会制度的不同而有所分殊，并形成不同甚至相互对立的制度意识形态，它们相互之间存在的是批判与反批判、辩护与反辩护的竞争关系。最严重的相互冲突的制度意识形态，都出现在社会制度安排仅仅有利于制度安排者而不利于其他社会成员的时代，这时制度安排者成为社会中的统治者，而其他社会成员则沦为被统治者。既然如此，制度安排者自然要极力为既有社会制度辩护，而有所觉醒的其他社会成员即被统治者则势必会对既有社会制度展开批判，并希望能用新的社会制度取而代之。

因为道德及宗教道德是社会制度的价值渊源和价值基础，文学艺术能用"文以载道"的方式言说社会制度，社会历史哲学和各门社会科学里面也会有关于社会制度的论述，所以，哲学、历史学、社会科学、道德、宗教、文学、艺术都可以是制度意识形态的具体形式。

与之相反，那些未含有社会制度内容的言说、思想、观念和理论，就仅仅是意识形态或有社会性的意识形态，而不是制度意识形态，如自然科学就只是人关于自然的意识形态而没有任何社会制度的内容，而那些纯为娱乐或审美而创造的文学艺术作品，也不是什么制度意识形态，而只是有社会性的意识形态。

所有制度都有什么行为可做、什么行为不可做的内容，这说明制度都属于人为的价值规定，总是蕴涵着某种价值取向，所以为社会制度服务的制度意识形态，必然也会有其价值偏好。不过这种偏好倒并不见得如某些人认为的那样，一定会使制度意识形态扭曲、变形。因为扭曲变形的制度意识形态，一般不可能继续体现、代表和维护制度安排者的利益，而制度安排者也就不会去用它。

社会制度被制定出来以后，纵然是通过制度意识形态广告天下的方式广为人知，也不见得就能被人们立马普遍接受和严格遵守，因为理性自利人往往只会在遵守制度有利于自己的时候才愿遵守制度，而当遵守制度会妨碍自己的利益最大化追求时，就不会愿意继续遵守制度。如果社会中的人们都这样以机会主义的态度对待制度，那么即使社会制定了制度也等于没有制度。为了防止这样的情况发生,使已实施的制度具有权威性、强制性和有效性,能被所有社会成员普遍遵守,社会管理者亦即社会制度安排者在安排社会制度的同时,不仅会制定行为规则,也会制定行为赏罚规则,并也势必会为之构造出社会制度保障机器。

社会制度保障机器是用于维护社会制度之权威的各种实体与手段之总称。社会制度保证机器作为手段,不仅拥有社会所具有的组织力及合法暴力,而且握有强大而全方位的社会赏罚权,一方面可以依据社会制度中的各种行为赏罚规定,用合法的暴力对违反社会制度的人进行惩罚;另一方面还可以用其掌控的各种社会资源,对遵守社会制度的人予以一定的鼓励或奖赏。在这样的双柄诱逼之下,人们普遍不敢违反制度而乐意遵守制度。

社会制度保障机器作为实体,是指赏罚实施者及其物质性工具。赏罚实施者在不同的历史时代有不同的形式。一般说来,在原始社会,社会制度保障机器的赏罚实施者主要由氏族议会和氏族首领或部落议会和部落首领体现;在有了国家之后,社会保障机器的赏罚实施者主要由政府及司法机构和军队体现。而社会制度保障机器中的物质性工具则指武器、警具、刑具、法庭、监狱、拘留所之类。

社会制度保障机器若想实现保障制度的目的,不论在哪个时代,也不论表现为多少具体机构,在实质上都必须具备两种机制,这就是监督机制和赏罚处置机制。前者负责对社会中的所有行为主体进行监视,以方便及时发现他们所做出的那些符合社会赏罚规定的行为,并将这类信息报告给后者即赏罚处理机制,而后者则负责根据这些信息和已有的相应赏罚制度规定,对具体行为者做出实际的或赏或罚的处置。

制度保障机器的运作以制度中的行为赏罚制度为根据,虽然其具体方式因具体制度的众多而表现不一,但基本方式就是一个:让服从制度塑导的行为者得到其渴望得到的东西,令不服从制度塑导的行为者失去其不愿失去的东西。所谓"渴望得到的东西"和"不愿失去的东西",都属于社会赏罚之物,是能满足行为者需求的各种资源即利益的所指,所以制度保证机器的赏罚也就是对利益的给予与剥夺。

六、制度性三位一体

至此可知,从社会的主体性活动亦即从社会运行的维度分析,社会系统的结构乃是由三个部分或三个要素构成的,这就是用于塑导人们活动的社会制度、用于设计传释社会制度的制度意识形态和用于维护社会制度权威的制度保障机器的"制度性三位一体"。而自人类发明制度以来,任何一个时代的现实社会,也正是凭借这三大制度性构成要素来实现对社会成员的管理和自己的运行的。相反,如果缺少其中任何一个构成要素,社会的管理就要失灵,社会的运行即使不会中断,也会陷入无序和混乱。前已证明,制度在人类社会之初就有①,并且后面还将证明人类社会就诞生于人的制度建

① 亦见韩东屏:《制度的本质与开端》,《江汉论坛》2014 年第 9 期。

构，所以，制度性三位一体也同时存在于社会的各个历史时期，是不受特定时代限制的一般性的社会结构。

在构成社会运行机制的三大要素中，就三者关系而言，最为重要的无疑当属社会制度，因为社会制度乃是三者中的目的性和首要性要素，而社会制度意识形态和社会制度保障机器，则都是为社会制度的建构和运行而服务的手段性要素。并且，社会制度意识形态的广而告之和社会制度保障机器的赏罚行为，也是按照社会制度的相关要求来进行的。甚至连用于广而告之的社会制度意识形态传释机制和用于赏罚行为的社会制度保障机器，也是按社会制度的要求运行并主要是用社会制度建构起来的。

在构成社会运行机制的三大要素中，对人们的活动亦即每个行为主体(个人与社会组织)的活动影响最大的也是社会制度。显然，制度安排者面对数量众多的社会行动者，根本不可能每天直接对每一个行动者逐一下达行为指令，更不可能每天向每个行动者下达各种具体行为的指令，而只能通过颁布社会制度来间接地对他们统一下达长期有效的行为指令。制度意识形态倒是可以以说教的方式直接影响行动者们的思想，并进而影响到其行为，但其总体影响力还是远不如社会制度。因为制度意识形态的说教只能讲述道理而不能给人以实际利益，所以怀赏畏罚的自利人实际上并不是按制度意识形态所讲述的道理来选择自己的行为，而是按社会制度的实际赏罚塑导来选择自己的行为。在制度意识形态所讲述的道理与社会制度的赏罚塑导相一致的情况下，我们还看不出来这二者的作用之间的差异，人们似乎是在按制度意识形态的道理行事，但在社会制度的赏罚因设计不当而出现倒错、错乱和过度等状况，并与制度意识形态所讲述的道理发生冲突时，差异就立即会清晰地呈现出来：这时仍然愿意按制度意识形态所讲道理行事的人会越来越少；相反，故意违法乱纪的人，亦即按倒错、错乱、过度的制度赏罚塑导行事的人则会越来越多。因此我们看到，当代我国社会中的绝大多数作恶者，尤其是跑官买官者、贪污腐败者、制假售假者、坑蒙拐骗者之类，全都不是因为不知道这些行为不符合制度意识形态的道理而作恶，而是因为这样做的收益甚大而风险极小，实际上是符合社会制度的实际赏罚塑导和能够实现个人利益的最大化而作恶。任何一种社会制度的赏罚是有效还是失灵，都取决于社会制度本身的质量，而不是按该制度要求来实施具体赏罚的社会制度保障机器，因为当社会制度有设计缺陷时，社会制度保证机器即使存在也无能为力，所以社会制度保障机器对个人活动的影响也没有社会制度大。何况，社会制度保障机器本身也是制度安排的一个结果。

正因为社会制度是社会结构中的目的性要素，实际左右着所有社会主体的行为方式与取向，并由此形成社会本身的运行态势和运行方向，所以社会制度就是社会结构或社会运行机制中的首要构成因素和决定性力量。

马克思说："物质生活的生产方式制约着整个社会生活、政治生活和精神生活的过程。不是人们的意识决定人们的存在，相反，是人们的社会存在决定人们的意识。"[①] 不过，这个"社会存在"不应仅仅被说成是物质生活的生产方式，而应该被理解为在个

---

① 《马克思恩格斯选集》第2卷，人民出版社1995年版，第32页。

人意识之外的一切存在于社会之中的存在者,它们既包括经济领域的物质生产活动,也包括其他所有活动,即存在于政治、文化、民生等领域的各种活动;既包括个人之外的其他个人及其活动,也包括个人之外的各个群体、各个组织及其活动;既包括既有的习俗、道德和制度,也包括各种既有的知识、思想、观念、理论、宗教和文学艺术等精神产品。不可否认,所有这些存在者都能成为个人社会意识的来源,而个人的社会意识,也确实是由它们而来并包含这些内容的。但是,要说其中什么是最能影响人的行为选择意识的社会存在,唯有社会制度。其中的道理在于前面部分已证明的人从本性上说是"怀赏畏罚的理性自利人"[①],一般都会按社会制度的实际赏罚塑导选择自己的行为,从而形成自己稳定的行为方式和行动方向。从这个意义上说,就不是任何其他的社会存在决定人们的意识,而是社会制度这种特殊的社会存在决定人们的意识。

马克思还说:"发展着自己的物质生活和物质交往的人们,在改变自己的这个现实的同时也改变着自己的思维和思维的产物。不是意识决定生活,而是生活决定意识。"[②]但是,人们的活动方式,不论是生活方式还是交往方式,之所以能取得固定的形式,也均在于社会制度的规定和型塑,所以,与有什么样的社会制度就有什么样的人类活动的历史规律相一致,有什么样的社会制度,就有什么样的生活方式和交往方式;当社会制度发生变化时,被社会制度规定的生活方式和交往方式也必然会随之发生相应的变化。据此可知,制度不仅决定意识,也决定生活。

虽然社会运行机制是由社会制度、制度意识形态和制度保障机器构成的,但这决不意味着社会的运行是完全独立的,超出所有人的意志,不受任何人的操控,也不意味着社会成了与所有个人都无关的完全自立的主体。其中道理其实无须多说,因为构成社会系统的三大要素即社会制度、社会制度意识形态和社会制度保障机器,都不是从天上掉下来的,而是来自社会制度安排者亦即社会管理者的抉择和构造,所以整个社会的运行实际上是由社会制度安排者决定并操控的,社会制度安排者就是社会的真正主体和真正主人,而其他人或社会组织,则都不是社会的主体或主人,而只是在社会中开展自己活动的主体,即社会中的主体,除非他们也同时是社会制度的共同安排者,他们才会也是社会的主体或主人。社会中的各种主体的活动,被社会的真正主体即社会制度安排者或社会管理者用"制度性三位一体"的社会结构统一起来,成为社会本身的运动,同时也成为历史本身的运动。

七、规则性三位一体

由社会制度、制度意识形态和制度保障机器构成的"制度性三位一体"的社会结构,准确地说,应该称为"社会核心结构"。这是因为在社会制度之外的习俗、道德、价值观念等非正式规则,虽不及制度对人的塑导力强大,但也是能影响人们活动的社会规则,尤其是当其塑导与制度的塑导相一致时,可以通过在人的内心形成制度自律性

---

① 韩东屏:《反思"人性自利"》,《伦理学研究》2016 年第 6 期。

② 《马克思恩格斯选集》第 1 卷,人民出版社 1995 年版,第 130 页。

即自觉遵守制度的意志来为制度对人们活动的塑导助力，降低制度实施成本，提升制度塑导的效果和水平。

并且，这些非正式的社会规则也有自己的意识形态和保障机器。非正式规则的意识形态是由道德理论、价值理论、道德说教或价值观说教构成的，非正式规则的保障机器分别是由社会舆论、人情态度和迷信神话所构成的三种不同形态的社会赏罚机制体现的。[①] 因此，社会结构除了有制度性三位一体外，还有非制度性的三位一体，而社会和社会运行的整体结构，自然就是由所有的社会规则（既包括正式规则即制度，也包括非正式规则即习俗、道德、观念）、社会规则意识形态和社会规则保障机器构成的“规则性三位一体”，它在总体上要大于社会核心结构并包含社会核心结构，当然也包含非制度性的三位一体，是一种大三位一体套小三位一体的双重结构。

至于这里为何单独将其中的“制度性三位一体”说成是社会整体结构的“核心结构”，乃是在于构成社会核心结构的三要素，在社会运行中相对于其他社会结构因素即非制度性的三位一体构成因素而言，因具有最为强大的行为调控力量而起决定作用，即所有人的整体活动亦即整个社会的运行都是被它决定的，其它社会结构构成因素则只是起次要的或辅助性的作用。

同时还在于，社会制度是由社会管理者以社会主体或社会制度安排者的身份制定的，制度保障机器是由社会管理者为其制定的社会制度专门设计配置的，而用于构建、推行这套社会制度的制度意识形态，也是由社会管理者刻意择定的，这就说明，社会核心结构的三个要素都是由社会管理者直接操控的，并且各个时代的社会的管理者，也确实是通过操控这个社会核心结构来实现对社会的实际管理的，而现实社会也正是在这样的实际管理中开始其运行的。可是，习俗、道德、价值观念、道德理论、价值理论、非正式规则说教和社会舆论、人情态度、迷信神话等社会构成因素，则不能由社会管理者直接决定和直接操控，只是社会管理者实现社会管理和操控社会运行的外部条件或间接因素。这是因为，习俗是人们约定俗成的；真正在人们生活中起实际作用的道德，而不是那种被社会管理者设计出来虽经大力宣传推广却仍停留在纸面上不起实际作用的道德，也是在人群中约定俗成的；价值观念是被每个个人分别在内心认定的；道德理论和价值理论是被一些思想家创造的；非正式规则说教是可以在私下进行的；真正发自人们内心呼声的社会舆论性赏罚、出自人内心情感的人情态度赏罚和源自宗教神话和民间迷信神话的神秘性赏罚，都是自发形成的。所以，它们全都不在社会管理者的掌控之中。

因此，社会作为主体的活动或社会自身的运行，就是由社会制度安排者根据自己的意志和意图，通过制度性三位一体来调控社会中各种行为者的活动而实现的。

制度性三要素都能对人们的活动及其行为选择产生影响；而非制度性三位一体相对制度性三位一体，既可能起辅助作用，也可能起阻碍作用的状况。由此可知，只有当社会制度与制度意识形态和制度保障机器形成相互支持、相辅相成的局面，并且制度性三位一体与非制度性三位一体的价值取向达到一致时，社会的运行才会最有效率并

① 韩东屏：《人本伦理学》，华中科技大学出版社 2012 年版，第 161-167 页。

最能实现社会制度安排者的意志或意图。反之，缺失其中任何一点都会降低社会运行的效率，并会影响社会制度安排者的意志或意图的实现。如果不仅有所缺失，并且这些因素之间还存在严重的相互冲突，如规则的价值塑导不一致，规则理论及规则说教存在谬误，赏罚机制呈现倒错、错乱、过度，那么，整个社会的运行就会失序混乱，出现背离社会制度安排者意志和意图的结果。是故，智慧的社会制度安排者势必追求制度性三要素的高度配合，并使社会制度的价值取向与习俗、道德和价值观念的价值取向保持一致。

八、制度决定社会结构的后续意义

犹如物体的性质、形态和运动方式总是取决于物体的内在结构一样，社会结构也有类似的功效，因而作为社会核心结构的制度性三位一体，不仅决定着社会运行的态势与方向，同时也决定着社会的性质和形态。此前已知，社会制度又是制度性三位一体的决定性要素，因而归根结底地讲，社会的性质、形态和运行最终都是由社会制度决定的。具体说来，社会作为一定人化疆域上所有个人的人为组合体，是一个以制度为首要构成要素，以制度性三位一体为核心结构，以规则性三位一体为整体结构的有机系统，这就是社会作为人为组合体的一般规定性或一般性质；同时，社会作为一定人化疆域上所有个人的人为组合体，也是一个凭社会制度为最终决定因素而实现其意志和行动能力的主体，这就是社会作为人为组合体的一般外显形态或一般运行形态。

正因社会制度是社会一般性质、社会一般形态和社会一般运行方式的最终决定者，所以，有什么样的社会制度，就有什么样的社会形态、社会性质和社会运行方式。当社会制度发生不同程度的变化时，社会的形态、性质和运行方式也会随之发生不同程度的变化；当社会制度发生根本性的变化时，社会的形态、性质和运行方式也会发生根本性的变化。这可谓社会及社会演化的一般规律。

这个人类社会的一般规律与人类历史的一般规律，即前面部分归结的"社会制度决定历史的走势和走向，有什么样的社会制度就有什么样的历史走势走向，当社会制度发生变化时，历史的走势和走向也会随之发生变化"，是完全一致的，因为历史的走势和走向也同社会运行的态势和方向一样，都是由人们活动的方式和取向构成的。

社会的演化不等于社会的进化，前者是事实描述，后者是价值评价。价值评价需要有价值评价标准。如果我们承认人类当初组成社会就是为了使每一个人都活得更好，那么，当一个社会的演化是让人们比此前活得更好时，这个社会就是在进化。相反，当一个社会的演化是让人们比此前活得更糟时，这个社会就是在退化。因此，只有以让每个人都活得更好为目的诉求的社会，才是能够不断进化的好社会。

有这种目的诉求的社会，显然只能是全体社会成员为社会制度安排者的社会，而不可能是社会制度安排者为独裁者或某一个利益集团代表的社会。这就说明，社会的进化必须以人民充当社会制度安排者为必要前提，而在其他情况下，充其量只有社会退化程度减弱这种意义上的相对性社会进化。

第八章

社会类型

在确证了社会制度是构成社会核心结构及社会运行机制中的首要因素和决定因素,并决定着社会的一般性质和一般形态之后,自然就可以进而确认,对一个处在一定历史阶段的特定社会或具体社会——不论它是当下的具体社会,还是过去的具体社会,抑或将来可能出现的具体社会——的特殊规定性或特殊形态的把握,也只宜从该社会所实施的特定社会制度入手去加以分析和定性,而不应该从任何其他方面入手。这就是说,不但一般社会的性质和形态是由社会制度决定的,具体社会的特殊性质和特殊形态也是由社会制度决定的,因而一个具体社会所实施的特定社会制度,就是该社会的特质之所在。如果特定社会制度不同,具体社会的特质也不同;如果特定社会制度发生变化,具体社会的特质也会随之发生变化。一个具体社会的特质即其特定的社会制度,会使该社会作为有意志和行动能力的主体,呈现出不同于其他具体社会的外显形态,同时也会使该社会的外显形态与自己在其他历史时期的外显形态有所差异,因而社会特质和社会形态是密切相关的表里关系,一个具体社会的形态同样也是由其特定的社会制度决定的。

同时,具有不同性质和不同形态的具体社会,分属类型不同的社会,所以社会的类型也需要从具体社会的特定社会制度入手加以区分。

当然,社会制度所包含的种类甚多,并不是其中的每一种社会制度都是具体社会的特殊性质和社会形态的决定者,也不是其中的每一种社会制度的变化都能使该社会的性质和形态发生变化,而是由具体社会中的基本制度决定具体社会的特质和特殊形态,只有社会基本制度的变化才意味着该社会的特质和形态也发生了变化。因为社会基本制度与其他社会制度的关系是:社会基本制度决定其他所有社会制度,其他社会制度都由社会基本制度派生而来并体现和服从于社会基本制度。所以,某个具体社会制度的变化只是它自身的变化,社会基本制度的变化才能带来一系列具体社会制度的变化,从而使整个社会的性质和形态发生根本性的变化。因此,社会基本制度既是判断具体社会的最终标准,也是识别具体社会的基本标识。

那么,社会基本制度是什么?或者说,在林林总总的社会制度中,究竟哪一种社会制度才堪称社会基本制度呢?

让我们的探讨从反思学界已有的观点开始。

一、以经济制度为基本制度的解释

在西方学界，除了社会学，其他社会学科都不谈一般意义的社会制度，因而就更不可能有关于社会基本制度的论述。它们最多只谈与自己学科有关的社会领域的制度及其中的基本制度。如经济学只谈经济制度，在现代，普遍是将产权制度视为经济制度中的基本制度；政治学只谈政治制度不说，还与众不同地将政治制度共识性地定义为“政府得以运作的结构，如立法机构和行政部门”[①]。照此定义，基本政治制度应该就是国家最高权力机构。西方社会学虽然有关于一般性的社会制度的论述，但它并不是一个普遍性的范畴或必要范畴，几乎所有社会学教科书的目录中都没有它的位置。一些为数不多的社会学家，如斯宾塞、韦伯、迪尔凯姆、布劳和吉登斯等，尽管自己的社会学理论中论及了社会制度，甚至还将其放在了比较重要的位置，也还是没有触及社会基本制度的问题。

在国内学界关于社会制度的研究中，经济学和政治学的情况与西方经济学和政治学的情况完全相同，因前者与后者基本上是“跟着说”的关系。社会学则有所不同，不仅将社会制度视为理论体系的必要范畴，在教科书中设有社会制度的专门章节，而且也会论及社会基本制度。但因为自己声明“社会学主要关注直接制约人们社会行动的具体社会制度”，即“狭义上的社会制度概念”，所以社会基本制度这种由“广义上的社会制度概念”才能包含的内容，就还是不在社会学的讨论范围之内。[②]

国内学界谈到社会基本制度问题的，是独立于社会学而从属于哲学的社会哲学；而西方学界的社会哲学则从属于社会学，没有区别于社会学的独立理论，也没有区别于社会学的另类社会制度理论。

国内的社会哲学的基本理论是由马克思和恩格斯开创的历史唯物主义，它既有历史观，也有关于社会结构即生产力与生产关系、经济基础与政治上层建筑的分析。但是国内学者在运用这套理论回答社会制度问题时，却提供了三种不同的观点。一种观点认为：“按照马克思的社会结构思想，制度既不属于观念形态的文化，也不属于物质形态的生产力，而属于政治上层建筑。马克思这里所说的制度，指政治、法律制度。”[③]据此推论，社会基本制度应该就是最根本的政治法律制度，如宪法之类。另一种观点认为：“在唯物史观的社会制度结构中，经济制度是社会制度的中轴。唯物史观按照不同制度在社会结构中的不同地位，将社会基本制度分为经济基础和上层建筑两大类，并强调指出，在社会基本制度结构中，经济制度是政治制度、法律制度和文化制度的基础；经济制度决定政治制度、法律制度和文化制度，并且政治制度、法律制度和文化制度必须由经济制度来加以说明。”[④]第三种观点采取的是折中的看法，认为：“社会基本

---

① [美]罗斯金等:《政治科学》,林震等译,中国人民大学出版社 2014 年版,第 60 页。

② 社会学概论编写组:《.社会学概论》,人民出版社和高等教育出版社 2011 年版,第 172-175 页。

③ 鲁鹏:《制度与发展关系研究》,人民出版社 2002 年版,第 25 页。

④ 崔希福:《唯物史观的制度理论研究》,北京师范大学出版社 2010 年版,第 54 页。

制度是指特定社会在生产关系上层建筑方面的本质内容和根本特征，也就是指特定社会在经济、政治、思想文化方面内在的、本质的、一般的规定。……是社会基本的、普遍的经济关系和政治关系的法律形式。"①

实际上，"制度"在历史唯物主义中也不是一个起眼的术语，更不是论述线索，所以历史唯物主义并没有关于社会制度以及社会基本制度方面的专门论述。所谓决定政治上层建筑的，不是"经济制度"，而是"生产关系的总和"即"经济基础"。

不过，如果按照历史唯物主义的思维逻辑而不是历史唯物主义的标准说法②，社会基本制度似乎也可以被推定为经济制度即广义生产制度，因为物质生产活动被历史唯物主义视为人类的"第一个历史活动"，"是一切历史的基本条件"。③ 既然这种活动使人类社会得以诞生并续存，因而规范人类物质生产活动的经济制度自然就应该是社会的基本制度，并决定着政治、文化等其他方面的社会制度。而在经济制度中，生产资料所有制又是重中之重，可谓最基本的社会制度，因为生产资料所有制不仅决定人与自然或人与物的关系，而且也决定人与人的关系即人的社会关系。因为"社会关系构成社会"，所以社会的特质及其历史形态，就要根据生产资料所有制来定性和划分。于是，人类社会的历史形态就被依次划分为五种：原始公社成员共同占有生产资料的原始公有制社会，奴隶主占有生产资料的私有制社会即所谓"奴隶社会"，君王贵族及地主占有生产资料的私有制社会即所谓"封建社会"，资本家占有生产资料的私有制社会即所谓"资本主义社会"，各个社会成员共同占有生产资料的共产主义社会及其前期过渡阶段的社会主义社会。

不可否认，在人类社会中，经济活动的确是最不可或缺的活动，否则，人们就无法生存，社会亦不复存在。尽管如此，经济制度或其中的生产资料所有制仍不见得就是最重要的制度，更不见得是决定其他制度的制度。

虽然物质生产活动被马克思称为使人类成为人类的"第一个历史活动"，可是人类在进行"第一个历史活动"之前，就已经是群居性动物了，并且也是以群的方式开展其各种活动的，包括开始物质生产这"第一个历史活动"。而能使这些个体成群并成群活动的，必定是群内的规则。这些规则规定着群内各成员之间的关系和群首领与群成员的关系，也规定着他们进行各种活动的共同方式。因为这些规则不会在群成员变成人和进行人的"第一个历史活动"时就立即消失，不复存在，所以这些规则不仅早于生产物质生活资料这"第一个历史活动"，而且是这一活动得以诞生的必不可少的先决条件。既然如此，这些群内规则就早于人类的物质生产规则的出现。这些早于物质生产规则而存在的规则，从内容上说，不但会有群体如何获取食物和如何分配食物的"经济性"规则，也会有群体内成员如何相处交往、群与群如何整合、群体内如何产生首领并共同行动的"政治性"规则，还会有群体成员如何嬉戏娱乐的"文化性"规则，如在嬉戏

---

① 辛鸣：《制度论——关于制度哲学的理论建构》，人民出版社 2005 年版，第 98 页。

② 这里之所以强调这一点，是因为历史唯物主义没有明确论述过社会基本制度的问题，也不说基本制度构成社会基础这样的话，而是说经济关系或经济结构构成社会的经济基础，所以下述推论中的一些说法不是历史唯物主义的标准用语，只是历史唯物主义式的思维逻辑的推演。

③ 《马克思恩格斯选集》第 1 卷，人民出版社 2012 年版，第 158 页。

中不得相互伤害之类，自然还会有关于人口生产、两性关系、两性结合、繁衍后代、养育后代和生老病死的“民生性”规则。这就说明，我们很难确证物质生产活动就是早于人类其他活动的“第一个历史活动”，而且退一大步讲，即便物质生产是人类的“第一个历史活动”，生产规则也并不注定是人类的第一种规则，其他规则也不是注定要被生产规则决定。

人类最初的情况是如此这般，在后来的时代，各种正式社会规则即各种社会制度之间的关系，实际上也是这样的。这就是说，这时在各种社会制度之间，即经济制度、政治制度、文化制度和民生制度之间，并没有哪一种制度必然在先，其他制度必然在后，哪一种制度必然决定其他制度的情况，也没有经济制度决定或派生其他社会制度的一般规律。其中道理，就在于它们都是由社会制度安排者或社会管理者制定的[①][②]，所以这些社会制度出现的顺序，完全是取决于社会制度安排者的意志，社会制度安排者决定怎么制定制度就怎么制定制度，社会制度安排者决定先制定哪种制度就先制定哪种制度，社会制度安排者决定先改变哪种制度就先改变哪种制度。这就是说，社会制度安排者既可以先制定某一种制度，也可以同时制定所有制度；既可以先制定经济制度再制定其他社会制度，也可以先制定其他社会制度再制定经济制度；既可以在制定经济制度之后再制定出这种形式的其他制度，如民主的政治制度，也可以在制定经济制度制定之后再制定出其他形式的其他制度，如专制的政治制度。当然，在先制定其他社会制度之后，也是既可以制定出这一种形式的经济制度，如计划经济制度，也可以再制定出其他形式的经济制度，如市场经济制度。

社会制度安排者制定社会制度如此，变革社会制度亦如此。如果不承认这一点，我们就没法解释，人类历史上的革命者在取得政权之后，为什么全都是先废除旧的政治制度并建立新的政治制度。如近代发生的资产阶级革命，就是一种政治制度上的民主革命，而经济制度方面则没有什么变化；又如出现于现代的社会主义革命，都无不是先变革社会的政治制度，即首先建立无产阶级政权，其后才开始以土地改革和工商业所有制改造等形式，变革社会的经济制度。革命如此，改革方面的情况也一样。人类历史上很多改革都是从政治制度而不是经济制度开始的，甚至还有完全未涉及经济的纯粹的政治改革。如日本近代的明治维新改革和其二战后的政治改革，韩国 20 世纪 70 年代的政治改革，中国台湾地区 20 世纪 80 年代的政治改革，等等，都是如此。其实，还有更简单的事实拷问形成的证据，比如，把人分成尊卑贵贱不同等级的世袭等级制是被什么样的经济制度决定的？是生产资料私有制吗？那为何生产资料为资本家所有的私有制就不产生这种等级制的政治制度？事实上，身份世袭等级制，不论是中国先秦时代把人分为天子、诸侯、士大夫、家臣、百姓、庶人的等级制，还是西方古代把人分为君王、贵族、平民、奴隶的等级制，都是被当时的社会制度安排者刻意设计出来的，而不是被经济制度或生产方式决定出来的。又如，为什么当代有的私有制社会在政治上是专制制度，有的私有制社会在政治上是民主制度？显然，也是在于这些不同

① 韩东屏：《制度的本质与开端》，《江汉论坛》2014 年第 9 期。
② 韩东屏：《制度决定历史》，《南国学术》2016 年第 1 期。

的社会制度安排者具有不同的制度偏好。

因此，社会制度安排者在安排社会制度时，并不一定是先制定经济制度，再根据经济制度去设计制定其他社会制度。因此，经济制度及其生产资料所有制，并不必然是决定其他社会制度的基本制度。

二、资源分配制才是社会基本制度

实际上，任何时代的社会制度安排者都不是按已有的经济制度来设计、制定其他社会制度的，而是按自己的价值诉求来设计和制定作为其工具或实现手段的所有社会制度的，这就如社会中的各种社会组织的发起者，总是按自己成立组织的用意、目的亦即价值诉求来设计制定社会组织中的各种制度一样。因为社会制度安排者对自己的价值诉求再清楚不过，所以不管他(们)究竟是按什么方式、什么顺序来制定社会制度，只要他(们)不是太愚蠢，就都不会制定出不利于自己价值诉求实现的那种自身存在相互矛盾、相互掣肘状况的社会制度体系。比如在安排制度时，让经济制度与政治制度在价值取向上互不配套、相互冲突，结果导致这两类社会制度对人们行为的塑导不一致，从而影响自己价值诉求的实现。所以，是社会制度安排者的价值诉求决定社会制度的价值取向，而不是经济制度决定社会制度安排者的价值诉求，经济制度乃至所有社会制度，只是体现并代表社会制度安排者的价值诉求。如是，社会制度中哪种制度最能代表社会制度安排者的价值诉求，它就是这个社会的基本制度。不过，这并不意味着我们将由此又回到经济制度决定论的老调。

因为在笔者看来，最能代表社会制度安排者价值诉求的社会制度，既不是社会制度中的经济制度，也不是经济制度中的生产资料所有制，当然，也不是其他某个社会领域的制度，而是贯穿于经济、政治、文化、民生诸领域的广义利益制度，亦可称“资源制度”，它是关于各种资源的分配、获取、保有、使用、易主的正式规则，并相应有资源分配制度、资源获取制度、资源保有(占有和保护)制度、资源使用制度和资源易主制度之分。其中，资源分配制度是社会如何分配资源给其成员的种种规定，资源获取制度是社会关于其成员如何获取资源的种种规定，资源保有制度是社会关于如何确认和保护其成员或资源主体占有资源的种种规定，资源使用制度是社会关于其成员或资源主体在使用资源方面的种种规定，资源易主制度是社会关于资源在不同成员或不同主体之间如何有偿易主(即交换)和如何无偿易主(即赠予)的种种规定。

需加说明，分配资源和获取资源是有差异的，分配是被动的，由别人给资源；获取是主动的，由自己谋资源。正如将土地按某种标准分给不同的人属于分配资源，而分得土地的人通过经营所分土地而获利则属于获取资源；将某种因合作产生的利益按某种标准分给某人属于分配资源，而某人完全凭自己的努力创造出新的价值或价值对象则属于获取资源，所以分配制度与获取制度也是有差异的。

诺齐克在谈公正问题时，别出心裁地提出了“持有公正”(也被译为“持有正义”)的概念。[1] 这意味在资源制度中，还应有由谁持有资源和持有哪些资源的“资源持有制度”。但这完全是没有必要的设定，因为分配资源、获取资源及其易主资源的结果都是持有资源，而只要分配、获取及易主是公正的，那么由此而持有哪些资源自然也是公正的。更为有力的理据是，资源分配制度对所有资源的最初分配规定，获取制度对所有无主资源的获取规定，岂不就是对所有资源都归谁持有的规定？这就是说，资源分配制度和资源获取制度也能决定各种资源的最初持有者，因而我们无论何时都根本不需要再另外制定资源持有制度。而所谓的“持有公正”，自然也是一个多余的概念，应用“奥卡姆剃刀”予以剔除。

在五种具体的资源制度中，对组成社会的所有个人或所有社会成员而言，前两种制度相对重要，可合称为“资源配取制度”，因为它们关乎每个人的资源的有无、多少与增减。后三种制度则基本与这些都不相干，关乎的是个人既有资源的交换、调剂、使用和安全，虽然资源易主制度中的资源赠予规定能使资源易主双方的资源出现一方增加一方减少或一方有一方无的变化，但这种变化却不是能影响到每个人的资源的普遍变化。在前两种制度即资源配取制度中，资源分配制度又比资源获取制度显得更为重要。因为它不仅决定各种资源的最初分配，也决定某些资源的再分配和循环分配，事关每个社会成员最初拥有资源的多少及其以后资源的增减，而资源获取制度，只是事关无主资源的取得和每个社会成员对自己既得资源的增殖活动。

因为资源分配制度关乎人的几乎所有价值对象即人生存发展所需的几乎所有资源的分配，所以如何分配这些价值对象或资源，就最能体现社会制度安排者的价值诉求。不论这个社会制度安排者是单个人、某些人、部分人，还是所有人，情况都是这样。社会的资源分配制度所关涉的资源有自然资源和社会资源这两大类。在自然资源中，不能由社会决定分配的东西，通常只有空气、阳光、云朵、温度、气候、风力、降水之类；在社会资源中，不能由社会决定分配的东西，则仅为人情、口碑和由神话虚构的来世幸福。正因如此，上面在谈社会的资源分配制度所关涉的资源时，采用的是“几乎所有资源”而不是“所有资源”的说法。

空气、阳光、云朵、温度、气候、风力、降水等属于自然资源，且不能由社会决定分配，在于它们还不能被人控制。人情作为社会资源是指个人间由情感构成的无形资源，这些情感包括亲情、友情、爱情、乡情、恩情等。人情资源有的是先天生就的，如亲情、乡情；有的是后天在人际交往中形成的，如友情、爱情、恩情等。对个人来说，人情资源的多寡，意味着愿意帮助自己的人是多是少，所以说它也是个人生存发展所需的一种社会资源。这种无形的资源同有形的实体资源一样，可以进行交换，所以我们经常可以听到“欠人情债”“欠他一个人情”“不欠他人情”和“这个人情我迟早要还”“他的这个人情我已经还了”之类的说法。但是，人情不能由社会分配，也不能由社会决定如何获取和如何交换，因为它本来就不归社会所有，而且也无法像个人的土地、金钱甚至身体一样可以被收归社会所有。口碑这一关乎个人社会形象的无形社会资源同样不

---

① [美]诺齐克：《无政府、国家与乌托邦》，何怀宏等译，中国社会科学出版1991年版，第157页。

能由社会掌控，它是藏于人们“心中的一杆称”，任何外部力量都奈何它不了。至于那个据说存在于彼岸世界的“来世幸福”，自然更不能被此岸的社会所掌控。正因为从可能性上说，并非所有的资源都能由社会决定其分配、获取、交换，保护和消费，所以资源制度的全称应是“社会可控资源制度”，社会资源分配制度的全称应是“社会可控资源分配制度”，其他诸如获取、保有、使用和易主类别的资源制度全称以此类推。

既然社会可控资源分配制度最能代表社会制度安排者的价值诉求，那它当然就是社会的基本制度。这个基本制度，不仅存在于经济领域，同时也存在于政治领域、文化领域和民生领域，因为这些领域无疑都存在每个人生存发展所需的资源并有待分配，因而不仅仅是经济制度中会有资源分配制度，政治制度、文化制度和民生制度中也都会有资源分配制度。在经济领域，资源分配制度所涉及的资源有生产资料、利润、产品、生活资料等物质财富和个人进行经济活动的权利与义务等；在政治领域，资源分配制度所涉及的资源有社会公共权力、社会地位、社会荣誉、基本人权等政治资本和个人进行政治活动的权利与义务等；在文化领域，资源分配制度所涉及的资源有教育机会、文化知识、文艺作品、游戏产品、娱乐机会、娱乐场所、宗教信仰等精神财富和个人进行文化活动的权利与义务等；在民生领域，资源分配制度涉及的资源有生育物品、医疗卫生保障、养老保障、住房及配套设施、居住生活环境、公共交通等民生福利和个人进行各种民生活动的权利与义务。既然资源分配制度贯穿于社会的各个领域，那它自然就属于一般性的社会制度，自然就比那个仅覆盖经济领域的经济制度更为普遍和基本。这个事实也说明，资源分配制度比经济制度更适合于做社会基本制度，因为堪称社会基本制度的制度，首先应该是一般性的制度，而不应该是仅属于某个领域的特殊制度。

资源分配制度不仅对制度安排者来说重要，对其他社会成员来说也同样重要。因为如果可以确认个人组成社会或留存于社会的动机或目的就是使自己活得更好，那么能否实现这个目的的关键就在于该社会的资源分配制度。这就是，资源分配制度对谁有利，谁就会活得更好；资源分配制度对谁不利，谁就会活得更糟。

当然，决定生产及生产是否能不断增长的生产制度或经济制度也很重要，但对每个社会成员来说，它们还是不如资源分配制度重要。因为人的生存发展不仅需要各种物质生活资料，也需要各种精神文化产品，而且还需要人权、地位、权利、自由、良机、福利等其他社会资源，而这些资源并不是生产或生产制度所能提供的，也不是可以靠物质生产的增长就能随之而来的。何况，生产的增长也并不等于使每个社会成员所拥有的资源或利益与之同时增长。用形象的话说就是，整个蛋糕做大，不等于每个人分得的蛋糕份额也一定都会变大。正如我们在历史上总能看到，某个国家的社会总财富虽在不断增长，甚至是快速增长，但社会的贫富两极分化也在不断加剧，很多穷人的生活没有得到任何改善不说，甚至还变得更加糟糕，法国大革命之前的社会状况就是这样。更何况，生产制度中其实也包含有对生产资料、产出品、生产收益、经济权力与经济义务等经济资源的资源分配制度，并且正是有关这些经济资源的分配制度，影响并决定着生产者生产积极性的高低和社会生产发展速度的快慢。其中道理，已在前面关于“制度决定生产力”的篇章中进行了论证。

三、制安权分配制又是社会元制度

社会可控资源的种类及具体品种非常之多，难以一一尽举，只能做大而化之的划分。这种大而化之的划分也有多种：第一种划分方式是，按照人们活动的领域，将其分为政治资源、经济资源、文化资源和民生资源；第二种划分方式是，按照资源的来源，将其分为自然资源和社会资源；第三种划分方式是，按照资源的属性，将其分为物质资源和精神资源；第四种划分方式是，按照人们享用资源的时间和场合，将其分为生产资源和生活资源。

据此，社会资源分配制度自然也可以相应地做这些种类的划分。但是，其中最根本也是最重要的分配，既不是对一般性的自然资源或社会资源的分配，也不是对一般性的政治资源、经济资源、文化资源、民生资源的分配；既不是对生活资料的分配，也不是对用于生产生活资料的生产资料的分配，并且还不是对包括生产资料和生活资料在内的所有物质财富的分配，更不是对各种知识、文化教育、精神财富、活动自由、社会地位和社会荣誉等非物质性社会资源的分配，而是比对所有这些资源的分配都更为在先的关于社会公共权力中的制度安排权的分配。因为没有社会制度安排权，就不能制定各种社会制度；有了社会制度安排权，才能制定各种社会制度，其中自然也包括如何分配其他各种资源的资源分配制度。所以，社会制度安排权的分配乃是最为重要的分配，关于如何分配社会制度安排权的制度乃是最为重要的制度，它是决定其他资源分配制度乃至所有社会制度的前提和初始条件，谁只要获得了这种安排制度的公共权力，谁就可以按照自己的意志来制定各种资源的分配制度，以及包括经济制度、政治制度、文化制度和民生制度在内的一切社会制度，从而既决定其他所有资源的分配方式，也决定社会中所有社会成员的生存状况和发展条件，以及他们活动的方式和方向。

在社会公共权力中，除了制度安排权之外，还有制度行使权、制度传释权和制度维护权，不过它们都没有制度安排权重要。制度行使权是指对制定出来的社会制度，负责具体执行或具体实施的权力。制度传释权是指对制定出来的社会制度，负责进行宣传、解释或辩护的权力。制度维护权是指对制定出来的社会制度，负责维系和保护其权威性，并对冒犯者实施惩罚的权力。由引可知，后三种制度权力与前者相比，自然是前者决定后者而不是相反，因为已经制定出来的各种社会制度由谁行使和怎么行使、由谁传释和怎么传释、有谁维护和怎么维护之类，同样也属于一种形式或程序方面的制度安排，照样要由制度安排者做事先规定，并最终以制度安排者的意志为转移。因此，制度安排者的权力就比制度行使者、制度传释者和制度维护者的权力都要大，是统辖、统领它们的上级权力，而后面三种权力则是要服从于它的下级权力。这就说明，在关于社会公共权力的制度安排中，决定整个社会公共权力归属的社会制度安排权的分配制度，也是比社会制度行使权、传释权和维护权的制度安排都重要的制度。

制度安排权，可简称为“制安权”；“制度安排权的分配制度”，可简称为“制安权分配制”。在整个社会中，正因为制安权分配制是决定谁有权来制定制度的制度，所以它也就成了比其他种类的一切资源分配制度都更为显要、更为基本的制度，也就是社会基本制度即社会可控资源分配制度中的基本制度，亦即最基本的社会制度。据此可说，制安权分配制乃是所有社会制度的元制度，即先于其他一切社会制度的制度。

由此可知，经济制度或经济制度中的生产资料所有制之所以不配“最重要、最基本的社会制度”之称，除了前面说过的那些原因外，还在于它完全不是，也从来不是决定由谁来制定制度的制度。因而姑且承认物质生产活动是人类的“第一个历史活动”，也并不能由此认定生产制度或经济制度是最基本的社会制度。元制度在一切具体种类的制度的诞生之前，因而它本身就不属于任何具体种类的制度。不过，因为这个制度关乎的是一件公共事务，决定的是谁有权制定社会制度，所以，如果我们一定要将其归为某一类制度，也应将其归为政治制度而不是经济制度。

既然制安权分配制是整个社会中最基本的社会制度，并由它决定其他一切社会制度的制定，那么，判定一个具体社会，即处于一定历史发展阶段中的特定社会属于什么类型的社会，具有什么样的特殊性质和特殊形态，就只能根据它的状况来认定和把握，并用它来进行标志和识别。这个道理，从静态的角度讲，一方面，不同类型的具体社会之所以会有不同的特殊形态和特殊性质，是因为它们各自采用了不同的制安权分配制；另一方面，相同类型的具体社会之所以会有共同的形态和共同的性质，则是因为它们采用了相同类型社会的制安权分配制。从动态的角度讲，当一个具体社会的制安权分配制发生变化时，该社会特有的形态和性质也必然会随之发生变化。相反，如果一个具体社会的制安权分配制一直未发生变化，那么这个社会特有的形态和性质也不会发生变化。

因此，我们判定一个具体社会属于什么类型的社会，首先要看其所实施的制安权分配制，并按制安权分配制的不同类别，将具体社会分为不同的类型，再看该具体社会属于其中的哪种类型。同理，判定一个具体社会与另一个具体社会有何不同，也要先看二者的制安权分配制有无不同。若不同，二者则为不同类型的社会；若相同，二者则为相同类型的社会。

在相同类型的具体社会中，我们若想继续发现和把握它们之间的不同，或将它们继续进行分类，则应从制安权分配制这个最基本的社会制度的上层社会制度入手来加以划分和识别。其后的识别，也均以此类推。从这个意义上说，社会作为一个复杂的大系统，可以有多阶本质性规定。根据制度体系的内在层级逻辑关系可知：具体社会的一阶本质应由制安权分配制予以规定和体现；具体社会的二阶本质，应由社会可控资源分配制予以规定和体现；具体社会的三阶本质，则应由政治、经济、文化和民生等社会领域的领域制度予以规定和体现。

第九章

社会公正

制安权分配制之所以最重要，除了因为它是元制度之外，还因为它同其他所有社会可控资源分配制度一样，本身存在好坏之分，亦即公正与不公正的差异。而这种差异，将从根本上决定整个社会可控资源分配制度的公正与否，并进而决定整个社会的公正与否。易言之，一个社会是好还是不好，是由制安权分配制决定的。

整个社会的可控资源分配制度的公正还是不公正，不论是对社会还是个人来说，都有极其重大的影响。这就是说，资源分配制度不好或不公正，既能引发社会成员与社会成员之间的矛盾与冲突，也能引发社会管理者与被管理者之间的矛盾与冲突，从而导致社会动荡、个人不安。相反，好的或公正的资源分配制度则基本上可以避免上述矛盾与冲突的发生。或者说，能使这些矛盾和冲突只是偶尔发生，只是极个别的现象，能使社会成员之间、社会管理者与被管理者之间在总体上均能相安无事，从而实现社会平稳运行，大家和睦相处，人人安居乐业的良好状态。

问题是，公正是什么？什么样的制安权分配制、什么样的资源分配制度才算是公正的分配制度？

一、“公正”不等于“正义”

公正，时下国内学界也称“正义”，并将这二者完全等同。于是，公正观就是正义观，公正原则就是正义原则，公正思想就是正义思想，公正理论就是正义理论。但实际上，“公正”和“正义”，不仅字面不一样，而且含义也不完全相同。

中文方面，从构词上说，“公正”之“公”，取与“私”相悖的“无私”之义，“公正”之“正”取与“偏”“斜”相悖的“不偏”“不斜”之义，故“公正”一词的含义就是无私，不偏不倚，《辞海》等权威辞典也是如此解释的。而“正义”之“正”，取的是“正”的另一种含义，即“正确”之意；“正义”之“义”，取的是“意义”之义，故“正义”一词的含义就是正确的意义。从词源上说，最早使用“公正”和“正义”的，大概是先秦思想家荀子，他也正是在上述含义上使用这两个词的。且看他对“公正”的使用，“故上者，下之本也。……上公正，则下易直矣”[①]；再看他对“正义”的使用，“不学问，无正义，以富利为隆，是俗人者也”[②]；“正利而为谓之事，正义而为谓之行”，便可了然。所以，这两个词的本义是不一

① 《荀子·正论》。
② 《荀子·儒效》。

样的。荀子同期及其后的中国古代，用这两个词的情况并不多见。已知的就是汉代《史记》作者司马迁和明代大儒朱熹用过“公正”，前者如“行不由径，非公正不发愤”[①]，后者如“今人多连看‘公正’二字，其实公自是公，正自是正，这两个字相少不得。公是心里公，正是好恶得来当理”[②]；再就是唐代的《五经正义》《史记正义》等古籍将“正义”直接用于书名。这些使用，也基本上是沿袭了荀子的用法，只是朱熹对“公正”的解释略有差异。

不过，一个人履行公务若能做到“无私而不偏不倚”，也可谓“正确”，所以“公正”与“正义”在这一点上就有一定相通之处。或许正是基于此种考虑，朱熹才将“公正”解释为“无私心”和“好恶当于理”。

既然“公正”与“正义”的本义并不一样，现如今的中国学界为何会将这二者当作一个词来用？这应该是源于 20 世纪 80 年代国内学者将罗尔斯的世界名著 *A theory of justice* 译为《正义论》，其中的 justice 被译为“正义”。英语单词 justice，在各大英汉双语词典解释中，既对应中文的“正义”，也对应中文的“公正”“公平”，因而中文译者的译法并非无据，而国内学界对公正的学理研究和讨论也正是由罗尔斯这部名著肇始并日益热闹的。是故，“公正”与“正义”从此也就没有了任何区分。

但是在英语中，并非只有 justice 含有“公正”之义，impartiality 也是如此。并且，二者虽同含公正之义，亦有差异。根据中英学者共同编撰的《西方哲学英汉对照辞典》可知，impartiality 仅表示道德意义的公正，没有任何法律性，就是在一种平等的基础上对待自己和他人的德行[③]；而 justice 是“由权威强制的”，它所体现的公正含义，则具有明显的法律性，主要指“在法律上，是应当遵循的原则和法规的总和”，其次才与道德相关，“是涉及个人之间及个人和社会之间关系的一种美德”。[④] 关于 justice 具有法律含义而 impartiality 没有这一点，也可从各大英汉词典得到证明，justice 在词义上，除了表示“公正”之外，还有“法官、法律制度、法律制裁”这样一些含义，而 impartiality 一词则完全没有。

鉴于英文表述公正的单词至少有两个，并且含义有所不同，而中文表述“公正”的词只有一个，再无其他，更没有什么道德意义的公正与法律意义的公正之分，因而中文译者将 *A theory of justice* 译为《正义论》是可以理解的。但从追求最佳的意义上讲还是不妥。

道理在于，中文“正义”的“正确意义”之意，从反面说，就是对不正确意义的纠正，犹如“正名”一词，除了有“正确命名”之意，也有“纠正不正确命名”之意一样，而唐代的《五经正义》和《史记正义》，之所以在书名中使用“正义”，也意在强调本书对经典的诠释才是正确的诠释。因此，“正义”一词后来又逐渐衍生出了“纠正”或“纠错”的含义，比如“正义之师”“正义之剑”“正义战争”等后出现的词组，都是在这个意义上用的“正

---

① 《史记·伯夷列传》。

② 《朱子语类》卷 26。

③ 尼古拉斯·布宁、余纪元编著：《西方哲学英汉对照辞典》，人民出版社 2000 年版，第 478 页。

④ 尼古拉斯·布宁、余纪元编著：《西方哲学英汉对照辞典》，人民出版社 2000 年版，第 530-531 页。

义”。相对而言，英语 justice 内含的“法律制裁”之义，恰好也意味着对错误即违法行为的纠正。而古希腊的正义女神狄刻(justice，即正义，就来源于她的名字)一手托天平，一手执剑的形象，也象征正义有纠正不公正行为亦即不正确行为或违法行为的寓意。据此可说，如果罗尔斯的 *A theory of justice* 一书是讲对违法行为的法律制裁的内容，那是该把它译为《正义论》。可此书实际上是讲社会权威机构即政府应该制定什么样的分配制度，罗尔斯自己也如是申明：“justice(中文译著将其翻译为‘正义’)的主要问题是社会的基本结构，或更准确地说，是社会主要制度分配基本权利和义务。”[①]这就说明，对此书更准确恰当的译法应为《公正论》。

倘若以上分析是有道理的，在学理研究的概念种属关系上，我们就应将“公正”视为大于或先于“正义”的概念，而将“正义”视为由“公正”派生出的一个下属概念，意为对不公正的纠正。如果我们不做这样的解释和处理，而是将“正义”等同“公正”，那么，不仅会使“对不公正的纠正”这种状况失去专用名词和用一个词即“正义”来说的便利，而且会使“正义之剑”“正义之师”“正义战争”之类说法全都变得令人费解。

同时，我们还应在翻译相关英语著述时如此对待：再遇到文中的 impartiality 和 justice，只要二者均是在实际表述“公正”的意思，那就不必管它是道德意义的公正还是法律意义的公正，一概都用中文“公正”对应翻译；只有当文中的 justice 实际表述的是“法律制裁”的意思时，才需另用中文“正义”来对应翻译。

二、各种已有公正观的不足

现在，我们已从构词和词源上弄清了“公正”的本义，并厘清了“公正”与“正义”的词序关系，但这还不等于我们同时也弄清了人文社会学学理中的公正术语或社会公正。因为社会公正并不能仅仅被解释为“履行公务时的无私和不偏不倚”，这将大大地窄化了公正的适用范围。而且，实际上也从未有学人如此解说公正。再退一步讲，即便有人如此解释了，还是得继续探讨怎样做才叫“不偏不倚”或“不偏不倚”的标准究竟是什么，此后当对这些更进一步的问题有了明确的结果，才能真正明白公正是什么。

那么，学界是如何论说公正的?

在西方学界，公正是个历史悠久的话题，最早的谈论者可以上溯至古希腊七贤之一的梭伦，其后各个时代的大思想家，差不多也都有自己关于公正的论述。到了今天，公正更是成为西方人文社会学界中最热门的话题，参与者不仅遍布哲学、政治学、法学、经济学、管理学、社会学、历史学和教育学诸多学科，而且也有越来越多的不同解释和激烈辩论。相对于西方，我国有关“公正”的学理讨论出现颇晚，如前所述，只是近30来年的事，因而在此之前我国还没有关于公正问题的专门研究。当然，时下的情况已经与西方学界一样火热，只是各种相关著述多为介绍、阐释西方学者的公正思想及其研究动态，尚无属于自己的原创性公正理论。

---

① [美]罗尔斯：《正义论》，何怀宏、廖申白译，中国社会科学出版社 1988 年版，第 5 页。

尽管西方学界对公正问题有相当悠久而深入的讨论和在此基础上累积起来的诸多互不相同的解释，可在笔者看来，其中还没有哪一个真正揭示出了公正的本质。

西方学者关于公正的论述，大致可区分为以下几种套路：

第一个套路是从资源分配抑或资源占有的视域谈论公正。在西方公正思想上，属于这个套路的学者人数最多，古有梭伦、苏格拉底、卡利克勒斯、亚里士多德、乌尔比安、西塞罗、阿奎那、爱尔维修、洛克、休谟等，今有罗尔斯、诺齐克、米勒、尼尔森、沃泽尔、德沃金、弗雷泽、阿马蒂亚·森、利奥塔等。他们一般都认可梭伦关于公正的分配就是“让每个人各得其应得”的命题，只不过对“什么是应得”或“应得的标准”存在不同的解释。有人认为应得要体现某种意义的平等，有人认为平等并不是应得的要义，应得要以人的某种实际状况（或才能，或职业，或身份，或地位，或劳动，或贡献）为衡量标准，还有人认为应得要以契约或协议为基础。

第二个套路是将公正直接归为某种具体的善物，确切地说，是某种具体的非物质性善物。其中，霍耐特认为公正就是对人类尊严的承认，福柯认为公正等于权力，罗蒂认为公正等于民主，桑德尔认为公正等于共同体，拉兹认为公正的实质是自由，自由之所是即公正之所是。此外，有些属于第一个套路的学者，在大谈分配公正之余，也曾有将公正直接归为某种具体善物的说法。例如，苏格拉底既说“真正的正义就是平等地分享”①，也说“正义和一切其他德行都是智慧”；②亚里士多德一方面有关于分配公正的分类详论，另一方面也有“公正不是德行的一个部分，而是整个德行”③的说法。与亚里士多德不同，主张社群主义分配观的麦金太尔，将公正视为一种德行或美德之一。

第三个套路是聚焦行为说公正。在西方，属于这个套路的公正观点，依次有赫拉克利特的公正就是斗争④；赫西俄德的公正就是认清自己而不超出自己的限度⑤；普罗塔格拉的公正就是相约不相互伤害⑥；柏拉图的“公正就是只做自己的事而不兼做别人的事”⑦；格劳孔的公正就是做事要坚持“最好与最坏的折中”⑧；霍布斯的公正就是遵守契约，尊重他人的财产所有权⑨；赫起逊的公正就是服从代表共同利益的习惯⑩；斯密的公正就是“没有给旁人任何实际伤害”或“放弃属于他人的东西”⑪⑫；葛德文的公正就是“一视同仁”⑬；康德的公正就是“行为本身……能使得行为者的意志自由同一切人的意志自由在普遍法则的前提下和谐共存”⑭；边沁、密尔等功利主义者主张的

---

① ［古希腊］《柏拉图全集》第1卷，王晓朝译，人民出版社2000年版，第375页。

② ［古希腊］色诺芬：《回忆苏格拉底》，吴永泉译，商务印书馆1984年版，第117页。

③ ［古希腊］亚里士多德：《尼可马克伦理学》，苗力田译，中国社会科学出版社1990年版，第90页。

④ 北京大学哲学系编：《古希腊罗马哲学》，商务印书馆1961年版，第21、26页。

⑤ 戴茂堂、黄妍：《论西方公正思想的逻辑进程》，《唐都学刊》2013年，第4期。

⑥ 北京大学哲学系编：《古希腊罗马哲学》，商务印书馆1961年版，第347-348页。

⑦ ［古希腊］柏拉图：《理想国》，郭斌和、张竹明译，商务印书馆1986年版，第154页

⑧ ［古希腊］柏拉图：《理想国》，郭斌和、张竹明译，商务印书馆1986年版，第46页。

⑨ ［英］霍布斯：《利维坦》，黎思复、黎廷弼译，商务印书馆1985年版，第109页。

⑩ 转引自余晓菊：《西方正义理念的历史回眸》，《伦理学研究》2003年第2期

⑪ 罗伯特·L·海尔布罗纳：《几位著名经济思想家的生平、时代和思想》，蔡受百等译，商务印书馆1994年版，第19页。

⑫ 乔洪武：《探寻近代西方正义思想的原点——亚当·斯密正义观的真与谬》，《天津社会科学》2013年第2期。

⑬ ［英］威廉·葛德文：《政治正义论》（第一卷），何慕李译，商务印书馆1980年版，第85页。

⑭ 转引自宋希仁：《西方伦理思想史》，中国人民大学出版社2004年版，第339页。

公正就是做合乎最大多数人的最大幸福的事;哈耶克的公正就是正当行为规则[1],等等。

以上三种论说公正的套路,在方法上都存在弊端。

先看第一个套路。

如何分配资源的确是事关公正的领域,也许可以说,是最能体现公正的地方,但它并不是公正的唯一领域。公正的领域极其广泛,只要是人与人之间的事务,都会关乎公正。因为如果任何一种人际事务不需要讲公正,那就意味着在此事务上人们无论怎样对待他人或相互对待都是可以的。但会有这样的人际事务吗?人际关系的主体,不止包括社会或代表社会的政府以及各种社会组织,而且也包括普通个人,所以不仅在政府和社会组织那里存在公正不公正的问题,在普通个人那里也同样存在。当某个人对另外两个人或更多的人,比如法官对不同的诉讼人、领导对不同的下属、服务员对不同的顾客、教师对不同的学生、父母对不同的子女、朋友对不同的朋友、同事对不同的同事、公民对不同的公民……在同一种事情上,采取了不同的对待,或采取双重标准,就会受到"不公正"的批评。正是在这个意义上,公正才成为一项处理人伦关系的美德。也正是由于所有人伦关系或人际事务都需要讲公正,亚里士多德的"公正不是德行的一个部分,而是整个德行"这句话才是可以说得通的。

既然公正不仅限于资源分配,分配公正只是公正的一种具体形态,那么,不仅对分配公正的各种解说不等于对公正的解说,而且在不给出一个严格的公正定义之前,也很难说清楚分配公正究竟是什么。具体说来,对分配公正要体现某种意义的平等的观点来说,不先确定公正是什么,就根本说不清为什么只有平等地分配才是公正,也说不清平等是什么和什么样的平等分配才是公正的,或者即使某人能说清平等是什么,也一如我们已经看到的,不能使各种不同的平等主张,即罗尔斯的平等就是基本善的平等,德沃金的平等就是资源平等,沃尔泽的平等就是多元复合平等,弗雷泽的平等就是参与平等,阿马蒂亚·森的平等就是可行能力平等,最终定于一尊。与之同理,对分配公正要以契约为基础的观点来说,如果不能先确定公正是什么,也就无法说清分配公正为何要以契约为基础;对分配公正应以人的某种实际状况(或才能,或职业,或身份,或地位,或劳动,或贡献)为应得标准来说,如果不能先确定公正是什么,也无法在这些各种不同的标准之间,证明孰是孰非。然而令人遗憾的是,从古至今所有谈论分配公正的人,还没有哪一个是先给出了公正的本质定义,再来言说分配公正是什么。这一状况,可谓公正问题研究中最严重的方法论缺陷,也是人们总无法在分配公正问题上达成共识的根本原因。

与第一种套路相似,直接将某种非物质性善物等同于公正的第二种套路,同样是一种褊狭的公正观,只不过与把分配公正等同公正的褊狭不同,它走向的是另一个极端,这就是把资源分配的问题完全排除在了公正的领域之外。根据他们将某种非物质性善物直接等同公正的观点,分配资源尤其是物质财富这件事竟然完全与公正无关,

---

① 哈耶克:《法律、立法与自由》,邓正来等译,中国大百科全书出版社 2000 年版,第 165 页。

也就是完全不需要讲公正！这就说明，它们中的每一个关于公正的说明，都够不上全面的公正观。不仅如此，即便作为片面的公正观或公正的一种，也不彻底。就“公正就是对人类尊严的承认”而言，怎样才算是对人类尊严的承认？由谁说了算？是不是任意的一种承认方式都体现公正？比如，是不是只要承认人高于动物就行？那么，在此前提下，岂不还是可以把人分成尊卑贵贱的不同等级，难道这也是公正的？就公正等于权力而言，它意味着只要有权就有公正，有权力的人怎么干都是公正的。如果真是这样，对有权压迫、有权剥削的人进行反抗，反而恰恰是不公正的事情。就公正等于民主或公正等于共同体而言，民主和共同体全都存在各种不同甚至大不相同的形式，难道其中的任何一种，比如有等级的共同体或民主的暴政，也天然都是公正的？如果不是，凭什么说公正等于民主或共同体？就公正即自由而言，自由的界线该如何划定和由谁划定？是否任何人的任意划定都是公正的？弱肉强食是否也应属于人的自由？就苏格拉底的公正就是智慧而言，它显然算不上是在给公正下定义，而不过是说公正属于智慧而已，如同说人是动物意味着说人属于动物而不等于是在定义人一样。因为岂止公正，还有很多德行及其运用，如节制、自制、明智、中庸、友善等，也都是智慧的体现，所以公正与智慧并非全等关系。就麦金太尔的公正就是一种美德而言，人们凭此说法并不能知道公正作为美德之一，其本质特征何在？就亚里士多德的公正是德行的总括来说，人们即便是把每个具体德行的意思都一一搞清楚了，还是得不到关于公正的本质性界定。

再看第三种套路。分配资源也属于行为的一种，因而着眼于行为的公正观理应可以将分配公正包含在内，但实际的情况是，从其中的绝大多数行为公正观出发，包括“公正就是斗争”、“公正就是认清自己而不超出自己的限度”、“公正就是相约不相互伤害”、“公正就是只做自己的事而不兼做别人的事”、“公正就是做事要坚持最好与最坏的折中”、“公正就是遵守契约，尊重他人的财产所有权”、“公正就是服从代表共同利益的习惯”、“公正就是没有给旁人任何实际伤害”、“公正就是行为本身……能使得行为者的意志自由同一切人的意志自由在普遍法则的前提下和谐共存”、“公正就是做合乎最大多数人的最大幸福的事”、“公正就是正当行为规则”这些说法，全都不能得到该如何分配资源的答案，或者说，都解决不了资源分配的公正问题。在行为公正观中，似乎能将分配公正包含于自身的说法只有葛德文的“公正就是一视同仁”和哈耶克的“公正就是正当行为的规则”。可是，何谓“一视同仁”仍是个问题，它是否意味着不能有差别地分配资源？不论对之回答“是”还是“不是”，都需要能够为之提供充分的理由。但一直以来，我们从未能见到这方面的有效论证甚至是一般性论证。同样，何谓“正当行为”也是一个问题，尤其是能用于分配资源的“正当行为”是什么样的行为，更是一个问题。对这一问题的解决，明显要依赖于对分配公正的确认。也就是说，我们只有在明确了分配公正是什么的前提下，才能开始判断一个分配资源的行为究竟是正当的还是不正当的。这说明，用“正当”这个本属于公正概念之下的概念去解释“公正”，不可能使我们彻底明白公正是什么，只会导致解释上的循环。由上可知，既有的各种行为公正观，都不能用于分配资源，同样是一些褊狭的公正观。

在西方公正思想史中，除了以上三种套路之外，还有一些学者试图直奔公正的本质，于是也有一些一般意义的公正观或公正定义被提出。这可谓第四种套路。这个直奔公正本质的套路在方法上无疑是正确的，只不过细察之下会发现，由此套路给出的各种已知的关于一般意义的公正的定义，还没有一个是可以令人满意的。

伏尔泰认为，公正“就是通天下都认为如此的那种事情”①。这个公正定义的问题是，在现实社会的各种社会事务中，“通天下都认为如此”的情况其实是相当少的，多数情况是人们还没有形成通天下的共识，那这是否意味着，在这些事务中就不存在公正的问题或者无法讲公正？如果是，岂不等于说在这里怎样的相互对待都是可以的？另外，为什么“通天下都认为如此”就是公正，也有待论证。

卢梭的一般公正观，体现为由他提出的“法律面前人人平等”。但法律本身有没有公正的问题？什么样的法律才是公正的？公共职位的世袭制可以是法律的规定，公共职位的禅让制也可以是法律的规定，公共职位的民主制仍可以是法律的规定，难道这些大不相同的法律规定都是公正的？另外，在法律之外的道德领域，难道就没有公正问题或不需要讲公正了吗？因而卢梭的这个说法，不仅经不起推敲，而且充其量只是关于法律公正的一种看法，而非一般公正的定义。

洛克略有不同，将公正仅限于自然法②③，而《美国百科全书》关于一般公正的定义也是强调自然法而非一般法面前的人人平等：“公正是一个社会的全体成员相互间恰当关系的最高概念”，它“不取决于人们关于它究竟是什么的想法，也不取决于人们对以为公正之事的实践，而是以一切人固有的、内在的权利为其基础的；这种权利源于自然法面前人人皆有的社会平等”。④ 但是，自然法究竟是什么？它源自神还是来自人？如果是源自神，就是非理性的言说，没有讨论的意义。如果是来自人，那么，它是指人类远古的道德还是指人类远古的所有社会规则？谁又能说得清诞生于没有文字的远古时代的自然法究竟包含哪些内容抑或主要内容？即便能说清，自然法难道是永不过时或永不变质的良法吗？何况良法不止自然法这一种，无论是道德还是其他社会规则，都有好坏优劣之分。如是，“一切人的权利”为什么非得是“源自自然法面前人人皆有的社会平等”？其道理何在？还有，如前所说，“平等”实际上也是一个存在多种不同说法而始终未成共识的问题，这也进一步地加剧了这一自然法意义的公正观的不确定性。

或许是为了避免从实质上定义一般性公正概念的困难，哈贝马斯提出公正在于程序正确，试图由此入手来把握一切领域的公正，殊不知这又造成了对实质性公正的忽略。从实质性说，任何种类的社会规则都有良恶之分，难道一种恶法，比如一种歧视少数族群的法，只要其制定程序正确和实施步骤正确，就也算是公正的？

福斯特则意欲从方法论的维度来彻底奠定一般意义的公正，提出公正是理性的

---

① 北京大学哲学系外国哲学史教研室编译：《18世纪法国哲学》，商务印书馆1991年版，第98页。

② ［英］洛克：《政府论》（下篇），叶启芳、瞿菊农译，商务印书馆1964.年版，第89页。

③ 霍伟岸：《自然法、财产权与上帝：论洛克的正义观》，《学术月刊》2015年第4期。

④ 程立显：《伦理学与社会公正》，北京大学出版社2002年版，第44-45页。

"合理性证明"。然而,这个说法并不是关于公正的定义,而只是关于如何证明公正观的方法要求。它要求任何一种被提出的公正观,都必须有自己的合理性证明。这个观点是对的,但它本身并不是关于公正的定义。

经过以上分析可知,西方学界的各种已有公正观或公正定义,全都没能揭示出公正的本质。

三、马克思公正观的缺憾

谈论公正,不能忽略马克思这个伟大的思想家。马克思一生虽然从未专门论述过公正,但也有自己的公正思想(正义思想),并且与众不同,独树一帜,而这也正是这里要将马克思的公正思想单独列出并加以评说的原因。

马克思公正思想的独特之处主要在于,他反对抽象地谈论一般意义的公正,而只讲现实社会中实际存在的公正。马克思的这种公正观,是与他的唯物史观相一致并以其为基础而建构起来的。在马克思看来,公正属于法权意义的价值观念,即所谓"公正"与"不公正",都是从法律赋予人们的权利的意义上说的。法律和法律观念属于社会意识形态,是对社会物质生产关系的总和即生产方式的反映并为其服务的,即"宗教、家庭、国家、法、道德、科学、艺术等等,都不过是生产的一些特殊的方式,并且受生产的普遍规律的支配"[①],所以,"只要与生产方式相适应,相一致,就是正义的;只要与生产方式相矛盾,就是非正义的"[②]。因此,公正是由生产方式决定的,没有天然的不言而喻的正义。[③] 又因为生产方式是随着生产力的发展而不断发展变化的,这就使每个社会历史时代都有自己的生产方式,所以要与生产方式保持一致的公正之内涵也会相应地随之变化,导致每个社会历史时代对公正也有不同的界定。因此,"在资本主义生产方式的基础上,奴隶制是非正义的"[④]。以此类推,马克思也会认为,在奴隶社会生产方式的基础上,其他一切非奴隶制的制度都是非正义的;在封建社会生产方式的基础上,其他一切非封建制的制度都是非正义的。[⑤] 所以,公正因生产方式而异,有什么样的生产方式,就有什么样的公正观;离开生产方式去诉求公正,是没有意义的,无异于缘木求鱼:"在雇佣劳动制度的基础上要求平等的或仅仅是公平的报酬,就犹如在奴隶制的基础上要求自由一样。你们认为公道和公平的东西,与问题毫无关系。问题就在于:一定的生产制度所必需的和不可避免的东西是什么?"[⑥]

然而,如果马克思确实是用生产方式解释公正,岂不意味着马克思实际上也有一个抽象的一般意义的公正定义——公正就是对生产方式的符合?或者说,公正就是对符合生产力发展要求的经济关系总和的反映。非也。因为马克思还同时认为,并不是

---

① 《马克思恩格斯全集》第42卷,人民出版社1963年版,第121页。
② 《马克思恩格斯全集》第25卷,人民出版社,1974年版,第379页。
③ 《马克思恩格斯全集》第25卷,人民出版社,1974年版,第379页。
④ 《马克思恩格斯全集》第25卷,人民出版社,1974年版,第379页。
⑤ 《马克思恩格斯全集》第3卷,人民出版社1960年版,第305页。
⑥ 《马克思恩格斯选集》第2卷.人民出版社1995年版,第76页。

所有社会的生产方式都需要公正的观念来与之相适应并为之服务，而只是阶级社会的生产方式才需要这样。原始社会不需要公正观念，因为它是人人平等的公有制社会，这个社会连私有观念都没有，因而也就不会产生以个人权利或个人利益诉求为前提的公正观念。阶级社会则相反，它是私有制社会，每个人都有自己的利益追求。统治阶级为了能在社会生产力尚不能全面满足每个人的需求的情况下获得自己的最大利益，就把有利于自己利益的生产方式，即他们占有生产资料和由他们决定分配的法律制度，说成是公正的；而与之相反的一切，则都是不公正的，以此来避免其他阶级与其竞争有限社会资源，以及由此引发的能导致相互毁灭的争斗。正因为公正观念由此而来，所以马克思说：正义作为一种价值观念无非是生产关系发展到一定阶段的产物，其表述的也无非是对物质生产及其相关关系的反映。①

除原始社会没有公正观念之外，马克思还认为未来的共产主义社会也不需要公正观念。共产主义社会作为“自由人的联合体”，不仅同样是人人平等的社会，而且是“每个人都能自由地占有社会生产力总和”的公有制社会。② 在这个社会，每个人都是自己生产资料的主人，扭曲人本质的劳动异化得以复归，在劳动已经不仅仅是谋生的手段，而且本身成为生活的第一需要之后；在随着个人的全面发展，他们的生产力也增长起来，而集体财富的一切源泉都充分涌流之后，社会生产力就可以全面满足每个人的需求。③ 这时，那种在社会财富不足的前提下为维持差异性分配或差异性对待而建构起来的公正观，就已经成为不必要的社会累赘而自动退出历史舞台。因此在马克思那里，公正乃是一个历史性概念或历史范畴，而不是一个永恒的观念。“适应自己的物质生产水平而生产出社会关系的人，也生产出各种观念、范畴，即恰恰是这些社会关系的抽象的、观念的表现。所以，范畴也和它们所表现的关系一样不是永恒的，它们是历史性的和暂时的产物。”④

综上可知，马克思的公正思想有两个显著的特点：一是只谈实有公正不谈应有公正。所谓“实有公正”是指在一个现实社会中正在被作为公正来宣扬和实施的公正，而“应有公正”则是指应该如何的公正，只不过现实社会还没有将其作为公正来宣扬和实施。前述所有讨论公正的思想家，谈论的全都是“应有公正”或公正应该是什么，唯独马克思谈论的是“实有公正”，即现实社会中实际存在的公正。二是即便是实有公正，也不是永恒的价值观念，而是一个相对的概念，它只存在于阶级社会而不是所有的社会，并且只是统治阶级的观念而不是所有人的观念。既然如此，马克思自然是否认有可以超越各个社会历史时代的一般意义的应有公正的存在。

也许会有人觉得笔者这个判断失于片面，理由是马克思还有不少关于应有的公正或一般意义的公正的说法。比如，马克思在《国际工人协会成立宣言》中说，“努力做到使私人关系间应该遵循的那种简单的道德和正义的准则，成为各民族之间的关系中的

① 《马克思恩格斯选集》第 1 卷，人民出版社 1995 年版，第 30 页。
② 《马克思恩格斯全集》第 3 卷，人民出版社 1960 年版，第 56 页。
③ 《马克思恩格斯全集》第 3 卷，人民出版社 1960 年版，第 305-306 页。
④ 《马克思恩格斯全集》第 47 卷，人民出版社 2004 年版，第 447 页。

至高无上的准则”[①]；在《国际工人协会共同章程》中说，“承认真理、正义和道德是他们彼此间和对一切人的关系的基础”[②]；在与恩格斯合著的《德意志意识形态》中说，“真正的自由和真正的平等只有在公社制度下才可能实现；要向他们表明，这样的制度是正义所要求的”[③]。

然而，这些都不足为证。因为马克思的这些有关貌似一般公正或应有公正的说法，其实只是一种言语表述策略，为的是使工人们更好地理解自己的革命理论，正如他在 1846 年 11 月 4 日给恩格斯的信中所说，他采用“真理、道德和正义”这些词是妥协的结果，而且采用时已做了适当的处理，“使它们不可能为害”。[④] 此外，马克思不赞成空想社会主义者从道德的角度提出应该如何改变资本主义社会不公正分配状况之做法的那些说法和观点，也表明了马克思对应有公正的不屑。

但是，这里要指出，马克思虽然否认有永远能适用于各个人类社会历史时代的应有公正概念，却并未直接给出否认的理据。

首先，他关于阶级社会才有公正观念和共产主义社会不需公正观念的那个公正，基本上都是分配意义上的公正而不是一般意义的公正，并且也都是从分配的角度来论证公正为什么只存在于阶级社会而不存在于非阶级社会。

另外，也是最重要的，是他关于实有公正论述所隐含的问题，从反面说明了否认或不谈应有公正是不可取的。马克思实有公正论述存在的问题是，在阶级社会中存在的那种与生产方式相一致的实有公正，其实并不是真正的公正，它作为法权意义的价值观念，具有阶级性，反映和维护的只是统治阶级的利益，而对被统治的劳动阶级则是极其不利的，因为阶级社会的生产方式，都是“牺牲一些人的利益来满足另一些人的需要的状况”[⑤]。比如，在资本主义生产方式下，无产阶级除了自己的劳动力之外再没有任何财产，因而“不得不为另一些已经成了劳动的物质条件的所有者的人做奴隶。他只有得到他们的允许才能劳动；因而只有得到他们的允许才能生存”[⑥]；“整个资本主义生产体系的中心问题，就是用延长工作日，或者提高生产率，增强劳动力的紧张程度等等办法，来增加这个无偿劳动；因此，雇佣劳动制度是奴隶制度，而且劳动的社会生产力越发展，这种奴隶制度就越残酷，不管工人得到的报酬较好或是较坏”[⑦]。尽管马克思把这种“牺牲一些人的利益来满足另一些人的需要的状况”视为人类社会历史发展的必然阶段和必付代价，并从来不用“不公正”这样的道德词语来批评这种状况，但这种存在一些人压迫、剥削另一些人的残酷状况，怎么说也只能是一种虚假的公正。马克思自己也承认，这种公正观是统治阶级通过将自己的利益说成全社会的利益这种欺骗手法而建构起来的，是统治阶级或剥削阶级“为了达到自己的目的不得不把自己的

① 《马克思恩格斯选集》第 2 卷，人民出版社 1995 年版，第 607 页。
② 《马克思恩格斯文集》第 3 卷，人民出版社 2009 年版，第 227 页。
③ 《马克思恩格斯全集》第 3 卷，人民出版社 2002 年版，第 482 页。
④ 《马克思恩格斯全集》第 16 卷，人民出版社 1964 年版，第 599-600 页。
⑤ 《马克思恩格斯文集》第 1 卷，人民出版社 2009 年版，第 689 页。
⑥ 《马克思恩格斯选集》第 3 卷，人民出版社 1995 年版，第 298 页。
⑦ 《马克思恩格斯文集》第 3 卷，人民出版社 2009 年版，第 411 页。

利益说成是社会全体成员的共同利益”[①]的结果。

这就表明，阶级社会中的实有公正或阶级性公正，充其量只是波普尔所说的形式公正而非实质公正：资本主义社会的“这种体系受到谴责，是因为其中内在地包含着严重的不公，这种不公与完全是‘形式上的’公正和正义是结合在一起的”[②]。

犹如有不公正就意味着有公正与其相对一样，有虚假的公正也意味着一定有真正的公正与之相对，因而完全撇开一般意义的真正公正或应有公正不谈，就会把不公正或虚假的公正说成公正，或者得出布坎南解读马克思公正思想得出的观点：“公正与否不在于是否符合人道或道德，而在于是否能够有效地促进生产力的发展”[③]；或者得出伍德解读马克思公正思想得出的观点：“在资本主义时代，资本对劳动的剥削是公正的。”若果真如此，公正就已不再是一个价值观念，而是变成了一个纯粹的描述词。

此外，马克思对一般公正或应有公正的否认，从方法论上说，也不符合被他自己所大加称赞和运用的辩证法。这就是有具体就有抽象，有特殊就有一般。比如马克思在论述“劳动”时，就将一般劳动分为具体劳动和抽象劳动这两种特殊的劳动。既然如此，如果有具体的公正，怎么会没有抽象的公正？如果有特殊的公正，怎么会没有一般的公正？如果有并不公正的实有公正，怎么会没有真正公正的应有公正？

四、公正定义

人类对公正进行了长达两千多年的探讨却仍不能明白其真谛，不免让人灰心丧气。于是，不少当代学者在说到公正时，喜欢援用美国法理学家博登海默创造的一个比喻来表示自己的无奈：公正有着一张普洛透斯似的脸，变幻无常，在不同的情况下会以不同的面目示人。[④] 魏因贝格尔则干脆直接宣布：“没有人能够客观地和确定地知道什么是公正，公正也得不到证明。”[⑤]

不过，只要博登海默及那些引述者承认，公正不论以什么样的面目示人，毕竟终究示人的还是“脸”而不是别的什么东西，这就意味着，我们还是有可能抓住它的本质，即公正的不同脸面的共性。因此，在解说公正的问题上，我们断不能像魏因贝格尔那样宣告放弃，而是应该不懈地尝试新的解说。

笔者在这里的解说，将是从一个可以得到公认的前提出发来逐步推论公正的本质性定义。

公正，宽泛的说，是一种待人之道，即一种用于对待他人的定型方式。是故，一个人的世界不会有公正问题，两个人或两个人以上的世界才会有公正问题。关于这一点，人们应该没有歧义。毫无疑问，假设世界只有一个人，那么他无论做什么和怎么做都无所谓公正不公正。社会是由所有个人组成的，并非一个人的世界，而个人组成社

① 《马克思恩格斯文集》第1卷，人民出版社2009年版，第522页。

② 卡尔·波普尔：《开放社会及其敌人》第2卷，陆衡等译，中国社会科学出版社1999年版，第309页。

③ 转引自蒋志红：《马克思的正义观研究》，2011年华中科技大学哲学系博士论文，第92页。

④ [美]博登海默：《法理学：法律哲学与法律方法》，邓正来译，中国政法大学出版1999年版，第251页。

⑤ [英]麦考密克，魏因贝格尔：《制度法论》，周叶谦译，中国政法大学出版社1994年版，第250页。

会的用意——不论是当初的动机还是后来的目的——总是使自己活得更好，所以一个社会的公正待人之道就应该是能有利于其中的每一个人的，或者说，可让每个人都满意。待人之道即定型的待人方式，是由规则构成的，这就需要先确定相关规则。人有自利本性，所以在社会中，由任何一个人或任何一部分人来确定待人规则，其结果都有可能是制定只有利于他或他们自己而不利于其他人的规则(如等级制就是这样出现的)，从而使其他人不满，认为这是不公正的对待。当年康德也给出类似的说理："因为一个人只有对其自身才不会做出不公正的事。相反，如果让别人的意志为自己决定事情，那就必然要引起不公正。"①因而要想使待人之道公正，就只有让每个人都拥有待人规则的确定权，都能参与到待人规则的确定中，即让"所有人为所有人做决定"②。只有如此形成的待人之道才会有利于每一个人，使每个人都满意或至少是基本满意。据此而论，公正就是按所有当事人共同确定的待人规则相互对待。简而言之，公正就是按共定规则待人。而这种由所有当事人共定的待人规则或待人之道，就是公正待人的标准或公正的标准。符合这种标准的待人方式，就是公正的待人方式和公正的体现；不符合这种标准的待人方式，就是不公正的待人方式和不公正的体现。比如在分配领域，只有在按这种标准建立的资源分配制度之下，人们通过合乎这一制度的分配方式而获得资源，才真正称得上是"让每个人各得其应得"，才真正是公正的体现。反之，其他各种分配资源的方式，就全都称不上是"各得其应得"，也全都不是公正的体现。正因共定规则决定公正还是不公正，所以共定规则或规则共定乃是公正的本质。

一般意义的公正和不公正的定义既出，不仅让我们知道了分辨所有行为是公正还是不公正的一般标准和方法，而且再定义特殊意义的公正或不公正就不再是难事。

从资源方面说，如果与资源相关的行为基本上可以分为分配、获取、保有、使用和易主这五种，那么，分配公正就是按共同确定的分配规则分配资源，分配不公正就是未按共同确定的分配规则分配资源；获取公正就是按共同确定的获取规则获取资源，获取不公正就是未按共同确定的获取规则获取资源；保有公正就是按共同确定的资源确认规则和资源保护规则保有资源，保有不公正就是未按共同确定的资源确认规则和资源保护规则保有资源；使用公正就是按共同确定的资源使用规则使用资源，使用不公正就是未按共同确定的使用规则使用资源；易主公正就是按共同确定的资源易主规则进行资源交换和资源赠予，易主不公正就是未按共同确定的资源易主规则进行资源交换和资源赠予。若以一言概之，资源公正就是按共同制定的规则而分配资源、获取资源、保有资源、使用资源和易主资源，资源不公正就是未按共同制定的规则而分配资源、获取资源、保有资源、使用资源、易主资源。

并且，在一个现实的社会中，不管整个社会共同确定的资源规则是属于自由主义阵营的罗尔斯的主张，抑或诺齐克的主张，抑或其他人的主张，还是属于社群主义阵营的麦金太尔的主张，抑或沃尔的主张，抑或其他人的主张，或者，另外属于其他主义其他人的主张，只要其中的某一个主张最终成为全体社会成员共同确定的规则，那么在

① [英]H. S. 赖斯编:《康德政治著作选》，金威译，中国政法大学出版社 2013 年版，第 55 页。
② [英]H. S. 赖斯编:《康德政治著作选》，金威译，中国政法大学出版社 2013 年版，第 55 页。

此之后，就只有按照它的规定处置资源才是公正的，而按照其他任何主张处置资源就都是不公正的。至于实际上最终究竟会是谁的资源制度主张能被社会成员共同看好选中，那已是另一个问题，需另外回答。简而言之，不管用于资源的待人规则是什么样的规则，最初是由谁提出的，只要最终是共同确定的，就是公正的；反之，就是不公正的。

据此，我们又能知道，从规则方面说，规则公正就是由所有人共同确定规则，而规则不公正就是未由所有人共同确定规则。

同理，从程序公正方面说，程序公正就是按所有人共同确定的程序规则来一步一步地执行待人规则或处理待人事务，程序不公正就是未按所有人共同确定的程序规则来一步一步地执行待人规则或处理待人事务。

五、制度公正与道德公正

在“公正就是按共定规则待人”这个表述中的“共定”，具有两种表现形式，一为“共同制定”，一为“共同约定”。其中，“共同制定”是指社会或社会组织中的所有成员有组织地共同确立规则的形式，由此形成的规则为制度；“共同约定”则是一定群体中的人们或个人之间自发地共同确立规则的形式，由此形成的规则主要为道德，次之有民俗、民约。因而公正基本上也有两大类型，即制度公正与道德公正。制度公正，就是按共同制定的制度规范对待每一个人，道德公正就是按共同约定的道德规范对待每一个人。既然如此，不论是用于指令人一般行为的一般意义的公正，还是指令人特殊行为的特殊意义的公正，即资源公正、规则公正、程序公正之类，也都可做道德意义的公正和制度意义的公正的划分。

道德公正和制度公正的区分，意味着现实社会中实际存在着两套具体的公正标准，一套是由共定道德规范构成的，一套是由共定制度规范构成的，这就使我们判定一种行为公正与否的问题变得复杂，需分开论述。

其一，在共定制度起作用的社会领域，判定一种行为公正与否，就是看其是否符合相应的具体共定制度规范，符合为公正，不符合为不公正。

其二，在共定道德起作用的社会领域，只有道德规范才会有低线规范与高线规范之分，这就又需要分开来说。在适用低线道德规范的时候，遵循低线规范待人行事为公正，违反低线规范待人行事为不公正。而在适用高线道德规范的时候，遵循高线规范待人行事为超公正，未遵循高线规范待人行事为非公正。这是为何？其中的道理在于，低线道德规范，也称底线道德规范或禁令性道德规范，属于必行指令，即必须遵循的指令，否则就会滑出道德沦为恶。比如“勿偷盗”就是一个低线道德规范，未违反它的不偷盗行为就是公正，违反它的偷盗行为就是作恶。至于为何偷盗就是恶，那是因为它具有损人利己的性质和损人利己就是所有恶的本质。而所有低线道德规范，就是用于禁止各种损人利己的行为的。与低线道德规范不同，高线道德规范亦称倡导性道德规范，它不属于必行指令，而是属于可行指令，即可以遵循也可以不遵循的指令。换言之，它只是提倡你去做，而没要求你必须去做。并且，即便你没有照做，也不会沦为恶。高线道德规范指令人们去做的事，与低线道德规范所禁止的损人利己的行为截然不同，都是雪中送炭、助人为乐、舍己救人之类的损己利人的行为，因为不容易做到，会受到人们的普遍称赞而具有善性，成为善的行为，高尚的行为。其实，损人利己之所以是恶的本质，也在于这种行为会受到除行为者本人之外的所有人的普遍谴责，被斥之为卑鄙的行为。符合共定规则的公正行为，实质上只是既没让人少得利益也没让人多得利益，而只是让人得其应得的正当行为，在价值评价上无所谓善恶，也无所谓高尚卑鄙，因而那些符合高线道德规范的损己利人行为，自然就属于已超越公正的善行或高尚行为。而没有遵循高线道德去做损己利人之事的行为，由于也没损人，谈不上作恶、卑鄙，所以并不属于不公正的行为，而是属于非公正的行为，即无所谓公正不公正的行为，实质上也是一种无所谓善恶的正当行为。既然超公正行为的本质在于损己利人，那么，所有用高于公正标准的待遇厚待他人，却用低于公正标准的待遇亏待自己的行为，也全都属于超公正的高尚行为，即便此时还没有一条与之相应的高线道德规范或倡导性行为指令存在。同样，既然非公正行为的本质是与公正标准无涉的既没有损人也没有利人，那么所有这样的行为都属于非公正的正当行为。

其三，在共定制度和共定道德同时起作用的社会领域，如果两类规则的价值取向是一致的，则对一种行为的公正与否的判定，不论以其中的哪一种相应具体规范作为判定标准都可以。相反，如果两类规则的价值取向是不一致或相互冲突的，那么在实践层面，需要以共定制度为标准。因为在这个层面，制度比道德更有权威，更有力量，更具强制性，于是成为社会和个人处理各种事务不得不优先考虑并遵循的规则。比如对社会资源的分配，就必须是按制度的规定来进行或评判，而不是按道德的规定来进行或评判，尽管道德也有对资源分配的规范，如“不患寡而患不均”之类。而在理论层面，只要道德还不是已经过时的共定规则，就应该以道德为标准。因为制度的价值性不是自足的，道德才是制度的价值基础和价值来源，所以制度本身的公正与否都有待经过道德的考核。即便是那些当初同样出于共同制定的制度，此时也需要重新接受道德的拷问。

其四，如果判定一种行为的公正与否只能以已有共定规则为标准，那么，在既无共定制度，又无共定道德的社会领域(或时候)，我们是不是就对之无能为力也完全无法再谈论公正不公正的问题了？比如在新科技有了生产转基因食品、制造克隆人的可能性的时刻，就缺乏与之相应的共定规则；又如在只有非共定制度和非共定道德起作用的社会或历史时期，也是没有共定规则的社会或历史时期。不是这样的。我们这时可以根据公正的本质，通过推定的方式来对行为做公正与否的判断。这就是，如果某种行为能够被推定为所有当事人都同意的凡做此类事情就该如此做的行为方式，那就意味着它具有普遍有效性，有资格成为共定规则，同时也意味这个行为本身是公正的，符合推定共定规则或推定公正。反之，则是不公正的。因此，在没有共定规则的领域(或时候)，说一种行为公正，就是指它符合推定公正；说一种行为不公正，就是指它不符合推定公正。

问题是我们如何又能知道每个当事人的态度？尤其是在当事人非常之多的时候？

这里可以提供两个基本的推定方法。第一个推定方法是，推定者与每个当事人或每类当事人（在当事人非常多乃至难以穷尽的时候，就将当事人通过分类的方式来穷尽）进行换位思考，若某种行为方式在每个或每类当事人那里都能被接受而获得通过，那它就是公正的。反之，只要有一个换位思考的结果是不予认同，就不能说该行为是公正的。另一个更简单易行的推定方法，是看该行为是否具有损人利己的性质。如果有就是不公正的，如果没有，基本上就是公正的，或者至少不会是不公正的。因为任何一种具有损人利己性质的行为方式，不论损害的是哪一位当事人的利益，都不可能成为每个当事人都共同同意的行为规则。

六、社会公正的界定

从"公正就是按共定规则待人"的定义出发，以共定规则为评价标准，不仅可以方便而清晰地判定行为（也包括分配资源的行为）、规则和程序的公正与否，而且也可以同样方便而清晰地用于评判社会的公正与否。

社会从结构上说，是由包括制度规则和道德规则在内的规则整合所有个人而形成的组织系统。其中，对整个系统起主要作用和决定作用的是制度规则。因为任何一个现实社会的构成和运行，都首先是也直接是按照制度的要求进行的，而道德则只起辅助作用和间接作用。具体说来，道德在现实和实践层面起辅助作用，或为制度的实现提供道德心理认同方面的保障，或在制度覆盖不到的社会角落形成必要秩序；道德在理论和意识层面起间接作用——为制度的设计和安排提供价值取向或价值标准。这就说明，判定一个现实社会的公正与否，主要就是看其社会制度是否公正。如果它的社会制度基本上或大部分都是公正的，那么它就是一个公正的社会；反之，就是一个不公正的社会。因此，一个现实社会的公正与否，乃是由其社会制度的公正与否决定的。并且，只要该社会的社会制度是公正的，该社会的主流道德也肯定会是公正的；只要该社会的社会制度是不公正的，该社会的主流道德也肯定会是不公正的。因为一如前述，社会制度的价值取向来自该社会所中意的道德原则或以此原则为基础的道德规范系统。

在社会制度方面，"所有个人共同制定制度"，是一般制度公正和各种具体制度公正的要害所在，而"所有个人共同制定制度"本身又是属于制度安排权这种特殊社会资源的分配制度的一种形式和结果。这就说明，从公正的角度说，制度安排权的分配制度即"制安权分配制"，乃是一个社会中最基本、最重要的制度。只有制安权分配制是公正的，其他资源分配制度和其他各种社会制度才会是公正的，从而整个社会也才会是公正的。反之，只要制安权分配制是不公正的，其他资源分配制度和其他各种社会制度就不可能是公正的，从而整个社会也不可能是公正的。

既然社会制度公正的关键在于是不是由所有成员共同制定社会制度，那么，公正的社会制安权分配，就应当是让人人都享有社会制安权；公正的社会制安权分配制，就应当是让人人都享有社会制安权的制度。反过来说，凡不是人人都享有社会制安权的分配，都是不公正的制安权分配；凡不是人人都享有社会制安权的分配制，都是不公正的社会制安权分配制。并且，这种不公正的程度，将随着没有社会制安权的人数比例的增大而增大。而最不公正的社会，就是仅有一个人拥有社会制安权的社会。由此又可进而说，凡是人人享有社会制安权的社会，就都是公正的社会；凡不是人人享有社会制安权的社会，就都是不公正的社会。

总之，社会制安权分配制不但是资源分配制度中的基本制度，也是所有社会制度中最基本、最重要的制度，其本身的公正与否，决定着包括其他资源分配制度在内的所有社会制度和整个社会的公正与否。这就是说，所有未共同确定的规则，都是不公正的规则；所有未共同确定社会规则的社会，都是不公正的社会。具体来说，迄今为止的人类历史中，除了原始民主社会和当代某些真正的民主社会之外，其他所有历史类型的社会，因为没有共同确定社会规则，都属于不公正的社会。

第十章

社会形态及其演变

为了全面揭示制度对社会的决定作用，在从静态的维度阐明了社会结构与社会制度的关系之后，还有必要再从动态的维度来探究社会的历史形态及其演变与社会制度又是什么样的关系。

我们已知，社会结构中最基本、也最核心的构成要素是社会制度，社会制度中的基本制度是资源制度，资源制度中的基本制度是制度安排权制度，简称制安权制度，制安权制度不仅决定其他资源制度乃至其他所有社会制度的制定方式，而且其本身的公正与否，尤其是其中的制安权分配制的公正与否，也决定着其他所有制度和整个社会的公正与否，因而人类社会的历史形态和阶段性特质，就是被制安权分配制所规定和标志的。如是，对人类社会的历史形态及其变化发展的描述与把握，亦应立足于制安权分配制，并以其为出发点。

从制安权分配制出发的必要性，也可以从制安权制度的内部关系得到说明。

与其他各种资源制度一样，制安权制度也包括制安权的分配、获取、保有、使用和易主等内容，并且这些内容的制度的所指也与其他同类资源制度基本相同。其中，制安权分配制是关于制安权由什么人享有的正式规定；制安权获取制是关于那些没有或暂时没有制安权的人如何获取制安权的正式规定；制安权保有制是关于保护制安权拥有者持续拥有制安权的正式规定；制安权使用制是关于制安权享有者如何正确使用制安权的正式规定。差异较大的仅为制安权易主制，它不再包含相互交换制安权的规定。因为被不同之人所拥有的制安权在性质上和功能上都是一样的，没有进行交换的必要，即使有某种不同，一般也不会允许私自交换、私相授受。因而制安权易主制，就只是关于某种制安权从为某人或某些人持有，转移为由另一个人或另一些人持有的正式规定。比如，一个帝王的制安权如何转移给继任者的规定、意外死亡或被弹劾下台的首领的制安权应该转移给谁的规定和某代理人拥有的制安权可以在什么情况下被转移到其他代理人的规定之类，都属于制安权易主制的可能性内容。在上述五种类型的制安权制度中，制安权分配制无疑最基本和最重要，因为如果事先没有关于制安权如何分配的规定，制安权的获取、保有、使用和易主就全都无从谈起，更不会有这些方面的制度性规定。

一、人类社会的历史形态与发展阶段

从制安权分配制出发，人类社会的历史形态不外乎两大基本类型，这就是制度共定社会和制度非共定社会。

制度共定社会意为每一个社会成员都享有制安权，全体社会成员共同定立(制定和确立)社会制度的社会。制度共定社会又有直接共定社会和间接共定社会这两种特殊形态。前者是指社会制度由共同拥有制安权的全体社会成员在一起直接定立的社会；后者是指社会制度由共同拥有制安权的全体社会成员推选其代表或代理人来根据他们的意志代替他们定立的社会。

制度非共定社会则与制度共定社会相反，其制安权不是为全体社会成员享有或共同享有，而是为某个人或某些人所垄断，所以社会制度也不是由全体社会成员共同定立的，而是由某个人或某些人单方定立的，并且这个人或这些人并不是全体社会成员推选出的代表，因而制度非共定社会也有两种具体形态，即一人定制社会和多人定制社会。无论是由一人定制还是由一些人定制，都属于非全体社会成员的少数人独自定制的行为，因而在这个意义上，制度非共定社会，亦可称为“制度独定社会”。

以上关于人类社会的历史形态有两类基本形态和四种具体形态的结论，并非纯粹概念推演的结果，而是实际上也存在于人类历史之中的。其中，制度共定社会首先是人类初期社会亦即原始时代的普遍社会形态，并且这种普遍存在的社会形态在这个时代，也普遍地经历了从直接共定社会到间接共定社会这两个前后相继的历史时期。有关这一点，我们在任何一部史前史的著作或全面研究原始社会的著述中都能看的。除原始时代之外，制度共定社会也是近代以来世界上先后出现的民主国家的社会形态。民主国家即由全体人民共同当家做主的国家，自然人人拥有制安权，可以共同定立社会制度。而那些不是人人享有而只是部分人享有制安权的所谓“民主国家”，则不是真正的民主国家，充其量只是某个特殊集团的选民的民主国家。由此可知，民主国家的本质在于制度共定，而不是竞选、选举或多数人决定之类。也就是说，一个国家的元制度如果不是制度共定，那么，即便有竞选、选举或多数人决定之类的制度安排，也不是真正的民主国家；反之，只要一个国家的元制度是制度共定，那么，就一定也会有竞选、选举或多数人决定之类的制度安排。不过迄今为止，近代以来出现的所有民主国家还都只是制度间接共定的社会形态，尚未见到制度直接共定的社会形态，即都只是一些制度间接共定社会而非制度直接共定社会。

与制度共定社会性质相反的制度非共定社会，存续于原始制度共定社会之后的数千年间，逐渐终止于新的制度共定社会即民主国家的诞生之际。当然，在那些现在还没有重新形成制度共定社会的族群，或者说，在现在还没有真正实现民主的国度，制度非共定社会就仍然在那里延续，还没有退出历史舞台。

在制度非共定社会的时代，一人定制社会是世界上各个族群或各个社会或国家的较为普遍并长期存在的社会形态，尤其是各大古老文明民族莫不如此。鉴于一人定制社会中的那一个人，都是国王、君主、僭主、皇帝、主公、教皇、元首之类的君王，一人定制社会也可以称为“君王定制社会”。而多人定制社会则只是制度非共定时代在世界个别地域间或出现或较少出现的社会形态，具体来说，大概仅显现于古希腊古罗马的寡头政治时期、法国12世纪的城市自治时期和西方近现代的资本家集团垄断政治时期。多人定制社会中的所谓“多人”，或是某个特殊集团中的若干寡头，即特殊集团中的各大势力的头领，或是特定利益集团中的推选代表，但均不是全民的头领和代表，是故多人定制社会也可以称为“集团代理人定制社会”。

由此可知，从整体上看，迄今为止的人类社会历史进程大致经历过三大阶段，即原初的制度共定社会阶段、后来的制度非共定社会阶段和再后来的复归制度共定社会阶段。若要凸显时间性，这三大历史阶段也可分别称为远古制度共定时代、古代制度非共定制时代和近现代复归制度共定时代。本书第八章业已证明，只有制度共定才会有制度公正和社会公正，而制度非共定则不可能有制度公正和社会公正，所以，人类社会历史的第一阶段即远古制度共定时代，同时也是公正的时代；第二阶段即古代制度非共定时代，同时也是不公正的时代；第三阶段即近现代的复归制度共定时代，则同时也是复归公正的时代。

公正时代的社会，即制度共定社会，合乎个人当初组成社会的初衷，使社会成为能让每个人都活得更好的手段、场所和家园，乃是符合并体现社会之本性的正常社会。相反，不公正时代的社会即制度非共定社会则属于异化社会。这时的社会已经不再是能让每个人都活得更好的手段、场所和家园，而仅仅是让少数人活得更好的手段、场所和家园。可对其他大多数人来说，社会不但已经脱离了他们的控制，而且反过来控制并奴役他们，变成了使他们受苦受难、活得更糟的怪兽（利维坦）、险地和炼狱，因而是异化了的社会。复归公正时代，虽然世界各国的具体情况不一，但从国际上说，总的社会大趋势是扬弃异化社会，回归正常社会，因而这个时代的各个国家或社会，又在向制度共定社会转变、复归，正在重新变成正常社会，重新成为让每个人都活得更好的手段、场所和家园。

二、由制度共定社会到制度非共定社会的异化

为什么原始人类各族群的最初社会都是制度共定社会？

这是因为既然个人当初组成社会的初衷是为了使自己活得更好，那么这个社会该如何建构自然就需要由大家说了算，所以这时人人享有制安权，所有制度都是由大家共同定立的。而由大家共同定立出的制度自然也是公正的。

至于为何原始人的制度共定社会的前期均是直接共定的社会形态，后期都是间接共定的社会形态，则是因为最初的社会是小型社会或小型氏族社会，人口不多，地域不广，整体规模小，因而所有氏族成员可以方便地聚集在一起共同开会议事，定规立矩。可是后来随着人口的不断繁衍增多和地域的不断拓展扩大，氏族社会的规模也愈来愈大，氏族内分化出的小氏族或子系氏族也愈来愈多，这时再召集分散于广大地域的所有社会成员到一起开会议事，共同定规立矩，在当时的物质条件及交通条件下，不仅成本巨大，效率低下，而且也实在是难以实际操作，这才不得已发明出由各个小氏族委派代表来一起开会议事、定规立矩这种间接共定社会制度的方式。历史上的这种议事方式最初都是由部落议事会体现的，是故那种包含了诸多母、子氏族的部落的形成，乃是

制度直接共定社会和制度间接共定社会的分水岭，即在氏族发展成部落之前，制度共定社会都是直接共定的社会形态，在氏族发展成部落之后，制度共定社会都逐渐转变为间接共定的社会形态。

部落社会的制度间接共定的方式虽然解决了人口众多、幅员辽阔的社会难以共定制度的难题，可以继续定立公正的社会制度，继续保证社会的公正，让每个人都活得更好，但它同时也产生了另一种可能性，就是由公众推选出的代表逐渐脱离公众，不再代表公众的意志和利益，只顾自己活得更好，只想谋求自己的利益最大化，从而定立出越来越多只对自己有利而对其他人不利的不公正制度，使社会变得不公正，发生异化。

而人类历史上的所有制度共定社会，实际上最后也都正是由于这种可能性变成了现实，才异化为制度非共定社会的。其中最一般的社会异化过程，就是由公众推选出的社会管理者，即那种拥有军事首领身份或政治首领身份或神事首领身份的公众代表，也是公共事务代理人，设法摆脱了公众和议事会议的制约和控制，从最初只能下达临时具体命令，变成可以下达一些在长时间内一直有效的具体指令，也就是自己直接制定一些有关具体事务的社会制度，再就是利用手中所掌握的本来是代为行使的军事权或行政权或神事权等公共管理权力，逐渐消解、剥夺其他人或公共议事机构的制安权，最后成为集军政神事大权于一身，一人垄断全部制安权并单独制定所有社会制度的君王，于是社会也由此异化为君王一人定制的不公正社会，并从此进入制度非共定社会时代。

进入制度非共定社会时代之后，虽然有的具体社会也曾出现过类似制度共定社会的复辟，但为数极少，且都为时不长。遍览世界历史，大概仅为古希腊的城邦民主政治时期和古罗马的共和体制时期，各有一个实现了全体公民都有平等参政权的时段。不过，就是这两个时段，实质上也不是真正的制度共定社会时期，因为这时的所谓"全体公民"，是完全不包括人口数量在社会中占一半或一半以上的奴隶的，他们均来自外邦，多是战俘，也有贩卖来的。故而这个时期的社会，实际上乃是由本土居民构成的特殊集团单独定制的社会。最好的说法，也只能是"制度半共定社会"。至于古希腊古罗马历史中，那些为时更长的不是全体公民都有平等参政权，只是部分公民（贵族、富人之类）有参政权的所谓民主政治或共和体制时段，就更不属于制度共定社会了，而是由更少的人群组成的特殊集团单独定制社会。所以，这时的所谓民主或共和，仅存在于特殊集团的内部，而不是整个社会。

还有古希腊古罗马的寡头政治时期和闪现于 12 世纪的欧洲城市自治或自治公社之类对君王定制社会的否定，也同样不是对不公正的异化社会的颠覆和对公正社会的回归，而不过是另一种形式的制度非共定社会而已，其实质是以多人定制或特殊集团代理人定制取代了君王一人定制。这种取代实质上只是特殊集团内部各种势力相互斗争和相互妥协的结果，这个结果只不过是借用了原初制度共定社会的形式，却并没有真正制度共定社会的实质。因为由这些人所制定确立的各种社会制度，仍然都是些只有利于这个特殊集团之利益的社会制度，而不是有利于所有社会成员之利益的社会制度。其实，由一个人来出任、担当的君王，也是社会中某个特殊群体的代表。因为君王虽然可以单独定立社会制度，可仅凭其一己之力或一家之力，远不能使这些制度在社会中得到实施和维护，于是他就需要笼络、施恩于一些人来为自己做这些事情，而这些受到君王笼络、恩宠的人，就成为在社会中也能跟着君王获得超常利益的人，并由此形成以君王为首的特殊利益群体。这就是说，集团代理人定制和君王定制，或某些人定制和一人定制，实质上都是某个特殊利益群体或说特定利益集团的单独定制。

因此，凡是制度非共定社会亦即制度独定社会，不管其具体形式如何，都属于集团定制社会。与之相应，凡是制度共定社会，也不管其具体形式如何，都属于全民定制社会。

为什么本来是由公众选出并代表公众行使公共管理权的首领，会逐渐脱离公众，成为只顾自己的君王？这有主客观两个方面的原因。从主观方面说，首领也是自利人，也有谋取个人利益最大化的欲望和冲动，如果他德之不修，品性不良，就会在这种欲望的驱使下，想方设法摆脱外部约束，以权谋私。特别是当原始社会内部形成固定夫妻制的个体家庭或一夫一妻制家庭并成为独立的生产经营单位而有了自己的产权之后，以权谋私对其变得更有实际意义——不单有利自己，也有利自己的妻子儿女或家庭。不仅如此，他人也有家庭，不同家庭的存在势必引发相互比较、相互攀比和相互竞争，于是，个人希望在社会中活得更好的动机也发生了变化，这就是从要比自己以前活得更好，变成既要比自己以前活得更好，还要比其他家庭活得更好。这时所有的人都会自然地这么比、这么想，首领当然也概莫能外。正因如此，从民选首领到君王、从制度共定社会到制度非共定社会的异化性演变，都是发生在社会有了个体家庭及家庭产权之后。而个体家庭制和家庭产权的出现，就是导致这种异化性演变的客观原因。不过它还不是这里唯一的和主要的客观原因。主要的客观原因是在制度共定社会由直接共定变为间接共定之后，人们及民选代表没有经验，也没能想到会有社会异化的可能，结果社会未能在制度上设计安排预防公共权力代理人特别是首领级的代理人，脱离公众的利益和意志，扩大自己权限并以权谋私的监控制约机制。或者，当时纵然是有一些这样的制度安排，同样由于缺乏经验，也注定是效用很差、力量很小的，从而使首领通过扩大权限君临天下，以谋取天下之产，成为没有风险或风险甚小的事情。

从时间方面说，社会异化的具体发生是在国家诞生之后，并且是以国家异化的形式呈现的，因而社会的异化也就是国家的异化，关于国家异化的具体过程及细节，将在后面专门讨论制度与国家之关系的篇章中加以阐述。

现在，可以先说社会异化所带来的一般性后果。

自从社会发生异化之后，社会中的所有成员就分裂成了两大群体，一为制度权属群体，一为无制度权属群体。制度权属群体，即拥有制度权力并可用制度权力为自己谋利的群体，属于这个群体的人们包括社会制度的安排者、行使者、传释者、维护者及其他们的家庭成员或亲属。制度安排者是有权负责设计、选择、制定社会制度的人，制度行使者是有权负责贯彻、执行、落实社会制度的人，制度传释者是有权负责公告、宣传、解释社会制度的人，制度维护者是有权负责捍卫、保护、辩护社会制度的人。其中，制度安排者的制度权力最大、最重要，因为其他制度权力者所拥有的制度行使权、制度传释权和制度维护权,都是由制度安排者通过制定制度授予的。与之相反,无制度权属群体是指制度权属群体之外的所有人员的集合,他们没有任何制度权力,也不能用制度权力乃至正在实施的制度本身来增加自己的利益。

这两大社会群体从人员数量上说,在任何时候,都是制度权属群体属于少数人群体,无制度权属群体属于多数人群体。因为前者属于社会中的管理者,后者属于社会中的被管理者,若前者人数越多,则其管理成本就越大,管理效果就越低,也越难谋取更多的利益和越难维系社会管理,所以只有在群体人员越少的状况下,才越有可能求得群体人均利益的最大化。这两大群体从内部情况说,前者是围绕社会制度的定立和运行而有意识地通过分工协作形成的群体,始终具有组织性并且相当严密,因而也可称为制度权属集团。无制度权属群体则不同,一般情况下都是相互离散而没有组织的状况,是故只是“群体”。只有到了某个特殊时刻,即被有意识地组织起来共同声明、力争自己的利益时,才由“群体”变为“集团”。这两大群体从谋生手段说,前者是以制度权力为谋生手段,后者则无制度权力可用,基本上只有通过劳动生产谋生。

制度权属群体垄断了所有制度权力亦即所有公共管理权力,遂使整个社会的公共管理,也由原来是为所有人提供平等服务,变成了只为自己人即制度权属群体提供服务,而对其他人即非制度权属群体则进行统治。于是,制度权属集团也就擢升为统治者或统治集团,而非制度权属群体则沦为被统治者或被统治群体。因此,凡是制度非共定社会时代,必然都是有统治者的社会时代。从这个意义上说,制度非共定社会,就是统治性社会;制度非共定时代,就是统治性时代。

此前已说,社会异化的主观因素是公众代理人想比其他人活得更好。既然如此,当他们垄断了社会制度安排权并成为统治者之后,就必然会去做这样一些事情:或是将原有的社会资源配取制度修改为只对自己有利的制度,或是新制定出一些只有利自己而不利他人的资源配取制度,并且由于他们的这种欲望在任何时候都没有止境,他们还会在以后的时期也不断地这样做。除此之外,他们还一定会制定出用于巩固、保持其特殊利益的制度。这些制度安排中最常见或一般都会有的,就是权位世袭制(首先是王位世袭制)、身份等级制和苛捐杂税制。

于是,制度权属群体与无制度权属群体之间,也就是统治群体与被统治群体之间,就又会出现一种新的分殊:前者会变得越来越富有,成为富人群体;后者则会变得越来越贫穷,成为穷人群体。统治群体的富裕是以被统治群体的贫穷为先决条件实现的,二者的财富表现为反比关系,因而这两大群体在根本利益上,也注定是相互对立、相互冲突的对抗性关系。

三、制度非共定社会的一般规律与历史类型

从整个人类历史看,以元社会制度即制安权分配制为依据,制度非共定时代中的制度非共定社会,大体存在两种不同的基本类型,这就是一人定制社会和多人定制社会。

一人定制社会，即由一个人垄断所有制安权的社会。在近代之前，垄断制安权的那个人不是国王、君主、僭主、主公、皇帝，就是教皇，一人定制社会也就是君王定制社会。近代之后，由于民主革命的兴起和冲击，君王国家逐渐式微，一人定制社会又出现了领袖定制的新形态。而总统一人定制、总理一人定制、主席一人定制和党首一人定制等，则都可看作领袖定制的具体形式。

近代之前君王定制社会的形态，可以从君王垄断制安权的程度出发进行考察，这就存在君王集中定制社会和君王分封定制社会之分。在君王集中定制社会中，君王垄断了所有的制安权，所有社会制度的定立，全都是集中由君王一人最后决定；在君王分封定制社会中，君王则只垄断了部分制安权，只是负责定立国家层面的社会制度，而各分封地内的社会制度，则授权给被分封者制定。这些被分封者，就是权位仅次于国王的贵族。西方的君王定制时代，多是君王分封定制社会，也就是通常所说的封地封爵建邦的封建社会；中国的君王定制时代，则基本上都是君王集中定制社会，也就是通常所说的大一统的皇权专制社会，只有其初期的夏、商、周三代，才是君王分封定制社会。

多人定制社会，是由多个人一起定立社会制度的社会，它在近代之前有两种具体形式，这就是集团代表定制社会和寡头定制社会，在近代之后则基本上都是集团代表定制的形式。与君王一样，集团代表和寡头也都是统治集团的代理人，差异仅在于，集团代表是由统治集团内部通过选举的方式产生的，而若干寡头，则是统治集团内部各大势力的已有头领，由于势均力敌只好暂时相互妥协，成了协商定制。在近代之前的制度非共定社会时代，多人定制社会在数量和存续时间上，要远远少于君王定制社会。其中，集团代表定制的社会，也就在欧洲的古希腊城邦时期、古罗马共和时期和 12 世纪的城市自治时期出现过，而属于寡头定制社会则更少，大概仅在古希腊城邦时期偶有闪现。在近代之前的制度非共定社会，寡头定制社会罕见是因为寡头之间的平衡极难维系，一旦哪个寡头取得优势就会迅速将自己变成大权独揽的君王。集团代表定制社会为期不长的原因在于，如果不是被外族、外邦的入侵所灭，就是被军事首领或行政长官或神事总管篡权而颠覆。

既然制度非共定社会时代的君王、寡头、代表和领袖都是统治集团的代理人，这就说明，各种制度非共定社会，都只有形式的差异而无质的不同，在本质上都属于集团定制社会。确切地说，是统治集团独自定制社会。这样，我们进而就可以从统治集团的视角来考察制度非共定社会的具体形态，并以定制集团所应有的名称来命名和划分不同的制度非共定社会。统治者和被统治者总是相对而言的，因而对于历史中的各种统治集团的应有名称的确定，也要参考与之相应的那些被统治群体的名称来进行。

统治集团之所以要统治其他群体，其实质目的在于要在统治中通过剥削被统治群体以使自己过得更好，因而统治集团一定同时也是剥削集团，而被统治群体同时也一定是被剥削群体。

历史表明，从古代到近现代，所有制度非共定社会，不论是哪个族群、哪个地域的制度非共定社会，也不论是哪种形态的制度非共定社会，还不论是具有普遍性的君王定制社会还是为数不多的多人定制社会，抑或在近代之后成为主要形式的集团代表定制社会，所制定出的资源分配制度都是不公正的。其结果总是让大量资源落入少数人之手，而大多数人则只有很少的资源，尽管这大多数人还是用于生活和生产的所有物质产品的直接生产者。因而剥削和剥削大多数人，乃是制度非共定社会亦即统治性社会的统治者必然要做的事情，从而也使之成为制度非共定社会时代的一种共同现象和普遍规律。这就是，只要是制度非共定社会，就必然存在少数统治者剥削大多数被统治者的现象。

并且，统治者的这种剥削一定是从权力剥削开始的，而那种被马克思揭露的已经臭名昭著的通过垄断生产资料而对劳动者的剩余劳动进行无偿占有的资本剥削，却不是统治者的最初剥削手段，只是当统治者通过权力剥削获得大量的土地、牲畜之类的生产资料之后，资本剥削才成为他们的另一种剥削手段。另需注意，同样作为剥削手段，资本剥削的效率也远不如权力剥削。因为权力剥削的实现，只需运用制安权制定出有利于自己的制度即可，而资本剥削却是先要用很长的时间来积累资本和经营资本，直到使之达到一定程度的垄断之时，才能开始产生剥削效用。

最初的统治者在用制安权制定有利自己的制度时，最喜欢制定的制度主要有三类，这就是苛捐杂税制、身份等级制和权位世袭制。虽然这三种制度在各个具体的制度非共定社会的历史上的出现顺序没有一个统一的模式，但其内含的逻辑顺序都是一样的。其中，苛捐杂税制的目的是以社会公务为名，在征收税赋劳役方面，建构高税率、多税种、频劳役的重税制，直接对被统治群体进行尽可能多的剥削；身份等级制是将社会成员人为地分成尊卑贵贱的不同等级，其首要目的是用于限制被统治群体的消费，尤其是要将直接生产者的消费压至最低，唯此才能为统治者留出最多的可剥削物品，次要目的是在统治集团内部分配制度权力并按权位大小实行有等差的分配和消费；权位世袭制则是要把这一套由重税和身份等差构成的剥削制度永久地固定下来，以使自己的子孙后代也能代代如此享用。

在制度非共定社会，之所以必然会有剥削，是因为制度安排者自己不想生产劳作，又想不仅比自己以前活得更好，而且还要比其他所有人都活得更好，这就只有去剥削他人。而之所以必然要剥削大多数，则是因为被剥削的人越少，剥削者获利也越少；被剥削的人越多，剥削者获利才越多。当然，这个“多”也是有限度的，就是不能把除君王或寡头或代表以外的所有人都变成剥削的对象，否则不仅剥削不能进行，而且由自己垄断的制安权及统治权也要被人多势众而不存在任何被惩罚之险的被剥削者剥夺。因而对制度安排者来说，其最好、最稳妥的剥削方式，不是一人或一家剥削所有人的方式，也不是几个寡头或若干代表剥削其他所有人的方式，而是小部分人或少数人构成的统治集团剥削其他大多数人的方式。

少数人构成的统治集团为什么能够剥削其他大多数人？这是因为这个少数人统治集团是有组织的，不仅掌握社会制安权和社会管理权以及所有社会可控资源，而且还通过社会管理权力建构起了军队、警察、法庭、监狱等国家暴力机器或制度保障机器，并可以合法使用这些暴力机器，用以威慑、镇压、惩罚被剥削者的不服和反抗，强制压迫他们接受被剥削。另外有一点也很重要，就是少数人统治集团还掌握主要的社会传媒或舆论工具,可以在社会上广为宣扬自己的制度意识形态,为自己的统治和剥削编造完美而充分的“理论根据”,以证明其合理合法性,从而蒙骗社会大众,使被剥削者根本意识不到社会的不公及剥削的存在,自动丧失不服之情和反抗之意,从而心甘情愿地接受他们的统治和剥削。例如中外制度非共定时代所出现的诸如“人性有等差”“人各有命,富贵在天”“君权神授”“君权天授”“真龙天子”“奉天承运”“种姓贵贱”等理念和说法,就是这种理论根据的典型表述。

在制度非共定时代的社会中,不仅势必会存在统治群体与被统治群体这种人与人之间的上下等级差异,而且这两大群体内部也会存在等级之差。统治群体因为就是制度权属群体,并由此获得社会统治地位,故其内部的等级差异是被各自所掌握的制度权力的大小区分的,制度权力越大的等级越高,制度权力越小的等级越低。具体说来,这种等级差异通常有两种制度表现形式,这就是贵族等级制和官阶等级制,前者是分封定制的产物,如西方的国王和公侯伯子男,后者是集中定制的产物,如中国先秦之后的官僚分级制。制度权力的大小意味所得利益的大小,所以制度权力的等级同时也是财富多寡的等级。在统治群体中,等级最高、财富最多的是君王、寡头、代表之类的制安权垄断者,既有最高的制度权力,也拥有最多的生产资料;等级最低、财富最少的是制度权力最少即只有奉命执行制度的权力而没有命令他人执行制度的权力,也没有属于自己的生产资料,只能凭薪水生活的公职人员;处于中间等级、拥有中等财富的则是在制度权力方面既受命于人又可命令于人的贵族或官僚,他们既有较多的制度权力,也分有一定的生产资料,并又以其拥有制度权力的不等,也就是贵族级别或官僚级别的不等,形成相互之间的级差。统治群体内部为何一定要通过分等级的方式来分配权力和剥削所得,而不是平分或由制安权垄断者独吞?那是因为这最符合制安权垄断者的利益最大化。按等级分不仅比平分好,而且也比独吞好。这倒不是说制安权垄断者不想独吞,而是其一旦独吞就没人替他做事完成剥削不说,还有立马被推翻打到的可能和危险,是故按等级分配剥削所得,乃是其无法独吞情况下获利最多的选择,亦即最好的无奈之举。

相反,被统治群体不仅没有任何制度权力,而且都要受统治群体的权力剥削,故其内部的等级只有依据其受剥削的程度而定。从整个制度非共定时代的历史看,各个现实社会中的被统治群体大致均存在三个等级。其中,受中等程度剥削的人们属于被统治群体中的中间层,是那些可以独立自主进行生产的直接生产者,如自耕农和独立工匠。许多社会财富出自他们的生产,所以统治群体会以苛捐杂税和严格限制其消费水平的方式剥削他们。相对他们而言,受权力剥削较轻的是那些间接生产者,他们属于被统治群体中的上层,主要包括生产经营者和产品运营者。产品运营者是指那些以运输、买卖产品为营生的人们,即商人,他们虽然也要被统治群体以苛捐杂税的方式剥削,但其赢利空间较大且其真实收益实际上很难被统治者弄清楚,所以还是可以通过“偷逃税费”的方式逐渐积累起大量财富,乃至可以富过不少统治群体中的人,即其中的中下等人。如果他们愿意并用金钱买到官职、爵位,或以金钱为媒与官、爵勾结,就会转变为统治群体的成员。生产经营者是指持有大量生产资料,自己却不直接进行体力生产劳动，而是通过控制自己所拥有或雇佣的劳动者进行生产而获利的人，主要为土地主、作坊主或制造业主。他们虽然也要被以征收苛捐杂税的方式受统治群体的权力剥削，但最终又可以将这种剥削尽可能多地以资本剥削的方式转嫁给自己所拥有或雇佣的劳动者，从而不仅可以化解自己所受的权力剥削，而且也能逐渐积累起日益增多的财富，进而也可以和产品运营者一样，存在转变为统治群体成员的可能。而那些被转嫁剥削的直接生产劳动者，不仅因没有属于自己的生产资料不能独立开展生产而不得不受资本剥削，而且照样也要被官方征收各种人头杂税，从而成为受到双重剥削的人，他们被剥削最重、拥有的财物最少，是被统治群体中层级最低的人，也是在整个社会中，受到最不公正对待的人。

根据以上分析，因为被统治群体中的上层即富人，在财富上可与统治群体中的中间等级匹敌，所以，制度非共定社会时代的所有社会成员，若从贫富状况及剥削着眼，又是一种统一的三等级结构。第一等级为富人，富人在群体上与统治集团中的上层人群完全重合，依旧是王室家族或寡头家族或集团代表家族，他们人数最少，但人均拥有的财富最多；第二等级为中产者，一方面包括统治集团中的各级贵族或各级官僚及其家族，另一方面也包括商人、作坊主和没有制度权力或官僚职位的纯粹土地主，他们在人数上居中，人均拥有的财富仅次于王室家族和寡头家族；第三等级为穷人，是所有的直接生产者或劳动者，包括自耕农、独立工匠和自己不能独立开展生产而不得不依附于他人进行生产的人，他们虽然人数最多，人均拥有的财富却最少。

但是，若以剥削为线索，全体社会成员又呈现为另一种存在方式的三等级结构，即上、中、下或高、中、低的三等级结构。其中，高等级人群或上层等级人群是纯粹的剥削者，他们人数最少，仅为统治集团中的王族或寡头或集团代表，以及各级贵族或各级官僚。中等级或中层等级的人群既是剥削者，也可能是被剥削者，他们在人数上也居中，属于这个人群的，一为商人、作坊主和没有制度权力或官僚职位的纯粹土地主，这些人所具有的剥削与被剥削的二重身份前已有述，不必再说。二为那些不是官僚、没有官阶的官方差役（普通公务人员）或贵族的侍役，他们都是只有奉命执行制度的权力而没有命令他人执行制度的权力的人。他们一方面可以利用制度行使权勒索百姓，实施少量剥削；另一方面又可能会因政府或贵族的财政吃紧，而被消减、克扣薪水，成为受到一定剥削的被剥削者。低等级或下层等级的人群是纯粹的被剥削者，他们人数最多，为所有的直接生产者或劳动者，包括自耕农、独立工匠和自己不能独立开展生产而不得不依附于他人进行生产的人。他们都无一例外地要受统治者的权力剥削。而他们中那些不得不依附于有资产的人才能进行生产的人，则在受权力剥削的同时，还要另受资本的剥削，从而成为所受剥削最多最重的人们。他们往往只能勉强维持生存而没有任何多余的财富，又是下层等级人群中的下等人，即下下等人。

从整个人类历史看，制度非共定社会中受剥削最多最重，同时也是受到最不公正对待的下下等人共有三种，这就是奴隶、佃农和工人。剥削奴隶的剥削集团的主体是以君王为首的贵族奴隶主，剥削佃农的统治集团的主体是以皇帝为首的官僚地主，剥削工人的统治集团的主体是非贵族、非官僚的纯粹资本家，因而由这些不同统治集团定制的社会,就可以分别命名为贵族奴隶主定制社会、官僚地主定制社会和资本家定制社会。当然,若从制度非共定社会的不公正性上讲,我们也可以这三种社会中受到最不公正对待即受剥削最重的奴隶、佃农和工人为线索,相应地将这三种不公正的社会称为奴隶社会、佃农社会和工人社会。

不过,在不同的族群或国度的不公正史中,因各族群中的制度安排者所定立的社会制度有所不同,先后依次全都经历了这三种不公正社会形态的,似乎还没有。比如欧洲各族群的不公正史中,受不公正对待最重或受剥削最重的先后就只是两种人,即奴隶和工人,因而其不公正社会前后也就只有两种形态,即奴隶社会和工人社会。需要说明,这里说的存在于西方社会的奴隶也包括农奴,因农奴不过是“农业奴隶”的简称,他们与此前也有的农业奴隶和以往曾有的军事奴隶、工商奴隶、家庭奴隶,并无本质性的不同,都是属于某个主人而没有人身自由的人。而中国乃至整个东方,在进入现代之前的制度非共定时代,先后受不公正对待最重或受剥削最重的也是两种人,但不是奴隶和工人,而是奴隶和佃农,因而中国经历的不公正社会与欧洲经历的有所不同,是奴隶社会和佃农社会这两种不同形态。秦朝之前为奴隶主集团定制社会或奴隶社会,秦朝之后为官僚地主集团定制社会或佃农社会。虽然中国在这个时段的尾声所出现的产业工人也受到了严重剥削,但由于此时的工业化程度很低,产业工人的人数远没有同样受严重剥削的佃农多,所以这个时期的社会就还是只能以“佃农社会”而不是“工人社会”命名。

由此可知,在从一种不公正社会形态变为另一种不公正社会形态的过程中,并不存在举世相同的普遍模式,也不存在势必如此的必然模式和演变阶段,尽管世界各族群不公正时代的制度非共定社会的最初形态或许都是奴隶社会,可后来就不一样了。因而以往那种认为人类自有文明以来的社会历史即笔者在这里所说的人类不公正社会历史或制度非共定时代,存在一个由奴隶社会到封建社会再到资本主义社会的普遍规律的观点其实是不符合史实的。也就是说,人类社会历史并没有这样的必然进程与普遍规律。

不仅如此,这三种社会形态的划分法本身也非常可疑。首先,欧洲历史上的所谓“奴隶社会”和“封建社会”在根本制度即制安权分配制上,不存在本质差异,基本上都是君王定制社会,甚至在属于非基本社会制度的生产资料所有制上,也没有本质的不同,二者都是以君王为首的贵族集团占有生产资料并剥削大多数人即奴隶的社会制度,其统治者和被统治者,剥削者和被剥削者都没有发生任何变化。其次,中国历史上,有大量奴隶存在的夏、商、周三代,同时也就是封土封爵、层层分封的所谓“封建社会”,后来取而代之的则是由秦始皇开创的大一统的皇家中央集权制。这时,“普天之下,莫非王土,率土之滨,莫非王臣”,已无土地的层层分封以及按地多地少划分的贵族,剥削者和被剥削者也变成了以皇帝为首的官僚地主集团和大量佃农。最后,这种社会形态划分法的划分标准和命名标准前后不一致,十分混乱。明显可见,奴隶社会是用最受压迫剥削的奴隶来命名社会,封建社会却变成了用制度权力的分配制度来命名社会,资本主义社会或其另一个说法——资产阶级社会,则又变了用经济特征或剥削群体的名称来命名社会。

为什么在人类社会历史的非制度共定时代，各个国家或族群，在从一种不公正社会变为另一种不公正社会的过程中，并不存在同一的模式或普遍的规律？这是因为各种社会制度包括不公正的社会制度，都不是自发产生的，而是由人来制定的，确切地说，是由各个国家的统治集团中的制度安排者制定出来的，而他或他们，在设计和制定社会制度尤其是资源制度时，存在并不必然相同的不同创意和想法，于是历史中也就有了种种各具特色、互不相同的制度安排。

四、制度非共定社会向制度共定社会的复归

制度非共定社会由于制安权被统治集团垄断，所定立的社会制度不公正，人与人之间不仅存在统治集团与被统治群体的分殊，也存在人为规定的尊卑贵贱顺序及不同等级，还存在强力压迫、权力剥削、资本剥削，因而整个社会矛盾重重，各个等级之间都存在尖锐的利益冲突。

在以剥削为依据考察出的高、中、低三等级中，高等级群体人员为了使自己过得更好，基于相同的社会地位和利益诉求，形成上层利益集团，不断加大对中、低等级群体的剥削；低等级群体人员在有了一定的认识之后，为了使自己过得更好，基于相同的社会地位和利益诉求，会形成低层利益集团，力图少受或不受中、高等级群体的欺压盘剥；中等级群体人员为了使自己过得更好，基于相同的社会地位和利益诉求，形成中层利益集团，一方面在加大对低等级群体的剥削，另一方面又希望少受或不受高等级群体的剥削。但是，因为只有高等级群体即上层利益集团才拥有制安权，中、低等级群体都没有，所以各群体之间的利益博弈总是在按照高等级群体的意志进行或发展。高等级群体成员，作为追逐自身利益最大化的自利人，欲壑难填，好了还想再好，加之其人口数量也在随着各个家族的世代繁衍而不断增加，就必然会有这样的冲动，即用自己垄断的制安权来扩大自己的利益和减少中、低等群体的利益，以从中、低等群体那里攫取更多的资源来使自己过得更好。因而按高等级群体意志发展的等级利益博弈的趋势就是对中、低等级群体的剥削越来越大，越来越重。因为中等级群体可以将高等级群体对自己的剥削转嫁给低等级群体，而低等级群体同样也有人口数量不断增多的问题，所以他们无论再怎么努力地生产，提高产量，也越来越难以支撑日益加重的剥削，直到有一天被欺压剥削得实在忍受不了或者难以维持起码的生存条件时，就只有以聚众起义、拼命造反的方式来使越来越严重的剥削得到中止。不过，起义造反者缺乏新的制度意识，尤其是没有新的制度理论，起义造反成功的最好结果也就是改朝换代而已。这时等级制依然存在，只是剥削退回到了比较轻的状态。是故，我们在历史上总是能看到，大的起义造反之后，社会统治者往往会有轻徭薄赋和重新分配土地之类的制度安排出台。剥削减轻，客观上会提高中、低等级群体的劳动生产积极性，于是社会就会有较大的生产发展和经济繁荣，甚至有时能逐渐进入一个所谓的“某某盛世”。只是高等级群体或上层利益集团为了使自己活得更好，除了靠剥削之外，再没有别的招数，

因而他们很容易“好了伤疤忘了疼”，于是在社会经济状况出现好转的时候，又会开始逐渐加大对中、低等级群体的剥削力度，直到再一次导致起义造反，让历史进入新的轮回。

中等级群体虽然因为还可以剥削低等级群体而不至于有活不下去的时候，但也不愿意承受高等级群体对自己的不断加重的剥削，因而他们有时也会起而造反。中等级群体的造反在历史中主要体现为工商业主亦即资本家的造反。资本家的造反往往一方面会借助于低等级群体的力量，另一方面会联合高等级群体中的开明之士，并且一般都会伴之以改革或以发起革命的方式进行，其结果是使原来仅凭资本剥削致富的资本家也能进入到制度权属群体，拥有一定的制安权，甚至变为新式贵族，因而不仅不再受权力剥削，而且也能进行权力剥削。而这时的新王朝，也会由君王一人定制变成由统治集团内的选举代表定制。比如，古希腊雅典城邦的梭伦改革、法国 12 世纪的城市自治等，就都属于这类改革的成功先例。

在制度非共定社会，不仅高、中、低三大等级之间存在的利益冲突总是愈演愈烈，而且高等级群体内部由于有层级之分和小利益集团之分，也存在争权夺利的斗争。这种斗争，有的体现为王朝中的宫廷政变，其结果往往是更换君王；有的体现为贵族的不断自我坐大，其结果有时是王国的分裂和贵族的割据称王，有时则是某个贵族对君王的直接取代。高等级群体内的这两种形态的斗争结果虽各不相同，但也有一个共同之处，这就是与中、低等级群体的起义造反一样，也都导致了王朝的改朝换代。

但是，不论是低等级群体的起义造反所导致的改朝换代，还是高等级群体的利益斗争导致的改朝换代，全部都是只换统治者而不换根本制度的“换汤不换药”，都不是对制度非共定社会的终结。如果说造反起义的“换汤不换药”是由于起事者还没想出新的制度安排，那宫廷政变和贵族坐大的“换汤不换药”，则是篡权者根本就不想有新的制度安排。中等级群体即资本家发起的造反及改革虽然加了一点“新药”进去，有一定程度的制度创新，但集团独定制度的“大药方”还是未变。正因如此，对制度非共定社会的终结和对制度共定社会的复归，就只能从进行反抗的中、低等群体有了新的制度意识形态时开始。这时，他们的反抗将不再是起义造反及改革，而是社会革命；其结果也不再是改朝换代，而是建构新的社会。因为与起义造反不同，有新制度意识形态及新制度理论为指导的社会革命，在获取成功后，不仅会更换社会制度安排者，也会变更社会制度，尤其是会以新的资源配取制度取代旧的资源配取制度。

从人类历史看，这个时刻首先出现在欧洲近代，其标志是 17 世纪中期开始于英国的民主革命（一般史称“英国资产阶级民主革命”）。英国的民主革命最初也是一次中、低等级群体的起义，起义队伍的主体是工商资本家、城市平民和广大工人，但这次起义已不是以往那种只有改朝换代作用的起义，而是要使社会由君王贵族当家做主变为由所有公民共同当家做主的革命。由于革命的主导者是工商资本家，这次民主革命还不彻底，它只是废除了君王统治和身份等级制，而没有实现全民民主。因为革命后的制安权分配制规定了当选议会议员者必须是有一定数量私人资产的男性公民，所以有权当家做主的只是那些有相当多财产的有产者，而低等级群体的广大劳动者，还有所有妇女，实际上还是被排除在当家做主之外，继续受资本家的压迫剥削。用历史唯物主义的说法就是:“从封建社会的灭亡中产生出来的现代资产阶级社会并没有消灭阶级对立。它只是用新的阶级、新的压迫条件、新的斗争形式代替了旧的。”[①]因此,这个时期,还不是制度共定时期或真正的民主社会时期,而是资本家集团垄断所有制安权的制度独定时期。但是,后来随着工人群体的觉醒、工人群体政党的出现和由工人群体政党领导的广大劳动者的持续不断的抗争和反抗,掌权的资本家集团不得不步步退让,到了第二次世界大战之后,有权当家做主的范围最终还是逐步扩大到了每一个社会成员身上。至此,民主革命在英国基本上全面完成,英国也基本上回归为制度共定社会。与之类似,在英国民主革命的示范下,其他欧洲国家也随之或迟或早地进行了自己的民主革命,同样走上复归制度共定社会之路。继而,在欧洲国家民主革命的示范下,其他各大洲的众多国家也陆续开始进行自己的民主革命进程。

在整个制度非共定时代,世界各地都始终存在激烈的集团斗争、等级斗争及起义造反,为何终结制度非共定社会的社会革命单单是在近代的欧洲率先开始?

这有两个方面的原因。一是古希腊古罗马时期的贵族民主共和制在欧洲各族群的头脑中始终都留有深刻的记忆,而且这个时期还有其他文明尚未有的民主政体理论文本也得到了留传,因而在后来欧洲各族群的集团等级斗争中,有古代贵族民主共和制遗风的政治变革就不时似曾相识地重现,12 世纪出现于法国的城市自治运动和 16 世纪造就了荷兰共和国的尼德兰革命,就是其典型。尽管它们还并不是人人享有制安权的真正民主,但毕竟也有限制王权、议会制、选举议员等民主形式。二是与“君权神授”制度意识形态相对的,由“上帝面前人人平等”“人人生而平等自由”“天赋人权”“国家主权”“君权民授”“主权在民”和社会契约论、有限政府论、近代民主论等观念和理论构成的新型制度意识形态,也是在欧洲的文艺复兴、宗教改革、乌托邦构想和思想启蒙的运动或思潮中一点点孕育出来的。这一点乃是更重要和关键的因素。因为正是这种前所未有的制度意识形态与欧洲历史上已有的民主形式及民主经验相结合,再用于指导中、低等级群体的起义造反,才产生出了全民意义上的民主革命。同样,其后欧洲的民主革命由不彻底到彻底,由不全面到全面,从而形成既有形式也有内容的实质性民主,也是新制度意识形态在其间起了关键作用。不过,这时的新制度意识形态又是另一种不同于资本家民主制的制度意识形态,这就是由马克思、恩格斯提出并论述的消灭剥削、没有压迫,解放工人阶级和劳苦大众,真正要做到全社会人人平等的社会主义制度意识形态。

目前,从全球范围看,已经实现实质性民主的国家大致有英国、法国、德国、奥地利、荷兰、比利时、西班牙、葡萄牙、意大利、希腊、瑞典、瑞士、丹麦、挪威、冰岛等西北欧诸国,还有北美的加拿大,大洋洲的澳大利亚和新西兰,亚洲的日本、韩国。在这些国家,根据其制安权制度,一方面,民主的范围已经覆盖全体公民,每个人都有选举和被选为公众代表的权利并已没有财产和身份方面的限制;另一方面是强调个人或党派间的平等竞争,并对个人和党派用于政治竞选的资金做了严格的有统一数额上线限制的

① 《马克思恩格斯选集》第 1 卷,人民出版社 1972 年版,第 463 页。

规定。正因如此，在制度意识形态上与马克思主义有渊源关系，在社会中代表中、低等级民众的民主社会党(社会民主党)才能经常在大选中胜出，并能够实施对中、低收入民众最有利的高福利政策。而其他那些号称自己是民主国家的国家，则要么是徒有民主的形式，要么是连形式的民主也不完全或没有。

在全世界的民主化大潮中，美国这个一向以民主国家样板自居的国家，是一个值得我们格外重视的特例。它在19世纪末至20世纪中期，曾一度成为或接近成为实质性民主国家，其标志有二：一是消除了性别歧视和种族歧视，民主范围扩大到全民；二是资源分配比较公正，社会贫富差距不大，每个有正常智慧的普通公民只要经过自己的一番努力和奋斗，差不多都能较轻松地实现自己"有房、有汽车、有医疗保险、有退休保障、有休闲度假能力及时间和子女接受大学教育"的"美国梦"。然而，自20世纪六七十年代以来，美国又开始逐渐蜕化为徒有民主形式的国家。尽管全面民主的形式还在，但实际掌握制安权的已经变成那些拥有大量财富的富人集团，特别是华尔街金融大亨，而其定立的制度也越来越有利于富人。正因如此，美国社会的贫富差距越来越大，普通人的"美国梦"也渐行渐远。

制度偏向富人方面，有美国诺贝尔经济学奖获得者斯蒂格利茨(克鲁格曼)的证言。他认为，曾有的美国梦或美国是机遇之地，是由政府的政策造就的；而美国梦的破灭和机遇之地的消失，也是由政府的政策转向，即由主张自由市场的"华盛顿共识"取代推动底层阶级收入增长超过上层阶级的"底特律条约"所导致。他还具体指出："市场由游戏规则左右。我们的政治制度制定了牺牲其他人群的利益而让富人受益的规则。金融管理条例使掠夺性的借贷和肆意妄为的信用卡业务畅通无阻，这些做法使金钱从底层流向顶层"，"法律规定对投机者采取的税率可以是对自食其力的劳动者或改变社会的创新者所征税率的一半。这样的法律体现了我们的某种价值观，但是它们也扭曲了我们的经济，唆使年轻人进入非生产领域"。同时，面对这样的状况，他也表露出了悲观的无奈："我们是可以再次成为机遇之乡的。但这样的事情不会自然而然发生。在政界一心想着消减公共教育和其他提升低层和中层人群机遇的计划，同时要为顶层收入人群减税的情况下，这样的事情是不会发生的。"[①]

贫富差距方面，统计数据表明，从21世纪开始，美国的两极分化不断加速，在2002—2007年间，65%的国民收入落入到最上层的纳税人的腰包，平民的年均收入则减少了10%以上。而在2008年爆发了国际金融危机之后，贫富差距更达到了前所未有的程度。2012年，占美国人口1%的富人，其占有的财富，超过了占美国人口50%的1.5亿人所占有财富的总和。而在20世纪70年代，它在美国GDP中所占份额还只是9%，2007年也还只占23.5%；与此相比，今天美国人的中等收入低于15年前的水平，全职男性劳动者的中等收入，甚至低于40年前的水平。据美国企业研究2011年度报告，平均来看，大企业CEO的年收入为1020万美元，比普通职工高出325倍。高盛集团董事会主席兼CEO更获得5400万美元的薪酬，其另5名高管则获得了总计

① 转引自徐崇温：《"美国梦"变成了虚幻的神话——国际金融危机严重冲击了"美国梦"》，《红旗文稿》2012年第21期。

2.42 亿美元的薪酬。2011 年美国的“占领华尔街”运动正是从抗议这种 1%对 99%的极端不平等的贫富差距中萌发的。

撰写《21 世纪资本论》的皮克迪关于美国贫富差异的统计结果不一样，但仍属于差距巨大，他的数据是：美国收入前 10%的人群占国民收入 45%～50%。[①]

为什么美国的民主会有这样的逆转性变化？

主要是因为它在民主的政治竞选方面，没有竞选资金上线的制度限制，结果真正有资金参加竞选并通过广泛造势而最终获胜的，往往总是富人或富人集团的代言人。另外，美国的与众不同的所谓“独立选举人制度”允许赢者通吃，即在一个州获胜就赢得该州所有选举人票，也有可被富人竞选集团所利用的问题。美国知名学者帕斯奎诺(也是法国高等研究员资深研究员)自己也承认：“在美国，政治学界公认获得被选举资格的关键在于金钱，且美国总统采取选举人制度而并非直接选举的目的就在于精英们力图避免‘多数人的暴政’。”在此，他还指出，在制度安排上，美国“又同时通过美联储、宪法法院等非选举性权利机构来确保财产权不受普选权的侵害，所以始终存在精英政治和大众民主、有产者和无产者之间的结构性矛盾”[②]。总之，正是由于美国存在上述特殊的制度安排，其选举结果虽然形式上还是由多数选举人决定的，似乎符合民主原则，但其实已经走样，往往并不真正代表多数美国人的意志，而总是代表富人的意志。

美国的案例表明，已经复归为制度共定社会的国家，仍然存在着重新异化为新的制度非共定社会的可能。并且，这种可能性很可能还不是只有美国式的异化这一种形式，因为当初原始制度共定社会的异化过程就是另一种形式。因而如何防范新的社会异化在制度共定社会或民主时代的出现，就应成为当代所有实质性民主国家都要认真反思并未雨绸缪的问题。

人类如果对社会异化没有这样的自觉并设法为之找到行之有效的防范方法，那么人类的社会历史就很有可能变成从制度共定社会异化为制度非共定社会，再从制度非共定社会复归为制度共定社会的无限循环。面对这种循环，我们只好将反复出现的制度共定社会和制度非共定社会，用“一代制度共定社会和一代制度非共定社会、二代制度共定社会和二代制度非共定社会……”这样的表述以示区别。

五、归结及推论

基于以上所有论述，现在可以理出以下明确结论。

其一，社会制度不仅决定着整个社会的结构，也决定着整个社会的历史形态及其演变。其一般规律是：制度决定社会。有什么样的社会制度，就有什么样的社会历史形态；当社会制度发生变化时，社会历史形态亦将随之发生变化。因此，社会的演变就是社会制度的演变，社会的变迁就是社会制度的变迁；要想改变社会形态，就得先改变

---

① 秦晓：《活力犹存　病症待治——简评〈21 世纪资本论〉》，《读书》2015 年第 1 期。

② [美]帕斯奎诺：《“中国道路对西方年轻一代极具吸引力”》，《马克思主义理论研究和建设工程参考资料》第 755 期，2016 年 12 月 12 日，原载《思想理论动态》。

社会制度。

其二，鉴于在社会制度中，制安权分配制是关于如何制定制度的元制度，因而从根本上说，是制安权分配制决定社会的历史形态及其演变。不仅如此，社会的历史形态和发展阶段，首先也要依据制安权分配制来命名和划分。

其三，从制安权分配制看，迄今为止，人类社会历史的发展轨迹，经历了制度共定社会、制度非共定社会(制度独定社会)和复归制度共定社会这三大历史形态或三大历史阶段。在制度共定历史阶段，制度共定社会有制度直接共定社会和制度间接共定社会这两种具体形态。在制度非共定历史阶段，制度非共定社会大致出现过三种具体形态，即君王定制社会、寡头定制社会和集团代表定制社会。不过，这是从全世界范围说的，而不是从某个族群或某个国家说的，因为并非每个族群或每个国家的历史上，都曾一律出现过这三种具体形态的社会。比如中国在现代之前的制度非共定时代，就不曾有过寡头定制和集团代表定制的社会形态。历史唯物主义一贯注重社会生产关系中的生产资料所有制，似乎也是在用制度来给这个制度非共定时代的不同形态的社会命名，所以，所谓“奴隶社会”，也就是生产资料奴隶主所有制社会；所谓“封建社会”，也就是生产资料封建主(贵族)所有制社会；所谓“资本主义社会”，也就是生产资料资本家所有制社会。但是，历史上至少从来没有谁曾专门制定过所有的生产资料归资本家所有的制度，我们也在任何历史文本中查找不到这样的制度规定或制度记录。这就是说，所谓的“生产资料资本家所有制”，不过是把资本家占有大量生产资料的事实，当作了制度本身。这就暴露出了用生产资料所有制划分社会历史形态的不足。

其四，制度共定社会是全民共同定立社会制度并共同进行社会管理的社会，在管理中自然全都是按共同定立的制度待人，基本上不存在社会不公的问题；制度非共定社会则是个人或少数人单方独自定立社会制度并进行社会管理的社会，在管理中完全没有可能按共同定立的制度待人，因而处处都有社会不公存在。从这个意义上说，人类社会历史中的三大形态或三大阶段，分别也是原始公正社会阶段、古代不公正社会阶段和近现代复归公正社会阶段。

其五，在制度非共定社会历史阶段，出于理性自利人的考虑，垄断制安权的少数人集团对社会大多数人实行压迫和剥削是一定会发生的事情，否则他们就根本不需要也没有必要垄断会使自己费心劳神的制安权，更没必要在分明有人愿意分担制安权重任时还强占着制安权不放手，因而压迫和剥削大多数人，乃是所有制度非共定社会中的一个普遍现象和必然规律。

其六，人类历史中，所有的起义造反，都源于社会可控资源配取制度的不公及剥削的日益加重，因而倘若社会不存在资源配取方面的不公正及剥削，即使社会生产力的发展满足不了人们生存发展的需求，也不会有起义造反，这时人们可以通过对社会制度的改良来促进社会生产力的大发展。但是压迫和剥削大多数人是制度非共定时代的必然规律，并且会有日益加重的趋势，因而它早晚会激起受压迫剥削者的激烈反抗，使起义造反成为这个时代的不可避免之事。当然，有时反抗也会以缓和的方式即改革的方式进行。而这些起义造反及改革，也便成为这个时代的社会制度总会出现一些变化的动因。只不过这些变化还都是非根本性的，并不能终结制度非共定时代。能使制度非共定社会的制度发生根本变化，并终结这个时代的，是受新制度意识形态指导的社会革命。

其七，当今世界受到无法反驳的民主思潮和先行民主革命运动的启蒙、启发，越来越多的现代人意识到了“天下乃是天下人的天下，国家乃是每个国民的国家”的良善道理，因而未来全球所有尚未成为制度共定社会的国家，都势必会在其人民的不断抗争下朝着这个方向前进，并最终陆续变为公正的制度共定社会。这是全球大势、人类命运，必然不可阻挡。

其八，尽管全球有此大趋势，但当今世界上的绝大多数国家都是人口众多的大型社会，所以目前似乎还只能采取制度间接共定的形式，也就是要由全民的民选代表或代理人来代定社会制度，代行社会管理之责，这就使社会再从制度共定社会异化为制度非共定社会的危险也始终存在。因为人性自利的代理人也有他们自己的利益最大化追求，客观上始终存在相互抱团形成特殊利益集团以谋取更大自身利益的可能，所以如果人们稍不留意，就又会被制安权代理人将正常的制度共定社会异化为制度非共定社会。

其九，人类社会历史从原始的制度共定社会变为后来的制度非共定社会，再从非共定社会复归为新的制度共定社会，是一个具有普遍性和必然性的进程，在这个意义上也可以说，这是一个人类社会发展的普遍规律。就前一种变化的必然性而言，一方面缘于最初的人类社会虽然是制度共定社会，在思想意识上却只是因袭前人的惯例，还没有形成“天下乃是天下人的天下，国家乃是每个国民的国家”的制度理念；另一方面缘于原始制度共定社会时代的人们由于缺乏经验，还不能预先设计和安排出可有效防范制安权代理人篡权的制度。就后一种变化的必然性而言，是缘于沦为制度非共定社会的芸芸众生，经过代代人的长时间反思，终究会悟出“天下乃是天下人的天下，国家乃是每个国民的国家”这一制度意识形态公理。不过，人类社会再从新的制度共定社会变为新的制度非共定社会或者由此形成的循环乃至反复不断的循环，则均不再属于社会发展的普遍规律。因为，只要我们对之保持足够的警惕并事先预设一些有效的制度制约机制及纠正机制，就完全可以永远将人类社会保持在公正的制度共定社会时代。因此，仅在这个意义上，我们或可有“历史终结”的说法，即历史终结于制度共定社会形态。

其十，在这种“社会形态历史终结于制度共定社会”的永续时代中，社会元制度即制安权分配制度，基本上不会有大的变化，只是其他资源制度和其他层面的社会制度会随着人们本身及其需求的发展变化而发生一些变化。因此，这个时代的不同历史时期的社会具体形态，就将根据其他层次的社会制度的变化特点来命名和标识。

第十一章

社会的起源

在论证了制度是社会的结构、形态及其演变的决定因素之余，还应该继续探讨制度与社会形成的关系。如果社会的形成与制度无关，并非由制度决定，那么笔者关于“制度决定社会”的立论就会令人生疑。这个疑问就是：社会的形成就是社会的诞生与开端，如果社会的诞生与开端都不是由制度决定的，制度又如何能决定社会诞生之后的社会历史形态及其演变？

那么，人类社会究竟是怎么形成的？它是否仍是由制度决定的？

不知何故，一直以来，世界学界对人类社会起源这一重大问题的讨论和著述都不算多，明显少于对国家起源问题的研究。究其原因，要么是有人误将社会和国家完全当作一回事，以为国家的起源就是社会的起源，只需弄清国家的起源，也就同时弄清楚了社会的起源；要么是有人认为有人就有社会，人类的起源就是社会的起源，只需说明人类的起源即可；要么是有人感到社会的起源太过遥远，导致必要的经验材料太过匮乏而无法言说。

不过，这毕竟只是比较意义上的“不算多”。人类思想史上，实际探讨社会起源的学说或理论累积起来还是有一些。若以思考问题的基本理路为划分标准，这些社会起源说分属于两条理路，这就是人类学理路和非人类学理路。前者是指按照人类学的基本理论和方式方法解释社会的起源；后者则是泛指所有未按人类学理路来解释社会起源的其他各种研究进路。人类学迄今只有两百来年的历史，属于现代学术，是故现代学者的社会起源说大多是人类学的理路；而前现代学者的社会起源说则全都是非人类学的理路或传统学术理路。这就是说，属于人类学理路的学者只可能是现代学者，而属于非人类学理路或传统学术理路的学者，则差不多都属于前现代的学者，现代学者属于这一理路的则甚少。

下面我们依次来看，两条不同理路都是如何解说社会起源的，其中最可取的观点又是怎么说的。

一、非人类学理路的社会起源说均难成立

在社会起源的非人类学理路方面，按时间顺序，最早谈论社会形成问题的，据说要算古希腊智者普罗塔格拉。这里之所以用“据说”，在于这是根据张传有（武汉大学哲学系教授）的研究结果说的。张传有认为，普罗塔格拉探讨了作为社会之特殊形态的

城邦的起源，此说虽浅，毕竟是人类关于社会起源的第一个理性思维的结果。普罗塔格拉论述城邦起源的逻辑是，人类最初仅有维持生活必需的智慧和一般的生活资源，他们分散居住，没有城市，这使他们在野兽的侵害面前显得孱弱，“他们虽然有食物，但是还没有政治的技术，战争的技术是其中的一个部分，后来自保的要求使他们聚集到城市里”[①]。这样就建立起了城邦，就有了社会。[②] 不得不说，这个说法确实粗浅。因为没有城市之前的人们也并不一定都是“分散居住”的，众多的史前资料证明，最初的人类就是群居状态，并且一直到有城邦之前，也是处于群居状态的。何况，为什么分散居住就属于没有社会？道理何在？而为什么一旦有了城市或城邦就算有社会，也同样缺乏道理上的说明。因此，普罗塔格拉的社会起源说，充其量只是一个关于“城市社会”起源的极其简陋的说法，且其正确性大为可疑。

中世纪非人类学理路的代表是奥古斯丁，他的说法更简单，即人类和人类社会都是由上帝创造的；上帝创造了人类，也就创造了人类社会。但这纯属由宗教信仰支撑的神话，没有任何理论讨论的价值。

近代按传统学术理路谈论社会起源问题的知名学者有休谟和卢梭。

休谟认为，社会是起源于财物占有的规定：“这种情感(指利己的感情——笔者注)既然是通过建立财物占有的稳定这种规则而约束自己，所以这个规则如果是深奥而难以发明的，那么社会就必须被看作可说是偶然的，是许多世代的产物。但是如果我们发现，没有东西比这个规则更为简易而明显；如果我们发现每一个父母，为了在子女间维持和平，必须确立这个规则；如果我们发现，正义的这些最初萌芽随着社会的扩大，必须日益改善；如果这一切都显得是明白的(这是一定如此的)，那么我们就可以断言，人类绝不可能长期停留在社会以前的那种野蛮状态，而人类的最初状态就被认为是社会性的。”[③]休谟的这个社会起源说同样令人生疑：为什么说有了关于财物占有的规则就算有了社会？这里的必然逻辑是什么？难道人们是为了享受财物占有规则才聚集到一起组成社会的？而不是因为已经聚集在一起生活才需要对财物的分配或占有有所规定？难道有财物占有规则的人类群体与没有财务占有规则的人类群体存在本质差异？难道人类群体在有财物占有规则之前或者同时，就没有任何其他约束性规则存在？应该是有的，比如群体如何集体行动的规则、如何确定规则的规则，就必然是出现在财物占有规则的形成之前。既然如此，凭什么说在有财物占有规则之前的人类没有社会？凭什么说只有等财物占有规则出现之后人类才形成社会？而那些在它之前或与它同时的其他约束性规则又为什么不能形成社会？

卢梭的社会起源说比较复杂，但几乎全都是想当然的描述。按他在著作《论人类不平等的起源和基础》中的说法，人类最初和动物一样，生活在自然状态中，是自然人。后来因为外界偶然因素的作用，自然人逐渐积累了一些粗浅的知识，开始走出动物世界，过上了群居的生活，进入“第一次变革的时代”。为了获得更多的生活资料，自然人

---

① 北京大学哲学系外国哲学史教研室编译：《古希腊罗马哲学》，商务印书馆1961年版，第137页。

② 张传有：《西方社会思想的发展进程》，武汉大学出版社2005年版，第17-18页。

③ [英]休谟：《人性论》下册，关文运译，商务印书馆1983年版，第533页。

开始进行简单的劳动,有了比较固定的住处,最终家庭也出现了,于是人类就从自然状态过渡到“初生的社会”。卢梭社会起源说的最大问题是,人类从来都是群居的,何曾有过一个非群居的自然状态?又如何谈得上有一个从非群居生活到群居生活的“第一次变革”?至于为什么简单的劳动、较固定的住处和家庭就能形成“初生的社会”,也缺乏必要的说明和论证。实际上,所有动物都至少要进行获取食物的劳动,许多动物,尤其是禽类,也有一雄一雌的家庭和固定的巢穴,那么这是否意味着,这些动物也有自己的社会?而没有家庭和固定住所的那些动物,就不可能有自己的社会?这其中的道理又是什么?

中国前现代思想史上,直接谈社会起源问题的学者甚少,具体开始谈的时间也很迟,大概就是近代的严复和章太炎。他俩的社会起源说,明显受到前现代西学的影响,自然也都属于非人类学的理路。

在严复那里,society(社会)被他翻译为“群”,故而他关于人群起源的看法就是其关于社会起源的观点。这个看法被他用两个命题概括,这就是“求存合群”和“群肇于家”。“求存合群”是指原始初民出于“为安利”的动机而合群;而“群肇于家”是说在社会形成之前,有一个“家自为政”的阶段,因而合群是以家为单位的。[①] 严复的这套说法明显粗浅,没能将人的社会即他所谓的群,与群居动物的群相区别,因动物的合群也是“为安利”,有些动物群如企鹅群的内部也存在家,即固定性伴侣及其后代,此其一。其二,为何以家为单位而合就说形成的是社会?严复对之缺乏应有的理论说明。其三,他关于社会之前有一个“家自为政”的阶段的说法也明显与史实不符,因为当今人类学公认,人类有一个群婚杂交而没有家的漫长时段,这时人类就已经是群的状态,又何须以家为单位来合群?

在章太炎那里,有研究者提出,他的社会起源说与他翻译的《社会学》所论述的观点是一致的,也是从达尔文进化论出发,认为人类社会与自然界一样,也是经过长期进化发展而形成的。进化发展是人类社会乃至天下万物形成的最重要的原因和动力,所遵循的法则是“物竞天择,适者生存”。人类社会的进化,首先体现在物质文明方面,“人之相竞也,以器”。轩辕、神农时代“以石为兵”,黄帝时“以玉为兵”,禹时“以铜为兵”,这些都是人类物质文明进化的几个不同阶段;然后是制度文明、精神文明的进化,用章太炎的话来说是“竞以礼”。“竞以礼”同样体现为新生战胜腐朽,进步淘汰落后,所以在社会的进化中,“优胜劣汰”乃是不二法则。[②] 说人类社会是进化而来并总在进化没什么问题,但仅此并不是对人类起源问题的回答。只有明确说出人类是在什么时候、由于什么原因才由群进化为社会,这才堪称社会起源说。

二、人类学理路的社会起源说

人类学大约是一门在两百多年前兴起的以人类本身为对象的学问,其工作内容是

① 俞政:《评严复的社会起源说》,《史学月刊》2003 年第 8 期。

② 史革新:《章太炎社会思想述略》,《史学理论研究》2005 年第 3 期。

从生物和文化的角度对人类进行全面研究。人类学内部有诸多类别，其中，与社会起源问题相关的是史前人类学，它的学术追求是揭示人类及人类文明的出现与历程，重建史前史。按一般见解，史前人类学包括三个分支，这就是生物人类学、考古人类学和社会文化人类学。生物人类学研究生物学意义上的人类物种和人类的由来及其演化过程，考古人类学发掘并研究人属动物出现后的物质遗存，社会文化人类学研究人类早期的群体形态及其发展环节和人类文明的起源及其早期历程。[①] 三者之间，生物人类学和社会文化人类学属于目的性研究，考古人类学属于手段性研究，负责为生物人类学和社会文化人类学的研究提供实证材料。随着史前人类学的不断发展和经验资料与研究成果的越来越多，人类学理路的社会起源说成为可能。

迄今为止，人类学理路的社会起源理论可分为两种基本观点，即同程说和非同程说。同程说是将人类的形成与人类社会的形成视为同一过程，认为社会和人在起源上是同时同步的，人类的诞生就是社会的起源，“人类社会的最早时代——原始社会，是同人类一起诞生的”[②]。非同程说则相反，它不认为人类的形成与人类社会的形成是同步过程，而是先有人类后有人类社会，社会是在人类诞生之后才形成的。

在社会起源问题上，“有人自然就会有人类社会”的说法似乎非常合理，人类学理路的绝大多数学者都属于同程说，其先驱和主要代表是恩格斯，他在其名作《劳动在从猿到人转变过程中的作用》一文中，论述了人的诞生是劳动在从猿到“正在形成中的人”再到“完全形成的人”的过程中起了决定性作用的同时，也顺便解释了社会的起源问题。他明确提出人的形成就是社会的诞生：“由于随着完全形成的人的出现又增添了新的因素——社会。”[③]恩格斯之所以会有这样的判断，在于他同样把劳动当作在人类社会形成过程中起决定作用的因素：“人类社会区别于猿群的特征在我们看来又是什么呢？是劳动。”[④]这就是说，因为人类会劳动，所以人类的群就有了与猿群不同的特征，成为社会。不过，恩格斯这句话中的“劳动”，已不是猿的劳动，更不是其他动物也会的劳动。虽然所有动物都要通过劳动来获取食物并“滥用资源”，甚至“有些猿类用手在树林中筑巢，或者如黑猩猩甚至在树枝间搭棚以避风雨。它们用手拿着木棒抵御敌人，或者以果实和石块掷向敌人”[⑤]，“但是，这一切还不是真正的劳动，劳动是从制造工具开始的”[⑥]。恩格斯的这句话同样需要注释，句中的“工具”，应该不包括栖身和避风雨的巢穴，也不包括单纯用于防身的木棒，因为这些东西在其他猿群那里也有，它仅仅是指能用于生产的劳动工具即生产工具。是故，恩格斯紧接着就自问自答道：“最古老的工具是些什么东西呢？是打猎的工具和捕鱼的工具，而前者同时又是武器。”[⑦]这就说明，从制造生产工具开始的“真正的劳动”在恩格斯那里，既是人区别于

① 参见张岩：《文明起源——从原始群到部落社会》，科学出版社2012年版，第1页。
② 黄淑娉、程德祺、王培英：《中国原始社会史话》，北京出版社1982年版，第2页。
③ 《马克思恩格斯选集》第3卷，人民出版社2012年版，第993页。
④ 《马克思恩格斯选集》第3卷，人民出版社2012年版，第993页。
⑤ 《马克思恩格斯选集》第3卷，人民出版社2012年版，第989页。
⑥ 《马克思恩格斯选集》第3卷，人民出版社2012年版，第994页。
⑦ 《马克思恩格斯选集》第3卷，人民出版社2012年版，第994页。

猿和其他一切动物的类本质,也是人类社会区别于猿群乃至一切动物群的特征。"一句话,动物仅仅利用外部自然界,简单地通过自身的存在在自然界中引起变化;而人则通过他所作出的改变来使自然界为自己的目的服务,来支配自然界。这便是人同其他动物的最终的本质的差别,而造成这一差别的又是劳动。"[①]换言之,恩格斯的意思是,正因为人会制造生产工具的劳动而其他动物都不会,所以,人才超越了动物而成为人,人的群体也才超越了动物的群体而成为社会。那么,使人和人类社会得以诞生的制造生产工具的真正的劳动,究竟是从什么时候开始的?这一点恩格斯没有具体说,根据当代考古人类学的研究,制造生产工具的劳动早在300万年前的旧石器时代的早期就已出现,因为这个时代的遗存中有用砾石打砸出来的砍砸器、手斧,还有很可能是用手斧削制出来的木矛[②],所以,这个时间应该就是恩格斯认可的人和人类社会诞生的时间。此时,人类在个体形态上是从南方古猿进化成的能人,在群体状态上是原始群,因而能人就是"完全形成的人",原始群就是人类社会的最初形态,也是人类原始社会的最初形态。

受恩格斯的影响,国内权威辞典和相关学科教科书,均是同程说的观点,并都将原始群视为人类社会诞生的起点。

但并非没有例外,国内同程说中的蔡俊生就是一位。他在人和人类社会出现时间的看法上与恩格斯不同,自然也与国内同程说的普遍观点不同,是将其定位于氏族阶段而不是原始群阶段。在他看来,原始群时期的"原始人"并不属于恩格斯所说的"完全形成的人",而只属于恩格斯所说的"正在形成中的人";"原始人群"也算不上人类的社会或原始社会,而仅仅是"人类社会形成的起点"。[③] 根据他的说法,这个起点始于300万年前的旧石器时代,其间经过漫长的岁月,直到"大约4万年前随着两合氏族婚姻联盟的建立",才终于形成了"人类历史上第一个成熟的社会形态——原始社会"。[④]与此同时,"正在形成中的人"也变成了真正的人:"这时的人已经是新人,属于现代人类的体质类型"[⑤]。这就是说,蔡俊生的同程说的社会起源时间要比恩格斯的晚296万年。

蔡俊生之所以会有这样的观点,在于他在人类学的理路中又运用了历史唯物主义的两种生产的原理。他认为,应该按照马克思的原则将人类社会形成的过程"理解为一个自然史的过程",为此,"考察的重点就不能不放在历史过程的基础方面,不能不着重考察两种生产及两种生产的社会结构的形成和发展"。[⑥] 所谓"两种生产",即物质资料的生产和人本身的生产或人的生命的生产。关于前者,马克思和恩格斯的大量著述都有论及,形成了极为详细和完整的理论;关于后者,则主要是他们在晚年借助于人类学家摩尔根推出不久的《古代社会》和《人类家族的血亲和姻亲制》等著作而形成的

① 《马克思恩格斯选集》第3卷,人民出版社2012年版,第998页。
② 吴于廑、齐世荣总主编,刘家和、王敦书分主编:《世界史·古代史编》上卷,高等教育出版社2011年版,第6-8页。
③ 蔡俊生:《人类社会的形成和原始社会形态》,中国社会科学出版社1988年版,第116页。
④ 蔡俊生:《人类社会的形成和原始社会形态》,中国社会科学出版社1988年版,第211页。
⑤ 蔡俊生:《人类社会的形成和原始社会形态》,中国社会科学出版社1988年版,第212页。
⑥ 蔡俊生:《人类社会的形成和原始社会形态》,中国社会科学出版社1988年版,第1页。

一些看法。不过,这并不意味着两种生产理论的提出者对两种生产的重视程度有所偏差,恩格斯在其著作《家庭、私有制和国家的起源》的第一版序言中说:"根据唯物主义观点,历史中的决定性因素,归根结底是直接生活的生产和再生产。但是,生产本身又有两种。一方面是生活资料即食物、衣服、住房以及为此所必需的工具的生产;另一方面是人自身的生产,即种的繁衍。一定历史时代和一定地区内的人们生活于其下的社会制度,受着两种生产的制约:一方面受劳动的发展阶段的制约,另一方面受家庭的发展阶段的制约。"[①]这就说明,作为历史唯物主义创始人之一的恩格斯,其晚年的观点已经有所变化,此前只将物质资料的生产说成"历史中的决定性因素",这时也将人的生产视为"历史中的决定性因素"。既然如此,蔡俊生就认为,人类社会的诞生,只能是在两种生产都齐备之时。

根据马克思和恩格斯的论述,物质资料的生产是有社会结构的,分为三个层次,即由一定的工具标志的生产力形成的生产方式,由这种生产方式决定的各种生产关系和反映这些生产关系的上层建筑与意识形态。受这种观点的启发,蔡俊生提出,人本身的生产也有社会结构,也是三个层次,即一定的社会组织形式,基于一定社会组织形式而形成的社会物质关系以及社会物质关系的权利意志形式。根据他的研究,物质资料生产的社会结构形成在前,人本身生产的社会结构形成在后,因而人和人类社会的形成过程,实质上可以分为两大阶段:第一阶段是物质资料生产的社会结构的形成过程;第二阶段是以一定物质资料生产的社会结构为前提而发生的人本身生产的社会结构的形成过程。只有这两种生产的社会结构都已经形成,人和人类社会的形成过程才算结束,所以标志人本身生产的社会结构完全形成的两合氏族婚姻联盟出现的时间即距今 4 万年前,就是人类社会正式形成的时间。[②]

与人数众多、观点鲜明的同程说不同,明确可归为非同程说的人类学研究者甚少。在国外,大概仅有摩尔根一派的学者,其他或可归入非同程说的学者,则多是只有片言只语的模糊表达。摩尔根的观点是,人类社会始于氏族,氏族之前没有社会,是"男女杂交"的状态。[③] 但其没有明确陈述理由,似乎仅在于氏族是有性规范的组织,而之前的男女杂交群体则没有任何性规范。

在国内学界,可归为非同程说的似乎只有张岩。不过据实而论,张岩也并没有明确表述过"人的诞生和人类社会的形成不是同一个过程"这样的观点,甚至也没有回答人类是在何时诞生的问题。笔者将他定位于同程说,只是从他探讨人类文明起源的著作《文明起源——从原始群到部落社会》中的一些具体说法推论出来的。

第一,他有原始群不是人类社会的明确表述:"原始群是'动物性群体',部落社会是人类社会。"[④]这里,他所说的"部落社会",也就是氏族社会。因为他的"部落"概念与"氏族"概念同义。

---

① 《马克思恩格斯选集》第 4 卷,人民出版社 2012 年版,第 13 页。

② 蔡俊生:《人类社会的形成和原始社会形态》,中国社会科学出版社 1988 年版,第 211-212 页。

③ [美]路易斯·亨利·摩尔根:《古代社会》,杨东莼、马雍、马巨译,中央编译出版社 2007 年版,第 3-5、365-369 页。

④ 张岩:《文明起源——从原始群到部落社会》,科学出版社 2012 年版,第 3 页。

第二，他有人类社会起源于氏族的观点，“人类社会的整合起点是原始群。原始群的首次结盟形成最初的部落，即人类学概念中的两合氏族。这就是人类社会的起源”，并专门申明，“首次结盟的原初部落是人类社会的初始形态”。[①] 他同时也解释了原始群结盟成部落的动因是为了打破“原始群僵局”。“原始群僵局”指原本从一个原始群分化出的两个有血缘关系的相邻而居，且彼此独立的群体，最初还能和平共处，但经过一段时间后，就会因为领地和资源发生相互冲突的生死争斗，结果是强者占优，“赢得更广阔的领土和更丰富的资源，弱势群体要么被歼灭，要么只好屈居一隅或被迫离开”[②]。可是，由于客观上受到两个因素的限制，强势群体并不能因获胜而在规模上超出原有群体多少。这两个因素是，“由于主要生活在地面(而不是树上)，群体规模小到一定程度就无法有效抵御大型猛兽和同类的袭击；由于食物资源有限，群体规模大到一定程度就会有个体饿死”[③]。因此，原始群的一般规模只能和黑猩猩群一样，维持在三四十个成员左右，群体的“规模如果超过上限(四五十人)，人们只有两个选择，聚在一起挨饿或一分为二各自谋生”。“一分为二的两个原始群之间，会在短期内相安无事。但要不了很久，一两个世代(甚至更短间隔)后，当亲情和利益此消彼长到一定程度时，领土争端将烽烟再起。”“如果冲突双方势均力敌，便会出现旷日持久的对立、仇杀。故领土争端是原始群之间关系的常态。如果没有新的因素介入，这是一个无法打破的局面。可以称之为原始群僵局。这种局面绵延数万年，一直持续到旧石器时代的晚期。”[④]也就是说，直到原始群结盟成氏族或两合氏族才告终结。

第三，他有两合氏族结盟之前的原始群中的个体是人而不是“正在形成中的人”的意思，因为他明确说结束原始群僵局的“新因素就是人类的理性和智慧”，还明确说原始群中推动结盟的是人：“结盟事件是旧石器时代人类步入文明的‘独木桥’。结盟推动者人数很少，他们拥有纯净的理性，奔逸绝尘的智慧，在现代科学形成的过程中也只有培根、伽利略、牛顿等寥寥数人可以比肩。他们实际上是同一种人。”[⑤]张岩之所以会如此界说结盟推动者，在于他认为结盟事件是一个“难度极高且条件极苛刻”的事情，其间要解决很多难题，要设计诸多巧妙的制度，没有高超的智慧根本做不到。而有如此高超智慧并可与牛顿等比肩的存在者，只可能是人。如是，他们当时的同胞即便是达不到他们那样高的智慧，也注定同属于人。

第四，他一方面有形成原初部落(人类社会的初始形态)的结盟事件大约发生于“六七万年前到十余万年前这一段时间”的推测，另一方面有“十余万年前，解剖学意义上的现代人(智人)出现于旧大陆局部地区”[⑥]的说法。这就说明他认为，现代人(确切地说是晚期智人)的出现，要早于氏族即他所说的原初部落的出现，从上限说要早三四万年，从下限说，要早数千年。

---

① 张岩：《文明起源——从原始群到部落社会》，科学出版社 2012 年版，第 234-235 页。
② 张岩：《文明起源——从原始群到部落社会》，科学出版社 2012 年版，第 6 页。
③ 张岩：《文明起源——从原始群到部落社会》，科学出版社 2012 年版，第 4 页。
④ 张岩：《文明起源——从原始群到部落社会》，科学出版社 2012 年版，第 6 页。
⑤ 张岩：《文明起源——从原始群到部落社会》，科学出版社 2012 年版，第 13 页。
⑥ 张岩：《文明起源——从原始群到部落社会》，科学出版社 2012 年版，第 231-232 页。

正是基于以上四点，我们就可以断定，张岩的观点是：人类的诞生在前，人类社会的形成在后。

三、评析人类学理路的社会起源说

在上述人类学理路关于社会起源问题的两派说法的四种观点中，依笔者之见，只有第四种观点即张岩的非同程说是可以证成的，其他三种都存在不可补救的纰漏。

第一种观点即恩格斯的观点也是学界一度流行的普遍观点的问题是，如果说制造工具的劳动就是真正的劳动，就是人类诞生的标志和起点，那么黑猩猩也要被归为人类。因为恩格斯之后的动物学家经长期跟踪考察发现，黑猩猩也会制造生产工具和使用工具，如将有分叉的树枝修理成可以方便伸入蚁洞捕食白蚁的小木棍。既然黑猩猩都会制造生产工具，那么只会比黑猩猩更聪明的人类直接动物祖先，即南方古猿乃至更早的拉玛古猿和森林古猿，肯定也会制造生产工具，于是也要将它们都改称为人类，从而导致与人类学普遍共识相悖。当然，这一问题的存在也不能归咎于前人的运思不慎，而是囿于时代的局限和当时人类学的稚嫩。不过话说回来，不能将制造生产工具的劳动作为人类和人类社会同步诞生的证据，还不等于否证了同程说本身。如果当代人类学者的这一见解是对的——人类和人类的最初群体形态原始群（亦称原始群团、原始游群、原始游团、原始团、自然群、自然群团之类），是在约 170 万年前一起出现的，那就仍为同程说预留下了续存的空间。这就是，只要能再进一步证明原始群就是人类社会或人类原始社会的最初形态，那么，人类和人类社会就还是同程同步诞生的。只是这种证明获得成功的可能性并不存在，这从笔者后面的论述中可以看到。

第二种观点即蔡俊生观点的弊端是存在多重严重的自相矛盾。一方面，他认同人和人类社会的由来是同一个过程，并将二者诞生的时点定位于 4 万年前，因为根据他的论述，不仅人类社会是在氏族或说两合氏族婚姻联盟（按他的观点，这意味着人类社会的第二种必备结构即人本身生产的结构的完成）出现时形成的，而且“新人”即已经不再是“正在形成中”的人，也是在这个时点诞生的：“按照谢苗诺夫博士收集到的所有这些古人类学和考古学资料，古人向新人的转变恰恰发生在 4 万年前左右的时期。”① 而古人即早期智人，新人即晚期智人。但是，另一方面，他在其著作的前面部分又有如下观点：

其一，与恩格斯的“真正的劳动是从制造工具开始的”观点不同，蔡俊生是将“制造工具的工具”的劳动，视为“人类的生产劳动”和人类与猿的本质差异所在，并认同“现代的古人类学家和考古学家一般都把人类的生产放在 300 多万年左右的时期”的观点。因为这时是有石器的时代，而有了石器就能证明有了“制造工具的工具”。② 其道理在于：有石器的时代同时也有木器和骨器，后两种工具应该是被用石器制造出来的。石器有天然的，但往往不够用和不算好用，更多的石器是被打制出来的，而一旦用打制

① 蔡俊生：《人类社会的形成和原始社会形态》，中国社会科学出版社 1988 年版，第 205 页。
② 蔡俊生：《人类社会的形成和原始社会形态》，中国社会科学出版社 1988 年版，第 115 页。

出来的石器制造木器和骨器，就是在用工具制造工具。“这样在人科生物那里就形成了石器制造业。这就是最初的第一部类生产。……自从有了第一部类生产，就出现了完整意义上的人类的生产劳动。”[①]请注意，他用的是“完整意义上的人类的生产劳动”。

其二，蔡俊生说：“我们认为人类的生产方式至晚在大约175万年前的这个时期，也已经诞生。”因为第一，生产工具——以石器为证——已经定型和规格化，说明第一部类生产已经形成了相当完整的技术工艺结构。第二，狩猎即第二部类生产，也形成了一个完整的技术工艺结构。第三，当时的狩猎业和采集业可能成为两个相对独立的生产部门，并且出现了某种程度的劳动分工。这些都表明，劳动的社会组织形式也已经相当完整。那么，说生产方式已经形成，当然是肯定无疑了。[②]

其三，“所有制关系的形成标志着生产关系的成熟。至此，属于人类社会的物质资料生产方面的社会结构已经形成。时间大约是在100万年前左右的直立人时代”。“随着物质资料生产的社会结构的形成，每一个原始人群实际上都已成为一个单独的原始公社。”[③]

显而易见，这后面的三种观点与他前面的观点存在直接冲突。既然“完整意义上的人类的生产劳动”是在300万年前出现的，“人类的生产方式”是在“大约175万年前”出现的，“人类社会的物质资料生产方面的社会结构”和“原始公社”“是在100万年前左右”形成的，那蔡俊生为何又会有人和人类社会是在4万年前出现的说法？这岂不是怪事?!

不仅如此，后面三种观点之间也相互冲突。既然300万年前就已经“出现了完整意义上的人类的生产劳动”，那么，“人类的生产方式”就不会诞生于“大约175万年前的这个时期”。因为只要有人类的生产劳动，就自然会表现为某种方式，即生产方式，根本不可能存在没有任何“生产方式”的“生产劳动”，也不可能存在没有任何“生产劳动”的“生产方式”。同理，只要有了“人类的生产方式”，就一定会有某种所有制关系，就一定会有工具和制造工具的工具为谁所有和生产出的产品归谁所有的规定，否则生产根本不可能进行和维系，因而“属于人类社会的物质资料生产方面的社会结构”也根本不可能是又在更晚的“100万年前左右”形成的。还有，蔡俊生所说的出现于这个时段的“所有制关系”，是特指“私有制关系”，但为何只有私有制关系才“标志着生产关系的成熟”，也是与理不通的。

第三种观点即摩尔根的观点的问题是，不仅没有明确说明为什么氏族就是最初的社会，而且，他眼里的氏族其实只是排除了群内杂交关系后的原始群，或实行某些群内性规范的血缘家族，而非真正的氏族。真正的氏族都是两合性氏族，即都是由两个氏族或说两个半族合成的，各氏族或各半族的内部禁止族内婚，实行族外婚或外婚制，并以此为基本特征，这样的社会组织相当于摩尔根所说的胞族。在摩尔根那里，胞族不

---

① 蔡俊生：《人类社会的形成和原始社会形态》，中国社会科学出版社1988年版，第116页。
② 蔡俊生：《人类社会的形成和原始社会形态》，中国社会科学出版社1988年版，第120-121页。
③ 蔡俊生：《人类社会的形成和原始社会形态》，中国社会科学出版社1988年版，第161页。

仅与他所说的氏族即血缘家族完全不是一回事。而且也是在他所说的氏族之后才发展出来的第二种社会组织形式，“构成民族的有氏族、胞族、部落以及部落联盟，它们是顺序相承的几个阶段”①。这就是说，他认为氏族的诞生在前，胞族的诞生在后。但是，真正的氏族和胞族其实是一回事，自然也不会先后出现，只不过人们对它的命名有所不同而已。氏族的命名是相对原始群而言，胞族的命名则在于强调它的成对性或内在结构。更致命的是，血缘家族这种社会形态仅仅是“摩尔根根据夏威夷人的亲属称谓提出的设想，在考古资料中得不到实际的例证”②，这就使他的非同程说的社会起源观，在今天已被绝大多数人类学家抛弃。

在人和人类社会的起源是否同程的问题上，笔者说张岩的观点即第四种观点可以证成，不等于说它已经证成。由于社会起源问题并不是张岩著作的写作目的和关注重心，他的非同程说也存一些不足和缺点，需要加以补充、修正。

一个严重不足是，他没有专门解释为什么“原始群是动物性群体，而部落社会是人类社会”这个问题。其书中仅有一处似可被视为解释的说法是在谈论澳洲部落的“社会景观”时出现的：澳洲部落有“一整套复杂、严格的制度规范着部落共同体的社会生活，完全取代原始群阶段支配‘动物性群体’的‘自然法则’”③。就表明在张岩那里，原始群之不同于人类社会，就在于原始群是受自然法则支配，而人类社会（部落或氏族）受人为制度规范。可是，他的这个论据实在孱弱。如果原始群中的个体已经是人，张岩自己实际上也认为是人，那何以见得先前的还没变成氏族的原始群中就完全没有人为的制度存在，而一概是在受自然法则的支配？考古人类学家根据石器类型的分化推定，在还没有氏族的“旧石器中期就有了性别分工，男子从事狩猎，女子则从事采集”④。前述蔡俊生的研究则还认为，在氏族之前，除了有男女分工之外，还有第一部门生产即生产工具的生产和第二部门生产即生活资料的生产的分工。而这些非自然的分工，显然只能出现在有了这样内容的人为分工规则之后。退一步讲，即便这时的原始群只有自然法则，没有人为制度，也构不成原始群与氏族或部落（在张岩那里，“氏族”“两合氏族”和“部落”的概念都是一回事）的本质差异。原始群与氏族均属于群体，如果二者在群体的性状即形态和性质上并无二致，就算是其内部出现了自然法则与人为制度这样的差异，也不一定就意味着氏族已从动物性群体变成了人类社会。比方说，倘若氏族中的那一套复杂而严格的人为制度只是摩尔根设想的关于不同辈分的非亲兄弟姐妹的男女如何相互平等地按辈分共夫共妻的规定，而再没有任何事关群体的形态与构成的规定，那么，即便氏族内的两性婚配状况已经不同于黑猩猩群中的群婚杂交和强者多占的自然状态，它在群体性状上就仍旧还是属于动物性群体。因为它与动物性的黑猩猩群体还是没有任何根本的不同，都是自然形成的，都是三四十个成员的规模，都是多雄（男）多雌（女）共处一体的结构。

---

① ［美］路易斯・亨利・摩尔根：《古代社会》，杨东莼、马雍、马巨译，中央编译出版社 2007 年版，第 3-5 页。

② 吴于廑、齐世荣总主编，刘家和、王敦书分主编：《世界史・古代史编》上卷，高等教育出版社 2011 年版，第 9 页。

③ 张岩：《文明起源——从原始群到部落社会》，科学出版社 2012 年版，第 7 页。

④ 吴于廑、齐世荣总主编，刘家和、王敦书分主编：《世界史・古代史编》上卷，高等教育出版社 2011 年版，第 8 页。

另一个同等重要的不足是，张岩虽有原始群中的个体已经是人的明确表述，却没有专门为此进行论证，这就使我们无法断定，氏族出现前的原始群中的个体究竟能不能说已经是完全形成的人？也无法确定人的出现是否要早于人类社会的形成？于是，他的非同程说也势必要受到怀疑。而蔡俊生式的人和人类社会同时诞生于氏族问世之际的同程说，也就又有了“死而复活”的可能。诚然，我们可以将张岩那段关于“人数很少”的结盟事件推动者“拥有纯净的理性，奔逸绝尘的智慧，在现代科学形成的过程中也只有培根、伽利略、牛顿等寥寥数人可以比肩。他们实际上是同一种人”[①]的陈述视为其关于原始群中的个体是人的论证，只是这个证据本身颇为可疑。张岩的这个立论和他的其他大多数立论一样，都是以续存至现代的澳洲部落社会的状况为据。这类澳洲部落社会不仅内部结构异常复杂，不是四分体系（包含两个两合氏族的体系），就是八分甚至十多分的体系；而且的确同时还有一套若无卓越的智慧就根本建构不出来的复杂而巧妙的制度安排在维系其存在和运行。但疑问是，按张岩给出的氏族诞生时间推算，他所引为立论样本的澳洲部落社会，已经存在和发展了六七万年，那么，它会和其刚出现时的氏族在内部结构、制度安排上也完全一样吗？显然不会。原初的氏族只可能是两个原始群的整合，而不可能是两对或两对以上的原始群的整合，因为所有多于两合氏族的共同体，都是在两合氏族形成之后随着新生代成员的出生而发展出来的。这就是说，最初的氏族社会只可能是最简单的两合氏族社会，而不可能是包含多对两合氏族的部落社会，因而“人类社会的初始形态”也只能是氏族，而不可能是张岩所说的包含多对两合氏族的部落。既然人类社会的初始形态是最简单的两合氏族，那么从可能性上讲，实现从原始群到人类社会的转变，只要有一个外婚制也不是不行，而不是必须有众多复杂的制度。而当时的实际情况很可能也与之差不多。至于现代观察到的澳洲部落社会所具有的复杂结构和所拥有的复杂制度，应该是在数万年间的不断试错、不断反复的过程中，一点儿一点儿地增加和发展起来的。诚然，当初即便仅仅是设计外婚制，也还是需要一定的智慧的，可这种智慧究竟能不能算是人的智慧，又能不能算是人类已然存在的铁证，仍有待思考。已有的研究表明，黑猩猩群体曾有从一雄多雌到多雄多雌的变化，氏族之前的原始群中已有从无分工到有分工的变化。试问，这些势必只有通过规则性改变才能实现的变化，岂不也是智慧的体现？而这类智慧与制定外婚制的智慧相比，又会有什么实质性的不同？

因此，张岩的非同程说要想在道理上真正说通，还得重新证明这两个判断：第一，氏族是人类社会而不是动物性群体；第二，氏族之前的原始群中的个体已经是真正的人而不是正在形成中的人。

四、关于氏族是社会的证明

根据前文所述，如果我们承认，在氏族与原始群作为群体进行性状比较而不存在

① 张岩：《文明起源——从原始群到部落社会》，科学出版社2012年版，第13页。

差异的前提下，就不能说氏族已经变成了人类社会的观点是正确的，那么据此反推，只有当氏族这种群体出现了不同于原始群这种群体的性状变化时，才可以说它已经变成了不同于动物性群体的人类社会。而氏族恰好就是这种变化的结果。

首先，在群体的规模上，氏族实行外婚制（禁止族内成员相互通婚，只准本氏族的成员与结对氏族的成员通婚），氏族一出现都是也只能是成对的，这才又有“两合氏族”或“两个半族”或“胞族”之谓，故氏族就是半族，胞族就是两个成对的氏族或半族，它们都是同时出现的，而不是先有氏族或半族，后有胞族或两合氏族。既然如此，在群体的规模上，氏族的成员数量起初就至少是原始群的两倍，而后随着世代的递增还会不断扩大，变成拥有两个两合氏族或多个两合氏族的部落，乃至包含两个部落或多个部落的部落联盟，而原始群则没有这样的变化，永远都是只有三四十个成员的恒定规模。

其次，在群体的内在结构上，必须成对出现的氏族即两合氏族，已不再是原始群那样的群下直接包含个体成员的“群-个体”这样的二级结构，而至少是“大群（两合氏族或胞族）-小群（半族或氏族）-个体”这样的三级结构。当其发展到部落再发展到部落联盟时，则是“部落联盟-部落-胞族-氏族-个体成员”这样的五级结构。

再次，在群体的表征上，由于氏族是两个原始群的结合，这就有了过去从不曾有过的群间交往，这就有必要为两个半族（氏族）起不同的名号、立不同的标识，以方便交往中的相互称谓和相互辨识。于是，半族就有了“氏”或“姓”之谓，就有了图腾之标，而动物群和属于动物性群体的原始群，则既无名号，也无标识。半族有“氏”或“姓”之称：“氏”是父系半族亦即从夫居半族的称号，故这样的半族曰“氏族”；“姓”是母系氏族亦即从妻居半族的称号，故这样的半族曰“姓族”。根据人类学的最新研究，半族的确是在同时期内既有父系的，也有母系的，而非先有母系的，后有父系的，如澳洲大陆部落社会的情况就是如此。[①] 至于为什么从有文字的历史叙述以来，只见用“氏族”称半族而不见用“姓族”称半族，一方面是出于简化称谓和统一称谓的考虑，另一方面是因为有文字的时期基本上都是父系社会或男权社会的缘故。

最后，在群体性质上，氏族作为两个原始群的结合或整合，是有意而为的结果，而不是自然而然的，但原始群则和动物群一样，都是自然而然的。据此来说，人类的原始群其实更适合称为“自然群”。实际上，氏族所不同于原始群的前三种变化，即群体规模、结构和表征方面的变化，也是有意而为造成的，因而有意而为还是上述各种变化中的根本性变化。

正因氏族在群体的形态和性质方面均发生了完全不同于原始群的以上变化，所以氏族应该就是人类社会的开端，也是原始社会的开端；而原始群之所以不能称为人类社会或人类社会的开端或原始社会，就在于其群体的形态和性质仍与自然而然的动物群一样。确切地说，是与最接近于人类的动物即黑猩猩的群体别无二致。

氏族作为社会的开端，是从什么时候开始的？按较早即 20 世纪五六十年代的人类文化社会学的流行观点或辞典解释，氏族始于 1 万年前的旧石器时代晚期；按蔡俊

① 张岩：《文明起源——从原始群到部落社会》，科学出版社 2012 年版，第 70 页。

生于1988年给出的说法，将这个时间提前了不少，变成始于4万年前左右；而张岩于2012年发表的见解，又将这一时间提前到了大约始于“六七万年前到十余万年前这一段时间”。考虑到考古人类学一直以来总是不断有新的发现补充新的证据，这就意味着，在史前史研究中，越晚出现的研究结论会越接近于历史真实。具体到这里，就是最近出现的张岩说法更为可靠。

关于氏族的认知，这里还有需要补充的。很多人类学家，包括张岩和蔡俊生，都认为氏族只能是由两个相互独立的原始群结盟而成。可笔者认为，氏族也可能甚至更可能是来自一个原始群的分群变革。按以往情形或自然法则，当一个原始群的成员数量经不断繁衍增至要超越它所能容纳的上限时，就需要分成两个群各自独立活动了，并且这两个群还一定会在不久之后，为领地和资源之争而陷入新一轮的原始群僵局。而分群变革，就是某一次面临分群之际的当事者，鉴于以往的经验教训，为避免出现周而复始的原始群僵局，决心改变分群惯例，以使两分后的两个群仍能有密切的关联，仍同属于一个整体，并能长期和谐相处。那么，怎样才能做到这一点呢？在当时情况下，最好的方法和选择就是在二者间实行外婚的集体通婚制。于是原来准备两分后各自独立的群就变成了两合氏族或两个半族。不难理解，分群变革相比两个已经各自独立的原始群再实现结盟，更具有情感基础，更好沟通说话，更具备时空方面的便利条件（至少在为结盟谈判时不必相互耗时费力地来回跑动），从而也更好操作，所以由分群变革形成两合氏族的可能性和成功率自然就会比两个已独立的原始群的结盟的成功率更高。因此，在实际的历史过程中，氏族亦即胞族的形成，至少应该是既有合二为一，也有一分为二，并且后一种情况应居多。

说到这，还有需要纠正的地方。张岩认为，原始群在规模上只能和黑猩猩群一样，总是维持在三四十个个体成员左右，超过其上限就必须分群，其中一个重要原因是“由于食物资源有限，群体规模大到一定程度就会有个体饿死”[①]。但分群本身并不能改变天然食物资源有限的状况，又如何能因分群而改变或避免“会有个体饿死”的情况？实际上，恰当的解释是，群的规模大到一定程度，就不便于统一领导和集体行动，就会增加集团行动的时间成本，降低集团行动的效率。此外，群大了也很难找到一处可以同时满足所有成员都吃饱的自然场所，从而使所有群体成员要想饱腹，就需要奔跑更多的路程，耗费更多的时间和体力，因而只有三四十个成员规模的群体才适合生存，这才是原始群在规模上只能和黑猩猩群一样的原因。

五、关于氏族的创造者是人的证明

既然氏族就是社会已经得到证明，那么，“氏族之前的原始群中的个体已经是真正的人而不是正在形成中的人”的证明，也就是关于社会的创造者是人的证明。这个证明可以这样进行：人类学中，各种研究氏族的成果虽然对氏族形成时间的判断并不一

① 张岩：《文明起源——从原始群到部落社会》，科学出版社2012年版，第4页。

致甚至相去颇远，但所有研究者全都认为，氏族形成之前的原始群中的个体属于晚期智人（也叫“现代智人”）。晚期智人在身体解剖结构上，因为是与早期智人相异而与现代人相同而被人类学归属于现代人，所以是真正意义上的“完全形成的人”。这就说明，人类学的共识是：人（晚期智人）的出现在前，氏族的形成在后。

然而，我们是否仅凭“属于解剖结构的现代人”这一点，就能完全断定晚期智人已是“完全形成的人”或“真正意义上的人”，具有人的本质？大致可以。任何一种存在者的形与质都是统一而密不可分的，人的形与质也是如此，即不可能只有人的形而无人的质，也不可能只有人的质而无人的形。并且，事实上也是再无任何可知的其他动物也具有现代人的形即解剖结构，所以晚期智人应该说就是真正意义上的人。此外，晚期智人进入氏族社会后仍然是晚期智人，也确实并没变成别的解剖结构，在此情况下，若晚期智人不能算是完全形成的人，岂不意味着连氏族都不能算是人的社会？

当然，要是我们再能从人的本质方面做出同样的判断就更好。不然，哪一天若真的出现一个与人类质同而形不同的外星人，我们又当作何解释？

只是人的本质其实已不是人类学的专属问题，而是属于哲学层面的人学问题，或哲学人类学的问题。哲学人类学不属于只研究史前史的狭义人类学的分支，而是属于没有什么史前或史中、史后之类的时段限制的最广义的人类学，负责从最普遍的意义上研究人和人类的各种一般性问题，而对人的类本质或类特性的追问，正是其最关注的基本问题。只不过这个问题异常复杂艰难，若想做出经得起拷问的回答，必须分步骤进行。

1. 关于“人是什么”的各种既有回答

对人的本质的思考，就是关于“人是什么”的追问。人类对于这个关乎自身的追问至少在两千多年前就开始了，古希腊太阳神神庙上的神谕“认识你自己”就是明证。从那时起至今，人们对此问题已经给出了许许多多各不相同的回答，它们最终可以归结为以下十种：

其一是用神创定义人，说人是神的创造物。这主要是早期神话和基督教神学的观点。根据基督教《圣经》的创世教义，创造了万物的上帝在创世纪的第六天，又按照自己的样子创造了人类，并让人类管理地上的万物和走兽。

其二是用理性定义人，说人是理性的动物。这个观点的历史最悠久，也最具影响力，乃至今天还经常有人运用。一直以来，人们都是将这个观点归于亚里士多德，但他其实只有可用于证明这个观点的说法：“理性实为人类所独有。”[①]据卡西尔的研究，以理性界说人类的观点在苏格拉底那里已有，“我们可以概括苏格拉底的思想说，他把人定义为：人是一个对理性问题能给予理性回答的存在物”[②]。以理性界说人的方式，在两千多年前的中国也有。荀子说：“人之所以为人者，何已也？曰：以其有辨也……故

① ［古希腊］亚里士多德：《政治学》，吴寿彭译，商务印书馆1996年版，第385页。

② ［德］恩斯特·卡西尔：《人论》，甘阳译，上海译文出版社1985年版，第9页。

人之所以为人者，非特以其二足而无毛也，以其有辨也”[①]。这里的“辨”，实际上就是指理性思辨能力。

其三是用政治定义人，说人是政治动物。这个观点才是亚里士多的首创。在他看来，“人类生来就有合群的性情，所以能不期而共趋于这样高级（政治）的组合”[②]，所以，“人类在本性上，也正是一个政治动物”[③]。巧的是荀子同样也有类似见解，他在比较人和动物时说：人“力不若牛，走不若马，而牛马为用，何也？曰：人能群，彼不能群也”[④]。这里的“群”，不是指动物的自然群，而是指被人有意识地组织起来的政治社会。亚里士多德的所谓“高级政治组合”，其实就是指城邦之类的人类社会，因而后人又有“人是社会动物”的说法。

其四是用语言定义人，说人是语言动物。以语言符号为人类标志的观点，大致也是源自亚里士多德的说法：“在各种动物中，独有人类具备言语的机能。”[⑤]而海德格尔的“人以语言的方式拥有世界”和“语言是人类存在的家园”等说法似乎也有此意。卡西尔更是直言，“应当把人定义为符号的动物”[⑥]。尽管现代的动物考察研究已经证明了动物也有语言，能与同类交流并分享信息，但在当代还是有人类学家坚持认为，“只有人类是唯一可以使用语言符号进行交流的生物”。并特意对“语言符号”概念做了一个只能为人所有的解释：“是一个将人造符号用语法联系起来的系统，能够创造出无限的准确话语。”[⑦]

其五是用道德定义人，说人是道德动物。这个观点是从中国古代儒家的观点推出来的。孟子说：“人之所以异于禽兽者几希，庶民去之，君子存之。舜明于庶物，察于人伦，由仁义行，非行仁义也。”[⑧]荀子说：“水火有气而无生，草木有生而无知，禽兽有知而无义；人有气、有生、有知，亦且有义，故最为天下贵也。”[⑨]朱熹说：“人之异于禽兽，是父子有亲，君臣有义，夫妇有别，长幼有序，朋友有信。”[⑩]其中，仁、义和尊卑人伦均属道德。

其六，是用工具定义人，说人是工具动物。用工具定义人的思路是在200年前出现的，并一度成为主流意见，只是其具体表述有所不同。富兰克林的说法是：“人是制造工具的动物。”马克思对之表示赞赏，说他“对人下了一个正确的定义”[⑪]。恩格斯也据此将在由猿到人的过程中起了决定作用的“真正的劳动”，规定为“是从制造工具开始的”[⑫]。人之所以制造工具，自然是为了使用工具，因而后来“人是制造工具和使用

---

① 《荀子・非相》。
② [古希腊]亚里士多德：《政治学》，吴寿彭译，商务印书馆 1996 年版，第 9 页。
③ [古希腊]亚里士多德：《政治学》，吴寿彭译，商务印书馆 1996 年版，第 7 页。
④ 《荀子・王制》。
⑤ [古希腊]亚里士多德：《政治学》，吴寿彭译，商务印书馆 1996 年版，第 8 页。
⑥ [德]恩斯特・卡西尔：《人论》，甘阳译，上海译文出版社 1985 年，第 34 页。
⑦ [美]大卫・克里斯蒂安：《极简人类史——从宇宙大爆炸到 21 世纪》，王睿译，中信出版社 2006 年版，第 53 页。
⑧ 《孟子・离娄下》。
⑨ 《荀子・王制》。
⑩ 《朱子语类》卷五十七。
⑪ 《马克思恩格斯全集》第 47 卷，人民出版社 1963 年版，第 105 页。
⑫ 《马克思恩格斯选集》第 3 卷，人民出版社 2012 年版，第 994 页。

工具的动物”的说法成了更常见的表述。但是，当代的动物学家和人类学家发现猿类动物即黑猩猩和古猿也会制造工具和使用工具之后，用工具定义人的方式就面临危机，因为这个发现意味着人和动物在工具方面没有质的差异，只有量的不同。为了应对危机，挽救用工具定义人的方式，人类学学者匹尔比姆改用“必须依赖工具而生存”[①]来表明人的本质；巴托洛缪和伯塞尔又将这个改变完善为这样的定义，“人类是不断依靠工具来维持生存的唯一哺乳动物”[②]。意为动物虽然也制造工具和使用工具，但只是偶尔的行为，而人则是总在制造工具和使用工具，并以此维持自己的生存。而哲学学者邓晓芒则是将原定义修改为“人是制造、使用和携带工具的动物”，他提出“携带工具是人跟猿类相区分的一个最重要的界限”，并且，正是因为人要携带工具，才开始直立行走乃至形成语言。[③]

其七是用精神定义人，说人是精神性动物。在近现代，将精神或某种精神要素作为人类区别于动物的特性的看法较多。有些来自哲学家，如黑格尔的人是有自我意识的动物，费尔巴哈的人是有思想性感觉的动物，狄尔泰的人以精神文化区别于动物，舍勒的人是唯一有精神趋向的优越存在物；有些来自人类学家，如普列斯纳的人是在精神世界中不断寻找并实现着自己意义的存在，罗特哈克的人的本质是精神活动，兰德曼的人是精神的生物。[④]

其八是用文化定义人，说人是文化的动物。这个观点主要来自文化人类学或文化哲学。这里的“文化”，在很多人那里仅指科学、哲学、道德、文艺、宗教之类的符号化精神产物，所以那些强调人是精神性动物的人类学者，即普列斯纳、罗特哈克和兰德曼，也会同意这种观点并且确实也有与之相类似的说法，如兰德曼也说“人是创造文化和使用文化的人”。与之不同，施忠连将文化理解为“人所创造的一切”[⑤]，并且在这个前提下说：“只有把人看作是文化的生物，才能真正深刻地把握人的类特性。”[⑥]这就说明，“人是文化的动物”这个定义中的“文化”，存在着广义和狭义的两种解释，前者包括一切人类创造物，后者仅指人类的精神产品。

其九是用生物性的“未特定化”定义人，说人是未特定化的生物。这是生物人类学家的观点，其肇始者为格伦，他同时也是主要代表。他认为，人与动物的最大区别是未特定化。动物是特定化的，其感官适应于每一种特定的生活条件和需要，如同一把钥匙开一把锁。动物的特定化的范围就是动物的本能，规定了动物在每种场合下的活动。相反，人的感官不趋向某个特定的状况，不仅仅指向某个特定对象。人未特定化，人不能自然而然地生活于自然界，这意味着人是未完成或有先天缺陷的生物。但这也意味着人不被本能所制约，能从事创造和发明。正是由于人的未特定化或未确定性，人才有能力在活动中弥补自己的缺陷，才能超越有足够装备的动物。同时，人才能不

---

① ［美］D·匹尔比姆：《人类的兴起：人类进化概论》，科学出版社 1983 年，第 51 页。

② 陈金桂编译：《猿猴社会》，科学出版社 1982 年版，第 111 页。

③ 邓晓芒：《人类起源新论：从哲学的角度看》（上下），《湖北社会科学》2015 年第 7、8 期。

④ 欧阳光伟：《现代哲学人类学》，辽宁人民出版社 1986 年版，第 90、94-95、200-202、210 页。

⑤ 施忠连：《文化的生物——人》，湖南文艺出版社 1988 年版，第 6 页。

⑥ 施忠连：《文化的生物——人》，湖南文艺出版社 1988 年版，第 8 页。

为环境所封闭，面向世界开放。这样，人在生物结构上的全部缺陷就得以解决。①

其十是用自由定义人，说人是自由的动物。虽然明确这样定义人的说法似乎还难得一见，但所有将自由视为人之本性或特性的学者，应该都会赞成这样的定义。这些学者古有庄子，近有启蒙时代以来的一大批思想家，包括卢梭、康德、马克思、萨特，等等。其中，最有代表性的当推马克思。他在年轻的时候就提出过一个非常著名的论断：生产生活就是类生活，就是产生生命的生活。一个种的整体特性，种的类特性就在于生命活动的性质，而自由的有意识的活动恰恰就是人的类特性。② 据此推论，他自己的人类定义就是：人是自由的有意识的动物。并且，这个定义也不妨碍他在老年时期对富兰克林定义的肯定，因为制造工具正是一种自由的有意识的活动。

2. 解构既有回答

以上关于人的十种不同定义，尽管各有其理，但经认真审视，都不能完全令人满意。

其中有四种是错误的。

第一，神创说的人的定义是错的。这无须多说，达尔文的生物进化论和其后越来越多的人类学事实证据表明，人类是由猿进化来的，而非神所造。

第二，人是理性动物的定义是错的。人是有理性，但理性是什么？无论是苏格拉底、亚里士多德、荀子，还是后来运用这一定义的人们，都从没有给出过一个明白的交代，如此又何以知道动物没有理性？何以能说理性只为人类独有？逻辑推理能力，应是理性的一个典型标志，现代动物学家的大量观察和实验表明，动物也有一定的逻辑推理能力。其中一个著名实验是：一只水果在房间里挂着，由于原有的木棍被拿走了，猩猩就用放在地上的毯子将水果撩了下来。舍勒据此推断动物也有实践理性。并说在此范围，猩猩与爱迪生只有量差而无质别。③ 应该承认，至少在后一个判断上，舍勒是对的。

第三，与之同理，在语言上，不论有人怎么定义“语言符号”，人类的语言和动物的语言仍然也是只有量的差异而无质的不同。因为不论手势语言还是声音语言，在动物界里也有，只是没有人类语言高级、复杂。所以，将“人是语言的动物”作为人类定义也是不妥当的。

第四个有错误的定义是生物人类学家的“人是未特定化的生物”。它的错误在于颠倒了因果关系。史实上，根本不是因为人未特定化才从事创造和发明的，而是因为人总在创造和发明，才逐渐变为未特定化的，即变得不能像动物那样仅仅出于本能就能生存。只要我们不否认人是由猿进化而来的，立刻就能明白这一点。古猿作为人类的动物祖先，岂不也是特定化的动物？从古猿到人的过程，岂不就是从特定化到未特定化的过程？而在其中起决定作用的，岂不就是人的发明创造？

---

① 欧阳光伟：《现代哲学人类学》，辽宁人民出版社 1986 年版，第 127-128 页。

② 《马克思恩格斯选集》第 1 卷，人民出版社 2012 年版，第 56 页。

③ 欧阳光伟：《现代哲学人类学》，辽宁人民出版社 1986 年版，第 136-137 页。

有五种定义不够全面，存在片面性。

政治、道德、精神，的确可以说都是人类独有的东西，因而“人是政治动物”“人是道德动物”“人是精神动物”的说法都是对的。同时，退一步讲，如果我们最终也能切实证明理性和语言也是人类独有的，那么说“人是理性动物”和“人是有语言动物”也没错。但也正因为它们都是对的，所以无论以其中的哪一个作为人的定义，都一定存在片面性。这就是，每个说法都只说出了人与动物的一种不同，而不是所有不同或总体性的不同。并且，每个说法也都没有证明，唯有自己所说的那个不同，才是人与动物的根本不同。这显然也不符合定义的要求，因为只有能够揭示对象的本质性特点或本质种差的表述，才堪称该对象的定义。否则，“人是两条腿直立行走的无毛哺乳动物”之类的其他说法，也都照样可以成为人的定义。按照定义原则，一个对象的定义都只能有一个，而不能同时有两个或两个以上的不同定义。这就说明，只要上述所谓“人的定义”没有哪一个能否定其他，确证自己，就都没有资格号称是人的定义，充其量只能算是一种关于人的说法。

从工具出发的人的定义，同样也存在片面性。因为他们所说的工具，都是狭义工具，仅指用于物质生产的器物。它既不能涵括政治、道德、精神之类，也算不上是人类与动物的本质性区别，因为猿类动物也能制造和使用工具。虽然后来那两种修改定义，即“人类是不断依靠工具来维持生存的唯一哺乳动物”和“人是制造、使用和携带工具的动物”，似乎都找到了人与动物在工具方面的本质不同：前者的不同在于人是用工具维生而动物不是，后者的不同在于人携带工具而动物是用了就丢。但是，它们还是都不能涵括政治、道德和精神之类的东西，并且还是没法证明，唯有自己的说法才堪称人的定义，其他的说法则都不配。

顺便指出，后一个修改定义，其实也有谬误。修改者一方面强调“携带工具是人跟猿类相区分的一个最重要的界限”，并且认为直立行走又是携带工具的结果；另一方面在为上一观点举证时又说，考古发现的 300 万年前的南方古猿代表露西已经能够直立行走，是介于猿和人之间的环节。这就令人非常不解。露西既然已经能够直立行走，那按定义修改者的逻辑，就肯定已是携带工具者。并且，她的很多辈的先祖也必定是携带工具者，否则露西不可能一下子就变得会直立行走并拥有直立行走所需的骨骼。既然如此，露西乃至其多代先祖，根据“携带工具”这个“最重要的界限”来区分，就应该属于人，可为何又要说其“是介于猿和人之间的环节”？这就说明，那个所谓的区分人跟动物的“最重要的界限”，就是在定义修改者自己那里，也未见得好用。那么，是不是将露西直接改说成是人而非猿与人的中间环节就可以解决这里的悖论？如此，悖论是可解决，却又违背人类学的共识。因为绝大多数人类学者都认为由露西代表的南方古猿是猿而不是人：“露西是一位强壮、肌肉发达的灵长动物，已经能够完全两足行走……脑容量与黑猩猩相仿，约翰逊和蒂姆-怀特将露西定位为阿法南方古猿，即稍晚的南猿的直系祖先。毫无疑问，他们的划分是正确的。”[①]另外，一个好的人类定义，不仅

---

① [美]布莱恩·费根：《世界史前史》，杨宁译，世界图书出版公司 2011 年版，第 50 页。

要与人类的起源吻合，而且还要与人类的历代情况相吻合。近现代以来，随着工业化和城市化的推进，携带工具去田里劳作的农民越来越少，从而使越来越多的人都不再携带物质生产工具，甚至是一辈子也从不携带，即便工人也只是在工厂里才拿起工具。可是，若从"人是创造、使用和携带工具的动物"这个定义出发进行判断，岂不是要说这些人都并不是人？

至于以文化定义人的方式，则存在两种情况。如果该类定义中的"文化"是指狭义文化，那么，尽管它可以涵括人的所有精神创造物，即语言、文字、习俗、道德、政法、科学、哲学、文艺、宗教，等等，却还是不能涵括同样由人创造也为人独有的各种用于生产和生活的器物，仍然存在概括不全的片面性。如果该定义中的"文化"是指"人所创造的一切"，虽可避免片面，又有其他方面的缺点。一个缺点是技术性的。当我们将定义中的"文化"还原为定义者所说的"人所创造的一切"时，该类定义就变成了一个荒诞不经的无法理解的说法——"人是人所创造的一切的动物"。即便该类定义还可以按照另一种表述还原为"人是创造、使用人所创造的一切的动物"，也同样避免不了荒诞，因为它无疑还是在说，"人是创造人所创造的一切的动物"。另一个缺点是实质性的。这就是，一个合理的人类定义，应该与人的起源相吻合，或者说应包含判断人诞生的标准。因为定义既然只能是对对象的本质性种差的揭示，那么，当某个对象拥有这种本质性种差的时候，势必也同时就是其诞生的时刻。可是，按照"人是文化动物"的定义来进行判断，人类就要被说成是在古猿第一次制造工具并使用工具的那一瞬间诞生的。但事实是这样的吗？显然不是。否则，我们就又得承认会制造工具并使用工具的猿类动物也是人了。

与这一实质性缺点相类似，第十种人类定义，虽然已经将"自由的有意识的活动"指认为人的"整体特性"，而不是某一种特性，但用其推论出的人类定义，还是无法判断人类诞生于何时，甚至哪怕只是给出一个大致的判断也做不到。因为一直以来，我们连"自由是什么"都没有搞清楚，并充满巨大的分歧与争议，又如何能知道人类是在何时具备自由特性的？又如何能断定自由是人所独有而动物所没有的特性？或许就是为了回避自由难以诠释的困境，一些马克思主义的后继者就干脆只解释整个句子，或者说"自由的有意识的活动"是指劳动或制造工具的劳动，或者依据马克思的另一句话，"正是通过对对象世界的改造，人才实际上确证自己是类的存在物"[①]，将"自由的有意识的活动"解释为对自然的改造。可是，动物难道没有获取食物的劳动吗？猿类不是也有制造工具的劳动吗？而这些活动乃至蜂的蜂巢、鸟的鸟巢、蚂蚁的地宫、土拨鼠的地洞、海狸鼠用于捕鱼的筑坝，难道都没有形成对自然的改造吗？因而"自由的有意识的活动"这个表述，不仅难以解释得清楚，也难以用它判断人类的起源，而且仅凭它实际上还是无法将人类与动物区别开来。

总之，十种人的定义中，四种是错的，四种存在片面性，一种如果不属于片面，就属于意思混乱，并且也不好运用。还有一种，除了不好运用之外，还不好解释。这就说

① 马克思：《1844年经济学哲学手稿》，人民出版社1979年版，第51页。

明，我们需要重构人的定义。

3. 重构关于人的定义

重构一个不同于以往的人的定义不算难，每个善思者大概都能做到，难的是重构出一个经得起仔细推敲的定义。鉴于以往定义的失误和不足以及对它们的反思，笔者认为，给出经得起推敲的人的定义应该注意满足以下三点：

首先，要沿袭马克思的"一个种的整体特性，种的类特性就在于生命活动的性质"这个思路来给人下定义。这是因为，下定义就是要揭示对象的类特性即种差。我们是要揭示人这种有生命且会活动的物种的类特性，那就的确应从确定其"生命活动的性质"而不是别的什么性质入手，并由此将人与其他有生命且会活动的物种区别开来。同时需要注意的是，我们所要确定的人的生命活动的性质，不仅应该是唯人独有的特殊性，而且还应该属于人的生命活动的"整体特性"，而不只是某个方面或某个维度的特性，如此才能免除人的定义的片面性和不应有的多元化。

其次，要使所给出的人的定义，既与人类的起源相吻合，也与人在各个时代的状况相吻合，最好还能与人类的整个宿命相吻合。因为定义是揭示对象本质的，必须与对象的自始至终相一致。从而一方面能使我们反过来用它判断人类诞生的大致时间；另一方面也能避免我们在以它为标准时，反将其他时代的人或其中的某些人，推断为不是人。

最后，鉴于"人"这个概念既指人类也指个人，而且事实上人类和个人也必然在性质上相通，所以，一个经得起推敲的人的定义，应该不仅能用于揭示或解释人的类特性，也能用于揭示或解释人的个体特性或说个性。

根据以上三点，笔者给出的定义是：人是凭自造物而生存发展的活动者。

这个定义看起来与前述人类学家的那个修改定义，即"人类是不断依靠工具来维持生存的唯一哺乳动物"似乎差不多，而且也确有受其启发的成分，但实际上已有诸多质的不同。

在笔者的这个定义中，"自造物"是指自己创造的东西，也包括自己制造的东西。后者或者是对前者的重复，或者是对某种具体自然物的直接模仿，如模仿天然的石斧打制石斧。用"自造物"取代"工具"的必要性在于，它可以将天然工具排除在外，这样就可以避免将偶尔使用自制工具而多是使用天然工具的猿类动物或人类的动物祖先，排除在人的定义域之外。

更为必要的是，以往以工具定义人的"工具"，仅指物质生产工具，可人的生存并非仅仅是依靠物质生产工具，而是还要运用其他种类的自造物。因为人的生存或生命活动，并不仅仅是物质生产这一种活动形式，而是一种全面性的活动，既包括生产，也包括生活，还有生产和生活中都必不可少的人际交往。况且，生产也不仅仅只是物质产品的生产，而是还有精神产品的生产；生活也不只是吃喝住行，而是还有两性繁衍、生老病死和休闲娱乐等。因此，区别于动物的人的生存方式或生命活动方式，除了会体现为以自造的物质生产工具进行物资资料的生产以外，也应同时体现为在生产生活的其他方面也在使用自造物进行活动。这就是说,仅有自造物质生产工具还不能叫形成了人的生存方式,只有在生产生活的各个方面或至少是各主要方面都在使用自造物进行活动时,才算是真正形成了人的生存方式。人的生存方式的真正形成,意味人的诞生。因此,人就是由于全面性地运用自造物生产生活,才正式地由“正在形成中的人”变成了“完全形成的人”。正因为人并不仅仅是依赖物质生产工具才具有了人的生存方式并变成人的,所以改以使用“自造物”这一具有整体性的概念就可以避免片面性,成全全面性。因为它既可以涵括自造的物质生产工具,也可以将自造的生活用具、交往中的语言和人为规则、娱乐中的游戏和竞技、精神活动中的各种产品和活动模式,不论是最初就有的生存经验、自我性知识、对象性知识、语言、人为规则(如原始禁忌),还是稍后出现的信念、信仰、巫术、祭祀、游戏、艺术,抑或很晚以后才拥有的文字、宗教、哲学、科学等,也都统统涵括进来。

人类的所有自造物都属于文化,文化也是人类所有自造物的总称,故笔者的这个定义也可转换为:人是凭文化而生存发展的活动者。自造物作为文化,一方面体现为人创造的各种实体性器物并形成器物文化,包括各种生产工具和各种生活资料;另一方面体现为人创造的各种非实体性的符号构成物并形成符号文化,包括语言、文字、习俗、道德、制度、宗教、艺术、技术、科学、哲学之类,是故“全面性地运用自造物生产生活”也应指,运用于生产生活的自造物,既要有器物性的创造物即器物文化,又要有符号性的创造物即符号文化,而不能是仅有其中的一种。

在这个定义中,用“凭”取代“依靠”的必要性在于,“依靠”有出于被动无奈之意,“凭”则有主动选择、自愿如此之意。而“自造物”恰恰就是人的自主选择和刻意追求的结果。这就意味着,人一旦是在凭自造物生产生活,就摆脱了大自然对于自己的先天限制或特定化规定,成了“自由的有意识的”活动者。

在这个定义中,用“生存发展”取代“生存”的必要性在于,动物只是生存,没有发展,人则不仅仅是生存,还有发展。人的发展,是由自己不断增添、更新自造物或不断发展文化推动的,也是这样体现的。既然人是凭文化生存发展。文化就是人的存在方式,因而如果人拥有的文化不同,其存在方式也必然不同,当人所拥有的文化由较低级的形态发展到较高级的形态之时,也就意味着人的存在方式也向前发展了。或曰,人的生命活动方式也向前发展了。因此,与动物的存在方式是被大自然规定好了且一成不变地依赖本能不同,人的存在方式是由自己创造出来的,并且这个创造的过程直到今天仍在继续且以后也永无休止。这可谓是人类的宿命。

在这个定义中,“活动者”是特指有生命且能自主运动的存在者,用它取代“动物”抑或“哺乳动物”的必要性在于,所有动物乃至所有生物都是以符合自然法则或自然选择的基因突变的方式去适应自然环境的变化而得以存续的,唯独人是用自造物来适应环境或改变自然状况以适应自己而续存的,因而也就不必像动物那样依赖基因突变适应环境变化。加之,只有人是拥有文化的,只有人是能发展且不断发展的。所以,人类已与所有种类的动物都根本不同,只能自成一类,作为与动物并列而不是被动物所包含的另类活动者。这就是说,“活动者”这个概念不全等于动物,而是包括人和动物这两个类。实际上，我们也只有如此处理，才能预防在将人与动物进行比较时所必然产生的逻辑混乱。这就是，如果我们一方面说人属于动物，另一方面又将人与动物进行比较，那岂不是等于犯了类似于将男人与人做比较的低级错误？当然，笔者的这种处理并不妨碍生物学家继续把人作为动物的一种看待。但是，在负责揭示人的类特性的哲学或哲学人类学的层面上，我们却不能这样做。

正因为"自造物"包含了人所创造的一切，而"凭"是自由的体现，"发展"又是唯人独有的存在方式，所以，"凭自造物生存发展"就是人的生命活动的整体特性或类特性，就是人与动物的本质性种差或根本性差异所在。并且，正因为它是人的"整体特性"和相对于动物的"根本性差异"，所以人与动物在其他各个方面所存在的种种具体差异，也都已被它一网打尽，囊括其中。

4. 晚期智人是完全形成的人

如前所述，生存应是既包括生产也包括生活的整体性生命活动，因而"人是凭自造物或文化而生存发展的活动者"的人类定义意味着笔者认为，人类诞生于在其生产生活的多个方面都在既使用器物文化，又使用符号文化的时候，而不是仅仅在某一个方面、某一个领域，更不是在某一件事务上使用自造物或文化之物的时刻，也不是在生产生活的多个方面仅仅使用了器物文化或仅仅使用了符号文化的时候。这就是说，还没有全面性地使用器物文化和符号文化而生存的人，就还只是属于"正在形成中的人"；全面性地使用器物文化和符号文化而生存的人，才是"完全形成的人"或"真正的人"。

以此标准衡量，完全形成的人，只能从晚期智人算起，而先于其出现且依次上溯的早期智人、直立人和能人，则都属于还在形成中的人。它们是从南方古猿到完全形成的人的中间环节。

根据考古人类学所积累的发掘资料和普遍研究结论，始现于距今 10 万至 5 万年前的晚期智人①，在物质生产方面，已经拥有用工具制造出来的种类及品种繁多的木器、骨器、石器，还有经二次加工而成的工具和复合工具，如有木柄的骨器和石器，并完全是用这些用工具制造出的工具在进行生产资料和生活资料的生产的；在物质生活方面，已经拥有自建的居所、炉灶、储仓，自制的容器、锥子、骨针、衣物、腰带、扣子、身首饰品；在精神方面，已有艺术、丧葬、祭祀、迷信或信仰等。②③④ 此外，在生产和生活都需要也实际存在的人际关系和人际交往方面，已经拥有分音节的系统声音语言和多种人为规则。这些规则，有的是事关生产的，有的是事关生活的，有的属于经济规则，有的属于政治规则。

晚期智人所拥有的生产生活器物和艺术品、丧葬物、祭祀物，已由考古人类学发掘的实物证明，而迷信或信仰则作为祭祀的前提条件，也同时得到推证。但有何考古发

---

① 这是最新说法，此前人类学界一般认为晚期智人出现于 7 万年至 5 万年时。

② 参见[美]斯塔夫里阿诺斯：《全球通史——从史前史到 21 世纪》，吴象婴、梁亦民、董书慧、王昶译，北京大学出版社 2006 年版，第 7 页。

③ 吴于廑、齐世荣总主编，刘家和、王敦书分主编：《世界史·古代史编》上卷，高等教育出版社 2011 年版，第 7 页。

④ 朱绍侯、齐涛、王育济主编《中国古代史》上册，福建人民出版社 2010 年版，第 4-6 页。

现能证明晚期智人还有分音节的系统声音语言和多种性质的人为规则？的确，这个论断没有考古资料的直接证明，但它是合理推论的结果。根据人类学可成立的研究，在晚期智人之前已形成这样的生产方式，它不仅体现为“用自己创造的物质生产工具而不是自身器官进行物质生产”，而且还体现为存在分工。先是有生产生产工具和生产生活资料的部门分工，稍后又有男子狩猎和女子采集的男女分工。[①] 显然，诸如此类的生产分工，只能是通过有意识地制定分工规则的结果，即先制定出相关分工规则，而后方有部门生产的分工和男女分工。这就说明，此时肯定已有非自然法则的人为规则存在。这样一种事关所有成员的行动并被所有成员共同认可照做的行动分工规则的出现，只可能是通过共同的讨论商议才制定出来的，因而如果此时还没有能够清晰表达自己意见的分音节的系统声音语言，这种大家聚在一起共同讨论商议的情况就是不可想象的。同时，大家能坐到一起共同讨论商议集体分工，自然也会是因为事先已有“凡遇重大事项均需集体讨论商定”的政治性人为规则的存在。这就说明，在晚期智人那里，除有自制的物质生产工具之外，也已有方便群体成员共同交流并准确表达意见的成熟语言，还至少有分工生产的经济规则和共同决定重大事项的政治规则。说“至少”，一方面是因如有丧葬、祭祀活动，就必有如何进行丧葬、祭祀的人为规则；另一方面是因还有研究证明，这时也有狩猎季节两性成员要相互回避而不得交配的性禁忌或生活规范。[②] 显然，这种严厉压抑人的自然本性的生活规范，也只能是人为建构的结果。

综上可知，晚期智人的确已经在生存亦即生产生活的各个主要方面都在既使用器物文化，也使用符号文化。

那么，是不是在晚期智人之前的早期智人就还没有全面性地使用文化？应该是。因为早期智人不仅在生产中还没有如晚期智人这般种类繁多的生产工具，而且在生活中，还没有固定的自建住所、储仓，也没有衣物、骨针和身首饰品；在精神活动中，没有艺术品，也没有丧葬、祭祀和迷信、信仰。再从人体解剖结构上说，为什么晚期智人在身体的形态特征和大脑的结构容量方面，是与我们即现代人相同而与早期智人相异，并由此而被归为现代人？[③④] 岂不就是因为他们已经拥有现代人的智慧并和现代人一样，是全面性地以文化实现生存？而早期智人之所以其身体还保留了不少猿的形态与特征，其大脑容量还小于晚期智人或现代人，其脑动脉也与现代人存在差异，岂不就是因为他们还没有足够的智慧，还没有全面性地以文化实现生存，还是“正在形成中的人”？如是，在从南方古猿进化而来的人属动物的进化史上，先于早期智人出现的直立人和更早出现的能人，自然也只能属于“正在形成中的人”。

由于已经全面凭文化存在，晚期智人不仅再不需要靠基因突变来适应不断变化的自然环境，而且再也不需要任何特定化的器官去对应某一种自然状况，所以，从晚期智

① 蔡俊生：《人类社会的形成和原始社会形态》，中国社会科学出版社 1988 年版，第 120-121 页。

② 蔡俊生：《人类社会的形成和原始社会形态》，中国社会科学出版社 1988 年版，第 183-189 页。

③ 参见吴于廑、齐世荣总主编，刘家和、王敦书分主编：《世界史·古代史编》上卷，高等教育出版社 2011 年版，第 5 页。

④ 朱绍侯、齐涛、王育济主编《中国古代史》上册，福建人民出版社 2010 年版，第 4-6 页。

人到今天的我们，就再也没有出现过人体结构上的新的生物进化。现在人类学界的一般看法是，在人类进化史上，从500万年前的南方古猿进化到200万年前的能人，用了300万年的时间；从能人进化到50万年前直立人，用了150万年的时间；从直立人进化到20万年前的早期智人，用了30万年的时间；从早期智人进化到10万年前的晚期智人，用了10万年的时间。按照这个在时间上不断大幅缩短的进化节律看，人类在最近的10万年间早就应该有新的生物进化发生，可是事实上却没有。这就说明，人类从特定化到未特定化的演变已经在晚期智人这里全部结束。同时，它也反证了"完全形成的人"正是自晚期智人开始。

正因晚期智人已经通过全面使用自创物或文化而变得完全未特定化，所以，人类就可以不受任何环境束缚，也能适应任何环境，从而走向全球，成为拥有开放世界的存在者；所以，其后所有时代的人们，也必须凭自创物生存发展；所以，笔者的人的定义，不但与人的起源吻合，也会永远适用，而不至于因它将其他某个时代的人或某些人判定为不是人。

人类的任何一种自造物或文化之物，不论其出自哪个时代，最初都是由当时的某个人或某些人造出来的，而不是由所有人共同造出来的，也不是由每个人同时分别造出来的。这就意味着对每个时代的每个新生个人来说，绝大多数的人类自造物他是不会使用的。这就决定了，他要想凭文化之物生存发展，就必须先学会使用它们的方法。而这个学习各种文化之物的过程，也就是个人被文化所化而拥有文化素质的过程。由于人类的文化之物经不断创造和历史积累越来越多，每个人不可能也没有必要全部学习它们的使用方法，而是根据各自的实际情况和兴趣偏好选学其中对他最有用的部分，于是，不同的个人也就具有了不同的文化素质，而正是这种不同的文化素质，尤其是其中那些能对其人生活动起指导作用的符号文化素质的不同构成，即德行、规则意识、价值观念、理想信仰之类的不同，使他形成了自己生命活动的特性，即个性。这就表明，本文关于人的定义，也为说明个人本质提供了合理的解释路径。

既然人的类特性是凭自造物而生存发展，那么我们每个人就都应该自觉地参与到生成人类自造物的活动中来，而不应仅仅只是一个人类自造物的享用者。并且也只有在这个活动过程中，每个人才能确证自己也是一个人类自造物的造者，是一个对人类有价值的人，从而也是一个真正的人。相反，那些一辈子只是凭别人的自创物而生存的人，不仅毫无价值可言，而且也只是一个徒有人形的动物而已。因此，对于个人来说，并非没有退变为动物的可能。这就说明，要想证明自己是一个人，就要有自己的创造物或制造物；要想不断提升自己的人生价值，就要设法为人类贡献出更多的自造物，尤其是具有首创性的自造物。因为首创是最不容易的自造，它最能体现个人的智慧、价值和独特性。

人为何要首创或创造？是为了活得更好。不管最初的创造是为了获取更多的食物，还是为了更方便、更安全地获得食物，都属此意。因而人凭自造物生存发展的过程，就是被活得更好的动机推动的。

人为何会有活得更好的动机并能为之进行创造？是因有想象力。想象力是无中生有的能力，它让人预想到了活得更好的某种状况和实现它的方式方法。然而，动物（不包括正在形成中的人）最多只有简单的联想，而没有无中生有的想象。所以，动物只有活着，没有活得更好。动物如黑猩猩将有分叉的小树枝修理成类似天然木棍的样子，用于捕食蚁洞中的蚂蚁，就只是对自然物的模仿，而不是超越自然物的创造。鉴于此，真正的创造，应该始于第一件复合工具（如有木柄的石斧）诞生之时，而这也正是晚期智人时期。复合工具不再是从有到有的模仿，而是从无到有的生成。正因如此，凡是出于想象而非简单模仿自然物的人类创造物，都能成为人区别于所有动物的一个标志。并且，人所创造的这类东西愈多，与动物的差距就愈大，离动物界就愈远。

六、结论：社会是人用制度创构的

至此我们已经证明，社会的起点是氏族而不是原始群，而原始群中将原始群整合成氏族的晚期智人已是完全形成的人而不是正在形成中的人。既然如此，最初的人类社会即氏族，就并不是随着人的诞生而同步同时诞生的，而是由先于氏族出现并至少已经存在了上万年的人（晚期智人）把它创造出来的。因此，在社会起源问题上，人与社会一起诞生的同程说是错误的，非同程说才是正确的。

的确，社会就是被人创造出来的。而人用于创构社会的基本手段，正是本书前面一直在强调的作为社会历史决定因素的制度。

张岩认为，澳洲的部落结盟能够结束原始群僵局的诀窍主要在于它有一系列制度，包括三种基本制度和三种重要制度，三种基本制度是外婚制及亲属类别制、加盟群体之间虚拟的经济合作制和转世成年礼制度；三种重要制度是长老执政制度、定期聚会制度和氏族知识传承制度。[①] 因为这些制度，尤其是外婚制，使两个原来自成一体的原始群不再是彼此独立和相互对立的原始群，而是相互全体通婚的对象，这样一来，每个氏族成员的婚姻对象都在对方氏族，每个氏族的繁衍必须依赖对方氏族，于是这两个氏族就只能和平共处，而不可能如原始群僵局那样相互为敌、相互歼灭。

这意味着张岩也是把制度视为构成最初的人类社会的决定因素。

鉴于构成氏族社会的这一系列制度极其复杂和巧妙，张岩认定氏族社会的构成，只能是出自一些智力超群者的精心设计和全盘操控。

可笔者认为，有如此完备制度结构的氏族社会，实际上更可能是经过多次失败或多次挫折之后才最终建构起来的。人类最初的原始群整合亦即氏族社会的建构，尽管是用制度实现的，却不一定必然是这一系列制度皆有。可以合乎逻辑地推论，初始氏族社会必然有的制度应该只是三四种。首先是必然要有外婚制，否则根本不可能将两个势必会彼此独立和相互对立的原始群，变成相互通婚并有恒定姻亲关系的和谐共同体。其次，如果说外婚制是对婚配机会或婚配资源的人为重新分配，那么这时也一定会有对各种其他资源的分配规定。两合氏族虽然是一个共同体，但生产还是分别进行

---

① 张岩：《文明起源——从原始群到部落社会》，科学出版社 2012 年版，第 7 页。

的，如果不对生产的基本对象即自然资源进行分配和边界清晰的划分，即便有外婚制的维系，仍然难免因为相互争夺自然资源而导致的原始群僵局的再现。被两合氏族划分分配的自然资源通常都所含甚广，是一种无所不包的分类体系，比如在澳洲氏族那里，就无一遗漏地包括天上的日月星辰和地上的万物。[①] 当然，仅有自然资源分配制也不够保险，它其实并不能增强两合氏族的亲近感和共同体意识，相反还会使二者因资源无关和生产无涉而产生疏离感或不是一家人的意识。于是，就还有必要让两合氏族在产品上实行互通有无和成果共享的互惠制来加强二者的关联，使二者在婚姻的纽带之外，再多加一条经济上相互维系、相互依赖的纽带。澳洲氏族社会的民族志表明，那里的氏族之间也确实存在产品的互通、互换和互享的经济关联，因而氏族社会还必然会有产品互惠制，并与自然资源分配制一道形成半族间的经济合作制。[②] 这套经济合作制度基本上都是可实践也需要实践的，并非仅仅是意识上的想象或观念宣传的结果，是故张岩将其全部称为“虚拟的”就显得不恰当。充其量，只是其中对日月星辰的分配和试图通过图腾增殖仪式来让动植物数量变多的规定才有虚拟性。最后，不难理解，上述外婚制和经济合作制的建构，均事关原始群中每个人的切身利益，其成立只能是在群间和群内平等地共同商议的前提下完成，所以这时还必然会有第三类制度安排，即民主的议事议会制。

至于张岩提到的氏族成员的转世成年礼制度，以及与此相关的氏族知识传承制度，还有与外婚制相关的亲属类别制度、与经济合作制相关的图腾增殖仪式制等更具体的制度，则不都必然是人类最初建构氏族社会就一定有的制度安排，它们更可能是在原始群整合为氏族之后的岁月才被逐渐发明出来的。这就是，进入氏族社会之后，有的氏族成员受原有的性习惯和本能的性冲动的影响，不能总是自觉地服从新实行的外婚制的约束，有时也会就近与本氏族的异性交合。氏族社会起初或许对之还没有任何相应的防范措施，这种就近解决性冲动的方式就会逐渐得到越来越多的人的仿效，因而严重地破坏了外婚制，同时也严重地威胁到氏族社会的续存。为了化解这一致命危机，氏族社会逐渐发明和完善出了一套维护、保障外婚制的赏罚兼备的防范性制度安排。根据众多氏族民族志的实证研究，其中，罚的制度安排一般都是对破坏外婚制者处以死刑。而赏的制度安排，由于当时社会管理者手中具有吸引力的可赏之物十分有限，就设计出了以永生为奖赏的转世成年礼制度，以及与此相关的知识传承制度。转世信念建立在人的灵魂可以通过转到新生氏族成员的躯体得以复活并由此不断反复进行而获得永生的迷信知识的宣传和传承之上，其中让个体生命不断延续的关键环节即转世，被说成只有通过成年礼制度实现，这就可以规定，只有未违反外婚制或其他氏族制度之人的灵魂，才能被存放在灵龛中保存，并有资格在举行成年礼时得以借新人躯体转世复活，而违反这些制度之人的灵魂则将失去这些待遇。由于没有哪一个氏族成员不害怕被处死和不渴望得到永生，他们就在这一套制度的赏罚导向之下，再不敢也再不愿违反外婚制和其他氏族制度。当然，这里也存在另一种可能，就是惩罚性

① 张岩：《文明起源——从原始群到部落社会》，科学出版社 2012 年版，第 131-141 页。

② 张岩：《文明起源——从原始群到部落社会》，科学出版社 2012 年版，第 142-149 页。

保障制度是在氏族最初成立时就已被考虑到并设计出来的，只是后来由于发现仅此还不足以全面彻底地杜绝破坏外婚制的行为，并且严厉地处死也有一定负面作用，即容易因为引起被处死者直系亲属的不满而导致族内的相互仇视和相互冲突，这才又发明出了转世成年礼制度。不管当时的具体情况究竟如何，赏罚兼备的氏族保障制度，只可能是逐渐完备完善的，而不可能是一蹴而就。并且，只有当有了完备完善的赏罚兼备制度之后，外婚制和其他氏族制度才能得到切实的保障，氏族社会才能得以长久地延续。也只有到了这个时刻，氏族社会才算大功告成，才算拥有了稳固的基础和完整的结构：既有事关各种活动和资源的社会制度（民主议事制、外婚制、自然资源分配制和经济合作制等），也有社会制度保障机器（由处死和转世等赏罚兼备的各种制度构成的社会赏罚机制），还有社会制度意识形态（氏族制度知识及其普及和传承）。这就说明，最初的人类社会，同样也有和后来各个时代的人类社会都一样的三位一体结构。因此，社会的起源同社会的结构、社会的演变一样，也是被制度决定的。

哲理表明，事物的起源和事物的本质是密切相关的。基于我们已知，社会始于氏族，氏族是人类社会的开端，有意而为的“人为性”是其基本特点，还知道氏族都是有自己的疆域的，所以这就从发生学的角度再度证明，社会就是一定疆域内的所有个人的人为组合体。其中，人为组合乃是社会的本质特点。尽管社会在以后的时代又有结构和规模的不断变化，甚至其“人为组合”的胎记已不再明显或逐渐被后人遗忘，但它们仍不过是一定疆域内的所有个人的人为组合体的变体，其本质特点并没有丝毫改变。既然社会的定义或本质是这样的，这就意味着只有人类才有社会，而动物则只有群。动物群是一定地域上的某类动物（也包括人属动物）的所有个体的天然集合体，与人为组合的社会迥然不同。不仅在根本属性上不同——社会是人为组合的，动物群或自然群是自然而然的，而且在群体形态的特性上也截然不同——人类社会的规模和结构均是可以不断变化发展的，具有发展性，而动物群在规模和结构上都是恒定不变的，没有发展性。因而，一直以来我们经常可闻可见的所谓“动物社会”或“动物的社会性”之类的用语，如果不是出于比喻，统统都属于不明就里的概念误用。

既然社会是由人用制度创构出来的，这就清楚地说明，在人与社会之间，人一定比社会重要，这种重要性体现为：人是社会的目的，而社会只是人实现自身发展的一种手段或工具。同时说明，社会这种组织作为一种具有了自己的意志和实践活动能力的主体，确实属于次生主体，是被元主体即人创造出来的。

社会的诞生是人类发展史中的伟大事件，具有无可完全估量的里程碑意义，它不仅让人类也从群体性状上脱离了动物界及自然群，而且还从此改变了人类演化的原有图景。

为什么人类祖先中，只有与现代人在基因上一脉相承的这一支能一直存活并延续至今？很可能就是因为他们当初创造性地发明了其他支系人种，如尼安德特人和丹尼索瓦人从不曾有过的社会（氏族），从而在生存竞争中战胜了他们，使之消亡，就像文明史中许多曾有的民族也会在民族生存竞争中消失一样。在这个问题上，张岩的一个解释是值得借鉴和发挥的。这就是，氏族在群体规模上比动物性的原始群至少要大一倍，并因可相互交流的内部成员更多，而更容易产生出更多的智慧和创造物，从而也就肯定会在领地与自然资源的争斗中轻易战胜还处于原始群状态的同类，所以他们能够不断地进行领土扩张和全球性迁徙。如是，当他们扩张或迁徙至有其他人种的原始群所占有的疆域时，也一样能战而胜之。这就是为什么当初已经大面积占领欧洲大陆很久的大量尼安德特人，会在有了从非洲大陆迁徙而来的后来者，即克罗马农人之后，突然从人类进化史上完全消失的原因。而曾经占据东南亚、东亚，乃至西伯利亚并在这一带频繁活动的丹尼索瓦人[①]，应该也是出于同样的原因而被进行全球扩张至此的有氏族的现代人所消灭的。总之一句话，在史前时代的多支系人类竞争中，最终是有社会的人战胜并消灭了没有社会的人。而有社会的人之所以有社会，乃是因为他们发明了一套能够建构社会的制度。

这一情况表明，当今学界或政界的那些所谓各个民族的文化没有先进与落后之分、应该让各个民族都原样完整地保留自己的传统文化的说辞，即便是出于一种平等立场的善意，也是完全错误且严重误导他人的。

最后，有必要再简单地总结一下人类和人类社会以及人类文明的诞生问题。人类的诞生，从生物人类学讲，始于南方古猿之后的能人时期；从哲学人类学讲，始于晚期智人时期。晚期智人全面性地运用文化而生存发展，是完全形成的人，而在其之前循序上溯的早期智人、直立人和能人，则都还是正在形成中的人，还不具有全面性的文化。人类文明的诞生，与生物人类学意义的人类一样，也是始于能人时期，而不是任何其他时期。确切说来，它始于能人制造的第一个可重复使用于生产的木矛或石斧。因为文化就是人类自造物的总称，而“文明”概念应该不过是表示文化发展程度的用语，所以第一个木矛或石斧，作为第一个文化之物，正是文明的最低级阶段或初始阶段的文物。人类社会作为人的创造物，其实同样也是一种文化之物，它的诞生始于与动物性群体不仅实质有别而且形态也有别的氏族，是被晚期智人用一些前所未有的制度建构起来的。因而人类的社会文明，即有社会以来的文明，也始于氏族时期，而之后循序出现的部落、部落联盟和国家以及国家的各种不同发展形态，都属于社会文明的不同发展阶段。

---

① 林之森：《中国人的亚洲祖先》，《大科技·百科新说》2015 年第 4 期。

第四部分

国家原理

一般说来,国家和社会是难分彼此的。因为国家的运行机制和内在结构,也就是社会的运行机制和内在结构,也是由社会制度系统、社会制度保障机器和社会制度意识形态作为核心结构而构成的,每个国家莫不如此,所以在很多人眼里,国家即社会,社会即国家。这就意味着,制度既是社会的决定因素,同时也应是国家的决定因素。制度作为国家的决定因素,不仅体现为国家的结构及运行机制与社会同构并同样是被社会制度所决定的这一点,还体现为国家的起源、兴衰存亡、问题成就和竞争差异等国家命运也是被社会制度所决定的。

第十二章

国家的起源

尽管国家与社会被认为难分彼此,但实际上这二者之间还是存在不同之处。其中一个首要的不同,就是国家的起源和社会的起源并不是一回事,即这二者不是在同一时间一起诞生的,而是社会的诞生在前,国家的诞生在后。

那么,国家究竟是在什么时候诞生的?制度在其间起的又是什么作用?

一、各种既有国家起源说批判

关于国家起源的问题,中外学界有诸多不同的解释,若只算有影响力的,除有马克思主义的阶级论之外,其余大致可归为神意论、契约论、群演论、水利论、暴力论、暴力潜能论和祭司论。其中,有的是从制度的维度来解释国家的起源,有的则不是。但是在笔者看来,所有这些国家起源说,不论是不用制度解释国家起源的,还是用制度解释国家起源的,都经不起仔细推敲。

神意论是用神意解释国家的起源,认为国家是根据神的意志建立的,国家的权力来源于神。神意论在东西方的历史上都有重大影响。中国自古信奉的神是天神或天,至少自周朝起,就用君权天授的说法来证明执政者的合法性,宣扬"天道"决定一切,国家权力来自"天命",帝王承受"天命","奉天承运",故为"天子"。汉代董仲舒是中国在理论上系统论述这种观点的代表性人物。在欧洲中世纪,基督教在思想界占统治地位,普遍宣传"一切权力来自神""除上帝外,别无权力"的观点。集神权思想之大成的经院哲学家托马斯·阿奎那是主要代表，其君权神授说，就是国家起源于神的理论说明。

神意论是靠神话进行解释的国家起源说，既没有理论逻辑根据，也没有经验事实根据，只是因为有人相信神的确存在，才使神意论的国家起源说也一并被这些人相信。但是，是否有神存在始终得不到证实，所以相信神意论的国家起源说实际上是靠神秘性的信仰维系的，纯属非理性言说，根本没有理论探讨的价值。而如果一定要探讨其是否值得相信，也只能是不可信的结论。首先，倘若国家源自神意，神为何不在人类诞生之初就授意其建立国家，而非要等到千万年之后？其次，由神授意的国家为何在世界各地大不相同？例如中国传统社会的国家为何从来没有过古希腊城邦制和古罗马共和制的国家形式？再次，现代绝大多数国家都是反对君权神授的国家，可它们不仅并没因此而受到神的诛罚，反而比坚持君权神授的国家发展得更好。最后，如果真有能决定一切的神，势必只会是一个而不是多个，可世界各个宗教所信奉的神都并不一样，这时人们又如何能知道孰真孰假？究竟该信其中哪一个？照理说，这时真神就该发威扫荡亵渎其尊严、影响其权威的诸多假神了，可迄今我们也没有看到这一幕的上演。

契约论是欧洲启蒙时代最有影响的学说，荷兰的格老修斯、斯宾诺莎，英国的霍布斯、洛克和法国的卢梭是其代表。契约论的基本观点是把国家的产生说成人们订立契约并共同遵守的结果。认为人类在进入社会状态之前，有过一个自然状态阶段，在这一状态下生活的人们，过着独立自由平等的生活，有一系列天赋的自然权利，后来因为获取资源或利益渐起纠纷而人人难以自保，为了保护每个人的自身安宁和财产不受侵犯，他们或出于自愿或出于被迫、受骗，签订了一种协定或者叫作契约。在契约中，他们把自己的权利委托给某一个人或者组织，而这个人或组织就成了由这些个人权利集成的社会公共权力的执掌者和政治权威，并制定若干法律来保护订约者，这就形成了国家。

契约论可以说是一个不成功的假说，因为它完全背离人类史实。一方面，根据生物进化论和史前人类学的研究成果可知，人类从来都是群居性活动者，从没有过个人各自独立自由生活的“自然状态”阶段。这就意味着在国家出现之前，人类已有处理个体间相互关系和维持群居生活的共同规则，否则群居方式就是不可能的。另一方面，迄今为止，世界上没有任何民族的史料有国家由人们订立契约而成的记录。实际上，契约论者自己也承认集体共同订立契约是一个假设，无经验事实支持，所以他们强调契约论的重点不在于探求国家的真实起源，而是为了说明国家的本质和职能。卢梭说：“不应当把我们在这个主题上所能着手进行的一些研究，认为是历史的真相，而只应认为是一些假定的和有条件的推理，这些推理与其说是适于说明事物的真实来源，不如说是适于阐明事物的性质。”①

群演论有若干不尽相同的具体说法，但基本观点都是把国家的起源解释为人群不

① [法]卢梭:《人类不平等的起源和基础》，李常山译，商务印书馆 1997 年版，第 77 页。

断演化的结果，并都认为这种演化过程总共经历了四个阶段，只不过对四个阶段的划分及表述，不同学者有不同的说法。美国著名人类学家摩尔根持“氏族—部落—部落联盟—国家”的演进模式；另一位美国学者塞维斯提出以“酋邦”为重心的演化模式，即原始群(游团)—部落—酋邦—国家；还有一位美国政治人类学家弗里德则提出“分层社会”的演化模式，即原始平等社会—等级社会—阶层社会—阶级社会。①

应该肯定，国家的诞生的确与族群的人口增殖和群体整合之类的演化有关。但这里的关键是：族群为什么不迟不早，非得演化到最后的阶段之后才会形成国家？其内在机制是什么？而各种已有的群演论，恰恰都在这个问题上语焉不详。酋邦演化模式尽管在平等的氏族部落社会与国家之间加进了一个不平等的过渡阶段即酋邦，却没有说明酋邦又是如何变成国家的。所以严格来说，群演论其实并不是关于国家起源的理论，而是关于族群演变过程的种种描述。

水利论是由美国历史学家魏特夫(亦译作“威特福格尔”)首先提出来的，他将国家解释为人们集体修建大规模的灌溉系统或共同治理江河水患的产物。因为在干旱和半干旱地区要使农业生产能顺利进行，人们只有利用灌溉或必要的治水办法来克服供水的不足和不调。这样的水利工程需要大规模的协作，这样的协作又需要纪律和强有力的领导，这就必须建立一个遍及全地区的人口组织网，而控制这一组织网的人就成为拥有最高政治权力的首领，于是在古代世界的很多地方，就有了城市的产生和国家的形成。②

水利论在解释某个具体国家的起源时，好像还有一定说服力，但却不具有普遍性和普遍解释力。一方面，它至少与埃及、美索不达米亚、中国和墨西哥这些地区的史实不符。考古研究清楚地表明，埃及的水利灌溉和法老政权结构没有直接的因果关系，美索不达米亚的大多数居民是利用天然河道进行灌溉的，而中国和墨西哥则是在有大规模的水利工程之前已经产生了羽翼丰满的国家。③④ 另一方面，人类早期出现国家的地区，也不是都在大河流域，如游牧民族地区的国家。

暴力论也称武力论和战争论，该理论认为，国家的产生源于族群间的掠夺和征服。掠夺和征服是通过战争进行的，战争的胜利者成为征服者和统治者，战争的失败者成为被征服者和被统治者，并不得不臣服于统治者和接受统治者的剥削，因而国家乃是战争或暴力的产物。法国的伏尔泰，德国的杜林、考茨基，奥地利的龚普洛维奇，美国的奥本海默和卡内罗等人都是暴力论者。

然而，将国家的起源完全归结为来自外部的力量，就等于否定其与社会内部发展有关，只能是一种极端片面的观点。暴力论者不能否定，在国家出现之前，人类社会族群之间的征服与被征服的战争就已长时期地普遍存在。可为什么出现于那个漫长时期的那么多的战争都没能形成国家？为什么非要等到后来的战争才形成国家？显然，

---

① 刘军：《国家起源问题研究述评》，《北京行政学院学报》2003年第6期。

② 孙晓茹：《西方国家起源理论研究述评》，《内蒙古民族大学学报》(社会科学版)2006年第8期。

③ [美]罗伯特·L·卡内罗：《国家起源的理论》，陈虹、陈洪波译，《南方文物》2007年第1期。

④ 孙晓茹：《西方国家起源理论研究述评》，《内蒙古民族大学学报》(社会科学版)2006年第8期。

对此如果不从社会内部寻找原因，是根本回答不了的。这就说明，暴力或战争绝不会是形成国家的决定性因素，仅凭暴力根本解释不了国家的起源。这一点甚至连暴力论者卡内罗也坦承："毕竟在世界上许多发生战争的地方并没有出现国家。因此，尽管战争可能是国家兴起的必要条件，但却不是充足条件。"[①]

奥尔森也发现了暴力论的这个致命缺陷，遂提出"常驻匪帮说"加以挽救。这个说法的基本逻辑是：人类早期是无政府的社会状态，由于个人都是理性自利人，社会上流行的是弱肉强食的丛林原则，结果土匪到处流窜抢劫。后来某匪帮想到，找一个人多的地方常驻下来，将抢夺行为由全部抢光变成按"最佳抢夺率"抢夺。这就是只抢一部分，这个部分的边界定在不会让被抢者因被抢而逃跑或失去生产积极性的临界点，并将对这个部分的抢夺改称为"收税"，于是匪帮从此可以不费力地年复一年地坐收渔利，达到自己利益的最大化。常驻匪帮知道，只有老百姓生产得越多，他们的抢夺率或税率才会越高，所以常驻匪帮继而就会主动去维持社会秩序和生产、市场的秩序，做些保护居民人身财产安全，不让其他匪帮来抢，也不许居民互抢，以及调节、仲裁居民利益纠纷之类的"德政"，而最早的政府和国家就是这样形成的。[②][③]

奥尔森的常驻匪帮说，以理性自利人为理论根据，推论合理，逻辑严谨，很有说服力，也似乎能成功解释不少具体国家的形成，但还是存在纰漏。因为政府不是从来就有的，人类早期的确是一个无政府的社会，但无政府不等于原始族群没有自己的组织，没有公共管理权力，没有酋长、首领（政治首领、军事首领）和人民大会、氏族首领议会之类的管理者或管理形式，从而也不等于没有统一的力量，只能被动地等着匪帮来任意宰割。此外，常驻匪帮说虽用匪帮的"常驻"来避免以往暴力论的纯外部因素决定的不足，可实质上还是与其他所有暴力论一样，仍然完全排除掉了国家由社会内部产生的可能，因为所谓常驻匪帮最初还是外来的，这就等于说，只要没有外来匪帮，就不会有国家的诞生，这就使之与历史上不少国家诞生的情况不相符合。如中国，无论是把尧、舜、禹三代中的哪一代看作国家的开端，还是把夏王朝视为国家的开端，均与外来暴力或匪帮无关。

暴力潜能论是当代美国学者诺思的创造。诺思认为，契约论和暴力论所说的国家都可以在人类历史上找到佐证，但这两种理论都不够全面，不能涵括历史和现实中的所有国家形式，遂将这两种理论统一起来，提出"暴力潜能论"的国家理论。这就是，国家带有"契约"和"掠夺"的双重属性，若"暴力潜能"在公民之间平等分配，便产生契约性的国家；若这样的分配是不平等的，就产生掠夺性或剥削性的国家。而国家是一种组织或制度安排，这种制度安排的特点是它的强制性，故而国家具有暴力潜能。国家的暴力属于对付非法暴力的合法暴力，其合法性源于每个人捍卫自己利益，抵御别人侵害的合法权利。合法的国家暴力不可随便动用，只有在能够实现某种社会合作，并

---

① [美]罗伯特·L·卡内罗：《国家起源的理论》，陈虹、陈洪波译，《南方文物》2007年第1期。

② [美]奥尔森：《权力与前景》，苏长和、嵇飞译，上海世纪出版集团2005年版。

③ [美]奥尔森：《集体行动的逻辑》，陈郁、郭宇峰、李崇新译，上海三联书店、上海人民出版社1995年版。

且比其他制度更有效时才可使用。①②

就算诺思用暴力潜能论给出了契约性国家和剥削性国家之起源的答案，可他还是没说清没有任何前置限制词的全称国家的起源。诺思说国家是一种组织或制度安排是有道理的，但还应继续告诉我们，这究竟是一种什么样的组织或制度安排？这种安排又是在什么时候、什么情况下做出的？或者说，这种组织或制度安排为何会在这一历史时刻而不是其他历史时刻做出？诺思显然没有在暴力潜能论中思考这些问题，所以他实际上也没法明确告诉我们国家在人类历史上究竟产生于什么年代。他在一处说国家产生于公元前 3100 年的埃及和公元前 2350 年的美索不达米亚，而在另一处又说，大约一万年前的“第一次经济革命产生了国家，建立起经济秩序的政治约束”③。似乎只要有了经济秩序的政治约束，就代表国家的诞生。可问题是，只要有人类，就会同时有生产、有经济，只要有生产、有经济，就会同时有用于生产或经济的共同规则的约束，亦即诺思所说的“政治约束”。这样，就会得出违背常识的“国家是和人类一起诞生”的荒谬结论。

祭司论是由中国学者张岩在探讨中国国家起源问题时提出的。他认为，国家不是起源于暴力，而是起源于宗教。在原始时代，每个部落都有负责原始宗教或图腾崇拜的祭司，祭司一方面利用其能与神沟通的能力，以“假传神旨”的方式发布自己的政治主张，经营扩大自己的权力和势力范围；另一方面将人们对神的供奉，也变成对自己的供奉，最终演变为有国家标志之称的税，于是形成了国家。④

祭司论乍看还挺在理，细究起来还是有“致命伤”。其一，在原始人部落中同时有政治首领、军事首领和部落议会、成员大会的情况下，部落的政治事务是否真的就能由祭司一人说了算，是很值得怀疑的。若果真如此，其他一切职位和机构的设置就是多余的，不会存在。但实际上这些都存在，这就说明那时对政治事务不可能是由祭司一个人说了算。其二，由于宗教起源于原始人对灾难的恐惧，由祭司主持的部落成员共同参加的祭祀之内容，应该是祈神赐福保佑以及重大事项或重大集体行动之前，向神卦问吉凶之类，而不可能是向神求得各种具体旨意。因为祭司假传的神意越具体、越详细，后来被事实证明为失灵的概率就越大；相反，只有越笼统、越模糊，后来才越容易被解释为灵验了。神意失灵不可能是神的过错，只可能是传神旨的祭司的过错，即他不能与神有真正的沟通，这时这个祭司就该被撤换掉了。因而在有了这样不妙结果的经验教训之后，就再不会有哪个祭司还愿意编造、假传具体详细的神旨。所以，我们不论是在后来的各个社会历史时代，还是当代未开化民族的祭祀中，都看不到传达具体详细神旨的祭司。其三，既然那个时代的祭司不可能垄断政治权力，那么，对神的供奉尽管可以被祭司同时也变成对自己的供奉，却不可能变成有统一标准、统一形式的税收。其四，祭司论把“龙”解释为中国先民各部落图腾各取一部分拼组而成的新图腾，

① [美]诺思：《经济史上的结构和变革》，厉以平译，商务印书馆 1999 年版。

② 蒋雅文：《国家理论的争论与发展》，《天府新论》2004 年第 5 期。

③ 蒋雅文：《国家理论的争论与发展》，《天府新论》2004 年第 5 期。

④ 张岩：《〈山海经〉和古代社会》，文化艺术出版社 1999 年版。

以此证明由龙图腾代表的各部落整合而成的中国就是在祭司的操控下形成的，但众多的考古发现及其研究结果表明，龙从来不曾是中华民族或其先民的图腾，只是至秦始皇和汉高祖时才开始与皇帝相关联，成为皇帝的象征，变得尊贵起来。[①]

马克思主义的阶级论是从阶级出发解释国家的起源，恩格斯在《家庭、私有制和国家的起源》一书中的一段话被当作这一理论的经典表述："国家是社会在一定发展阶段上的产物；国家是表示：这个社会陷入了不可解决的自我矛盾，分裂为不可调和的对立面而又无力摆脱这些对立面。而为了使这些对立面，这些经济利益互相冲突的阶级，不致在无谓的斗争中把自己和社会消灭，就需要有一种表面上凌驾于社会之上的力量，这种力量应当缓和冲突，把冲突保持在'秩序'的范围以内；这种从社会中产生但又居于社会之上并且日益同社会脱离的力量，就是国家。"[②]而社会之所以会"分裂为剥削阶级和被剥削阶级，统治阶级和被压迫阶级"，是因为在社会生产提供的产品开始有所剩余的情况下，社会分配由平等分配变为较大的不平等分配的必然结果，即"随着分配上差异的出现，也出现了阶级差别"。[③] 因而"国家无非是一个阶级镇压另一个阶级的机器"[④]。列宁秉承恩格斯的国家起源思想，亦对国家做出了如下类似定性："什么是国家呢？国家就是统治阶级的组织"[⑤]，"国家是统治阶级的机关，是一个阶级压迫另一个阶级的机关"[⑥]，"国家是维护一个阶级对另一个阶级的统治的机器"[⑦]。

可是，如果我们全面了解恩格斯的国家思想，就能知道，上述恩格斯的国家起源理论，其实应该说，并不是关于全称国家起源的理论，而只是关于阶级性国家起源的理论，即所谓"国家起源于阶级"之命题中的"国家"，只是指具有阶级统治功能的国家，而不是指在具有阶级统治功能的国家之前就已经存在的没有阶级统治功能的国家。这种没有阶级统治功能的国家，按恩格斯在《反杜林论》中的说法，是为氏族成员的共同利益服务的，它产生在没有阶级差别的时代，在有阶级差别之后才变成阶级性国家。他的原话是："随着分配上差异的出现，也出现了阶级差别。社会分为享特权的和被损害的、剥削的和被剥削的阶级，而同一氏族的各个公社自然形成的集团最初只是为了维护共同利益（例如在东方是灌溉）、为了抵御外敌而发展成的国家，从此，就具有了这样的目的：用暴力来维持统治阶级的生活条件和统治条件，以反对被统治阶级。"[⑧]后来，恩格斯在为马克思的《法兰西内战》一文写的序言中也阐述了这样的观点："社会起初用简单分工的办法为自己建立了一些特殊的机关来保护自己共同的利益。但是，后来，这些机关，而其中主要的是国家政权，为了追求自己特殊的利益，从社会的公仆变成了社会的主人。"[⑨]由此可见，在恩格斯那里，的确有服务性国家即为社会共同利益服务的国家和统治性国家即只为统治阶级效力的国家之分，而且前者的出现早于后

① 王先胜：《龙并非中华民族的"图腾"——兼与孙东川先生商榷》，《中国社会科学报》2013 年 11 月 11 日。
② 《马克思恩格斯选集》第 4 卷，人民出版社 1972 年版，第 165-166 页。
③ 《马克思恩格斯选集》第 3 卷，人民出版社 1995 年版，第 187 页。
④ 《马克思恩格斯选集》第 2 卷，人民出版社 1972 年版，第 336 页。
⑤ 《列宁选集》第 3 卷，人民出版社 1995 年版，第 162 页。
⑥ 《列宁选集》第 3 卷，人民出版社 1995 年版，第 176 页。
⑦ 《列宁选集》第 4 卷，人民出版社 1995 年版，第 48 页。
⑧ 《马克思恩格斯》第 3 卷，人民出版社 1995 年版，第 187 页。
⑨ 《马克思恩格斯选集》第 2 卷，人民出版社 1995 年版，第 334 页。

者。不仅如此，恩格斯还告诉我们，后者的职能要建立在前者的职能之上：“政治统治到处都是以执行某种社会职能为基础，而且政治统治只有在它执行了它的这种社会职能时才能持续下去。”①

实际上，倘若恩格斯不承认在统治性国家出现之前已有服务性国家的存在，那他有关阶级性国家起源的理论也难以自圆其说。因为如果说国家是剥削阶级统治被剥削阶级的机器，那统治阶级和被统治阶级就应该出现在国家诞生之前，而不可能是统治阶级和被统治阶级与国家一起出现，也不可能是统治阶级在发明国家的同时也发明了自己和被统治阶级；但在还没有国家这个实施统治的机器之时，又不可能有能统治被剥削阶级的剥削阶级。这就产生了一个明显的悖论：一方面，统治阶级和被统治阶级的出现要以国家这个统治机器的先在为前提条件；另一方面，国家的出现又要以统治阶级和被统治阶级的分野和先在为前提。这两方面的情况不可能同时为真，也不可能其中有一为真，这就说明，如果不承认国家已在阶级之前存在，阶级性国家源自阶级统治的观点就必然为假。何况，在原始的制度共定社会，也不可能突然出现一个剥削其他社会成员的统治阶级和能成为统治阶级工具的国家。

在国家问题上，马克思的观点与恩格斯的上述观点是一致的。一方面，在《德意志意识形态》中，他和恩格斯共同指出：随着分工的发展也产生了单个人的利益或单个家庭的利益于所有相互交往的个人的共同利益之间的矛盾……正是由于特殊利益和共同利益之间的这种矛盾，共同利益才采取国家这种与实际的单个利益和全体利益相脱离的独立形式，同时采取虚幻的共同体的形式。② 由此可知，恩格斯在《法兰西内战》序言中阐述的统治性国家产生于“特殊机关”“追求自己特殊的利益”的观点源于此。另一方面，马克思也认为国家兼有政治统治和社会公共管理两大职能，他曾明确指出，所有专制国家的政府管理都“既包括执行由一切社会性质产生的各种公共事务，又包括由政府同人民大众相对立而产生的各种特殊职能”③，并且认为，将来在真正的民主制中政治国家就消失了④。而这里的所谓“政治国家”，就是仅指具有政治统治职能的国家或阶级性国家，而不包括承担公共管理职能的一般国家或服务性国家。他在总结巴黎公社经验时明确指出：“旧政权的纯属压迫性质的机关予以铲除，而旧政权的合理职能则从僭越和凌驾于社会之上的当局那里夺取过来，归还给社会的负责任的勤务员。”⑤这样，“政府的压迫力量和统治社会的权威就随着它的纯粹压迫性机构的废除而被摧毁，而政府应执行的合理职能，则不是由凌驾于社会之上的机构，而是由社会本身的负责的勤务员来执行”⑥。

总之，马克思主义创始人的以上说法都意味着，他们其实承认在统治性或阶级性的国家之外，还存在服务性国家。如是，这种服务社会而不是某个阶级的国家，自然不

---

① 《马克思恩格斯选集》第3卷，人民出版社1995年版，第219页。
② 《马克思恩格斯选集》第1卷，人民出版社1995年版，第84页。
③ 《马克思恩格斯全集》第25卷，人民出版社1974年版，地432页。
④ 《马克思恩格斯选集》第3卷，人民出版社1995年版，第40页。
⑤ 《马克思恩格斯选集》第3卷，人民出版社1995年版，第57页。
⑥ 《马克思恩格斯选集》第3卷，人民出版社1995年版，第122页。

应该是阶级剥削和阶级统治的产物。

不过,令人遗憾的是,马克思主义创始人除了将服务性国家简单归结为社会为了维护共同利益而用简单分工的办法为自己创立的一些特殊机关之外,再没有对服务性国家的起源做专门的论述和更详细的论述,这就留下一些不可回避的悬疑:那些致使国家得以出现的特殊机关究竟是些什么样的机关?它和其他机关或以前的机关究竟有何不同?应该承认,原始社会中的人们一开始就有共同利益,那服务于共同利益的国家是否也是在社会的开端就已存在?如果不是,而是“社会在一定发展阶段上的产物”,那为何人们又要等到很久以后才创立这些特殊机关来维护共同利益?

二、国家的本质与开端

以往各种国家起源理论都是从起源上论证国家的起源,结果要么存在这样那样的弊端,要么未能给出明确的答案或完整的答案。既然如此,我们就该换一下思路,试着采用新的方法或新的路径来解析国家的起源。

笔者认为,事物的起源和本质是密不可分的,二者之间存在互释性:一方面,探究事物的起源即事物如何诞生的秘密,也可以发现事物的本质;另一方面,搞清事物的本质,就可以知道事物的起源。因为各种事物的本质或其不同于其他所有事物的特殊性,都是在其诞生时就具备的。或者反过来说也行,正是其特殊性的具备,才使该物得以正式诞生,成为该物。如有机物之所以为有机物,就是因为它含有碳元素这种特殊性;生物之所以为生物,就是因为它有了新陈代谢能力这种特殊性;人之所以为人,就是因为其具有了“凭自造物生存发展”的类特征才由动物变为人。据此可知,在说不清国家起源的时候,如果能先确定国家的本质,就很有可能再顺势道出国家的起源。如果这一思路成立,我们现在就首先需要弄清国家属于哪一类事物?它在该类事物中具有什么样的特殊性?

关于国家的属性问题学界以往也有讨论,并形成两派观点,即社会派和共同体派。社会派的国家观认为国家属于一种特殊的社会,“社会”是国家的上位概念;共同体派的国家观则是将“共同体”视为国家的上位概念,认为国家属于某种特殊的共同体。社会派基本上都是现代学者,他们有的把国家视为高度进化的社会(塞维斯、斯图尔德),有的把国家说成有统治机构的社会(怀特·弗里德),有的把国家定义为“具有实行中央集权的专门化政府的社会”(哈斯)。而从古至今的更多学者则是共同体派。其中,亚里士多德把国家看作是许多家庭及村落的联合体,是为了达到完善和自治生活而组织的。黑格尔也把国家视为联合的结果,认为“国家除了联合没有别的目的”。西塞罗的说法是:“国家乃是人民的事业……是许多人基于法的一致和立意的共同而结合起来的集合体。”①与西塞罗以法为共同体的基础一样,康德说:“国家是许多人依据法律组织起来的联合体。”②克拉勃认为,国家是一种以法律的统治权力为基础的利益团

① [古罗马]西塞罗:《论共和国》,王焕生译,上海人民出版社 2005 年第 392 页。

② [德]康德:《法的形而上学原理》,商务印书馆 1991 年版,第 139 页。

体。而卢梭强调的是共同体的道德性，主张国家作为社会契约的结果，是集合了全体人民共同要求和共同意志的，同时具有最高权威的道德共同体。郑烈纳克又有不同，认为国家是位于一定的土地上，赋有一种固定统治权的人类团体。在西方政治学中流行最广的国家三要素定义，则以主权为中心，将国家定义为由领土、人民、主权所构成的社会共同体。

在学术上，多数人的观点不一定就对。与国家具有最直接、最紧密关系的上位概念应该是"社会"而不是"共同体"，因为一个社会之中可能包括诸多分属不同层级的共同体，其中只有那个最大的共同体即"社会"才能充当"国家"的上位概念，而其他所有那些小于社会或被社会包含的各种共同体，则均不可能是"国家"的上位概念。更重要的是：一方面，人们不会否认，国家不是从来就有的，它诞生于社会之中，"是社会发展到一定历史阶段的产物"；另一方面，国家与社会同为一体，难分彼此，经常被人们当作一回事在概念上互换使用，也是不争的事实。这就表明，社会才是与国家有最直接、最密切关系的上位概念，国家则是一种特殊的社会。

如果"社会"是"国家"最确当的上位概念，那国家作为一种特殊的社会，其特殊性又是由什么体现的？

可以肯定，这种特殊性，第一不会是亚里士多德所说的"许多家庭及村落的联合"，因为这样的联合至少在部落时期就已存在，可学界公认，国家的出现最早也是在部落联盟的基础上。另外，为什么家庭和村落的联合就能形成国家也是有待说明的。第二不会是西塞罗等人所说的"法律"，因为如果这个"法律"是指用文字表述的明文法，那国家的产生就晚于人类史上诸多古国实际诞生的时间很久；如果这个"法律"是指自然法，即禁忌性习俗，那又将得出在氏族社会的初期就已经形成了国家的谬论。第三不会是卢梭所说的"道德"，因为有人群就有道德或以习俗形式出现的道德，这说明道德是和人类社会一起出现的，但国家不是。第四不会是郑烈纳克和怀特·弗里德等所说的"统治权"或"统治机构"，因为根据前述，统治权或统治机构最多只是统治性国家的特征，而不是服务性国家的特征。第五不会是国家三要素说中所强调的"领土、人民、主权"，因为这三种东西在氏族、部落和部落联盟时期的社会中也一直存在，而不是仅仅存在于国家时期的社会之中。这就是说，所谓"国家三要素"其实首先是构成社会的要素，只是因后出现的国家也在社会之中，与社会同为一体，这三要素才同时也成为构成国家的要素。

这个也不是，那个也不是，那这种特殊性究竟是什么？

在笔者看来，国家作为特殊的社会之特殊性，乃是由成批专职公共管理人员组成的常设公共管理机构体现的。据此，国家就是有专职公管人员和常设公管机构的社会。由于公共管理属于公务，当然也可以说，国家就是有专职公务员和常设公务机构的社会。

凭什么说有专职公管人员和常设公管机构的社会就是国家？

这样想一下就明白了：为什么此前的社会虽有酋长、祭司、军事首领等公管人员和氏族议会、部落议会、人民大会等公管机构却不被人们认为有国家的存在？就是因为它的公管机构不是常设的，它的公管人员不是专职的（是兼职的或不脱产的），也不是成批的。

并且，正是因为有了这种公管人员由兼职到专职、公管机构由非常设到常设的变化之后，国家的其他特征才随之出现。首先，成批脱产的专职公管人员的生活和常设公管机构的运转运作，都需要有一定的财力、物力来维系，由于这些东西不会从天而降，这就势必要向全体居民收税，而税收性公共财政正是国家形成或存在的重要标志。其次，常设公管机构要有固定的房子和住址并总会建在某个地方，而这个地方自然就会成为整个社会的政治中心，即后来所说的首都，而政治中心或首都也是国家存在的一个显著标志。最后，常设公管机构为方便服务公众，都会选择建立在人口最多、居民最稠密的地方，而其政治中心的地位又会使各地不断有人前来办事或要求提供公共服务。人多商机就多，交易就方便，于是政治中心也会成为商贸中心和有越来越多人口的城市。而城市也被学界普遍认为是国家存在的一个外部性标志。因此，社会就是在有了专职公管人员和常设公管机构才变成国家的，而国家的本质规定就是要有专职公管人员和常设公管机构。

既然如此，国家自然就诞生于社会有专职公管人员和常设公管机构之时，而专职公管人员和常设公管机构的出现就是国家诞生的开端和标志。由此可知，如果我们想探寻世界上某个古国或初始国家的开端，就需要考证它是在何时有了专职公管人员和常设公管机构的。而一旦确定了这一点，也就确定了该国的开端。

专职公管人员势必要有一个固定的地方和房屋办公，而有地点有房屋的常设公管机构势必也要有专人职守，所以专职公管人员和常设公管机构的关系是：有专职公管人员就必有常设公管机构，有常设公管机构就必有专职公管人员。据此，对国家的定义也可有两种简单的说法，即“国家是有专职公管人员的社会”或“国家是有常设公管机构的社会”。如果我们将“政府”这个概念做最广义的理解，即不独指行政机关，而是也包括司法机关乃至立法机关等所有公管机关的总和，那么，还可以更简单地说，国家就是有政府的社会。在这个意义上，学术界继“国家三要素说”之后出现的“国家四要素说”将“政府”加到国家要素中予以强调是有道理的；哈斯把国家定义为“具有实行中央集权的专门化政府的社会”更有道理；而诺奇克将国家之前的社会称为“无政府状态”也是有道理的。只是要注意，这个“无政府状态”，不应是指全然没有公共管理的状态，而只应是指公共管理还没有专职人员和常设机构的状态。

社会的公共管理从没有专职人员到有专职人员，从没有常设机构到有常设机构，不可能出于自然的演化，即人们之间的自发的或不自觉的约定俗成，而只可能是人有意识地进行制度改革的结果，即是由一种出于自觉的新的制度安排造成的。所以，国家的诞生就是被制度决定的，国家就起源于有专职公管人员和常设公管机构的制度安排。

不过，有了这个结论，还不等于对国家起源问题探讨的结束。

三、国家诞生的缘由

接下来自然会被提及的问题是:倘若国家确实起源于这种有专职公管人员和常设公管机构的新的制度安排,那么,当时的人们为什么要做这样的制度变革?或者说,他们为什么要通过这种新的制度安排把社会变成国家?并且,这种由社会而国家的改变之原因、时机和背景,在各个初始国家那里是否具有共同性和普遍性?

对以上问题可以这样回答,就是这个社会发展到了用原有公共管理模式已经无法进行有效公共管理的阶段。并且可以说,任何一个原初社会只要是发展到了这个阶段,都会较快地变成国家。

国家诞生之前的社会的所谓"原有公共管理模式",就是由一个人或几个人兼职公管人员在氏族议会或人民大会的授权和监督下对各种公共事务进行日常管理的方式。这种管理方式后来之所以会变得无效,只能是因为社会发展到了这样的阶段:一是在社会规模上,不是发展到了部落联盟的程度也至少是发展到了特大部落的程度;二是在社会内部,发生了生产资料从公有制到私有制的改革,并且个体家庭已经取代氏族大家庭成为社会的基本生产经营单位。

社会的前一种发展变化,意味着这时的社会人口空前众多,地域空前广大,这就无疑会大大加大社会日常公共管理的工作量和工作难度。于是,由一个人或几个人兼职公管人员就不堪重负,难以为继。不难设想,这时仅是向各个部落或各个氏族下达一个紧急通知的简单事项都不可能及时办到,就更不用说办理那些复杂一些的公共事项的艰难了。社会的后一种发展变化,则必然会导致社会内部矛盾和冲突的空前增多。因为个体家庭成为生产经营的基本单位以后,社会内部人与人之间、家庭与家庭之间的交换将成为必要,并且会日益普遍化和经常化,这就难免经常出现交易纠纷;也因为在生产资料私有制下的个体家庭之间,难免不发生诸如地界争端、灌溉用水争端之类的纠纷;还因为在公有制时代的社会内部因没有什么实际意义而不可能出现的偷盗、抢劫、诈骗、侵占等损人利己的侵权恶行,这时也开始因为变得有实际意义而有可能出现了。而历史事实也证明,这些恶行确实都在私有制改革后出现了,是故也才有了"私有制是万恶之源"的说法。以上说到的所有经常出现的大量纠纷、争端、冲突和那些前所未有的侵权恶行,都需要公管人员出面来进行处理解决,而这仅凭几个兼职公管人员显然也是根本无法应对的。以上是一方面的情况。

另一方面,退一万步讲,兼职公管人员这时就算还能应付得了这种局面,也不会再愿意做这些事。因为他们是兼职的,这种事情做得再多,也没有任何报酬或实际好处,而他们自己的家庭生产经营却注定会为之受到严重的耽搁、耽误。人只有先生存,才能谈荣誉,所以以往以受人们普遍尊重、赞赏为动力而出任兼职公管人员的人,现在已经不得不为了生存而放弃对这种荣誉的追求。我国早期古书记载的古事说,大约公元前 23 世纪的许由清节高尚、鄙视禄位,把尧帝让他当九州长的话当作浊言,跑到颍水河畔洗耳。可这未必不是后人根据自己所属时代情况而做的解读。尧的时代是否已有令人艳羡的专职禄位？若有，许由的拒官洗耳才是出于清高，并表明此时已有国家；若无，则那时还没有国家，许由的拒官洗耳只能是因为不愿意干那种会严重影响个人生计的苦公差。实际上，人们普遍不愿出任兼职公管人员的问题，应该是从私有制改革和个体家庭成为基本生产经营单位之后就开始了，只不过初期因为社会内部种种矛盾还未普遍出现，家庭生产和兼做公管的冲突还不是那么严重，这个问题才没有显得那么明显和突出，对这个问题的解决也没有显得那么急迫。

正因为原有的公共管理模式已经无法应对社会发展变化所带来的新问题而人们又普遍不愿再兼做公管人员，所以当时社会的人们才最终想出了用专职公管人员和常设公管机构的制度安排来应对。并且，偷盗、抢劫、诈骗、侵占等前所未有的侵权恶行如果不予以严厉惩戒，不能以儆效尤，难免泛滥成灾，所以还在制度安排中，也发明出了禁止这些恶行的法则和刑罚、监狱等合法性暴力机器。而这一点，恰恰又是国家存在的一个显著标志。同时也说明，国家的暴力机器或暴力手段，其实最初并不是用来实现阶级统治和阶级镇压的，而是用来打击犯罪，维护社会治安和社会秩序的。

不难想到，当时的人们在做出这种新的制度安排之前，很有可能还尝试过其他多种方法来解决原有公共管理模式失灵的问题，只是因为都不成功或效果不理想，才最终创造出了设置专职公管人员和常设公管机构的制度安排，使社会变成国家。

不过，当时的社会要想使这种制度安排得以实施，还得具备一个必要条件，这就是社会要有足够的剩余产品来维系成批脱产的专职公管人员的生活和常设公管机构的运行。而这个必要条件，正好也在这个社会发展阶段具备了。因为社会在经过生产资料的私有制改革之后，个体家庭有了属于自己的生产资料，劳动产品归自己所得，这就极大地激发了所有人的生产积极性和创造性，从而使社会生产力整体水平得到大幅提高，整个社会生产获得快速发展，物质产品空前丰富，足以支持新出现的社会分工，即成批脱产专职公管人员的生活费用和常设公管机构的运行费用。

这个阶段的社会，还可能有一个因发展而出现的变化，就是随着该社会势力范围的不断向外拓展和扩大，开始与其他外族社会的势力范围接壤，这就难免会引发各个毗邻社会之间为争夺发展空间和势力范围而产生的纠纷与冲突。在那个时代，对这类纠纷和冲突的解决，有可能通过谈判，有可能通过战争。如果所有这样的纠纷和冲突都能以谈判的方式解决当然好，但历史的实际情况往往是要诉诸战争。在战争中，不论是哪一方要想获胜以继续拓展自己的势力范围，或至少守住自己的势力范围，就得组建一支常设的武装力量即专职军队。这就使这个阶段的社会又有了用于对付外敌的合法暴力机器。而这个合法暴力机器即专职军队，也是国家存在的一个标志。所以，社会势力范围的不断向外扩张，虽算不上形成国家的必要因素，但可谓催生国家的一个可能性因素。

综上可知，解决原有的无政府的公共管理模式已经无法进行有效公共管理的问题，是诞生国家的唯一原因；而国家诞生的历史时机和背景，只能是社会发展到了有相当大的规模和以个体家庭为生产经营单位之时。同时亦可知，最初的国家与阶级统治完全无关，是属于服务性国家而不是统治性国家。

四、统治性国家的由来：国家异化

既然最初的国家都是服务性的国家，那统治性的国家又是从何而来的？

只有一种可能，就是服务性国家发生异化的结果。而异化的实质，就是专职公管人员——借用恩格斯的一句话来说——“从社会的公仆变成了社会的主人”[①]。可惜，恩格斯认为“没有必要深入研究……起先的社会公仆怎样在顺利的条件下逐步变为社会的主人”[②]，所以他并没有对这种变化过程做一般意义上的理论论述。

当初服务性国家异化的具体过程，因发生在人类或还没有文字，或文字及其载体还极不普及与发达的远古而很难加以考证和详细描述，并且注定在各个初始国家那里也不尽相同，但这种异化的大致缘由和过程则不外乎以下的逻辑：

成批专职公管人员不再是靠自己的直接生产维持自己及其家庭的生计，而是靠以税收为基础的国家财政的给付维持生计，这就使他们成为与其他所有人相区别的有着自己特殊利益的独立的少数人集团。这个集团中的成员起初还没有意识到这种特殊利益的出现，仍能像他们的兼职前辈一样，诚心为社会提供各种公共服务，可是，后来随着这种特殊利益被他们逐渐意识到并有了按自己意志运用公管权的经验，也就有了去积极追求的欲望和冲动。这个集团为了追求自己的特殊利益，首先会利用人民大会和代表议会无专人职守、无常设机构、也不可能经常召集会议的劣势，和自己有专职人员和常设机构及可以合法行使行政司法等公权的优势及便利，以“方便及时行政”或“提高行政效率”之类说词为理由，从开始只有权力对具体事务进行操作处理，到有权力对具体事务的操作处理制定统一的正式处理规则，再到逐渐将整个社会制度安排权由人民大会和代表议会那里转移到自己手中，然后再利用这种已被自己完全掌控的全权性社会制度安排权，陆续制定出各种有利于自己的新的社会制度，其内容大致为：在擅自制定扩大税收、提高税率的高税制的同时，提高公职人员待遇标准而使集团成员获得更多的财富；制定在诸多方面有利于自己的制度；制定对不服从征税者予以严厉惩罚的法律；建立专职公职系列的首领和高层公职职位的世袭制；将公职的等级和有无公职变成划分社会成员和各个家庭的贵贱等级的依据和标准；规定各地的氏族长或家族长代为向本地民众收税并默许其从中抽利或拿佣金；等等。在如此这般或诸如此类的制度安排下，社会出现了公职越高、公权越大的人就越富有，而所有富人也大多拥有一定公权的局面。这就意味着，这时富人已经成为社会的统治阶级，而其他人则成了负责向富人“大量输血”的被压迫、被剥削的对象，亦即被统治阶级。这样，社会的公仆就变成了社会的主人，为全民服务的服务性国家就变成了只为统治阶级效力的统治性国家。因而服务性国家的异化，就是由专职公管人员利用其公管权，改变公管服务对象，窃取全部社会制度安排权并垄断全部常设公共权力机构造成的。

---

① 《马克思恩格斯选集》第 2 卷，人民出版社 1995 年版，第 334 页。

② 《马克思恩格斯选集》第 3 卷，人民出版社 1995 年版，第 219 页。

当然，在这个异化过程中，专职公管人员的首领即最高长官作为特殊利益集团的最大代表和社会常设公管机构的最高决策者，起了至关重要的作用，同时也使自己成了这一异化过程的最大得利者，即大权独揽、“普天之下，莫非王土”的君王。尽管其时或许还没有或没用“君王”之名，可他的君王之实则肯定已经是有了。

如果在这个异化的过程中，还出现了对外战争或需大批人力参与的大型工程建设，如治理江河的水利工程建设，就更有利于专职公管人员的最高长官在短时间内变为君王，将全民的国家变成自家的国家。因为无论是对外战争还是大型工程，为方便赢得战争或完成工程，客观上都需要高度的集中权力和统一指挥，这就使最高长官拥有了绝对的最高权力，可以为所欲为而不受任何制约，从而形成集权专制，葬送制度共定。例如，中国历史上的国家异化，即“从尧舜禅让之公天下向禹夏之家天下转型”[①]，就是由于大禹通过治水获得了社会的绝对管理权之后积极培植和发展家族势力，其子启在禹死后，有能力篡夺天下，开启夏朝家天下。

至于这些最初由人民推选出来出任专职公管人员的人，为何会从受人们信赖的有德之人变成欺压人民的缺德之徒，则只能做这样的解释，有德之人也是理性自利人，当他们拥有公共权力的行使权时，如果社会对他们缺乏有力的外部制衡制约与各种有效监督，他们逐渐也会见利忘义，开始用公权谋私利。但“有德”的好名声他们仍想维持和保留，因为这有利于说明他们执政的合法性，所以他们还会绞尽脑汁编出一套道理，如“君权神授”和“奉天承运”以及人性有等差之类，将自己的“不义”说成“有义”。而社会之所以会缺乏对他们的监督和制约，则一如论述社会异化时所说，是缺乏经验和没有想到，未能预设有效防范社会权力异化或国家异化的制度安排。尤其是在执政官或军事首领因特殊时期应对特殊事件而获得绝对国家权力之后，如何在其完成使命时收回其权力的问题，更是缺乏未雨绸缪的考虑与有效制度安排。

国家就是特殊的社会，是故国家的这种异化过程，其实也就是本书前面一章所说的从制度共定社会到制度非共定社会的异化过程。也可以这样说，社会的异化就是从服务性国家变成统治性国家而完成的。

原初意义的国家即服务性国家，既然是因少数人改变公管服务对象，窃取全部社会制度安排权并垄断全部常设公共权力机构而异化，那么要想消除这种异化从道理上说其实也不难，这就是用暴力革命或非暴力革命或议会道路等一切可能的方法，将所有社会制度安排权和社会公共权力机构从统治者那里夺回还给全体社会成员，重立制度共定原则，实行民主政治，并设计一套有效的制衡制约制度，将行使公管权的公职人员控制在无法滥用公管权以谋取他们的共同特殊利益的限度之内。所有这些都是完全可以做到的，所以统治性国家只会是一个有限的历史范畴，可以被人类彻底消灭。

不过服务性国家则不是有限的历史范畴，虽然它晚于社会很久才出现，可它一旦诞生就注定要与社会共命运，因为人类社会的规模已经再不可能变回到部落的规模，

---

① 方旭：《危机时刻如何管理国家》，《读书》2015 年第 6 期。

而拥有数以万计或数以亿计的个人的社会又不可能在没有专职公管人员和常设公管机构的情况下，就能有效地实现公序良俗的社会公共管理。所以，只要人类社会还在延续，原初意义的国家也就将随之同样延续，尽管它未与社会同年同月同日生，却会与社会同年同月同日死——假定人类社会也和其他所有事物一样有生有死。

第十三章

国家的兴衰存亡

制度不仅是变社会为国家的普遍性决定因素，而且也是人类历史自有国家以来，各个国家之兴衰存亡的普遍性内在决定因素。这就是说，在没有强大的外部因素干预的情况下，一个国家的命运，最终都是被这个国家的制度安排者所制定的制度决定的；它不论是兴是衰、是存是亡，都能从其有什么样的制度安排那里找到终极解释。这个道理其实已经蕴含在本书前面有关“制度是社会历史的决定因素”的结论之中。因为我们已知，国家不过就是特殊的社会或有政府的社会，所以制度既然决定着社会的结构及其运行，就必然也决定着国家的兴衰存亡。但这其中的具体道理，还是有必要再专门做一个全面而详尽的论证。这种论证不但是对制度决定论的深化，而且想必也会是当今世界各国管理者愿意了解的事情。

制度对国家命运的决定作用，可以从制度与国家兴衰存亡、制度与社会问题和社会成就、制度与国家竞争这三个维度得到说明。

一、国家兴衰存亡的所指、标准与表征

在正式论述制度是国家兴衰存亡的决定因素之前，有必要先对“国家兴衰存亡”命题的所指做个明确交代，以免因理解不同而生出各种误会与质疑。

不用多说，有兴衰存亡命运的国家，只能是指具体的国家，而不可能是指抽象的或一般意义上的国家。因为后者只是观念形态的国家，不是实实在在的国家，谈不上兴衰存亡。并且，它也不是指生活在某一固定地域上的某个民族或族群所拥有的祖国。祖国可以改朝换代但不会消亡，除非是该民族消亡了才会随之消亡。这里所谓的具体国家，是指在历史或现实中确实存在的各个实体国家，这些国家都有属于自己的特定称号或国号，并由一套同样以该国号命名的政权机构或常设公共管理机构即广义政府来行使其主权，对属于本国领土范围内的众多人口进行管辖。

据此，一个具体国家的是存是亡的判断标准就是：从形式上说，若特定国号还在则国亦在，若特定国号不在则国已亡；从实质上说，若以特定国号命名的政府还在则国亦在，若以特定国号命名的政府不在则国已亡。国家的存亡与国家的兴衰直接相关，这就是，国家越兴盛其生命力越强，寿命越长；国家越衰落其生命力越弱，寿命越短。既然国家的存亡是国家兴衰的必然趋势，那么只要我们确证了制度对国家兴衰的决定作用，也就同时确证了制度对国家存亡的决定作用。

不过，判断具体国家的是兴是衰这件事情比较复杂，远不似判断其是存是亡那么一目了然，也很难用一句话或一个标准说清。

根据人们对人类历史上的各民族的各个所谓“盛世”和“衰世”或“治世”和“乱世”的共同指认，再根据堪称“盛世”的国家必然是在各个方面的状况都表现良好，这就可以将国家的兴盛，总结为具有这些表征或特征，这就是：政治清廉明智，经济持续发展，社会安定有序，人民安居乐业，文艺繁荣，学术活跃，科技先进，军事强大等。

相反，政治腐败昏庸，经济不断衰退，社会动荡不安，民不聊生，文艺凋敝，学术沉寂，科技落后，军力虚弱，这些则是国家衰落或陷于衰世的象征。

以上这些体现国家兴衰的特征，也就是判断一个具体国家是强盛还是衰败的各项主要指标。这些指标反映的是一个国家在政治、经济、文化、军事、民生等方面的情况，其含义应该是常人都能领悟的，唯独需要略加解释的是其中的“学术活跃”与“学术沉寂”。前者指学术界，不论是自然科学还是人文学和社会科学，都呈现出学派林立、学说纷呈、大师辈出、竞相争鸣的景象，而后者则是相反的情景，即学界内学派稀少、学说老套、大师难寻、鲜见争鸣。另外，需要指出的是，一些国内学者将“政治民主”或“个人高度自由”①②也作为国家兴盛的政治标志是相当不妥当的，因为这两者都是现代国家才开始普遍讲究的追求，若以它们为国家兴盛之标志，以往历史上就没有任何盛世可言了。

二、制度于国家兴衰的决定意义

既然国家的兴和衰有这些特征，我们就可以立刻发觉制度的极端重要性。

显然，一个国家的政治是清廉还是腐败，不可能是被其他任何因素决定的，而只可能是被该国的制度决定的。确切地说，是被该国政治制度中的反腐败制度决定的。这就是说，反腐败制度有效，则政治清廉；反腐败制度无效或低效，则政治腐败。政治是明智还是昏庸似乎与制度无关，其实还是干系重大。在腐败的政治下，能当官或能不断升官的人，大多都是些寡廉鲜耻，舍得对上司拍马溜须、阿谀逢迎、大搞进贡行贿的人。这些人不仅人格卑鄙，而且大多平庸无能，没有真才实学，实际上也正是因为他们干正事比不过有真本事的人，才想出走这种不能上台面的跑官买官的升官捷径。他们当官并不是为了治国平天下，而是为了借此大捞个人好处实惠，用他们自己的同类的话说就是“当官不发财，请我都不来”。他们之所以肯付出大代价、高投入当官升官，不过是一种生意场上的投资行为，为的是将来获得更大更多的收益。因而一旦他们如愿以偿地当上了官或升了官，也会卖官鬻爵，向下属大敛钱财，任用提拔和自己一样的无德无能之人。这就形成官场上的恶性循环，越到后来，政府官员中无德无能的人就越来越多，而那种不齿于跑官买官的有德有才之士则越来越少。这样，答案就出来了，由一大群无德无能的官员组成的政府怎么可能明智得起来？由这个政府所制定的各种

① 冯颜利、吕薇洲、尚伟、翟胜明：《“国家兴衰与马克思主义”研讨会综述》，《马克思主义研究》2007年第5期。

② 李卫华：《国家崛起的标准和条件》，《改革与战略》2007年第6期。

社会制度又怎么可能是高明的？与之相反，在清廉的政治下，跑官买官完全行不通，要想当官和升官，只能洁身自好，凭真才实学或真本事真干实干，而且往往同时还要比其他那些同样洁身自好、凭真本事干事的人做得更好，才有可能率先获得晋升或升迁的机会。因而这时政府中的绝大多数官员都是有德有才之士，并且越到高层官员，其德才就越突出卓越。如是，由这样一些人组成的政府怎么可能不是明智的？由这样的政府所制定的各种社会制度又怎么可能是不高明的？当然，以上所说的"清廉"和"明智"都是相对意义的，而不是绝对意义的。应该可以确认，政府中的大多数官员如果都是凭真本事干出来的，而不是靠跑官买官混上来的，那么，这个国家的政治就可以算得上是"清廉明智"的。

一个国家的经济是持续发展还是停滞倒退，同样取决于这个国家的制度。我们知道，一个国家的经济状况基本上就是这个国家的社会生产状况，而进行社会生产的主体是所有生产者。这样，如果这个国家的所有生产者普遍生产积极性高并愿意为提高生产的效率效益而积极发明创造和厉行节约，那么这个国家的经济就一定会持续发展甚至是持续快速发展。相反，如果这个国家的所有生产者普遍没有生产积极性，也不愿意为提高生产的效率效益而发明创造和厉行节约，那么这个国家的经济就势必会停滞不前甚至出现倒退。而能决定所有生产者究竟采取何种态度对待社会生产的，正是这个国家的经济制度。经济制度内涵丰富，外延众多，有无数表现形式，而从整个人类历史看，不论是各个经济持续发展的国家，还是各个经济不断衰退的国家，所实行的经济制度也的确都千差万别。但从根本上说，凡是能使一个国家的社会生产持续发展的经济制度，都有能让生产者多劳多得的特点；凡是导致一个国家的社会生产停滞或倒退的经济制度，都有不能让生产者多劳多得的特点。显然，只有让生产者劳有所得，他们才可能开始生产；只有让他们多劳多得，他们才会有生产的积极性、创造性和高度的责任心，这时整个社会生产也才会随之不断发展。相反，如果生产者劳而无得，就没有人愿意充当生产者；如果生产者虽劳而有所得，却不是只要多劳，就能得到更多，那么生产者即使从事生产也缺乏积极性和创造性，也不会有多少责任心，这时整个社会生产就必然会出现停滞或倒退。在各个国家，决定生产者能否多劳多得的首要经济制度是个体产权制度，因为如果各个生产者没有属于自己的产权，包括资产权和产品权，他们即使多劳也不可能多得。而在国家有了个人产权制度的前提下，经济制度中对能否多劳多得最有影响的制度就是产出分配制度和税收制度，它们直接决定多劳是否就能多得以及多劳究竟能多得到多少。正因如此，我们既能无一例外地看到，按平均主义进行分配的计划经济都是供不应求的短缺经济，通过市场竞争亦即生产效益进行分配的市场经济都是商品供给充分，不仅从无短缺，甚至还时常有所谓"生产过剩的充裕经济"；也能总是看到，大凡经济发展强劲的盛世，都以轻徭薄赋做前奏，大凡经济萎靡不振的末世，都以横征暴敛为终曲。其实，经济制度决定经济兴衰的道理，也能根据本书前面关于制度与生产力的关系的论述直接推出，因为那里已经阐明，在构成社会生产力的三要素即生产者、生产资料和生产制度中，生产制度是决定性因素，所以各个国家如果采用的生产制度不同，其社会生产的状况或经济状况也会有所不同。产权制度、产出分配制度和税收制度，全都关涉生产者最后是否能够多劳多得，从这个意义上说，它们都可归为广义的经济分配制度。这就是说，广义经济分配制度决定一个国家的经济是持续发展还是不断衰退。同时需予说明，这里所说的“多劳多得”，并不是仅指不存在任何剥削的严格意义上的多劳多得，而是也包括存在某种程度的剥削的情况下的多劳多得，即生产者的剩余劳动价值只是被剥削走了一部分，剩下的部分仍归生产者所得。这个结果不是让生产者仅能维系自己及家人的生存，而是让其多少也能在生存之余还有一定程度的财富积累或生活改善，所以劳动者在这种存在剥削的情况下还是愿意多劳的。这里的具体情况是：留给生产者的剩余劳动价值越多或生产者被剥削得越少，其生产积极性和创造性就越高。而这一点也就是历史上某些有剥削阶级存在的国家，居然也能在经轻徭薄赋的制度下呈现盛世的原因。

因为可让生产者多劳多得的广义经济分配制度，会使生产者为了自己得到更多而有兴趣和热情去革新生产技术，搞发明创造和厉行节约，实现生产效率的提高和生产成本的下降，所以这种经济制度安排在实现了该国经济持续发展的同时，也促进该国技术不断进步。而与之相反的经济制度安排，因不能激发生产者搞发明创造的热情，也就不可能有什么技术进步，更谈不上技术先进。因而一个国家的技术先进与否，其基本决定因素也在于该国的广义经济分配制度。在广义经济分配制度有利技术进步的背景下，如果一国政府额外还有直接为激励技术创新而做的各种专门制度安排，如资金扶持、政策扶持、税收减免、知识产权、专利保护、有偿转让和物质奖励、授予荣誉和舆论宣扬之类的制度安排，那么，该国的技术发展就会有更快、更大的进步。当然，如果该国政府对技术创新采取的不是鼓励性的而是打压性的制度安排，如将那些暂时看不出来有什么实用价值的发明创造斥为“奇技淫巧”，甚至列入刑罚加以惩戒的制度安排，就会严重影响国家的技术进步，即便是在广义经济分配制度有利技术进步的背景下，也是如此。

如果一个国家的政治是清廉明智的，其政府就会制定并实行休养生息、放水养鱼的低税制“仁政”，让生产者都能多劳多得，尽管其程度会有所差异，也不是必然属于严格的按劳分配制度。而能通过多劳这种正当途径而如愿多得的人们，自然就会安居乐业，遵纪守法，于是不想歪门邪道，不愿惹是生非。相反，一个国家的政治腐败，其政府及其已经贪腐成性的官僚集团就会在贪欲的不断驱动下，走向对人民横征暴敛、竭泽而渔的苛政之路，人们再怎么多劳动、再怎么多生产依然还是难以维持生计，还是民不聊生，最终他们就会不得不另想各种不合法、不正当的方法谋生，于是作奸犯科、违法乱纪的人越来越多，整个社会不得安宁乃至暴乱四起。这就说明，一个国家是社会安定有序还是动荡不安，是人民安居乐业还是民不聊生，也都是由制度决定的，即是这个国家所实行的政治制度和经济制度接续起作用和共同起作用的结果。

同样，一个国家的文艺是繁荣还是凋敝，学术是活跃还是沉寂，也只能是被这个国家的政府所实行的相关制度决定的。这种决定作用有两个层面的表现形式：一个层面是该国的政治制度和经济制度的间接决定。不难理解，只有当社会安定有序，国民能普遍安居乐业即物质生活基本无虞之时，他们的精神需求才能开始逐渐上升为马斯洛需求层次论所说的“优势需求”。同时，他们中也才会有更多对文艺或学术有兴趣爱好的人能够有心情、有物质条件、有闲暇在这些领域开始自己的学习、钻研和创造，并以其成果或产品供给在精神层面也有各种需求的国民。而作为这一景象之前提条件的社会安定有序和民众安居乐业，据上已知，正是清廉明智的政府实施低税制的仁政的结果，而腐败昏庸的政府所施的高税制苛政，因导致的是民不聊生而不是安居乐业，是社会动荡而不是社会安定，也就不可能造就文艺繁荣、学术活跃的景象。另一个层面是该国的文艺制度和学术制度的直接决定。在社会安定、国民安居乐业的前提下，并不是必然会出现文艺繁荣、学术活跃的景象，而只是提供了一种可能性和现实的基础。如果此时政府对各门学术尤其是人文社会科学的制度安排，怀有制度意识形态的担忧并设有各种限制；对文学艺术的制度安排，不仅有源自制度意识形态的各种限制，而且还有来自禁欲主义的种种禁忌，那么，该国的文艺就不可能繁荣，该国的学术就不可能活跃。相反，此时政府只有采取与上述制度安排截然相反的制度安排，即不设制度意识形态和禁欲主义之类的限制，鼓励文艺百花齐放、学术百家争鸣，才会迎来文艺繁荣、学术活跃的文化盛世之景。关于上述正反两种可能的结果，我们也能在人类历史中看到确证。为什么中国古代，只有先秦时期的学术是百家争鸣？就是因为那时各诸侯国都还在探寻治国之道，没有形成固定的主流制度意识形态，也就没有设置这方面的制度限制。而先秦学术百家争鸣的忽然消失，也正是统一天下的秦国认准了法家学说并焚书坑儒的结果。后来汉武帝“罢黜百家，独尊儒术”的国策虽换了社会主流制度意识形态，但也更进一步明确和强化了源自制度意识形态的制度限制，并被其后的历代王朝所奉行，遂使中国古代再无学术百家争鸣的景象。西方的情况也类似。为什么古希腊、古罗马有令后世赞叹不已的文艺成就和学派林立、学说众多的学术，以及层出不穷的大师？也是因为那时统治阶级还没形成固定的制度意识形态，并且那种对文艺表达天然有压抑作用的禁欲主义也还未成为当时的社会主流意识。而后来西方的中世纪之所以说是“黑暗的”，则正是因为情况发生了根本的变化，这就是基督教占了社会统治地位，由其认定的禁欲主义开始盛行，结果就出现了基督教文艺和基督教学术长期一家独大的局面。再后来，西方随文艺复兴运动和思想启蒙运动而出现的文艺复兴和学术复活，自然也是对来自基督教的统治和禁欲主义的各种制度限制的不断突破、不断冲决的结果。

与之同理，一个国家的军事是强大还是虚弱，也被该国制度从直接和间接这两个层面所决定。包括一定数量的军队和武器装备的国家军事力量是靠国家财政维系的，要以经济为基础，因而强大的军事力量只能建立在发达的经济基础之上，而不可能建立在萎缩的经济基础之上。一个国家的发达经济是由其经济的持续发展形成的，而经济的持续发展又总是廉洁明智的政府所制定的体现多劳多得的广义分配制度的结果，所以，如果没有廉洁明智的政治制度和能使生产者愿意多生产的广义分配制度，就不可能形成能为强大军事奠基的发达经济基础，也就不可能形成强大的军事，而这就是制度对军事的间接决定作用。军事的强大，不仅体现在军队的数量和是否拥有足够多的先进武器装备方面，也体现在军队实战能力方面，而能决定军队实战能力高低的，则是对军事有直接决定作用的军事制度，包括军事体制、军队建制、军事训练制度、军事人才培养制度、军事奖励制度以及战术准则和战略规制，等等。

三、结论：政治制度起首要作用

综观上述可知，一个具体国家在政治、经济、文化、民生和军事等方面是兴盛还是衰落，都是被这个国家的各种制度决定的。既然如此，这个国家在整体方面是兴盛还是衰落，是生机勃发、欣欣向荣还是生命衰弱、走向消亡，自然也是被自己的制度决定的。

并且我们可以从中看到，各个领域制度对国家兴衰存亡的作用是存在地位差异的。其中，政治制度起的是首要作用，它决定着经济方面的广义分配制度的性质，并和广义分配制度一道，从基本层面决定着该国的民生、技术、文艺、学术和军事的或兴或衰的状况。而直接用于民生、技术、文艺、学术和军事的专门制度，则是在以上基础或背景的范围之内，开始发挥自己的直接决定作用的。

第十四章

国家的问题与成就

制度对国家命运的决定作用，还可以从国家问题与国家成就，即国家存在的问题与国家取得的成就这个维度得到诠释。

我们已知，国家与社会同为一体，国家就是有政府的社会，所以这里所说的“国家问题”与“国家成就”，也就是社会问题和社会成就。

社会学为了揭示实现社会良性运行的秘密，将妨碍社会良性运行的“社会问题”（亦称“社会病态”）确立为一个专门的范畴来加以研究，希望通过寻找产生社会问题的原因来消除社会问题，以保证社会的良性运行。殊不知“社会问题”的反面即“社会成就”，也与社会良性运行有关，甚至更能体现社会的良性运行。因为对社会问题的消除，其实最多只能实现社会的正常运行而不是良性运行，只有取得社会成就才能实现社会的良性运行。故此，对社会成就之成因的探讨如果不是更重要，也至少是同等重要。这就是说，为了实现社会良性运行的目标，在理论上，我们应当将社会问题与社会成就作为一对范畴同时展开研究。

一、社会问题和社会成就的所指

学界对社会问题有许多不同的说法，这些说法都有一定的道理，同时也都不够精确和全面。这里所使用的“社会问题”概念与这里所擢升为理论范畴的“社会成就”概念，用来指称任一事关公众利益的社会公共事务——简称“社会事务”或“公众事务”——都有可能发生的两种极端状况。这两种极端状况都有在一段时期内持续存在并泛化的趋势，只不过其中一极的状况一旦在现实中出现，会被政府或公众认为是不好的状况或坏事情，是需要予以解决的社会问题；而另一极的状况一旦在现实中出现，则会被政府或公众认为是好的状况或好事情，是值得骄傲和应该继续保持的社会成就。因此，社会问题是指某一社会事务持续而泛化地呈现被政府或公众称不好并希望有所改变的状况，而社会成就则是指某一社会事务持续而泛化地呈现被政府或公众称好并引为骄傲而希望继续保持的状况。

笔者认为，以上界定意味着，无论社会问题还是社会成就，都属于社会事务或公众事务的状况，而不属于个人事务的状况或具体组织的事务的状况，此其一。

其二，社会问题和社会成就是社会事务的两极状况，而不是社会事务的一般状况或两极间状况。其中，社会问题可谓社会事务的负极状况，社会成就可谓社会事务的正极状况。

其三，社会问题或社会成就作为社会事务的极端状况，实存于社会之中，具有在一段时期内持续泛化呈现的特点，而不具有这种特点的其他任何状况，比如偶尔发生的状况、在某种特殊情境下才会出现的状况和仅在某处出现而没有泛化或普遍化的状况之类，则均不会构成社会问题或社会成就。至于为何要在“持续泛化呈现”的前面加上“一段时期内”的限制词，是因为这种状况作为社会问题，一旦被解决或因为某种因素而消失，就不会再持续泛化地呈现；作为社会成就，如果不能被保持，也不会再持续泛化地呈现。由此推论，社会问题和社会成就存在历史和当下的区分。历史性社会问题和历史性社会成就，是在历史上曾经出现过的社会问题和社会成就；而当下性的社会问题和社会成就，则是正在社会中发生或呈现的社会问题和社会成就。同时，上述关于社会问题和社会成就之特点的说明还表明，思想或理论在以社会为思考对象时所形成的各种问题，如社会是什么、社会是什么样的结构、社会应当如何发展等所有问题，由于均不是社会的现实状况，更不是社会事务在历史或当下的一段时期内持续泛化地呈现的状况，也就都不属于这里所说的实存于社会之中的社会问题，而仅仅是产生并萦绕于头脑中的社会问题。

其四，社会问题和社会成就作为同一社会事务的两极状况，在现实社会中不可能同时出现，即如果某一社会事务的状况已经表现为社会问题，就不可能同时还表现为社会成就，反之亦然。

其五，社会问题或社会成就作为持续泛化呈现的状况，属于一种客观存在或客观状况，但这种客观状况被政府或公众从主观上赋予了或坏或好的两极意义，并给出了或解决或保持的意见或态度。并且，只有当这种客观状况被政府或公众赋予了或好或坏的意义和给出一定态度之后，它才正式成为社会问题或社会成就。相反，如果某种社会事务的客观状况虽在持续泛化地呈现，但只要还没被政府或公众赋予或好或坏的意义，或给出某种对待态度，那么它也就算不上是社会问题或社会成就。这就说明，有些社会问题和社会成就，也许早就存在，只是后来才被“发现”。

其六，政府和公众都是对社会事务之客观状况是好是坏的赋义者，只要其中一方将或好或坏的两极意义赋予某一社会事务的客观状况，该状况就成为需要加以解决的社会问题或希望继续保持的社会成就，即便另一方并没有如此赋义和认定也是如此。这里要加以解释，在现实社会中，由于政府和公众的立场及其利益关注可能不尽相同，二者对某一社会事务的客观状况的好坏赋义出现不一致是可能的。比如当下中国，公众会认为房价飞涨是一个社会问题，而房地产型财政的各级地方政府则不会认为它是什么社会问题；又如社会福利再高，公众也不会认为它是一个社会问题，但政府则会认为它是一个让政府财政难以为继的社会问题。因而在这个意义上，社会问题和社会成就有了共认和单认的区分。共认社会问题或共认社会成就是由政府和公众双方一致认定的，单认社会问题或单认社会成就则或是仅由政府一方认定，或是仅由公众一方认定。在制度共定社会或真正的民主社会，政府和公众双方对社会问题和社会成就的认定基本上都会是一致的，因为这时公众的意志就是政府的意志。只是在制度非共定社会或专制社会，由于政府的意志并不就是民众的意志，双方对社会问题和社会成就的认定才经常相左。此外，还要补充说明，由于公众难免会形成不同的利益集团，公众的意见有时也不一致，甚至往往不一致，这时所谓公众对某公共事务的客观状况的赋义，就只能由多数公众的意见来代表。因为在崇尚制度共定的社会或崇尚民主政治的时代，只有多数公众的意见才有资格代表公众的意见和整个社会的意志。这就是说，某种社会事务的客观状况即便是已经被少数公众赋予了或好或坏的意义，也仍然不是社会问题或社会成就。同时亦可知，前面关于"社会问题"和"社会成就"之定义语中的"公众"，既是"所有公众"的所指，也可以是能代表所有公众的"多数公众"的所指。

其七，这里所用的"社会问题"和"社会成就"都是狭义概念，仅指符合以上各项说明的两种极端状况，而广义的"社会问题"和"社会成就"概念则没有这些限制。前者包括与社会有关的所有问题，既包括现实中的社会问题，也包括思想观念中的社会问题；后者包括与社会有关的所有成就，既包括国家层面的成就，也包括组织和个人层面的成就。

政府或公众之所以会认为社会问题是坏事情或坏的状况并需要加以解决，是因为它或是不符合公认的价值观念，或是妨碍了政府或公众的某种预期的实现。与之相反，政府或公众之所以会认为社会成就是值得骄傲和值得延续的好事情或好的状况，则或是因为它符合公认的价值观念，或是因为它实现了政府或公众的某种预期。一般说来，政府或公众对社会问题的认定相对容易，而对社会成就的认定则要困难一些。因为政府或公众对社会问题的认定，只需要以公认的价值观念或各自的预期为标准来直接做出判断就成。比如，官员腐败不符合官员要清廉的公认价值观念，所以是坏事情，是需要加以解决的社会问题；又如，"看病难，看病贵"与大多公众预期的社会医疗健康保障供给水平相差太大，所以被他们认为是不好的事情和需要加以解决的社会问题。但是政府和公众对社会成就的认定，则不能仅凭公认价值观念或各自的预期直接做判断，而是还需要再做某种比较才能完成。这种比较可以从两个方面进行，这就是将政府或公众对某一公共事务被认为不错的状况，或是与本国以往的状况比，或是与世界其他国家的状况比。比方说，某国当下政治清廉、鲜见贪官的状况是符合公认价值观念的，但能否说这种状况就是社会成就还不尽然。这时还要进行比较，只有经比较，发现目前这种官场状况或是好过该国以往的官场状况，或是好过世界多数国家当下的官场状况，才堪称是值得骄傲、值得延续的社会成就。同样，某国向公众提供的医疗健康保障状况如果已达到多数公众的预期，那就是一个值得肯定的事情，但能否说这种状况就是社会成就，则还要看它是否好过本国以往的医疗健康保障水平，或好过世界上多数国家的医疗健康保障水平，如果经比较，答案是"好过"，那它才堪称是值得骄傲、值得保持或延续的社会成就，否则就不是。

毫无疑问，所有社会公共事务都存在向正负两极状况演化的可能，所以哪里有社会事务，哪里就有可能出现社会问题和社会成就。社会事务首先可做全域性社会事务和局域性社会事务的划分。全域性社会事务即关乎整个社会的事务，如社会系统结构、社会运行、社会发展、社会转型、城乡关系、社会环境、自然生态环境、社会人口繁衍之类。局域性社会事务即只关乎社会某个局域的事务，又可再分别以地域、领域、行业和组织为标准进行划分。其中，以地域为标准划分的是分属农村和城市的地域性事务，以领域为标准划分的是分属政治、经济、文化和民生的领域性事务，以行业为标准划分的是分属工、农、兵、学、商、吏等各行各业的行业性事务，以组织为标准划分的是分属政府、企业、医院、学校、社团、协会、军队之类社会组织的组织性事务。并且，各类局域性社会事务，还存在不同层次和不同种类的差异。所以，社会事务有大有小，种类繁多，难以尽述。与之相应，社会问题和社会成就也有可能在以上所有地方呈现，也可做同样的划分，也有大有小，种类繁多，难以尽述。

可以肯定，一个社会或国家的整体运行状况，是由其在各个层面各个局域的林林总总及大大小小的社会事务的状况和演化构成的。如果其中各个层面的多数社会事务的状况都表现为社会问题，那么这个国家的整体状况就是衰落的，这个国家的整体运行情况就是恶性的，并且这个“多数状况”越多，比重越大，这个国家的衰落程度和恶性运行程度也就越深。相反，只有当一个国家在各个层面的多数社会事务的状况都表现为社会成就时，这个国家的整体状况才是兴盛的，这个国家的整体运行情况才是良性的，并且这个“多数状况”越多，比重越大，这个国家的兴盛程度也就越大，良性运行程度也就越高。

二、社会问题和社会成就的成因

为什么同样一种社会事务，有时会演化为社会问题，有时会演化为社会成就？或者说，让社会事务演化为社会问题或社会成就的原因究竟是什么？

这个问题在学科分工上应该归社会学研究，但社会学历来没有“社会成就”的范畴，所以社会学界的中外学者迄今只有关于社会问题成因的回答。这些回答出自不同的流派和理论，多种多样，却也不相互排斥。归并一下，共能得到八种可相互兼容的说法，即自然因素说、经济因素说、政治因素说、社会结构说、社会变迁说、社会冲突说、文化差异说和个体异常说。①②③④⑤⑥⑦⑧⑨⑩ 不过，若对这些说法再进一步做仔细分析将会发现，它们所说的成因，均不是产生社会问题的根本原因或决定因素，有的甚至连成因也算不上。同时可以发现，顺着这些线索继续追踪最终原因，其结果全都指向了社会制度。

---

① 参见赵喜顺：《论社会问题与社会发展》，《社会科学动态》1996 年第 9 期。
② 青连斌：《社会问题的界定和成因》，《中共中央党校学报》2002 年 8 月第 3 期。
③ 青连斌：《西方社会学界关于社会问题成因的若干理论》，《党校科研信息》1988 年第 41 期。
④ 蔡菁：《关于社会问题的几点看法》，《社会学研究》1987 年第 6 期。
⑤ 陈为智：《当前中国社会问题理论研究述评》，《甘肃理论学刊》2010 年第 1 期。
⑥ 朱力：《社会问题的理论界定》，《南京社会科学》1997 年第 12 期。
⑦ 陈彪：《美国有关社会问题的理论》，《国外社会科学》1991 年第 5 期。
⑧ 王强：《社会问题和社会失范的类裂、成因、对策雏议》，《中共南宁市委党校学报》2004 年第 2 期。
⑨ 袁华音：《社会问题论纲》，《社会学研究》1994 年第 2 期。
⑩ [美]J.朱利安、W.科恩布普姆：《什么是社会问题》，黄勤、王茂福译，《武当学刊》(社会科学版)1994 年第 3 期。

自然因素说把自然因素作为社会问题的一个成因的理由在于，气候异常或地震、火山、海啸、飓风、冰雹、雪崩、暴雨、洪水和泥石流等自然现象会给人类社会造成灾难，导致灾区、灾民、饥荒、流离失所等社会问题。但阿马蒂亚·森对饥荒的专门研究表明，自然灾害虽然能够造成粮食大量减产，但并不注定会形成饥荒，历史上很多发生饥荒的国家，都不是没有足够的食物，而是社会分配不公，一些人没有获得粮食的“应得权利”，“实际上，与个人（或家庭）的饥饿直接相联系的是其‘粮食权利’，而不是关于人均粮食供给量等一些遥远的总量统计数据”①。阿马蒂亚·森说得有理，而笔者更认为，所有由自然因素造成的灾害都只是自然灾害而不是社会问题，这就如我们不能将地震造成的人员财产损失说成是社会问题一样，否则，我们立刻就会感到可笑与荒谬。事实上，只有社会或政府对待自然灾害的消极态度和不当作为，才会从自然灾害中生出社会问题来。例如，总是对自然灾害的发生缺乏有效预防措施的问题、总是不能降低自然灾害的危害程度的问题、灾后灾民总是得不到救助或得不到及时有效救助的问题、灾区总是越轨行为激增和社会秩序混乱的问题、灾后总是流行瘟疫的问题，等等，都是这样形成的社会问题。而政府对自然灾害的消极态度和不当作为，如果不是有意的——事实上每个政府即使为了自己能继续执政都不会有意这样干——最终都与政府没有为可能发生的各种自然灾害制定有效的防救灾制度安排有关。这就是说，如果政府事先有一套设计周密而有效的防救灾制度，有可能从自然灾害中生出的各种社会问题就不会出现。比如政府如果在粮食权利方面有应付粮食大量减产时的公正分配预案，就可以避免一遇自然灾害就发生饥荒状况的社会问题。所以，在自然灾害之后出现的社会问题，其实并不是由自然灾害导致的。

经济因素说认为低下的生产力或落后的经济难以保障社会的物资供给，这就会造成饥饿、贫困、失业、住房、就医等方面的社会问题，所以，“经济落后是导致一系列社会问题的基本原因”②。然而这个说法有些轻率。生产力低下和经济落后会使社会供给不足，但并不是必然会引发以上提到的一系列社会问题。比如，我国计划经济时期的经济倒是水平不高，效率低下，可失业、住房、看病却没在当时成为社会问题。相反，就业难、上不起学、住不起房、看病难且贵、贫富差异悬殊等社会问题，恰恰都是在我国的社会生产力已有极大提高的今天出现的。为什么会这样？原因就在于这两个时期社会所实行的相关制度不同。前者相对公正，所以虽普遍贫穷但由此引发的社会问题并不多；后者则相当不公正，所以尽管社会总体财富已有大幅增长，还是没能防止一系列与民生相关的社会问题的大量出现。因而就如自然灾害并不必然导致饥荒一样，经济落后也并不必然导致一系列民生社会问题的出现。其中起决定作用的乃是社会分配制度，若该制度公正，即使经济一时落后也不会有一系列社会问题的发生；若该制度不公正，纵然是经济快速增长也会生发大量社会问题。在这个意义上，我们可以赞同孔子的说法：“不患寡而患不均。”

政治因素说认为政治对社会生活有着极其重要的影响，如果政治清明，决策正确，

---

① 转引自胡丹丹：《阿马蒂亚·森正义思想研究》，华中科技大学哲学系博士学位论文 2014 年。

② 赵喜顺：《论社会问题与社会发展》，《社会科学动态》1996 年第 9 期。

就能有力地推动经济社会的发展。如果相反，就会导致社会风气败坏，社会矛盾激化，社会问题丛生。这个观点与此章前一节阐述的观点基本一致，只是不够彻底。根据前述已知，一个国家的政治是否清明是由该国的政治制度决定的，而所谓“决策正确”之“策”也属于制度的一种，所以政治因素说说到底，就是社会政治制度说或政治制度决定论。

同样，社会结构说和社会变迁说说到底也是社会制度说。因为被社会结构说认为引发了所有结构性社会问题的所谓“社会结构”，按照该说学者的解释，就是指社会体制、社会建制、社会机制、社会控制系统、社会制度、社会政策之类。其中，社会制度是制度，社会体制、社会建制和社会政策其实也直接属于社会制度，或者说是社会制度的不同类型，而社会机制和社会控制系统也只能是由社会制度构成的社会机制和社会控制系统。所以，社会结构说实质上就是社会制度说。社会变迁说也一样，它是把各种发生于社会变迁期或社会转型期的社会问题都归因于社会的变迁或转型。但社会的变迁，岂不就是社会制度的变迁？社会的转型，岂不就是社会体制亦即社会制度的转型？而随社会变迁出现的各类个体行为失范的社会问题的成因，岂不就是在于这个特殊时期的社会，出现了较多对个体行为无任何约束的制度空场和让个体行为无所适从的同时都在起作用的新旧制度之间的制度冲突？

社会冲突说认为社会问题是各种利益群体相互冲突的必然结果。这种必然性体现为，任何社会资源都不是无限的，任何社会都有各种群体的存在，这些群体为了在有限的资源中获得更大的份额以实现自己的利益最大化，难免要展开相互斗争，这就必然会导致一系列诸如压迫剥削、贫富悬殊、族群歧视、财物犯罪等社会问题的产生。因此，社会问题的出现是自然的和必然的，而不是伴随着社会一时失控、失调而出现的偶然现象。[①] 社会冲突说对社会问题成因的说明看似有理，实则不然。因为它无法解释，在人类社会历史上，为什么有的时代存在压迫和剥削，有的时代不存在压迫和剥削？也无法解释，在同一时代的不同国家中，为什么有的国家出现贫富两极分化，有的国家没出现？为什么有的国家有族群歧视，有的国家没有？为什么有的国家犯罪率高，有的国家犯罪率低？这说明，各种利益群体或利益集团的存在，只是有可能形成相互冲突而不是必然形成相互冲突，只是有可能导致社会问题的产生而不是必然导致社会问题的产生。而决定一个社会内各利益群体或利益集团是相互冲突还是不相互冲突，以及是否会引发各种社会问题的东西，不是别的，只能是社会制度。道理很简单，如果一个社会的资源分配制度是被各个利益群体都认可的，它们之间就不会出现源自资源的相互冲突，更不会出现由资源冲突所导致的各种社会问题。反过来说，一个社会之所以会出现压迫剥削、族群歧视之类的社会问题，就是因为这个社会存在支持压迫剥削、支持族群歧视的社会制度，而不是因为这个社会存在各种群体。所以我们看到，当欧洲发达民主国家在用防止压迫剥削的制度安排取代原有的支持压迫剥削的制度安排之后，原先普遍存在的压迫剥削现象就没有了；当美国、南非废除了各自国家中

---

① 蔡菁：《关于社会问题的几点看法》，《社会学研究》1987年第6期。

支持种族歧视的制度以后,种族歧视的社会问题也就有了根本性的好转。至于犯罪率的或高或低,同样是由社会制度决定的。首先取决于社会的资源分配制度,如果资源分配制度被各个群体认可,这个社会的犯罪率就低,反之则高;其次取决于社会治安制度,如果社会治安制度灵敏高效,这个社会的犯罪率就低,反之则高。

文化差异说是从文化或价值观的差异来解释社会问题的根源,可归为这种说法的具体理论包括亚文化论、文化堕距论这两个给人命名不当感觉的理论或价值冲突论,它们的共同观点也是基本观点是:现代社会的一大特点,就是文化及价值的多元化,社会上同时存在着多种不同的文化价值观念。持不同文化价值观念的人,在交往中必然会发生分歧和冲突。所有的社会问题,都是源于"文化价值上的冲突"。一方面,文化价值冲突使人们对同一社会现象存在着不同的看法。例如美国的"人工流产问题",就是传统的天主教徒和现代的"女权主义者"对"人工流产"的两种观念的激烈冲突而酿成的。前者认为,人类的胎儿已经是完整的人,人工流产就是特殊形式的谋杀。后者则认为,如果不允许妇女做人工流产,就等于剥夺了妇女控制自己身体的权利。另一方面,文化价值冲突造成人们思想准则的混乱。互相冲突的文化或价值观渗透到了社会生活的各个方面,人们长期受这种冲突的影响,就会失去协调一致的准则,于是很容易做出越轨行为。正是人们在社会生活中,存在着文化价值观念的差异,才导致了一系列社会问题的产生。[①] 笔者认为,把"一系列社会问题的产生"归因于文化差异是极其肤浅的说法。试问:压迫剥削、贫富悬殊、房价飞涨、失业率高、通货膨胀、看病贵难、上不起学、官员腐败、假冒伪劣、坑蒙拐骗、黄赌毒之类社会问题,哪个是被文化价值观的差异引发的?现代社会,又有哪种文化或哪种价值观念不把它们视为恶或不好的状况?至于种族歧视、民族歧视之类看似与文化差异相关的社会问题,正如前面已经说到的那样,其实也不是由文化差异造成的,而是由把种族或民族分为优劣等级的歧视制度造成的。所谓"源于文化价值冲突"的诸如"人工流产"之类的问题,实际上并不是已被政府或大多数公众认定为"不好"而需要消解的实际的社会问题,而是还在理论上讨论是"好"还是"不好"以及该如何对待的认识问题或观念问题。同样,所谓"文化价值差异会造成思想准则的混乱,从而导致越轨行为"的说法也是草率的。持不同文化观念或价值观念的人在相互交往中最多可能会产生一些被双方相互指认为不合习俗的行为,但这些行为还不至于是违反制度或法律、政策、纪律的越轨行为,因为社会制度在一国之内是对任何人都有约束力的规则,诚如"法律面前人人平等",不会因人们的种族、民族、性别、年龄、职业以及文化价值观念的不同而区别对待。而所有持有不同文化价值观念的人也都清楚这一点,并且都知道违反制度要受罚,所以他们即使因为文化价值观念不同而认为某个现行制度不合理,一般最多也只会对其采取口头批评而行动遵守的策略。习俗通常只与私人事务相关,制度才与公共事务相关,加之在一个社会中,可以同时存在多套不同的习俗而绝不可能同时存在多套不同的制度,所以,凡是不合习俗的行为均不属于越轨行为,更不会导致社会问题。这就是说,只有不

① 青连斌:《西方社会学界关于社会问题成因的若干理论》,《党校科研信息》1988 年第 41 期。

合制度的行为才是越轨行为,才有可能导致社会问题。既然如此,一个社会中的文化价值的多元化,就与这个社会所出现的社会问题没有任何必然的关联。只要该社会的制度是合理的,不存在歧视某些人的特点,持有不同文化价值观念的人们就能和谐相处,不起事端。人类社会的经验事实也能证明,那些多种族、多民族和多文化的国家,并非不能形成统一制度,也并非就一定会比单种族、单民族、单文化的国家存在的社会问题更多、更严重。

个体异常说是将个体异常作为解释越轨性社会问题产生的一个原因。只不过有的学者是将个体异常说成心理异常,即心理失调或具有反社会人格;有的学者是将个体异常说成生理异常,即天生具有犯罪基因或犯罪本能。但不论是哪种“异常”,都不足以成为社会问题的成因。且不说“犯罪基因”和“反社会人格”说法本身的假说性,就算不是假说,那么请问:那些被认定为有反社会人格或有犯罪基因的人,是不是总在越轨或经常越轨?是不是没有任何其他动机,就是仅仅因为具有反社会人格或犯罪基因而越轨?事实显然不是这样。他们并不是总在越轨,特别是没有在越轨肯定逃脱不了社会惩罚的时候越轨,更没有总是不为了自己的任何利益而越轨。这就至少说明,所谓有反社会人格或犯罪基因的人,其实也都是怀赏畏罚的理性自利人,这是一方面的情况。另一方面,诸如假冒伪劣、坑蒙拐骗、黑黄赌毒和官员腐败、商人行贿、医生收红包之类越轨行为,哪个不是由为自己逐利的目的或动机驱动?哪个仅仅就是因为具有反社会人格或犯罪基因而发?所以,不管行为者是否有反社会人格或犯罪基因,如果假冒伪劣、坑蒙拐骗、黑黄赌毒和官员腐败、商人行贿、医生收红包之类越轨行为成为持续泛化呈现的状况即社会问题,那就只能是社会赏罚尤其是制度性社会赏罚在这些领域失效失灵的结果。因为前面讲过,制度性社会赏罚比非制度性社会赏罚更具有强制性。这就是说,制度性社会赏罚失灵才是使越轨行为泛化为社会问题的根本原因。而纯粹因具有反社会人格或犯罪基因而引发的越轨行为,退一步讲,即便确实存在,也只会是一个很小的常量,属于在任何社会都不能完全避免的常态,犹如精神病人的越轨行为,它们都算不上是社会问题,而仅属于生理问题或医疗问题。而且,如果反社会人格或犯罪基因是某种常量人口生而有之的,那么由这类因素导致的越轨行为就相当于是由自然因素造成的自然灾害,而非由社会因素造成的社会问题,犹如地震导致的灾害属于由自然因素造成的自然灾害一样。与之同理,由先天犯罪基因导致的越轨也不属于社会问题。

综上所述,用自然因素、经济因素、社会变迁、社会冲突、文化差异和个体异常解释社会问题的成因是片面的,用政治因素、社会结构解释社会问题的成因是不够准确的。那么,社会问题的成因,最终就在于社会制度。这不失为一种正确而准确的解释。

三、进一步的论证和方略性结论

制度是所有社会问题之成因的观点,不单是从反面分析批判以往各种社会问题成因说的结论,而且也能从正面的基本理论上得到根本性的说明。

一方面我们可以肯定，所有类型的社会问题都是由行为者通过其行为选择做出来的，否则就不可能有任何社会问题的形成。其中，有的社会问题是由个人的行为选择引发的，如跑官买官、贪污腐败、坑蒙拐骗、黑黄赌毒、考试舞弊、学术造假、医生索收红包、农村留守儿童等；有的是由企业、学校、医院等社会组织的行为选择引发的，如制假售假、三废排放、环境污染、制作假账、滥收学费、看病贵难、医院见钱才施救等；有的是由政府的行为选择引发的，如贫富悬殊、通货膨胀、城乡壁垒、应试教育、任意行政、乱收费用等。当然，也有一些社会问题，不是仅由一种类型的行为者引发的，如假冒伪劣、食品安全、环境污染等社会问题的行为主体，就既包括个人，也包括企业。

另一方面可以肯定，已经构成社会问题的行为选择，不可能只是个别行为者的选择，也不可能只是行为者偶尔的行为选择，而只可能是为数不少的行为者的长期而稳定的行为选择的结果。否则，社会问题就不可能具有持续而泛化地呈现的特点，社会问题就不可能是某一社会事务持续而泛化地呈现被政府或公众称不好并希望有所改变的状况。易言之，构成社会问题的行为是具有普遍性的行为，社会问题是一种普遍性的社会现象。

在确定了以上两个前提之后，现在需要思考这个问题：为什么在某个社会事务上，为数不少的行为者总是会选择做出被政府或公众称“不好”的行为选择？

唯一说得通的解释，就是他们都是理性自利人，经过理性计算，或者根据自己或他人已有的经验，认为做这样的行为选择，尽管可能要冒被政府和公众谴责的风险，却可以给自己带来更想要的利益或更大的利益。那么，一个社会为什么会存在行为人选择被政府或公众谴责的行为，反而还能得到自认为更好或更大利益这种不正常的情况？答案只能是这个社会的社会赏罚机制失灵或出问题了，无法对这种受谴责的行为做出有效的能让行为者感到害怕和却步的惩罚。既然该社会不能让做不好行为选择的行为者受罚，也不能阻止其得利，那就等于这个社会实际上是鼓励行为者做这种被政府或公众称“不好”的行为选择的。鉴于在各种社会赏罚机制中，最有导向力和决定性的社会赏罚是制度性社会赏罚，这就说明，那些构成社会问题的为数不少的“不好”的行为选择，就是被这个社会的制度性社会赏罚激励出来的。因此，所有社会问题的终极根源，也就是这个社会的制度。

与社会问题一样，所有社会成就也是由行为者的行为选择做出来的。并且，也只可能是为数不少的行为者的长期而稳定的行为选择的结果。既如此，社会成就的成因也只能从社会制度那里做出解释。只不过构成社会成就的行为选择在价值评价上与构成社会问题的行为选择相反，是被政府或公众称赞的好的行为。为什么为数不少的行为者总是能做出被政府或公众称赞的行为选择并由此而构成社会成就？自然也是社会赏罚机制使然。确切地说，是制度性社会赏罚机制对行为者确确实实地形成了这样的激励：在某个社会事务领域，你要这样选择行为，不仅能得到政府或公众的称赞，而且同时也会让你得到你想要的东西或利益；相反，如果你不这样选择行为，你就既得不到政府或公众的称赞，也得不到你想要的东西或利益。一旦在某个社会事务上有了这样的制度性社会赏罚机制或这样的制度安排，就会有越来越多的人去选择做受政府或公众称赞的好行为，从而亦使该社会事务呈现出越来越好的状况。如果某个国家在这一社会事务上的这种制度安排比其他国家的同类制度安排更有效，能激励更多的人用更大的积极性去做受政府或公众称赞的行为，那么这个国家也会在这个社会事务上取得令世人瞩目的社会成就。因此，社会成就的成因与社会问题的成因一样，最终也在于社会制度。这里没有必要不厌其烦地列举大量史实为证，而且实际上是即使举出再多的具体例证也不能从逻辑上推出一个普遍性论述，不过如果找不到任何反证倒是能得出普遍性论述，所以这里只要求大家试想一下，人类社会历史中的哪一种公认的社会成就背后，没有一套这样与众不同、出类拔萃的制度安排？毫无疑问，高度清明的政治背后，必有一套高效灵敏的反腐败制度安排；持续增长的经济背后，必有一套能充分释放人的生产积极性、创造性和责任心的制度安排；空前繁荣的文化背后，必有一套能充分释放人的文化生产积极性、创造性和责任心的制度安排；祥和从容的民生背后，必要一套真正以民为本的高福利制度安排。

由此可知，所有带普遍性的社会现象，不论是好的社会现象——社会成就，还是坏的社会现象——社会问题，都是由社会制度造成的。好的社会制度造就社会成就，坏的社会制度造成社会问题，这也是一条社会规律。所以不论是想获得社会成就，还是想解决社会问题，都只能从社会制度入手。在某个社会事务上，若想获得社会成就，就要设法创造出新的比自己过去或其他国家更有效的相关制度安排；若想解决社会问题，就要设法调整或改变原有的相关制度安排。因为在这个社会事务上，不论是社会成就之所以未出现，还是社会问题之所以发生，都是既有制度安排的结果。换言之，就是因为既有的制度安排是那样的，才或者取得不了社会成就，或者会导致社会问题。所以，若不创新制度，社会成就就永远不会出现；若不调整或改变制度，社会问题就永远无法解决。如果创新了制度安排仍未取得社会成就，如果调改了制度安排仍未解决社会问题，那只能是对制度的创新或调改不对路或不到位，必须重做创新和调改。是故，从社会管理者的角度说，没有做不到的事，只有不想做或不会做的事；没有解决不了的问题，只有不想解决或不会解决的问题。

实际上，马克思似乎也隐约有制度是社会问题和社会成就之根源的思想。他在论述当时俄国的前途时说："如果俄国继续走它在 1861 年所开始走的道路，那它将会失去当时历史所能提供给一个民族的最好的机会，而遭受资本主义制度所带来的一切极端不幸的灾难。"[①]这就表明马克思认为，资本主义社会的一切极端不幸的灾难，都是由资本主义制度带来的。同时，马克思还指出俄国的前途也存在另一种可能性："它可以不通过资本主义制度的卡夫丁峡谷，而吸取资本主义制度所取得的一切肯定成果。"这样的话，它就可以"不经受资本主义制度的一切苦难而取得它的全部成果"[②]。这些话表明的是，马克思认为一切肯定成果的取得，都与有什么样的制度相关。

---

① 《马克思恩格斯全集》第 19 卷，人民出版社 1963 年版，第 129 页。

② 《马克思恩格斯全集》第 19 卷，人民出版社 1963 年版，第 451 页。

第十五章 国家竞争差异

在国家与国家之间，为什么有的国家发展快，有的国家发展慢？有的国家能够持续发展，有的国家只能发展一时？有的国家富裕繁荣，有的国家贫穷衰落？

答案仍旧在于社会制度，即发展差异是由这些国家各自所实行的社会制度的不同造成的。这就是说，制度对国家命运的决定作用，不单体现在一国之内，也体现在国家与国家之间，即制度也是国家竞争差异的决定性因素。而所谓国家竞争，就是各国按照自己认定的方式实施发展，在经过一个时间段后，通过比较各国的发展结果来判断谁先进、谁落后，谁胜出、谁败北。

然而，国际学界很多学者并不这样看，他们——基本上是经济学、政治学、社会学和历史学的学者——对此问题进行了为时不短的诸多讨论，并分别给出了七种不同的回答，这就是竞争决定论、技术决定论、实力决定论、产业决定论、政府决定论、文化决定论和制度决定论。

在上述七种回答中，相对而言，新制度经济学的制度决定论更有道理。因为再除去文化决定论的其他五种决定论，在解释国家竞争差异的原因时都不够彻底，而一旦变得彻底，就都会追溯到制度。不过令人遗憾的是，新制度经济学的制度决定论也有不彻底性。这就是说，它只猜对了答案，却没说好道理。而对这一不彻底性的挽救，经济学层面的解释已经无能为力，只能靠哲学的原理性论述来进行。至于属于社会学解释的文化决定论，也将在哲学的制度决定论建构完成之后，暴露出它的不足。

一、诸多其他决定论说到底也是制度决定论

对于国家竞争差异的问题，除经济学的制度决定论和社会学的文化决定论之外的另五种决定论即竞争决定论、技术决定论、实力决定论、产业决定论和政府决定论的回答，只要经认真分析就能发现，这些答案全都不够彻底，而一旦要把它们说得彻底，就无一不是制度决定论的解释。

艾哈德在他的《来自竞争的繁荣》一书中，把竞争说成是一个国家“获致繁荣和保证繁荣最有效的手段”[①]。单就一个国家的历史来看，艾合德的说法似乎还可以说得过去，因为某国的无竞争时期和有竞争时期存在发展差异，即无竞争不如有竞争。可

① [德]路德维希·艾合德:《来自竞争的繁荣》，祝世康、穆家骥译，商务印书馆 1983 年版，第 11 页。

一旦拿到国家间比较，立刻露出破绽：如果竞争真的这么有效，那所有参与竞争的竞争国都应该一起繁荣才对，而事实明显不是这样。当然，艾哈德会解释说这里的竞争仅指国内竞争。可国内存在竞争的国家也很多，比如当今世界各国内部差不多都有市场竞争，为什么它们中还是有的发展快，有的发展慢？还是有先进与落后、繁荣与衰败的差异？这时艾哈德会依据其理论给出这样的解释：这是因为这些国家内部的竞争，有的是暴力竞争，有的是和平竞争，并且即便同是和平性竞争，又存在充分竞争和不充分竞争的差异。其中，只有充分的和平竞争才能收获繁荣。但这时就要问：这些国家内部的竞争为什么会存在暴力竞争与和平竞争、充分的和平竞争与不充分的和平竞争的差异？这些差异难道不是由这些国家的制度安排造就的吗？道理很简单，你不用严厉的制度防范和惩罚弱肉强食的暴力竞争，和平竞争就无法开展；你放任市场垄断的形成，不用制度加以约束，和平的充分竞争就不能形成。事实上，社会内部的竞争就是由制度决定的。为什么早期人类社会和计划经济社会没有市场竞争？就是因为这些社会还没形成或还没实行市场经济制度。

凡伯伦、艾尔斯、加尔布雷思、埃吕尔、索洛、丹尼森、肯德里克、罗默、卢卡斯、怀特和拉坦等众多学者都是技术决定论的回答。典型的技术决定论把技术进步视为社会发展、国家兴衰和国家竞争成败的关键所在和唯一因素。其理论逻辑是：技术的发展不依赖于外部因素，具有自主性，同时技术又是社会系统或文化系统的首要要素和基本要素，因而技术进步是经济增长永不衰竭的动力（“索洛命题”），技术的发展和变迁也是导致社会发展和变迁的根本动力，决定着整个社会的状况和人类精神。并据此提出科技创新是最重要的创新的观点和科教兴国的主张。技术决定论对国家竞争及兴衰的解释，看起来与近代西方大国崛起的历史轨迹基本吻合，因此，该理论一度被很多人接受，成为一种普遍性的解释。但是，技术决定论无法解释，如果技术具有自主性或自己的运行逻辑，为什么在一国历史上，技术的发展会有时快有时慢？比如近代中国的技术成果为什么反而没有古代中国显赫？同时也不能解释，在国家与国家之间，为什么曾有技术优势的国家会变得没有技术优势，而以往技术落后的国家却会变成技术先进的国家？比如西方近代以来的技术优势为什么会先后有从意大利到英法再到德国又到美国的陆续转移？技术决定论者这时或许会用各国对科教态度的变化，如从重视到不重视或从不重视到重视，来解释以上诘问。可这样一来，所谓技术的自主性就已被自己否决而不复存在，技术决定论也要由此改为科教决定论或教育决定论。但教育决定论同样会被事实击碎：当代很多第三世界国家对教育投资比例超过发达国家，可除造成严重的大学生失业问题与人才大量外流外，并没有实现国家强大的目标。技术的创新和发展离不开对教育的重视是对的，但一国如何对国民进行教育和进行什么水平或程度的教育，显然不能由教育本身来决定，而只能由关于教育的制度安排来决定。并且，如果该国还没有激励人们从事技术创新的制度安排和适合或有利于新技术转化为实际生产力的制度安排，那就如我们屡见不鲜的情况：即使该国已有高水平的义务教育甚或有不断出现的技术创新成果，也不会实现整个社会经济的快速发展，造就繁荣盛世，赢得国家竞争。这就看出，制度是比技术和教育更重要、更基本的东西，制度创新也是比技术创新更基本、更重要的创新。

保罗·肯尼迪把实力作为国家竞争的决定因素，在其《大国的兴衰：1500—2000年的经济变迁与军事冲突》一书中，他提出影响国家兴衰的因素包括地理、技术水平、经济状况、军事力量、组织形式、民族精神、意识形态等，其中最关键的实力是经济和军事的实力，故而判断一个大国是否强盛的标准就是是否有雄厚的财富以及强大的军事力量。但问题是一国雄厚的财富以及强大的军事力量又从何来？按肯尼迪自己的说法是来自该国的经济变革和技术革新。既然如此，那他其实已是制度决定论的观点。因为经济变革岂不就是经济制度或经济体制的变革？而普遍的而非零星偶然的技术革新，显然也只能出现在技术制度革新之后。所以技术、物质财富和军事力量都是相关制度安排的结果，它们充其量只是大国兴衰的表征，而不是大国兴衰的原因。

波特的回答可谓企业决定论或产业决定论。他在《国家竞争优势》《竞争战略》等专著中，将国家竞争优势归结为企业在国际市场中的竞争优势，提出了解释企业形成国际竞争优势的“菱形模式理论”，认为企业竞争优势与四个基本决定因素和两个辅助因素相关。两个辅助因素是机会和政府，四个基本决定因素是生产要素条件、需求条件、相关或支持性产业、企业的战略及结构。这些决定因素创造了企业竞争的一个基本环境，每一个决定因素都会决定企业国际竞争优势的形成。①② 先不说波特将企业竞争优势直接等同于国家竞争优势是否恰当，也不说波特将那么多东西，即四个基本因素及其内部分别包含的若干构成要素都说成是“基本决定因素”是否存在对“基本决定”的用词不当。这里只说，波特所说的所有这些所谓“决定因素”其实都不是使企业拥有竞争优势的决定因素，而只是任何一个企业进行生产都不可或缺的必要条件而已，即如果缺失了这些因素中的任意一种，企业的生产就无法进行。事实也是这样，每个企业要想生产，都得有一定的人力资源、资本资源、自然资源和基础设施等生产要素条件，都得有企业内部的分工、结构和经营策略，也得有与自己产品相关的上下游企业的存在和市场对自己产品的需求，但显然并不是一个企业只要拥有了这些也就同时拥有了自己的竞争优势。如是这样，每个企业的竞争优势应该永远都会是一样的，没有任何差异。实际上，波特自己在具体论述竞争优势的来源时也改变了说法，他将竞争优势来源概括为四个：一是要设法把一般生产因素培养成高级生产因素；二是要把分散的相关产业聚集到一起扎堆布局；三是要把一般的国内竞争变成激烈的国内竞争，从而将一般的市场需求变成苛刻的市场需求；四是企业要重视企业战略的设计。然而，一旦做出这种解释之后，波特的竞争优势理论就已经等于在实质上变成了制度决定论。这是因为，把一般生产因素培养成高级生产因素，一方面要依靠针对人力资源所创造出新的更有效的培养制度和激励制度，另一方面要依靠针对非人力资源所创造出的新的更有效的管理使用制度；把一般的国内竞争变成激烈的国内竞争，取决于政府对市场采取何种管制方式；把分散的相关产业变成集中的产业群，除了需要企业要有这样的意识和意愿之外，最终还要看政府在产业布局、土地征用、建设配套设施等方

---

① 张金昌：《波特的国家竞争优势理论剖析》，《中国工业经济》2001年第9期。

② 常志有：《国家竞争优势理论述评》，《思想战线》(云南大学人文社会科学学报)1999年第6期。

面是否提供了有利于形成产业群的制度环境;而波特说最能体现企业差异和企业优势的所谓企业战略,也不过是企业的长远策略亦即长远性制度安排而已。此外,波特在谈政府这个"辅助因素"的作用时,关于繁荣是政府的一种选择,政府有效地选择了提高生产率的政策、法律,就选择了繁荣的观点,更是一种制度决定论的表白,因为这里提到的政策和法律都属于典型的制度。

奥尔森对国家竞争差异问题的论述,可谓"政府决定论"。他反对从财富积累、技术进步和产业状况等角度解释不同国家或地区的增长差别和繁荣衰败,说这些见解都没有追溯到最根本的原因:"它们追溯到江河源头的小溪与湖泊,但没有解释注入这些源头的雨水是怎样生成的。同时,它们也没有说明经济发展的渠道是如何被堵塞的,即某些国家的经济增长为何受到阻碍。"为此,奥尔森用《国家兴衰探源》和《权力与繁荣》等著作给出自己的回答,指出国家的贫穷衰落是由于大量的试图搭便车的分利集团导致了增长的停滞,而富裕兴盛的国家则都拥有"强化市场型政府",能够抑制分利集团而形成共容集团。然而,在笔者看来,奥尔森的这个回答仍然只是追踪到江河源头上游之小溪与湖泊式的解释,同样没有说明注入小溪与湖泊的雨水是怎样生成的。不利于经济增长的分利集团和有利于经济增长的共容集团都是不同制度激励的产物,这也是奥尔森本人的观点,而"强化市场型政府"实质上就是强化市场制度或市场体制之作用的政府,所以所谓"生成江河源头的雨水",即决定国家竞争差别的根本原因,应该进一步归为一国的制度安排者所制定的社会制度。这就是说,如果奥尔森再把他的理论向前推进一点,就可以找到决定国家竞争差别之命运的源头之水了。而如果把这一点加到他的理论中说就应该是这样的内容:因为有的国家制定的制度能使利益集团具有共容性而有利于增长,所以国家富裕繁荣;因为有的国家制定的制度会使利益集团具有分利性而不利于增长,所以国家贫穷衰落。

二、新制度经济学的制度决定论及其缺陷

当代在西方勃兴的新制度经济学终于逐渐找到"源头之水",它的统军级人物诺思在研究近代西方世界兴起的问题时,一方面否认诸多已往解释所认定的各种因素是经济增长的原因:"我们列出的原因(创新、规模经济、教育、资本积累等)并不是经济增长的原因,它们乃是增长。"[①]另一方面给出自己的明确结论:"有效率的经济组织是经济增长的关键;一个有效率的经济组织在西欧的发展正是西方兴起的原因所在。"因为有效率的经济组织能够"将个人的经济努力变成私人收益率接近社会收益率的活动",从而成为经济增长——"人均收入长期增长"的关键,这也"正是西方兴起的所在"。[②] 虽然诺思的以上逻辑并未提到制度的因素,但他在"有效率的经济组织是经济增长的关键"之后,又继续告诉人们:"有效率的组织需要在制度上做出安排和确立所有权。"[③]

① [美]道格拉斯·C·诺思、罗伯特·托马斯:《西方世界的兴起》,厉以平、蔡磊译,华夏出版社 1999 年版,第 7 页。
② [美]道格拉斯·C·诺思、罗伯特·托马斯:《西方世界的兴起》,厉以平、蔡磊译,华夏出版社 1999 年版,第 5 页。
③ [美]道格拉斯·C·诺思、罗伯特·托马斯:《西方世界的兴起》,厉以平、蔡磊译,华夏出版社 1999 年版,第 5 页。

他的意思是，能确立所有权即私有产权和完善市场缺陷的系列制度安排使经济组织变得有效率，例如英国和荷兰，“在这两个国家，持久的经济增长都起因于一种适宜所有权演进的环境，这种环境促进了从继承权完全无限制的土地所有制、自由劳动力、保护私有财产、专利法和其他对知识财产所有制的鼓励措施，直到一套旨在减少产品和资本市场的市场缺陷的制度安排”[①]。正因为诺思在以有效率的经济组织解释西方世界兴起之因后，又以有利私有产权和完善市场的系列制度安排解释有效率的经济组织的出现，所以他这套“有效经济组织决定论”就被一些解读者说成是“制度决定论”。

受到诺思的启发，在国家竞争差异问题上，另有新制度经济学者直接给出了制度决定论的回答。美国麻省理工学院的达龙·阿西莫格鲁教授和哈佛大学的詹姆斯·A·罗宾逊教授在合著的《国家为什么会失败：权力、贫困和繁荣的根源》一书中提出：决定国家竞争差异的决定因素是制度，正是一个国家所采取的政治制度和经济制度决定了这个国家的经济绩效，进而决定了与其他国家在经济绩效上的差异。不同国家的政治制度和经济制度存在包容性和攫取性的差异。包容性政治制度和包容性经济制度是实现长期经济增长的关键，攫取性政治制度和攫取性经济制度虽然能够在一定时期内实现经济增长，但是不能够持续。有的国家建成了包容性政治制度和包容性经济制度，而有的国家建成的是攫取性政治制度和攫取性经济制度，结果就造成了不同国家之间经济增长和经济发展水平的差异，造成了世界性的不平等。[②]

相对于此前各种关于国家竞争差异的解释，新制度经济学的观点显得更彻底，终于算是找到了“源头之水”。因为一如上述，那些所谓决定着国家竞争差异的各种因素，不论是竞争、技术、产业、资本、军事，还是分利集团与强化市场性政府或者有效率的经济组织之类，都是被制度决定的。

不过，新制度经济学对国家经济竞争差异的制度阐释也不尽如人意，同样存在不彻底性，仍未能从根本上解释清楚为什么制度是国家竞争差异的决定因素。

就诺思而言，他没有详细说明，为什么私有产权制度就能形成有效率的经济组织？为什么有效率的经济组织就能够“将个人的经济努力变成私人收益率接近社会收益率的活动”？

就阿西莫格鲁和罗宾逊而言，他们首先是没有对其所创构的两个关键概念，即“包容性制度”和“攫取性制度”进行必要的界定，也没说明这两种制度从何而来。其次是其“制度漂移”说，完全是用偶然性解释攫取性制度向包容性制度的转变，结果使国家兴盛成为人完全不可把握之事。再次是只用制度给出了国家失败的充分条件而没给出国家兴盛的充分条件。因为根据他们的理论，虽然一个国家只要采取了攫取性制度就注定会失败，只要没有采取包容性制度就注定不会兴盛，但却不能肯定，一个拥有包容性制度的国家是否必然兴盛，是否会有长期经济增长。最后是没有从道理上说明，为什么采取了攫取性制度的国家最终会失败？为什么包容性制度是实现长期经济增长的关键？

---

① ［美］道格拉斯·C·诺思、罗伯特·托马斯：《西方世界的兴起》，厉以平、蔡磊译，华夏出版社 1999 年版，第 19 页。

② 李增刚：《包容性制度与长期经济增长——阿西莫格鲁和罗宾逊的国家兴衰理论评析》，《经济社会体制比较》2013 年第 1 期。

此外,新制度经济学(也包括前述各种决定论)仅以经济增长这一项指标衡量国家竞争的胜负或各国的先进与落后,也有失偏颇,不尽合理,不仅无法全面反映各个国家的整体发展状况,反而还会导致一些荒谬的判断。比如一个整体小步慢走的全面均衡发展的国家,显然要比"贫困性增长"的国家,即以巨大投入、环境破坏、贫富悬殊等为代价换取的GDP单项指标大步迈进的国家更值得期待。可是若仅从经济增长的指标出发,就会得出后者是竞争胜出者的结论。

笔者认为,把制度视为国家竞争的决定因素是对的。

那么,新制度经济学为什么只是说出了答案,却未能从根本上说清其中的道理?

这与其囿于学科视野和学科特点的限制有关。新制度经济学是经济学的一种,经济学在学科分工上,只负责研究社会经济领域中的经济问题,而不研究总体社会和其他各社会领域的社会问题;只是从经济的视角研究制度、解释制度,并主要研究的是经济制度,而不从全面的视域研究制度,也不对一般制度进行专门研究,更不研究制度与整个社会的一般关系、制度与社会的主体即人的一般关系。因此其制度决定论缺乏普遍原理层面的深度,必然不能从根本上解释清楚为什么制度是国家竞争差异的决定因素。

另外,新制度经济学的制度决定论的不彻底性,也与经济学对制度的解释存在偏差有关。其中的一个主要偏差是对制度的界定过泛。经济学定义的制度,既包括法律、政策、纪律等由组织制定的正式规则,也包括由人们约定俗成的习俗、道德等非正式规制。这样一来,当新制度经济学说制度是国家竞争差异的决定因素时,就等于说习俗和道德也是这样的决定因素。但是显然,习俗、道德这样的非正式规则与法律、政策和纪律等正式规则存在本质的不同,并不是同一种东西。这就留下一个问题:在所谓制度决定国家竞争差异的作用中,正式规则和非正式规则各自处于什么地位?相互之间是什么关系?究竟是正式规则更重要,还是非正式规则更重要?

另一个主要偏差是对制度来源和制度变迁的解释太过片面。新制度经济学认为人们发明制度是为了减少人际交往中的交易费用,而改变制度则是为了进一步降低交易费用。因此制度及其变迁,对经济增长有决定性的促进作用。可实际情况并非如此。制度作为正式规则是由社会或社会组织制定的,社会或社会组织之所以要制定制度,是为了实现各自的目标。比如一个社会建立社会保障制度,就是为了照顾社会中的弱势群体,而不是出于降低社会成员之间的交易费用的考虑。退一步讲,即便这种制度安排在客观后果上的确有降低交易费用的效用,也不能因此就把它说成是社会管理者发明社会保障制度的动因。与之同理,一个企业制订成套市场营销策略,既不是为了降低企业内部成员间的交易费用,也不是为了降低与其他竞争企业的交易费用,而只是为了抢占更多的市场份额。所以,所谓"降低成员间的交易成本或制度运行成本",并不是社会或社会组织在制定制度时需要考虑的问题,充其量只是它们在提升制度实现各自目标的效率时才需要考虑的问题之一。再说,在存在阶级对抗的阶级社会或各种专制社会,由该社会统治者制定的横征暴敛的苛政制度,就只具有增加绝大多数社会成员的交易费用的效果,而没有任何降低他们的交易费用的效果。这就更充分地说明，新制度经济学的制度起源说和制度变迁说的极端片面性。

三、制度决定国家竞争差异的哲学论述

既然新制度经济学的制度决定论在解释国家竞争差异问题上的主要不足，是由其学科特点所致的先天不足，那么要想改正这些不足，就不能指望经济学的自救，而只能依赖长于做原理层面或普遍道理层面之思考的哲学救援。

这种哲学救援，在笔者这里就是这样一套解释，这套解释以四个可以得到普遍确认的事实判断为前提：

第一个事实判断是，人是社会历史的主体，社会或国家在时空中的一切变化都只能是由人的活动引发的，因而国家竞争胜出国的成就就是由该国国民的总体行为成就的，国家竞争落败国的失败也是由该国国民的总体行为导致的。

第二个事实判断是，人尽管贵为主体，拥有自由意志，与其他所有存在者都不同，却仍存在可控性，即一个人的行为可以被外在于他的社会力量或其他主体所左右。因为人都是追求自身利益最大化的理性自利人，必然怀赏畏罚，这就是喜欢获得奖赏，增加自己的利益——这与追求自身利益最大化相一致，害怕受到惩罚，减损自己的利益——这与追求自身利益最大化相反对，所以由各种社会力量构成的社会赏罚机制，就可以利用人的这一属性来调控其行为。具体说来，就是不想让人们做的事，就用惩罚来禁止；想让人们做的事，就用奖赏来激励；并且可以随时通过调整赏罚取向来改变人们既有的行为选择或行为方式，从而达到随时调控人们行为的效果。① 而法学、管理学和各种社会管理机构的存在，也从另一个方面说明了人必定具有可控性，否则，这些学说和管理机构都不需要存在，也不可能存在。同时需再次声明，笔者这里所说的“利益”，不独指人的经济利益或物质利益，而是所有利益，即能满足人各种需求的各种资源。

第三个事实判断是，在由各种社会力量构成的社会赏罚机制中，由制度形成的制度化社会赏罚机制对人们的行为具有最强大的调控塑导作用，不仅远胜过不能直接给人以利益的各种说教，也远胜过由人情态度形成的人情性社会赏罚机制、由社会舆论形成的舆论性社会赏罚机制和由神话形成的神秘性社会赏罚机制。因为这三种非制度化的社会赏罚机制，与制度性社会赏罚机制相比，一方面没有组织的力量乃至合法的暴力和暴力工具可用；另一方面其可用的赏罚之物也太少，仅仅是人情资源（人情性社会赏罚）、声誉（舆论性社会赏罚）和不可靠的来世幸福（神秘性社会赏罚）。而制度化社会赏罚机制则不同，包括金钱、奖金、物品、福利、职位、职级、名声、荣誉、资格、资质、地位、权利、权力、良机、自由乃至生命等，都是可由其操控的赏罚之物。② 正因如此，一个国家，不论它是竞争胜出国还是竞争落败国，其国民的行为选择，都是按本国的制度导向来确定的；其国民的普遍行为方式，都是由本国的制度型塑的。

---

① 关于这个问题的详细论证见笔者的这篇文章：《制度与自由是否相悖？》，《天津社会科学》2014 年第 2 期。

② 关于这个问题的详细说明见笔者的这篇文章：《论社会赏罚及其道德功用》，《华中师范大学学报》2011 年第 6 期。

第四个事实判断是，各国的制度是由各国的制度安排者制定的，各国的制度安排者有所不同，且在制定制度时的想法和所偏好的制度意识形态也往往有所不同，因而在不同国家之间就存在不同的制度安排。

如果以上四个事实判断不虚，进而就可确认，在国家之间存在这样的逻辑：因为有不同的制度安排，所以有不同的制度性社会赏罚及其行为塑导；因为有不同的制度性社会赏罚及其行为塑导，所以有不同的普遍行为方式和行为取向；因为有不同的普遍行为方式和行为取向，所以有不同的社会运行；因为有不同的社会运行，所以有的国家发展，有的国家停滞，有的国家倒退。并且，在实现发展的国家之间，也同时存在发展差异，即有的国家发展快，有的国家发展慢；有的国家是长期发展，有的国家是短期发展；有的国家是全面发展，有的国家是片面发展；有的国家是均衡发展，有的国家是非均衡发展。因此，国家竞争的各种差异，追根溯源，都是由不同的制度决定的，制度就是国家竞争的决定因素，导致国家竞争之胜败差异的源头就在于各国所采用的制度有所不同。换言之，兴起的国家之所以兴起，就是因为采用了能使国家兴起的制度；失败的国家之所以失败，则是因为非但没有采用能使国家兴起的制度，反而采取了客观效果上会使国家失败的制度。

那么，能让一个国家兴起或者在国家竞争中领先的制度究竟是什么样的制度？这首先要看我们如何定义国家兴起和以什么标准来评判国家兴起。

如果国家兴起只是经济学指认的一国经济的长期增长，那就可以说，凡是为生产者留利较多的仁政制度或所谓"包容性制度"都能实现国家兴起，并且相对留利更多的仁政制度，也会比其他施仁政的国家更快地实现国家兴起。相反，凡是大肆剥夺生产者或为生产者留利甚少的苛政制度，不仅不可能实现国家兴起，反而会自掘坟墓，导致国家溃败，并且各施苛政制度之国家的溃败速度也与其对生产者的剥夺度成正比。其中的道理就是，仁政之下，是或接近按劳分配，生产者会有生产积极性，于是社会生产拥有巨大动力；苛政之下，生产者被严重剥夺，完全不是按劳分配，生产者没有生产积极性，于是社会生产极其乏力。

与上不同，如果我们是将一个国家的长期全面均衡发展视为兴起，那么现实中能使国家兴起的制度或许在具体形态上千差万别，但必有一个基本共同点，就是在本质上，只可能是代表全民意志的共定性制度。否则，在这个国家就不可能有政治、经济、文化和民生的全面均衡发展，更不可能是长期的全面均衡发展。反之，一国的制度只要不是代表全民意志的共定性制度，该国的政治、经济、文化和民生就注定不可能出现长期全面均衡发展的状况。因为非全民意志的制度安排者只会注重追求自己利益的最大化，而不会关注民生福利的提高。而用以判断国家全面发展的具体标准，可以是前面提到的关于衡量国家兴衰的那些指标，即政治清廉明智度，经济持续发展度，社会安定有序度，人民安居乐业度，文艺繁荣度，学术活跃度，科技先进度和军事强大度。这些指标都是可以被标准化和量化的，所以根据这些指标做出的各项判断和在这些判断基础上形成的总体判断，就是可以得到实证的判断或结论，并能得到世人公认。这样的判断，既可以按绝对数做出，也可以按相对数或百分比做出，不仅规模相同的国家之间可以被客观而合理地比较，不同规模的国家之间也可以被客观而合理地比较，即这样的判断结论可以不受各国地域是大是小、人口是多是少的影响，所以大国和小国的竞争之间也能得到公认的判断。根据此章第一节已知，一个国家的政治清廉明智度，经济持续发展度，社会安定有序度，人民安居乐业度，文艺繁荣度，学术活跃度，科技先进度和军事强大度，最终都是由这个国家的政治制度、经济制度、民生制度、文化制度、科技制度和军事制度决定的，所以在国家竞争中，经过实证判断确定出的那个比其他国家更先进、更优越的国家，必定是在社会整体上拥有更多更有效的社会制度的国家。据此可知，国家竞争的实质就是制度的竞争，国家竞争的差异就源自制度的差异，谁的制度在整体上相对于社会发展或国家兴盛繁荣的指标有更高的效率，谁就会在竞争中领先、胜出；谁的制度在整体上最没有这样的效率，谁就会在竞争中落后。

正因为国家竞争的结果是由各国国民的活动在本国制度的规导和型塑下做出来的，所以，技术、固定资本、人力资本、物质财富、规模经济乃至生产力状况、军事力量等对人的行为没有直接导向调控功能和方式塑造功能的因素，和企业、产业、经济组织等只有通过制度才能对人的行为有间接导向调控功能和方式塑造功能的因素，就统统不可能是决定国家竞争胜负的决定因素。其具体道理在于，它们在与人的实践之关系上，不能告诉人们究竟应该做什么，更不能左右人们选择做什么，只能在人们决定做什么之后，为人们提供做此事的工具和条件，提高人们做此事的效率。但是如果人们并没决定做此事，那么即使已经有这些工具和条件，也发挥不了任何作用。比如在人们并没有决定努力生产时，即便拥有先进的生产技术和优越的生产条件，也不会使他们的生产有所增长。这就说明，所有对人的行为没有导向功能和型塑功能或直接导向功能和直接型塑功能的社会因素统统都是国家竞争的次要因素，只有当两个竞争国的制度系统或制度平台、制度环境完全一样时，上述那些因素，诸如不同水平的技术、企业、产业、经济组织、固定资本、人力资本、物质财富、规模经济、生产力状况和军事力量之类，才会对国家竞争差异显示出某种程度的所谓“决定作用”。然而，在现实世界中，两个国家的制度系统完全一样的情况在历史上从来没有出现过，所以这些因素对国家竞争的所谓的“决定作用”，也在历史上从来没有出现过。

正因为国家竞争的实质是制度竞争，所以历史表明，一个国家只要愿意进行制度创新，并且其结果是建立起了更有效或更先进的制度，就能在国际上迅速崛起，取得竞争优势。遥想当年，制度创新就是英国崛起的关键性因素，其中，政治制度的创新，表现在英国人率先确定起了现代政治体制——君主立宪制以及现代意义上的政党政治，从而实现了政治的现代化；经济领域的制度创新，表现为英国首创了一种全新的工业生产力，并通过工业革命而率先进入工业化社会；思想文化方面的制度创新，产生了诸如亚当·斯密、大卫·李嘉图、边沁、托马斯·莫尔、罗伯特·欧文等许多重要的文化名人以及由他们所创立的重大思想成果。[①] 再看 19 世纪晚期的德国，之所以能在不到 30 年的时间里，跃居欧洲强国之列，就是得益于铁血首相俾斯麦领导下的制度创

① 李乐刚、陈金清等著：《走向复兴之路》，商务印书馆 2013 年版，第 177 页。

新。在1881年,德国就以“皇帝诏书”的形式,建立起了一套面向劳动者的社会保障体系,其中涵盖了失业、工伤、事故、医疗等保险制度。1911年,德国又通过了西方国家的首个针对“中间阶层”——也就是最初的职员阶层的保险法案。这项法案不仅在行文中将其界定为高于工人的新等级,更赋予了他们较高层级的保险与劳动权益。[①] 正是这样一些能极大激励国民生产积极性和生产创造性的新式“仁政”制度安排,促成了德国的迅速发展和强力崛起。还有十月革命之后出现的第一个社会主义国家苏联,更是以一套原创性的全新制度,迅速发展成为可与美国匹敌的世界强国,只是由于经时间验证,它的那一套具有浓厚平均主义色彩的全新制度,其实并不能持久地为生产劳动者带来越来越多的利益,也不能真正实现其使人民日益富裕的承诺,所以当革命激情和对生活的美好憧憬被冰冷的现实逐渐浇熄之时,这套全新制度的效率就开始下降,非但不能维系国家的长期发展不说,还埋下了导致国家溃败的祸根。

正因为国家竞争的实质是制度竞争,所以历史表明,落后的国家或后进国家只要肯认真习仿先进国家的制度,或能在学习先进国家制度的基础上创造出比先进国家还先进的制度,能迅速缩短二者之间的差距,甚至赶上或反超先进国家。这方面的一个典型例证是日本,它的明治维新通过在政治、教育、科学、技术、军事等各个方面全盘学习西方列强的制度而脱亚入欧,结果仅用短短几十年的时间就迅速崛起。而美国在列强中后来居上,超过英、法、德诸强而跃居世界第一超级大国,则是得益于它在西方既有先进制度的基础上,又有许多属于自己的制度创新,如在政治方面提出不同于欧洲的美洲体系原则,制定世界上第一部完整的成文宪法,首创总统制;在经济方面发明泰勒管理制、福特生产制和现代金融制度;在教育科技方面创立出于英、法、德而胜于英、法、德的现代大学制度和强大的科技创新体制;在对外方面实施最便于广泛吸纳世界人才的移民制度,等等。而其中所谓“出于英、法、德而胜于英、法、德的现代大学制度”,就是美国人十分巧妙地将德国的研究生制度与从英国继承而来的本科生学院制度结合在一起的结果。[②] 此外,挪威、芬兰、瑞士、新加坡等国家,之所以能在当代跻身国家竞争力排行榜前茅,也在于它们在向先进国家学习制度的同时,还创造出了一些更先进或更有效率的制度。如瑞士最近连续六年雄踞竞争力国家榜首,究其原因就在于它创构出了与众不同的鼓励创新制度和学徒工教育制度。[③]

总之,以上所有制度创新的案例和习仿赶超的案例,不论是成功的还是不成功的,或者说,先成功后不成功的,都又从另一个侧面证明,不同的制度决定着国家竞争的差异和胜负。

当然,除了制度之外,习俗、道德作为规制也能对人的行为进行导向。只是这二者与非制度化社会赏罚机制一样,都没有合法的暴力为后盾,仅能利用人情和声誉这两种东西对人进行赏罚,所以它们对人行为的导向作用均远不如制度强,当它们对国民行为的导向与制度的导向不一致时,败北的总是它们。它们对国民行为的实际作用,

① 林雅华:《资本主义时代的零余者——克拉考的〈职员〉研究》,《理论视野》2016年第5期。
② 李强、陈平原等:《大学改革,路在何方?》读书,2003年第9期。
③ 刘美辰:《瑞士为什么连续六年成最具竞争力国家?》,《国际先驱导报》2014年9月18日。

主要体现在与制度导向一致的前提下，能帮助制度巩固或强化对国民行为的导向，使制度导向变得更有效。

既然如此，我们就可以知道，在国家竞争问题上的另一种决定论，即由马克斯·韦伯所代表的文化决定论也是站不住脚的。因为韦伯所说的在国家竞争中起决定作用的“文化”，在其名著《新教伦理与资本主义精神》中，就是指由勤奋、诚实、严肃、追求财富、节约金钱、“时间就是金钱、信誉就是金钱”等新教伦理道德或新教习俗所构成的资本主义精神。

四、战争式国家竞争的决定因素也是制度

与国家内部的竞争存在和平竞争与暴力竞争这两种形式一样，国家与国家间的竞争也有不诉诸暴力的和平竞争和诉诸暴力的武力竞争之分。以上所论都是在和平竞争的前提下展开的，这就会有一个问题：在不排除暴力或时常以战争为形式而展开的国家竞争中，事情又会怎样？这时制度还会是最终的决定因素吗？

这个问题颇为复杂，需分两步来说。

首先要说，在以战争或军事斗争为形式而展开的国家竞争中，不论是哪个国家失败甚或灭亡，都属于被外国暴力这种外生变项或外部因素决定了命运。从整个历史看，国家与国家间的交往或竞争从来都不是只能以战争的形式进行的，其常态是和平交往或和平竞争，因而外国暴力这一导致某国失败的情况属于特殊情况，具有外部偶然性，类似地震毁掉庞培城，并不属于我们在理论上所要探究的那种具有普遍意义和内在必然性的决定国家命运及国家竞争的因素或内生变项。因而尽管历史上存在不乏一国因外来暴力而败亡的事实，却并不能由此构成对制度决定国家竞争差异之结论的颠覆。而本章开篇的定调也考虑到了这种情况，所以给出了一个限制：“在没有强大的外部因素干预的情况下，一个国家的命运，最终都是被这个国家的制度安排者所制定的制度决定的。”

接着要说，我们即便撇开和平式国家竞争不谈，只谈战争式国家竞争，还是难以颠覆制度在其中的决定作用。

历史经验表明，在国家与国家的战争或军事斗争中，武器的作用很大，特别是当交战双方的武器水平相差悬殊时，一般都是武器占优的一方获胜，并且可以在人数上以少胜多，甚至是以极少的人战胜超过自己数倍数十倍的对方。这方面最突出、最有代表性的案例，就是近代西方发现美洲新大陆的探险者哥伦布所率领的持有火枪弹药的两百来人的军队，击败了只有简陋刀枪等冷兵器的当地土著人军队（有上万人），其中七千多人被杀。此后西方诸列强对众多海外殖民地国家的军事征服和占领，也无不是以其独有的坚船利炮开路而所向披靡。如英国对清朝的鸦片战争和八国联军侵占清朝京城，都是以少胜多的实例。这样的历史事件屡屡呈现，所以战争理论中就有了武器决定论的观点。可这个结论未免下得有些匆忙。尽管武器很重要，我们还是可以在这里发现制度的深层决定作用。为什么火枪弹药、坚船利炮等热兵器会首先出现在近

代西方？还不是因为这时的西方文明已经领先于世界，在军事、政治、经济、交通、文化、教育、科技等各个方面都有了一套先进的制度，而其中就有能效激励发明新武器行为的制度安排。毫无疑问，所有武器都是由人创造出来的。因此，凡是能通过大量发明先进武器而拥有先进武器的国家，必定都是有一套能有效激励武器发明的制度安排的国家。这就说明，武器固然重要，但还算不上是决定战争式的国家竞争胜负的根本因素。

历史经验还表明，在交战国之间武器水平差别不是很大的时候，各国最高统帅及前线将领的个人智慧对战争胜负的作用最大，甚至往往能以少胜多、以弱胜强。个中道理，在于军队作战需要有高度集权的统一部署和统一指挥，如果拥有这种权力的统帅或将领没有高超的军事智慧，就不能根据敌我双方的情况进行正确的统一部署和统一指挥，更不能根据双方情况的不断变化及时做出正确的应变，从而赢得战争。相对而言，最高统帅的作用又远大于前线将领的作用。因前线将领的军事智慧只与单个战役或单个战斗的胜败相关，最高统帅的智慧才与整个战争或全部战役的胜败相关。所以在人类战争史上，大凡有卓越最高统帅的一方都是最终的胜利者，尽管胜利者也不是每战必胜。如在对外征战中常胜不败的亚历山大，战胜战国七雄而统一中国的秦始皇，远征罗马以少胜多的汉尼拔，在系列征战中创建庞大罗马帝国的恺撒，横扫欧亚大陆的成吉思汗，屡次击败强大反法同盟国的拿破仑，率领兵少器差的八路军和新四军与侵华日军愈战愈强的毛泽东……都是一些具有非凡智慧的卓越统帅。相映成趣，大凡最高统帅不智或昏庸的一方，总是战败方，甚至在面对实力远逊于自己的对手时也难逃失败的命运。例如，宋先后不敌金、蒙古，明不敌后金，无不处于昏君庸君，即宋徽宗赵佶、宋钦宗赵桓、宋高宗赵构和明神宗朱翊鈞、明光宗朱常洛、明熹宗朱由校和明思宗朱由检即崇祯皇帝之流相继为帝治国之时。

然而，上述历史经验其实与制度决定论也不相互排斥。试想，如果那些卓越的最高统帅不能将自己的军事智慧和作战思想变成一套相对稳定的战略和战术来予以贯彻，如果他们没有自己的一套包括选拔将才、论功行赏、赏罚分明等内容在内的治军之道，也就无法实现这些智慧和思想。而战略和战术岂不就是大的军事政策和小的军事政策？一套治军之道岂不就是一套如何管理军队的军事制度？由此可知，最高统帅实际上就是最高军事制度安排者即最高职位的军事制度安排者，卓越的最高统帅就是卓越的最高军事制度安排者。并且，正是因为卓越的最高统帅能制定出来卓越的军事制度，所以方能取得战争的最后胜利。相反，正是因为昏庸的最高统帅作为最高军事制度安排者制定不出卓越的军事制度，既提不出正确的战略和战术，也缺乏有效的用人之道和治军之道之类，所以最终总是落得失地亡国。因此，战争的统帅决定论，其实就是制度安排者决定论。而制度安排者决定论，如本书第一篇所述，只是制度决定论的另一种说法。

当然，交战国的博弈，不仅仅是单纯的军事博弈，同时也是政治、经济、外交和舆论宣传等多方面的博弈，但这些方面的博弈胜负，还不是由这些方面的制度安排的好坏优劣所决定？而这些存在好坏优劣差异的制度安排，还不是出自不同的制度安排者？

因此，哪个国家的制度安排者只要能在总体上设计出相对卓越的制度，就会是最终的战胜国。而事实也可以印证这一点，历史上那些具有非凡智慧的最高统帅，恰恰不仅是具有卓越军事思想的军事家，而且同时也是具有卓越政治智慧的政治家或最高行政长官，是各个方面职位最高的制度安排者。

不过，毛泽东这位卓越的最高统帅却不是统帅决定论者，并且也反对武器决定论，他说："武器是战争的重要的因素，但不是决定的因素，决定的因素是人不是物。"[①]毛泽东所说的人，不是指统帅及将领，而是指民众和士兵，故他还有"兵民是胜利之本"[②]的名言。"兵民是胜利之本"不是说谁拥有民众和士兵就能取得战争胜利——如是，这种解释就有些低智，因民众和士兵，敌我双方都会拥有，什么时候也不可能仅为一方所有——而是说谁能赢得人心，谁能动员最广大的人民支持和参与自己的对敌作战，谁就能有最广厚的后勤保障、源源不断的兵源和奋勇作战的军队，谁就能改变敌我双方的力量对比，使我方的人力、物力超过敌方，取得战争的最后胜利。正因为毛泽东把民众和普通士兵视为决定战争胜负的根本，是故他提出的这套战争理论被冠以了"人民战争思想"之名。然而，人民战争也得有制度的奠基。如果没有一套相应的制度安排，用以增进或维护人民的利益，用于依靠人民，动员人民，武装人民，将民和兵结合起来共同英勇破敌，又如何会有真正的人民战争？事实也是这样，抗日战争时期，正是由于以毛泽东为首的共产党人在新开辟的敌后抗日根据地实施了减租减息的制度和抗日自卫军制度等新制度，共产党的抗战才会得到根据地广大人民的大力支持与踊跃参与，愈战愈强。这个道理，毛泽东本人其实也心知肚明，并有如此论述："抗日自卫军制度，是抗日战争中使全体人民军事化的一种优良制度，游击队有了他们得到大大的助力；正规军有了他们得到兵力的补充，真正是一个顶好的人民抗日制度。"

由上可知，战争式国家竞争的实质仍然可以归为制度的竞争，整个战争的最后胜负，基本上也是被交战国所实行的不同的制度决定的。一般而论，制度在战争式的国家竞争中也是最终的决定因素。以上两句话里，之所以要加上"基本上"和"一般而论"的限制词，是因为如果两个交战国的体量或大小相差太大，存在云泥之别，一个是泱泱大国，一个是蕞尔小国，那么，制度在其中的决定作用程度就会降低。也就是说，这时的大国即便其制度安排不如小国优越，也还是存在击败小国的可能性。并且，这种可能性是会随着两国大小比差的增大而提高的。

很有可能此时会有人站出来做一纠正：决定战争式国家竞争的因素在于战争的性质，其基本规律是正义战争总能战胜非正义战争，反侵略战争总能战胜侵略战争。但这其实只是正义的愿望而不是铁定的规律。否则，历史上就不会有金侵灭北宋、蒙古侵灭南宋、后金侵灭大明，以及西方入侵者霸占美洲、大洋洲、非洲和亚洲诸多国家之类的众多事例。

既然国家与国家之间的战争式竞争的结果基本上取决于制度的优劣，那么，国内战争式竞争的结果也必定同样取决于交战双方的制度安排的优劣。因为其中的道理

---

① 《毛泽东选集》第2卷，人民出版社1991年版，第469页。
② 《毛泽东选集》第2卷，人民出版社1991年版，第509页。

并无二致。也就是说，谁的军事制度更有效，谁的战斗力就更强大；谁的政治制度和经济制度更得人心，谁就一定能得到更多国民的支持与拥护。于是，谁就能最终取得国内战争的胜利。我国抗战胜利后的国共内战就是一个典型的例证，国民党之所以最终败给共产党，就是因为国民党的军事制度不行。蒋介石在其日记中承认："我们的军队是无主义、无纪律、无组织、无训练、无灵魂、无根底的军队。"

本书行文至此，可以给出一个总结论：既然是制度决定着一个国家的社会问题和社会成就的孰多孰少，是制度决定着一个国家的是兴是衰、是存是亡，是制度决定着一个国家在国家和平竞争中的先进与落后、在战争竞争中的胜利与失败，那么这里就可以肯定地说，制度当然也就是决定国家之命运的决定因素。

这个结论虽然没用多少历史事实加以佐证，基本上是从理论上推出来的，但实际上也符合所有历史事实，或曰可由所有的历史事实佐证。相反，所有可能被提出的历史反例，稍加分析，都难以成为真正的反例。是故，笔者在这里还可以毫不夸张地说，此结论乃是能经得起任何历史事实检验的正确结论。谓予不信，请试提之。

第五部分

答疑解惑辨是非

在从正面论证了制度对历史、生产力、社会和国家的决定作用之后，还有必要做些反面立论，即通过对那些针对笔者的前述有可能提出的疑惑、质疑和与笔者的制度决定论相左的已有理论给出回应，来进一步坐实强化笔者的制度决定论。

第十六章

与私有制及剥削相关的疑惑

私有制和剥削的问题，很可能会是一个令人心生疑惑的问题。

一个原因是笔者在论述国家的起源时说，国家诞生的一个前提条件“是在社会内部，发生了生产资料从公有制到私有制的改革，并且个体家庭已经取代氏族大家庭成为社会的基本生产经营单位”。这样，众多读者势必会据此发问：人类史前史上是否出现过你所说的这种私有制改革？而这种改革在实行公有制的原始社会中，又何以可能？又怎么会出现？

还有一个原因是笔者在论述社会历史形态的篇章中，将除美国之外的诸多当代西方国家都视为复归的制度共定国家，也就是实质性民主国家，而非形式化的民主国家。这样，众多读者尤其是历史唯物主义的信服者也势必会向笔者发问：你所认定的这些西方国家，全都实行私有制，维护私有财产，存在阶级和剥削，怎么可能是实质性民主国家？或者说，实质性民主国家应该就是你所说的人人拥有制安权的国家，而这样的国家又怎么可能还会继续允许和保留那个产生阶级和阶级对抗，同时也产生剥削大多数人现象的私有制？

对此，笔者要告诉诸位的是：史前时期，一定出现过从公有制到私有制的改革。而有私有制的国家并不必然也有阶级剥削和阶级对抗。

一、生产资料私有制是原始人的一项重大改革和伟大发明

不少著名思想家，如柏拉图、卢梭和诸多空想社会主义者都视私有制为不祥之物。托马斯·莫尔更是在其名著《乌托邦》中，第一次提出了“私有制是万恶之源”的观点，并明确主张消除私有制。

历史唯物主义同样确认“私有制是产生剥削和阶级的根源，也是阶级社会一切罪

恶的根源"[1]，所以历史唯物主义的创始人马克思和恩格斯在《共产党宣言》中宣布："共产党人可以把自己的理论概括为一句话：消灭私有制。"[2]取而代之的，将是实行生产资料公有制的没有阶级、没有剥削的共产主义社会。

可笔者的观点是：私有制，不管是生活资料私有制还是生产资料私有制，都并不是为了制造"万恶"而被发明出来的。谓予不信，就从私有制的出现说起。

1. 对通行回答的质疑

私有制是在什么时候出现的？

是在原始社会。这一点无人置疑。

问题是：它是在原始社会的哪个时期出现的？为什么在实行财产公有、集体劳动和平均分配的社会制度的原始社会，竟然会产生出与这些社会制度完全相悖的私有制？促成它出现的条件和原因又是什么？

恩格斯在《家庭、私有制和国家的起源》一书中认为，私有制是随着"使经常性的交换成为可能"的第一次社会大分工，即"游牧部落从其余的野蛮人群中分离出来"之后出现的。[3] 但是，他同时也坦承："至于畜群怎样并且在什么时候从部落或氏族的共同占有变为各个家庭家长的财产，我们至今还不得而知。"[4]这就是说，恩格斯在此给出的只是私有制产生的时代背景条件，而没有关于私有制产生的原因和具体过程的解释。

而苏联和我国的历史唯物主义者则根据自己对此书的解读并结合马克思、恩格斯的其他相关论述，形成了这样的通行回答：私有制是在原始社会晚期，由于生产力的发展，特别是金属工具的出现和剩余产品的出现，推动了社会劳动大分工的出现和个体生产的出现而诞生的。因为社会大分工引出的商品交换，使代表氏族或部落进行剩余产品交换的首领可以假公济私，把交换所得的剩余产品据为己有；而个体生产即个体劳动和个人经营的出现，则使生产资料和生产品逐渐变为个人私有财产。[5][6][7]

但这样的说法很难令人信服，有倒果为因的错误。

其一，如果这时还没有个体家庭和家庭私产，首领怎么会有将交换所得据为己有的必要？他又能将这些不义之财藏匿于何处？且不说进行大宗物物交换的人也不可能是只有一个首领，也不说当时只有德行高尚、办事公道的人才可能被推选为首领，还不说若当时是这样的时代，那就会如中国古人所说："货恶其弃于地也，不必藏于己。"[8]事实上，如果这时是已有可藏匿不义之财的个体家庭，那至少也已有生活资料的家庭私有制。这就是说，在社会大分工和商品交换引出将公共财产据为己有的现象

---

① 许涤新主编：《政治经济学辞典》上册，人民出版社1980年版，第77页。

② 《马克思恩格斯文集》第2卷，人民出版社2009年版，第45页。

③ 《马克思恩格斯选集》第4卷，人民出版社1972年版，第156页。

④ 《马克思恩格斯选集》第4卷，人民出版社1972年版，第157页。

⑤ 参见刘泽华等编著：《中国古代史》(上)，人民出版社1979年版，第24-25页。

⑥ 北京大学简明世界史编写组：《简明世界史·古代部分》，人民出版社1978年版，第20-21页。

⑦ 许涤新主编：《政治经济学辞典》上册，人民出版社1980年版，第77页。

⑧ 《礼记·礼运》。

之前，必须已有某种形式的私有制存在。如此，前者如何会成为后者之因？

其二，如果事先没有个体生产的产品归个人所有的私有制规定，即使随着金属工具的出现，个体生产和以单个家庭为单位进行生产成为可能，谁又愿意去进行个体劳动和个体家庭的生产经营？或者，即使有愿意去的，恐怕也不会好好劳动、好好经营。因为他所生产的产品既然不归自己和自己的家庭所有，那干好干坏又有什么区别？因而即便在私有制之前偶尔有个体生产出现，不仅不意味着也有属于个人的生产资料，而且也不可能持久或固定化，更不可能普遍化。因此，所谓导致私有制产生的个体生产或个体家庭生产经营，不可能普遍存在于还没有私有制的时候；相反，普遍的个体生产和个体家庭生产经营只能出现于有了产品私有制之后。

综上可知，在国内理论界广泛流行的私有制起源论是经不起推敲和不可取的。

2. 私有制的出现与发展过程

实际上，私有制的出现应该比上述通行说法要早得多，而且它的出现也不需要那么多和那么复杂的前提条件。

私有制可以定义为哪些资源或物品可以归个人所有的正式规定或制度安排。如是，一旦有了私有物或物品的私有化，也就有了私有制。只不过物品的私有化，有一个从无到有、从少到多的过程。相应地，私有制也有一个从简单到丰富、从片面到全面的过程。

按照这样的理解，应该是自从有了由人专门制造的非一次性耐用劳动工具之时，就有了私有制，其具体时间可以上溯至有石斧、石刀和其他石器的旧石器时代的早期，其内容是关于劳动工具归工具的制造者拥有和使用的规定。这一规定的出现有其必然性，而这种必然性又是由其必要性构成的。其一，如果没有这样的规定，在大家准备拿工具开始集体劳动时很容易造成混乱与纠纷。因为这些由不同之人所制造的工具，存在技术和做工方面的差异，有的好用，有的不太好用，由于每个人都愿意使用更好用的工具，这就难免会发生无序的争抢和僵持不下的争执。其二，如果没有这样的规定，每个工具都是随机地被个人使用，人们在使用工具时就不会爱惜工具，结果势必大大折损工具的使用寿命。其三，如果没有这样的规定，也就不会有人愿意利用空闲时间主动去制造工具，更不会去想方设法发明新的工具。当然，实际的情况更可能是，原始人一开始就对“谁制造工具就拥有该工具”这一点没有任何疑问和异议。这时的工具简陋，绝大多数工具都能由个人单独制造，个人就成了工具的所有者，除非后来在中、新石器时代出现的那些必须靠集体协作才能制成的较大型或较复杂的工具，如独木舟、弓箭之类，在还不够人手一件的情况下，才会暂时属于共同所有。

接着出现的被私有化的物品，是稍后被人类发明并用劳动工具制作出来的遮体衣物、鞋帽、身首饰品、饭碗、容器等非食物类的生活资料，亦即生活用品。于是，私有制就又有了关于耐用生活资料归个人所有的规定。这个规定的必要性，与劳动工具需要归个人所有的必要性的前两条一样，也是为了避免矛盾、纠纷的发生和延长这些生活用品的使用寿命。当氏族社会从几十人的氏族大家庭演变为对偶婚家庭或个体家庭以后，生活资料私有制所包括的物品的种类越来越多，分给个体家庭的房屋、食物、家用陶器和各家自己打造的各种家庭用具，也成为当时社会制度认可的私人财产。

关于物品私有化是从工具开始继而发生于生活用品的观点，在马克思和恩格斯那里其实也有类似见解。马克思说："武器和衣服最早成为私有财产的对象。"[①]恩格斯说：在氏族社会，"男女分别是自己所制造的和所使用的工具的所有者：男子是武器、渔猎用具的所有者，妇女是家庭用具的所有者"[②]。

在原始社会，最后私有化的是土地、牲畜之类劳动对象或生产对象，这样，私有制又有了关于作为劳动对象类的生产资料归个人家庭所有的规定。它的一般性内容，是将原属原始共同体公有的土地或牲畜分归各个个体家庭所有，由个体家庭经营，其产出也归个体家庭所有。

出台这个规定的动因，并不是有人想趁机多分得财产，因为在人人拥有制安权的制度共定社会，同时也是平等公正的社会，若要分公共财产，就只可能是平等地分，而不可能是不平等地分。也不可能是出于某些人想在将来成为"人上人"和剥削者的深谋远虑，因为平等公正社会中的人们根本不可能产生这样的不平等意识，何况即使有此超前想象，谁又能担保他自己在将来不是被剥削者？

3. 生产资料私有化的成因与条件

为什么劳动对象也会私有化？

笔者认为，劳动对象私有化的真正动因，一言概之，就是为了解决当时人们普遍缺乏生产积极性的问题。也可说，是为了解决当时的社会生产日益乏力而难以满足人们的基本需要的问题。

其中的道理，需从集体劳动这种当时人们共同生产的劳动方式，也是原始社会自诞生以来就一直在持续实行的劳动方式说起。原始社会首先采取集体劳动的方式绝非偶然。原始人最初的生产是狩猎和采集。显然，在只有石斧、木棍等极其简陋的狩猎工具的情况下，狩猎只有采取集体出动、共同围猎的方式，才有可能对付大型猛兽和猎取更多猎物。因而狩猎采取集体劳动的方式，乃是为了保障狩猎的成功和产生更高的生产效率。不过，采集实行集体劳动的方式倒不是为了提高生产效率(鉴于采集的特点，集体采集实际上并不会比分散采集有更高的生产效率)，而是出于安全的考虑。因为在野兽随时出没的山林中采集野生食物，只有采取集体出动、一起采集的方式才有安全感，才可以对付突然来袭的野兽。在狩猎和采集之后出现的畜牧业和种植业，出于业已形成的习惯，并且至少最初也存在同样的安全问题，于是也就自然而然地沿袭了传统的集体劳动的方式。

集体出动、一起劳作作为原始人共同而固定的劳动方式，虽然具有安全性，并能在狩猎中提高劳动生产效率，但它也潜藏着一个严重的弊端，这就是很容易让想偷懒的人用"出工不出力"的方法钻空子、"搭便车"。特别是当时实行的劳动产品平均分配的

---

① 《马克思恩格斯全集》第45卷，人民出版社1980年版，第210页。
② 《马克思恩格斯选集》第4卷，人民出版社1995年版，第154-155页。

方式，在分配劳动产品于每个人时，是不考虑个人干多干少、干好干坏甚至干与不干的问题的，这就等于当时的社会赏罚机制不仅不惩罚懒汉，反而是鼓励懒汉——虽未出力出汗，但得到的劳动产品却一点儿也不比别人少。正因如此，在当时的约束条件下，“出工不出力”的懒汉做法，对有自利本性的个人来说，就是只有好处而没有任何风险或成本的利益最大化选择。而这个秘密一旦被某个想偷懒的人首先发现而加以运用，其中的奥妙自然就会被其他人看破并跟着仿效。仿效的人中，有的人也是因为想偷懒而仿效，有的人则是因为多干没有任何好处而仿效。于是，这样的“搭便车”做法就逐渐蔓延开来，变成越来越普遍的做法，从而使原初的“力恶其不出于身也，不必为己”的“天下为公”之风尚消失[①]，使原始社会的整体劳动生产率不是下降就是停滞不前，以致社会生产难以满足人们的基本需要，特别是在人口日益增多的情况下，这种危机日甚一日。面对如此严峻的社会问题和经济危机，原始人自然要想方设法加以补救。而土地和牧畜等劳动对象的私有制，就是为了解决这个问题而被发明出来的。

劳动对象的私有制加上先前已有的生产工具的私有制，构成了完整的生产资料私有制。一旦有了这种生产制度的安排，个人就再也无法“搭便车”，也无“便车”可搭了。这时，他要想继续生存下去，或获得更多的产品来满足自己的需求，让自己活得更好，就只有靠自己，靠自己在对属于自己的劳动对象的生产经营中认真努力地干，并且是要多干和干好。如此一来，每个人的生产积极性空前高涨，人们的生产创造性也有了足够的动因来充分释放。于是，整个社会的生产效率随之大幅提高，物质产品总量越来越多，而各种新的生产工具和新的生产技术也不断被发明出来，并又进一步推动社会生产力，使之得到更加快速的发展。

不仅如此，生产资料的私有制还具有一个额外的好处，就是能简化社会的公共管理，取消由社会直接进行产品分配及运输、保管的烦琐任务。特别是当平均分配制度随着整个社会人口增多、地域扩大而变得越来越难以实际操作和操作成本越来越高的时候，这个取消也就变得更有现实意义。易言之，在有了完整的生产资料私有制以后，社会就再也无须承担运输产品逐人分发和保管剩余产品的重担，从而节约大量社会管理成本。因此可以说，生产资料私有制，尤其是其中的劳动对象的私有制，既是原始人为解决懒汉问题而对生产资料公有制做出的一项重大改革，同时也是原始人的一项伟大发明。而这个伟大发明的秘诀，就是让不劳动者不得利，少劳动者少得利，多劳动者多得利。从这个意义上说，生产资料私有制其实也是一种按劳分配的社会分配制度和赏勤罚懒的社会赏罚机制。

如果当初的生产资料私有制的实质竟然就是要实行按劳分配和赏勤罚懒，那何必要取消集体劳动，何不直接在集体劳动的基础上实行？如此岂不同样也能激励人们既出工也出力？很有可能原始人也想到了这样的按劳分配。但是，起初他们是由于社会生产力水平低下，还没有什么剩余产品或剩余产品不多而无条件实施对多劳者的多给即奖励。后来，也就是随着生产力的发展，社会有了较多的剩余产品之时，则是因为不

---

① 《礼记·礼运》。

好操作，既不好确定衡量“多劳”的标准，又不好确定“多劳”与“多得”的数量换算关系，而使这种形式的按劳分配要么是无法具体实施，要么是实施起来也达不到预期效果。我国当代的经济改革为什么在先有了分配方式的按劳分配改革以后，还是不得不再对公有制实施“多元所有制”的改革？个中原因就有这种以“多劳”和“多得”挂钩的按劳分配不好操作和难以适用于各种形式的生产劳动的问题。既然理性发达的现代人都不能准确地确定“多劳”和“多得”如何挂钩，那就更不用说理性初具的原始人了。

当然，原始人还有别的选择，这就是启动其惯用的社会舆论谴责方式来增加偷懒者的道德成本和道德风险，以此防范和杜绝“出工不出力”的现象。但是，真正的出力与假装的出力很难被识别，又由于社会舆论难以责众，即对已经普遍化的不地道的做法难以形成足够的威慑力，并且毕竟舆论谴责只会影响个人的名声而不会影响个人的实际所得，所以舆论谴责尽管有一定效用，还是不能从根本上解决懒汉问题。这就像我国计划经济时期一样，只要“大锅饭”和“铁饭碗”式的平均主义分配制度仍在，无论对偷懒耍滑的“资产阶级剥削思想”进行多少猛烈的批判，也无论开展多少思想政治工作，想出多少种使劳动者端正劳动态度的方法，最终都未能从整体上改变“出工不出力”的状况和人们普遍缺乏生产积极性和生产创造性的难题。

因此，原始人对生产资料的私有制改革，大概也是在对懒汉问题进行了多种不成功的尝试以后，才找到的一种没有办法的办法。并且，这个办法还只能是在同时具备以下两个客观条件的时候才能得以实施：第一个条件是要有分散生产的安全保障，这个条件在狩猎退为原始生产的副业时具备了。随着人口的不断繁衍和氏族规模的不断扩大，人的力量越来越强大，加之狩猎工具的不断改进和狩猎方法的不断增多，人在与动物争夺领地的斗争中取得了绝对优势，人的世界越来越大，动物的地盘越来越小，大型猛兽和其他动物的数量也越来越少，以致狩猎再不能成为人类生产的主业，剩余的动物则不得不从有人经常活动的地域退至深山老林，于是无论是田间耕作还是牧场放牧，已无猛兽来袭的安全之虞。第二个条件是要有适合分散生产经营的最小单位，这个条件在有了对偶婚家庭或个体家庭时也具备了。为什么非得由个体家庭充当分散生产经营的最小单位？这是因为，大家庭人口众多，若以其为生产资料私有制下的最小生产经营单位，仍然会存在“出工不出力”的懒汉问题。个人似乎倒是可以作为私有制下的最小生产经营单位，但单个人没有世代延续的能力，后继乏人，且势单力薄，又有年老力衰之时，故纵然已有属于自己的劳动对象或孟子所说的“恒产”，也难有对恒产善始善终认真生产经营的能力和“恒心”。而且，应该由谁来继承他死后的遗产及生产资料，对社会来说也将是一个非常难以解决的问题。正因如此，我们才看到，原始社会的劳动对象私有制乃至完整的生产资料私有制，只能不迟不早地出现于农牧业成为主业并又有了个体家庭的这个历史时刻。这个时刻是属于原始社会后期，也就是中国古人说的“天下为家，各亲其亲，各子其子，货力为己”的“小康之世”。[①]

由此可知，生产资料的私有制，既不是为了制造“万恶”发明的，也不是由内藏罪恶

① 《礼记·礼运》。

之心的人发明的。

4. 生产资料私有制的总体价值

各种生产资料的私有化或整个生产资料的私有制，不仅在当时是重大的改革和伟大的发明，影响巨大，而且对后来的历史发展也有长久而深远的影响。

以前，出于活得更好的动机而走到一起并组成社会的人们，在社会内部基本上是只有相互合作的关系而没有相互竞争的关系。也就是说，这时大家是一起通过相互合作来争取每个人都活得比过去更好，而个人与个人之间则不存在谁比谁活得更好的竞争。在社会外部的氏族与氏族或部落与部落之间，才有活得更好的竞争。这种竞争有时以和平竞赛的方式展开，有时以战争的方式进行。在竞争中，有的氏族胜利了，有的氏族失败了。胜利的氏族变得强大、兴盛，失败的氏族则变得衰弱，乃至消亡或被胜利氏族吞并。

但是，自从原始社会有了以个体家庭为基本单位的生产资料私有制，在社会内部也开启了人与人之间或家庭与家庭之间的活得更好的竞争。这时，人们不仅关注自己是不是比以前活得更好，而且还开始关注自己或自己的家庭是不是比别人或别人的家庭也活得更好。

于是，活得更好就从要比自己以前活得更好，变成了不仅要比自己以前活得更好，而且还要比他人甚至所有人都活得更好。这种家庭与家庭之间看谁活得更好的竞争，起初直接表现为生产经营方面的和平竞赛，这就是看谁的生产经营搞得更好，产出的产品更多。后来，也在社会的其他方面展开。显然，这种竞争与按劳分配的激励是一样的，也构成一个巨大的引擎，能在客观上持续推动整个社会生产力乃至整个社会的发展。

二、剥削不是生产资料私有制的必然产物

虽说生产资料的私有制是人类历史上的一项重大改革和伟大发明，对社会生产力的发展和人的生活改善有着不可估量的巨大推动作用，但饱受现代人诟病和批判的阶级及阶级剥削，也普遍被认为是在有了生产资料私有制之后才出现的。不过这样说，还不等于说阶级和剥削都是生产资料私有制的必然产物。

如果不是私有制的原因，那阶级和剥削又是怎么产生的？

考虑到只要没有剥削，即便在人与人之间存在某种层级之分，人们还是可以接受的事实，以下对这个问题的回答将侧重于剥削。

剥削，似乎是个易于理解、连常人都不会用错的概念。但在理论上，迄今仍是众说纷纭，莫衷一是。据鲁克俭先生统计概括，当代西方理论界对剥削的界定有 11 种之多。笔者仔细看了一下，这些界定都存在这样或那样的问题：有的过大，如“剥削意味着一个人为了自己的利益或为达到自己的目的而仅仅工具性地、伤害性地利用别人或其能力”，如剥削是“把某人当作工具，利用乃至损害某人以促进自己的善”，如剥削是

某些人把另些人用作工具或资源，而对他们造成了严重伤害，而某些人却由此获得了好处。按照此类剥削定义，一些明显不属于剥削的事情也会成为剥削，比如通过嘲笑他人以获得自己心情的愉悦。有的含糊不清，如剥削是“将对方的某些特性或所处环境的特点转化成自己的优势而获得利润或收益”这个定义中的“某些特性”和“环境的特点”的说法，就让人不知所云。有的界定不合逻辑，如“剥削是指剥削者为了达到自己的目的而利用被剥削者的缺点或脆弱性”，剥削是“被剥削方的所得少于剥削方，而剥削方在损害被剥削方的情况下景况变好”，“剥削指的是对被剥削者来说不存在合理、合适的其他选择，而且从交易中得到的好处不足以补偿他支付的价格”之类的界定就是如此，因为“剥削”和“被剥削”等概念出现在“剥削”的定义语中明显不妥，属于犯了循环定义的错误。有的跑题了，一看就知道根本就算不上是对剥削的定义，如“剥削是指违反了保护弱者这一道德规范的错误行为”，如“说一方是剥削的，必定是他创造出或利用了另一方某些明显的心理弱点，从而干扰了另一方有效推理的能力”。[①] 有的偏窄，如“剥削可以被看作是没有为劳动的边际产品付酬”，如剥削是“未付报酬劳动被有组织地从一个阶级那里强行取走而由另一个阶级来支配”。说这类界定偏窄的道理，与下面分析另一种剥削定义之不足的道理相同。

马克思和恩格斯生前经常强烈谴责剥削，却没有明确定义过剥削。我国追随他们的历史唯物主义者，则根据马克思对资本家如何剥削工人剩余价值的理论，将剥削普遍地解说为：“社会上一部分人或集团凭借他们对生产资料的垄断，无偿地占有另一部分人或集团的剩余劳动，甚至一部分必要劳动。”[②]但这种界定或类似的略有出入的其他界定，其实只是对一种剥削现象的描述，显得过于狭隘。试想，强买强卖的欺行霸市者和强制收取保护费的“地头蛇”倒是什么生产资料也没有，可他们所干的，难道不是剥削的勾当？还有，人类历史上，以往和现在都有的巧立名目甚至不立任何名目地利用公共管理权力向民众强行征收大量税赋、费用、徭役而为自己所用的官府和官员，干的难道也不是剥削之事？何况，如果这种剥削定义是正确的，那么，生产资料私有制反而恰恰不可能是导致剥削的根源。因为原始人的生产资料私有制改革，在人人平等的前提下，只可能是人人平均享有生产资料的结果。既然如此，这个社会中就不可能存在一些人垄断生产资料而另一些人则一无所有的状况，因而也就不可能出现靠垄断生产资料而产生的剥削。

事实上，至少人类历史上最早出现的剥削，即对战俘奴隶的剥削，就的确与生产资料私有制无关。因为战俘并不是因为没有生产资料而成为奴隶，而是因为是战俘才成为奴隶的。确切地说，是因为当时的社会有了一个让战俘做奴隶的统一正式规定之后，战俘才成为奴隶的。而且这时的社会，还极有可能是仍在实行生产资料公有制而没有进行生产资料的私有制改革的早中期原始社会。如果确实是这样，那么，剥削战俘奴隶的就不是什么奴隶主，而是这个社会的所有人或所有正式成员，这时他们或许还没形成个体家庭，所以对众多战俘奴隶只能采取统一监管，统一强迫劳动的奴役

① 鲁克俭：《当代西方剥削理论评析》，《教学与研究》2003年第8期。

② 许涤新主编：《政治经济学辞典》上册，人民出版社1980年版，第118页。

方式。

且不管当时的原始社会有还是没有实行生产资料私有制，毕竟它还是人人享有制安权的制度共定社会，可这样的社会为什么竟会设计出一种人剥削人的制度安排？这是因为原始人不把战俘当人看。原始时代不同氏族或部落之间为争夺地盘和自然资源经常发生惨烈的战争，相互为敌。敌人在原始人眼里如同猛兽，猛兽与人是你死我活的关系，来不得一点怜悯与仁慈，因而敌人即使被俘虏，也是异类，也不是自己人，甚至连人也不是，根本不配纳为社会正式成员，更谈不上拥有民主议事权。所以既往原始人对战俘都是杀无赦，现在改为赦其不死做奴隶，实在已是对“敌人”观念的一大改进和对敌人的极大宽容或开恩。同时，这种让战俘做奴隶的制度安排也是当时人智慧的一个体现，有更重大的现实意义，这就是它不仅可以在以后的战争中，减弱敌方殊死抵抗、宁死不降的决心和意志，而且还可以为己方总是显得人手不足的社会生产平添大量有生力量。

诚然，最初的剥削与生产资料私有制无关，不等于以后出现的其他剥削也与生产资料私有制无关。事实上也的确是有关的，因为由生产资料所有制引发的家庭之间活得更好的竞争也产生了其他的效应。最初，各家在生产资料私有制改革中分得的生产资料一样多，各家在竞争起点上是相互平等的。但是，各家在生产经营的智慧、技能和经验等方面存在差异，各家每年的收获即每年产出的劳动产品也不一样多，有的是可满足自家的全年需要而有盈余，有的是基本可满足自家的全年需要而已，有的则是不能满足自家的全年需要，不得不在青黄不接或“揭不开锅”时向有盈余者赊借，或用一部分生产资料如土地、牧畜换取有盈余者的食物。这样的状况周而复始，各家庭间的财富差距变得越来越大，社会贫富层级得以形成，有的家庭越来越富有，占有大量生产资料；有的家庭还是在原有生产资料的基础上维持生产或缓慢积累财富；还有的家庭则生产资料日少，负债日多，最后终于资不抵债，彻底破产，失去一切生产资料，于是不得不以身赎债，沦为债权人的债务奴隶。继而，拥有越来越多奴隶的富人成为奴隶主而逐渐脱离体力生产劳动，只是负责经营生产和管理奴隶，成为纯粹的经营管理者，同时也是剥削者，而一无所有的奴隶则只能听从奴隶主的吩咐，为其从事各种各样的体力劳动，成为纯粹的劳动者，同时也是被剥削者。那些还在维持原有生产资料的人，仍然既是生产者也是经营者，同时，既不是剥削者也不是被剥削者。

尽管债务奴隶的出现过程可以追踪到生产资料私有制，但这仍不意味着有生产资料私有制就必有剥削，生产资料私有制就是产生剥削的根源或决定因素。为了彻底说清这个问题，现在还是有必要回过头来继续探讨剥削究竟是什么，以免我们因对剥削的定义不同而对问题给出不同的回答，从而引发不必要的争辩。

关于剥削，首先可以宽泛并无人置疑地说，剥削是一种不当获利。这个说法意味着，剥削不是唯一的不当获利，也不是全部的不当获利，而只是不当获利之一种。进而，剥削作为不当获利的一种，应仅指交易中的不当获利。这样，我们就可以将偷盗、抢劫、侵占、掠夺和贪污等明显不宜称为剥削的其他不当获利方式排除在剥削的外延之外。同时，将剥削限定在交易的范围，也符合剥削所具有的隐蔽性特点，这就是借助交易之名，掩盖不当获利之实，使被剥削者往往还意识不到自己已被剥削。而“不当获利”中的“不当”，只能是指伦理意义或道德层面的不当，而不是制度意义或法律层面的不当。否则，我们就要承认那些合乎各个时代的社会制度的奴隶主剥削奴隶、地主剥削农民和资本家剥削工人，统统都有道德正当性。问题是道德意义上的“不当”又该如何解释和怎么确定？交易是分属两个不同主体的不同资源在相互知情条件下的交互转移易主，具有主体间性、知情性、交互性和互补性的特征。主体间性指交易只能发生在不同主体之间，知情性指交易双方都知道交易的内容、程序、价格等相关情况，交互性指交易双方要相互给出分属自己的资源，互补性是指交易双方经交易都会得到自己所匮乏所想要的东西。互补性相对来说更重要，没有这一点，交易无从发生，据此，交易也可简单地表述为具有互补性的交换。在实际交易中，交易的结果会存在两种情况，一是等价交换，一是不等价交换。显然，符合道德的正当交换或公平交换，只可能是等价交换而不可能是不等价交换。所以，道德意义上的“不当”，在交易中就体现为交易不等价，也就是交易不公平，即交易中本应属于某一方的交换利益被另一方无偿地占去若干甚至大部分或全部。

这种不等价或不公平的交换，只可能是单方决定交易而不可能是双方协商交易的必然结果，因而剥削的本质性定义，就是单方决定交易而获超等价交换之利。其中，单方决定交易者是剥削者，被单方决定交易的另一方是被剥削者；获超等价交换之利是剥削者的目的，单方决定交易则是剥削者获超等价交换之利的手段和方式。所以，交易中的剥削全都是由单方决定交易造成的；凡是单方决定的交易，都有或多或少的剥削；单方决定交易，就是判定交易中有没有剥削的明确标准。

单方决定交易有多种形式，包括单方决定交易的发生、单方决定交易的规则和单方决定交易的价格。这三种形式的单方决定交易，都可以是导致剥削的原因，只不过有时它们是一起出现导致剥削的发生，有时不在一起出现也能导致剥削的发生。是故现实中，有的剥削是被三种形式的单方决定共同导致的，有的剥削是被两种形式的单方决定共同导致的，有的剥削则只是被一种形式的单方决定导致的。属于第一种情形的，如晚期原始社会将战俘变成奴隶的剥削，如很多时代很多社会都存在的强行收取保护费的剥削，如有的社会偶尔出现的骗、抓他人强作“黑劳工”的剥削和绑票式的敲诈勒索，它们都是由单方决定交易发生、单方决定交易规则和单方决定交易价格一起导致的；属于第二种情形的，如同样在很多时代很多社会都存在的强买强卖的剥削和强行收税的剥削（指以提供公共服务之名而未经全体纳税人同意就开始征税或开征新的税种），就都是由单方决定交易发生和单方决定交易价格这两个因素导致的，属于第三种情形的，如地主剥削佃户和雇农、资本家剥削工人、物品价格垄断者剥削购买者、行政批准权行使者剥削申请批准者，均是由单方决定交易价格的因素导致的，而当代发达国家对不发达国家在国际贸易中的剥削、美国利用美元如通过滥印美元而对其他国家的剥削，也属于这种情形，只不过这种剥削不是由单方决定交易价格导致的，而是由单方决定交易规则，即单方制定有利于自己的游戏规则导致的。

三种单方决定交易的形式和所有单方决定交易的获利，都具有一定的强迫性，否则它们也不可能发生，因为只要不是傻瓜，谁也不愿做吃亏的买卖，谁也不愿在交易中吃亏。不过，其中的强迫程度有所不同，有的是直接强迫，即剥削者直接强迫被剥削者；有的是间接强迫，即剥削者通过某种中介强迫被剥削者；有的是强强迫，即完全无须被剥削者同意的强迫；有的是弱强迫，即交易表面上似乎还是由被剥削者自己在知情同意后选择的，但其实是不得已的选择。比如，将战俘变成奴隶、强买强卖、强收保护费、拦路收钱和强征法外税费之类的剥削，就都属于直接强迫和强强迫；而地主剥削佃户和雇农、资本家剥削工人、物品价格垄断者剥削购买者、发达国家剥削不发达国家、美国用美元剥削其他国家，则都属于间接强迫和弱强迫。将前面的例子归为直接强迫和强强迫容易理解，不用再加解释。将后面的例子归为间接强迫和弱强迫，是因为它们都是通过垄断某种东西而对被剥削者形成强迫。其中，地主是通过垄断土地这种生产资料而对佃户和雇农形成强迫；资本家是通过垄断所有生产资料而对无产的工人形成强迫；规则垄断者是通过垄断规则制定权而对他者形成强迫；价格垄断者或是通过垄断某物品的市场而垄断其价格，或利用行政定价权垄断某物品的价格，再由此形成对购买者的强迫。这些间接强迫最终还是要经过被剥削者的同意才能形成交易，所以也同时属于弱强迫。

经过以上分析我们就能知道，本来应是平等的交易之所以会出现单方决定的情况，乃是因为交易中的一方动用了自己拥有而另一方没有的优势。这种优势大致有五个来源：一是来自社会公共管理权力或行政权司法权力，二是来自比对方更强大的暴力或武力，三是来自对市场的垄断，四是来自对生产资料的垄断，五是来自对国际游戏规则安排权的垄断。同时还能知道，剥削者大致也分五类，这就是社会行政司法权力的掌管者或行使者、有暴力或武力优势的欺行霸市者或黑社会、物品的市场垄断者、生产资料垄断者(包括奴隶主、地主和资本家)、国际游戏规则制定权的垄断者。与之相应，也有不同的被剥削者。其中，被利用行政司法权力剥削的是一般国民，被有暴力优势的欺行霸市者或黑社会剥削的是某些销售者和某些消费者，被物品的市场垄断者剥削的是所有需要或必须有此物品的消费者，被垄断生产资料者剥削的是奴隶、农民和工人，被国际游戏规则制定权的垄断者剥削的是其他国家及其国民。虽然剥削的方式和剥削优势的来源、剥削者和被剥削者的种类都有多种，但从剥削的直接标的来说，剥削只有两类，即标的为剩余劳动的剥削和标的为钱物的剥削。除了奴隶主对奴隶、地主对佃户雇农、资本家对工人直接剥削的是他们的剩余劳动外，其他种类的剥削的直接标的都是金钱或物品。

所有剥削，即单方决定交易的获利，都是不合理的即不合乎伦理或道德的。但现实社会中大量经常而普遍发生的剥削行为都披着合法的外衣，属于不合理而合法，如生产资料垄断者对劳动者的剥削、商品价格垄断者对消费者的剥削、游戏规则垄断者对游戏者的剥削之类，在其所出现的社会往往都有合法性。只有少量、偶尔和不普遍发生的剥削行为属于既不合理也不合法，这就是在剥削行为上表现为强买强卖、强收保护费、强役黑劳工、卡要办事好处费、强征法外税费之类的剥削。这些剥削行为扰乱市场秩序或破坏公共管理秩序，而为各个国家的法度所不容。既不合理也不合法的剥削容易被人感知和反对、反抗，不合理而合法的剥削则难以被人感知和反对、反抗。这不仅是因为它们有合法的外衣，也是因为其属于不等价交换的那种“不合理性”还不能为当时的被剥削者察觉或发现。也就是说，他们还以为这是属于等价交换。所以在马克思还没揭开雇佣劳动存在剥削工人的剩余劳动或剩余劳动价值的秘密之前，所有被剥削剩余劳动的人们都没有为此感到不满，他们即使造反、起义，喊出的也是“均贫富，等贵贱”的口号，而不是“反对剥削，消灭剥削”的口号。而历史上一些王朝的制度安排者，如汉朝、明朝的统治者，为了缓解社会矛盾和阶级对抗，稳定政权，在其开朝之初，也确实顺应穷人的呼喊，干了些“土改”即重新分配土地给各家各户的事情。

综上所述，既然所有剥削都是由单方决定交易造成的，那么，生产资料私有制就不仅不是导致对战俘奴隶剥削的原因，而且也注定不是导致其他所有剥削的必然因素，因为除了以剩余劳动为标的的剥削才与生产资料私有制相关外，其他剥削均与之无关。即便仅以剩余劳动为标的的剥削而言，生产资料私有制也不是造成它的必然因素或充分条件，甚至连必要条件也算不上，因为对战俘奴隶的剩余劳动的剥削也可以发生在生产资料公有制的背景之下。这就说明，在生产资料私有制的前提下，也不是必然就会有以剩余劳动为标的的剥削。所以，即使不消灭生产资料私有制，也可以消灭以剩余劳动为标的的剥削。当然，其他所有形式的剥削也可以在这个前提下被一起消灭。

三、不消灭生产资料私有制也能消灭所有剥削

凭什么说在不消灭生产资料私有制的前提下，也能消灭所有剥削，甚至包括以剩余劳动为标的的剥削？

以钱物为标的的剥削可以在不消灭生产资料私有制的前提下被消灭，应该不是什么难事，理解起来也应该不难。因为所有以钱物为标的的剥削作为单方决定的交易，其单方决定优势的来源都不是生产资料，更不是对生产资料的垄断。所以这类剥削的发生，都与生产资料和生产资料私有制无关。充其量只和生活资料私有制有一定关系，即生活资料私有制是产生这些剥削的必要条件：如果没有生活资料的私有制，这些以钱物为标的的剥削就会因对个人没有任何意义而不会发生。由此可见，要想通过消灭生产资料私有制来消灭以钱物为标的的剥削就没有一点儿用。

有用的方法是针对它们的单方决定交易的优势来对症下药。

根据前述，有的以钱物为标的的剥削，是以社会公共管理权力为单方决定交易的优势所在。对这种由公权优势形成的剥削的铲除，其基本方法是：其一，将社会重新建构成制度共定社会，亦即人人平等当家做主的民主社会，因为在这样的社会，不可能制定出剥削人的社会制度或仅有利于公务人员这一特殊群体的特殊制度，也不可能形成剥削人的社会公共管理权力。其二，通过分权制衡和包括组织监督、传媒监督、大众监督等多方监督的方式，将必须交由某些具体人去行使的行政权、司法权等公权，控制在公开透明的运行过程之中。如此，就既能消除利用公共管理权力为自己设定特权的剥

削和滥征税费的剥削，也能杜绝公职人员利用可由其行使的行政司法权向申请办事的公民卡要勒索好处费或权力寻租的剥削。

有的以钱物为标的的剥削，是以比对方更强大的暴力或武力为单方决定交易的优势所在。铲除这种由暴力优势形成的剥削的基本方法也是两条：其一是通过设置社会专门管理机构和动员社会力量或大众，加强社会监管和市场监管，不让强买强卖和强收保护费之类的剥削行为发生；其二是万一有此类剥削行为发生，就要及时予以严厉打击，让剥削者得不偿失，付出巨大代价，从此再不敢也再不愿以身试法。

也有以钱物为标的的剥削，是以对某物品的市场垄断为单方决定交易的优势所在。铲除这种由市场优势形成的剥削的方法可有多种，但均需由政府出面来做，如制定反垄断法以保障市场的充分竞争，强制拆分垄断某种物品市场的企业，制定被垄断物品的最高销售价，等等。

铲除以上三种剥削的各种方法，实际上也是当今世界许多国家已在使用并卓有成效的方法，因而在这些国度中，这三种以钱物为标的的剥削已经杜绝，难见踪影。

不过当今世界，还有一种以钱物为标的的剥削仍在施虐，它是以对国际游戏规则安排权的垄断为单方决定交易的优势所在。其实，从理论上说，要想消除这类由国际游戏规则优势形成的剥削也不难，这就是打破垄断，重新由所有国家在一起平等地共同制定国际游戏规则。困难的是已经在此方面取得优势地位和既得利益的国家或国家集团，不愿也不会自动放弃其优势和可凭此优势获得的额外利益。这时，被剥削国家唯一可行而有效的方法，就是组成自己的国家集团，在这个国家集团内部，拒斥发达国家制定的游戏规则，拒斥美元，制定合理的国际游戏规则及交易规则，推出自己的统一国际货币，并尽量地只在由自己组建的这个国家集团内部开展相互贸易和相互交易。即便有时需要与美国等发达国家进行交易，也要坚持与之在平等的基础上协商交易规则和交易价格。而在有了上述属于自己的国家集团和国际游戏规则作为后盾之后，自然也会有与发达国家进行平等对话的资本和底气。这两大国家集团对决的命运也可预知，由某些原来被剥削国家组成的国家集团，因为其内部是平等的合作互利，势必吸引越来越多的国家自愿加入，发展得越来越兴旺，力量越来越强大。一旦到了这时，已无剥削对象或剥削对象日益稀少的剥削国家集团势必就只有低下高昂的头，缴械投降，希望也能以平等的身份被纳入这个由非发达国家组成的集团或国际社会。

以剩余劳动为标的的剥削的情况比较复杂。这类剥削作为单方决定交易的获利，是以对生产资料的私人垄断为单方决定交易的优势所在，而其单方决定交易的形式是单方决定交易价格，即单方决定劳动力价格或单方决定劳动报酬。生产资料垄断者出于自己利益最大化的考虑，在给劳动力定价时，只愿让劳动力价格等同必要劳动价值，这个价格仅够维持劳动者及其家人的生存，这样他们就可以攫取劳动者的全部剩余劳动及其产品，或者说全部剩余劳动价值。既然以剩余劳动为标的的剥削是这样发生的，那么显然，一个社会或国家只要设法不让生产资料的私人垄断形成，或者不让单方决定劳动力价格的情况出现，或者将以上两种“不让”同时使用，其结果都会是即便不消灭生产资料私有制，也仍能消除对剩余劳动或剩余劳动价值的剥削。应该说，一个国家或政府要想做到这些并非无法可使的难事，至少有以下具体做法可以达到这样的效果：

第一，以法律的形式强行实现企业股份的社会化和分散化，从而使生产资料的私人垄断无法形成，并使劳动者也同时是有产者。尽管这样还是会存在大小股东的差异，但已将对剩余劳动产品或剩余价值的占有也分散化了。

第二，用法律的形式规定国内企业的统一最低工资标准，这个标准足以让劳动者过上较为体面的生活而不仅仅是维持生存。这个举措的作用是可限制和降低企业大股东对剩余价值的占有程度。

第三，鼓励有一定规模的企业中的劳动者组织工会与企业大股东及高管层进行工资谈判，用协议的方式形成企业内部的工资体系，而国家则用法律的形式对之加以维护。这个举措可以进一步减少企业大股东及企业高层对劳动者剩余价值的占有程度，形成公平或近乎公平交易的劳动力价格。

第四，社会建立待遇可观的失业保障制度，使在岗劳动者和重新寻找工作的失业者在与企业谈判工资待遇时，还有讨价还价的底气和不受制于对方的退路。这时，他们等于多了一个选项，这就是即使不接受企业开出的工资或待遇条件也能继续体面生存，而不至于完全被动，只能选择就范于企业。

第五，通过使用个人收入超额累进税率和开征高额遗产税等方法获得更多政府税收，将其用于社会二次分配和实行高福利政策以“劫富济贫”，即截取企业主或企业大股东等富人的部分资本（资产）收益来提高整个社会的普遍生活水准，使劳动者最终的实际收益，只可能高出其劳动力价值或他的公平的劳动力价格而不可能比它低，从而使在采取前面四种举措之后，企业中仍有可能残存的对剩余劳动的程度已经不大的不公正占有，将彻底消失甚至发生些许逆转。

事实上，以上提到的这些做法，当代不少民主国家已经在或多或少或不同程度地尝试，并且也都已经有了程度不同的收效。

为什么说以上五种制度安排可消除对剩余劳动的剥削，甚至还能让劳动者的实际所得高出其劳动力价值？

首先，这时劳动力的最终定价是在劳资双方讨价还价的基础上形成的，而不是由资方单独决定的。市场经验表明，凡经讨价还价达成的交易大致都是公平的。

其次，组织起来的劳动者有了可以和资方抗衡的实力，加之他们还有和资方谈不成就不干的退路，因而讨价还价的劳动力定价是在双方势均力敌的状况下达成的，资方并无更多优势，这就更进一步地保证了劳动力定价交易的公平性。

再次，建筑在高税收基础上的高福利政策确实有“劫富济贫”的作用，因为个人收入超额累进税率是按个人收入的多少来确定高低不同的税率，因而收入越多、资产越多或越富有的人，纳税就更多。尤其是高额遗产税的推出，更是一种进一步的大幅度的“劫富济贫”，会给普罗大众及普通劳动者带来额外的好处。

最后，这时那些不进行生产或不直接进行生产的企业主或大股东，尽管他们的个人所得还是远大于企业中的每个普通员工，但其中已经没有剥削所得的成分，而只是资产收益。

凭什么说资产收益这种“不劳而获”竟然不是剥削或未含有剥削？资本家的剥削不就是这样的不劳而获吗？这事不可一概而论，需要详加分解。

每个生产单位的生产，不论是土地所有者控制的土地生产，还是企业资本家控制的企业生产，均是由参与该生产过程的所有要素构成的，因而生产单位的生产利润，也理应根据这些构成要素的作用而按比例分配。从公平的角度说，一个生产单位的利润在分配中，应该既要分给劳动者，也要分给经营管理者，还要分给出资者，如果其中还有开发或提供新生产工具或新生产技术的人，那他们也应有份儿。劳动者应该分得利润，在于他是产品的直接生产者，利润中包含有他们的剩余劳动。经营管理者应该分得利润，在于他们是产品的间接生产者，利润中也包含他们的剩余劳动。新生产工具或新生产技术的创造者应该分得利润，在于由他们提供的工具和技术，能提高生产单位的生产效率，而这些工具和技术也是他们自己劳动的产物，因而利润中也包含他们的贡献即他们的剩余劳动。纯粹的出资者虽未进行任何形式的生产劳动，毕竟是出了资的，也应分得一定利润。

在上述利润分配解说中，有两个情况会引起质疑。

一是经营管理者的经营管理是否也算能创造价值的劳动？若按马克思在《资本论》中的说法是不能算的，因为他认为只有工人的生产性劳动才创造价值，而资本家的管理、监督等所谓的劳动是非生产性劳动，不创造价值：如果资本家的劳动被看作是在工人的劳动以外并且同工人的劳动并列的特殊劳动，如监督劳动等，那么他也会像工人一样得到一定的工资，于是他也就属于工人的范畴，而绝不是作为资本家同劳动发生关系了。[①] 但是，马克思的这个观点与事实明显不符。无数企业管理的经验都证明，一个企业在其他条件都一样的前提下，不同管理者的不同管理模式，一定会形成不同甚至大不相同的生产效益和企业利润。这就说明，经营管理者的经营管理也属于生产性劳动，也创造了价值。正因如此，后来也出现了虽无资本却专门以经营管理为职业的工薪族。退一步讲，一个人同时拥有资本家和生产劳动者的双重身份，也并非就是荒诞不经和不可能的事情。换言之，一个资本家如果也从事经营管理，这一点儿都不会妨碍他再以资本家的身份同劳动发生关系。而在当代大量出现的股份合作制企业也表明，不仅资本家可以同时是生产者，而且许多工人生产者也可以同时是拥有企业股份的资本家。

二是单纯的出资者，即从来不从事经营管理或生产的资本家，是否仅凭所出资本就也可以分得一定的利润？应该可以。这是因为仅有劳动而没有生产资料是生产不出任何东西也产生不了任何利润的，因而利润的形成，也有出资人的贡献。何况拿出自己的资本投资生产存在风险，并不是只赚不赔的买卖，所以如果不让出资人有所收益，就不会有任何人愿意将资本投入生产。更何况，如果我们往前一直追溯，绝大多数最初的资本，还不是由出资人的祖先——一些勤劳而有智慧的劳动者的剩余劳动构成

① 《马克思恩格斯全集》第46卷(上)，人民出版社1965年版，第278页。

的?!因而让出资人也分享利润,其实就是让已经固化为资产的剩余劳动参加生产单位的利润分配。尽管用马克思的话说它是"死劳动",但毕竟还是劳动。确切地说,是用钱或物的形式储蓄的劳动。一句话,出资人在利润的分配中也应有份乃是天经地义之事,只要没侵占劳动者的剩余劳动就行,哪怕其所得在分量上比劳动者的平均所得多很多也是如此。

根据以上分析可知,生产单位的"利润"并非仅由劳动者的剩余价值构成,而是由所有参与生产过程的人所付出的剩余劳动共同构成,而所谓"按生产要素分配",其实也属于按劳分配,只不过其中有的"劳"是"活劳动",有的"劳"是"死劳动"而已。并且,只要这种分配的比例是恰当或合理的,其中就不存在任何剥削,也不存在任何剥削者。而以往出现于生产中的剥削,也不在于"不劳而获"的出资人也得到了利润,而在于出资人得到的利润超出了他应得的份额。其实,单纯的出资人也可以分得企业生产利润这一点,马克思后来也有同意,他晚年在《评阿·瓦格纳的"政治经济学教科书"》注解剥削问题时说:"资本家只要付给工人以劳动力的实际价值,就完全有权利,也就是符合于这种生产方式的权利,获取剩余价值。"①这就意味着,晚年马克思已经意识到,生产单位的利润不全是由直接生产者的剩余劳动所构成的。

实际上,即便就是根据马克思在《资本论》中的这段著名论述,即"人在生产中只能像自然本身那样发挥作用,就是说,只能改变物质的形式。不仅如此,他在这种改变形态的劳动本身中还要经常依靠自然力的帮助。因此,劳动并不是它所生产的使用价值即物质财富的唯一源泉。正像威廉·配第所说,劳动是财富之父,土地是财富之母"②,也能得出同样的结论。土地是最基本的生产资料,如果可说"财富=劳动+土地",那么也可说"财富=劳动+生产资料(资本)"。既然如此,财富自然就应该既分给提供了劳动的人,也分给提供了土地、厂房和机器等生产资料的出资人。

至于生产单位的利润究竟应该按什么比例进行计算和分配才算公平,那是属于经济学家或计量经济学要研究的事,笔者不在此列。

如果说有了以上制度安排,劳动者的实际所得甚至还会高出其劳动力价值,那这是否意味着社会中又出现了劳动者剥削企业主或大股东等富人的新情况?回答是否定的。因为这个情况并不是由劳动者在和富人交易时,单方决定交易的结果,而是唯一能形成这种状况的制度共定社会中的政府执行所有公民共同制定的社会分配制度的结果。在制度共定的民主社会中,包括富人在内的所有公民为何会制定出可能让富人减少一些资产收益的制度?除了有富人是少数人群体难以左右最终选定的制度安排的因素外,此种制度安排也有边际效用的智慧考量。这就是富人少点资产收益对他的生活质量不会有任何影响,而穷人多些社会福利则对其生活质量有明显的改善和提升作用。

正因为有以上制度安排的西方民主国家其实已经基本上消灭了对劳动者剩余劳动的剥削,这就与笔者前面说它们基本上属于制度共定社会不相矛盾。不仅如此,这

---

① 《马克思恩格斯全集》第19卷,人民出版社1963年版,第401页。

② 马克思:《资本论》第1卷,人民出版社2004年版,第56-57页。

个情况还等于是从另一个方面为此提供了又一个强有力的证据。因为只有在制度共定的国家，才不能容忍对劳动者剩余劳动剥削的继续存在，才能想出并实施以上那些消除对剩余劳动剥削的有效方法。所以，这些西方民主国家，虽然还保留着生产资料私有制，但已经没有了有产者和无产者的区分与对抗；虽然还有贫富层级的差异，但已经没有了剥削阶级和被剥削阶级的分野；虽然还同时存在社会化大生产和生产资料私有制，但随着资本的分散化和剥削雇佣劳动的消失，这二者之间所谓不可能在共存前提下化解的矛盾已经不复存在；虽然这些国家还被他人甚至自己人称为“资本主义社会”，但其实已经不是资本家独享制安权的“资本主义社会”，而是人人分享制安权的“自由人联合体”。这就是说，在这些国家，资本主义社会已经被被剥削阶级通过议会斗争的方式“和平演变”为全体公民共同当家做主的制度共定社会或真正的民主社会。

同时亦可推断，倘若当初原始制度共定社会的人们也有现代人的这种认识和相似的制度安排，比如社会为失去生产资料的人建立社会保障机制，社会干预劳动力的单方定价等，那么，它在实现生产资料私有制改革之后，就最多只会演化出贫富层级，而不会演化出剥削与被剥削或剥削阶级与被剥削阶级。这也就是说，对社会生产力有巨大持续推动作用的原始人的生产资料私有制改革，其实存在着可以不以剥削和阶级对抗为社会进步之代价的可能性。所以，阶级剥削并非像某些人所说，具有“历史合理性”，是人类社会发展不可避免的“必要之恶”，而是在任何时候都没有合理性和必要性的，是在任何时候都有可能避免的。原始人未能避免，不过是因为他们尚未意识到，劳动力交易中的单方决定会是不合理的剥削。

四、不可消灭生产资料私有制

言之及此，免不了会有人问：既然不废除生产资料私有制最多只能消灭剥削而不能消除贫富层级，那为何我们不来个釜底抽薪，通过消灭生产资料私有制这个导致贫富差异和贫富剥削的共同必要条件，而将贫富阶层和可能存在于贫富阶层之间的剥削一齐连根拔除？

答案其实已存在于前述的道理中。这就是，消灭私有制，就是消灭最基本的按劳分配，就是消灭生产竞争和活得更好的竞争，而它们恰好都是社会生产和社会发展的巨大引擎。因而一旦私有制被消灭，我们就将重新面临原始人和计划经济时期都曾遇到而无法解决的懒汉问题，就将重新承受社会生产乏力、劳动效率低下的困扰而不得不日益共同贫困。

在任何一个制度共定社会或民主社会，想必那里的绝大多数人都会选择后者而不是前者。因为只要没有剥削，贫富差异就是按劳分配和正当竞争的结果。这个结果没有什么好指责的，如同没有人会指责体育竞赛的结果是有胜有负一样。同理，就像没人会去指责体育竞赛的冠军一样，凭自己的勤劳和智慧而赢得竞争及更多财富的富人也不会遭到穷人的羡慕嫉妒恨。此其一。其二，这里所说的贫富差异中的“贫”，已是相对意义的贫穷，而不是绝对意义的贫穷。按劳分配和社会竞争会推动社会生产的不断增长和社会财富总量的不断扩大，于是社会可用于再分配的财富也会越来越多，因而该社会的所谓穷人，只是比该社会的富人贫穷，而与自己以往相比，则不是越来越贫穷，而是越来越富有。相反，那种消除生产资料私有制的共同贫穷，才是绝对贫穷，即相对所有人以往的真正的越来越穷。其三，经验已经表明，具有“劫富济贫”色彩的社会再分配，会让这个社会中最穷的人也能拥有体面而有尊严的生活。

如果细说，不可消灭生产资料私有制的原因还在于生产资料私有制和生活资料私有制密不可分，要想彻底消灭生产资料私有制，还得同时消灭生活资料私有制，也就是要消灭一切个人产权制度，彻底取消个人的一切资产或财产。而这其实是根本办不到的。因为这不仅会造成消费品使用的混乱和巨大的浪费，而且会使个人因没有任何属于自己的东西而彻底丧失生产的积极性。

那么，凭什么说不同时消灭生活资料私有制，就不能消灭生产资料私有制？

这是因为，用于生活的资产和用于生产的资产并没有本质的不同和严格的界限，如个人的积蓄既可以用于自己的生活消费，也可以作为资本投入生产领域，而一旦个人做出了后一种选择，其生活资产就变成了生产资本即生产资料，结果还是会出现属于私人的生产资料。除非我们制定一个制度来禁止一切私人积蓄进入生产领域。可这样一来，社会就缺乏足够的资金用于扩大社会再生产。更重要的是，以市场来优化资源配置的市场经济游戏也玩不成了。于是，整个社会生产的运行就会不良，资源的配置就会出现问题并导致大量浪费、生产乏力，供不应求的短缺经济乃至越来越穷的经济危机就会重现。也许有人会说，可以由国家银行将个人积蓄统一而有计划地投入生产领域，以此化解扩大社会再生产资金不足的问题。可是，只要银行给个人存款即积蓄付息，那个人积蓄事实上还是成了生产资本。而如果银行为了免于个人积蓄变成生产资本而不给个人积蓄付息，又有谁会将钱存入银行？不难想象，在允许个人拥有生活资料且没有剥削尤其是没有剩余劳动剥削的社会，个人拥有越来越多的财富应该是一个普遍现象，因为任何人这时只要肯工作并不过度消费，他的财富就会持续积累增加。而社会将这些总量巨大的个人财富与社会生产永远隔绝的结果，自然只能是用于社会生产的资本越来越少，以致最后连简单再生产都难以为继。

总之，只要社会还需要发展社会生产，以使人们过得越来越好，就不应该也不能够取消生产资料私有制。

不过，据说若是出现以下两种情况中的任何一种，就可以彻底消灭私有制而又不影响社会生产和人们的生活。这两种情况都是由马克思预言的，其一是社会生产力发达到可使物质财富充分涌流，已能在总体上充分满足所有人需求的程度，从而使社会财富不再需要按劳分配，而是可以直接按需分配①，于是，个人拥有生产资料和生产资料私有制已无必要。其二是“劳动已经不仅仅是谋生的手段，而是本身成为人们生活的第一需要”②，于是社会在没有生产资料私有制的前提下，也能实现社会生产的持续发展。因为既然劳动已成为人们生活的第一需要，那么由生产资料私有制形成的按劳

---

① 《马克思恩格斯选集》第 3 卷，人民出版社 1995 年版，第 306 页。

② 《马克思恩格斯选集》第 3 卷，人民出版社 1995 年版，第 305 页。

分配的激励也就成了多此一举。

但是,笔者对这两种乐观的预言均深感怀疑。

就第一种情况而言,笔者认为,人类社会生产力将来无论如何发达,也无法做到按需分配。

其一,人的需求是无限的,或者说,人对生活质量或活得更好的追求是没有封顶上限的,而生产总是有限的,而且在一定的时期和范围内,能被人利用的许多自然资源也是有限的,所以再发达的社会生产力也不可能完全满足人们的需求,不仅以珍稀自然资源为原料的产品不能做到人人想要都有份儿,而且那些刚刚被发明创造出来且成本不菲的新产品,在未能大规模批量生产之前,也不可能立马做到人人想要就都有份儿。而这两种无法按需分配的情况,显然不是某种极其偶尔出现的现象,而是在任何时候都存在的常态。

其二,实际上我们根本无法判断哪些东西是人们的需求。因为需求不仅包括人生而有之的先天需要,如吃、穿、住、行等,而且包括人后天形成的需求。每个人想要的东西往往大不相同,并且往往是这个世界还不曾存在而有待发明创造的东西,如在还没有飞机的时候,人们就不能需要飞机,而只能想要飞机。所以社会不可能弄清每个人的所有想要,因而也就无法向他们提供能满足他们所有想要的东西。也许有人会纠正:“按需分配”是“按需要分配”之意,而不是“按需求分配”之意,所以个人的“想要”是不包括在按需分配之中的。可是,个人有所想要是一个古来如此而不容否认的事实,并且它还是人类能进行从无到有的创造的必要前提,那么社会分配如果不考虑解决这个问题,就只有靠个人自己去考虑解决,而个人要想自己解决这个问题,就得有属于自己的资源即创造想要对象所需的生产资料。这样一来,生产资料私有制就又成为必要的制度安排,还是无法被取消。何况,即便撇开人的“想要”不谈只谈“需要”,仍然存在诸多难以判断和解决的问题。比如在吃的方面,山珍海味算不算需要的对象?在穿的方面,有宝石镶饰的衣物算不算需要的对象?在住的方面,比尔·盖茨家式的超大现代高科技别墅算不算需要的对象?在行的方面,豪车、游艇和飞机算不算需要的对象?如果算,社会生产能同时做到让这些东西人人有份儿吗?如果不算,道理何在?我们又是否能确定,究竟给人分配哪些种类的食物才算满足了其吃的需要?究竟给人分配多少套衣物才算满足了其穿的需要?究竟给人分配多大的住房才算满足了其住的需要?究竟给人分配多少样交通工具才算满足了其行的需要?显然社会也是不能就此做出合理而准确的判断的。如果考虑到个人需要还有个性特点和个人偏好的不同,社会就更无从知道每个人在吃、穿、住、行方面都究竟需要些什么。如果这时社会还是硬要人为地制定出一个统一的分配标准,岂不将导致所有人吃、穿、住、行的千篇一律?岂不意味着人们在这些方面活得更好的愿望就此已被封顶?还有,既然社会按这个统一的标准进行分配并不能恰当合适地满足每个人的具体需要,那就势必意味着这里会存在巨大的浪费。

因此,按需分配的设想实质上就是一个乌托邦,就是一个美丽的童话,它非但不能为任何水平的社会生产力所企及,也根本不具有任何可操作性,而且流弊甚多。

就第二种情况而言，笔者认为，不论到什么时候，都不是任何形式的劳动都能成为人们生活的第一需要。根据马克思的论述，将来劳动之所以会成为人们“生活的第一需要”，是因为令人痛苦的为他人劳动的异化劳动已被扬弃，劳动这个人的类本质所在，这个人用来确证自己本质力量的方式，将重新成为令人感到快乐的活动，于是这时的人们即使没有“多得”的激励，也非常乐意“多劳”。其情形，笔者认为，大概就犹如人们即使不为了得到什么也非常愿意玩游戏一样。可是，被马克思视为人的类本质或类特性的劳动，应该不是一般的劳动或所有形式的劳动，而只是创造性劳动。因为动物也会劳动，也会生产，这是被马克思和恩格斯承认的。所以，人不是因为劳动才变成人的，而是在不断创造的过程中才变为人的。人创造得越多，可用于其生存发展的自造物就越多，与动物的差别就越多越大，超越动物界的程度就越高，是故在这个意义上说，人这类凭自造物生存发展的活动者，也是不断创造的活动者，而不断创造则是人能凭自造物生存发展的关键所在。因而只有创造性的劳动才是人本质力量的确证，才能给人带来快乐与尊严，才是人的自由自觉的活动，才能成为人们生活的第一需要。而其他形式的劳动，如重复性的生产劳动和日常生活劳动，或马克思说的“仅仅是谋生的手段”的劳动，既然不是人本质力量的确证，不是自由自觉的活动，也就不可能是会给人带来快乐和尊严的活动，也就不可能也成为人们生活的第一需要。这个道理还可以从另一个角度得到说明。这就是在扬弃异化劳动之后的社会，如果重复性的生产劳动和生活劳动或作为谋生手段的劳动这时也能成为人们生活的第一需要，那么我们就没有必要想方设法地发明众多可以减轻这类劳动的强度的新工具和新技术，也没有必要去想方设法地减少工作日，缩短工作时间，亦即没有必要压缩必要的劳动时间，超越必然王国，追求自由王国的到来。因此，并非所有形式的劳动都是人们生活的第一需要，而是唯有创造性劳动才会是人们生活的第一需要。

生产力和科学技术再发达，也不可能只要有创造性劳动就行，而再不需要任何其他形式的劳动。既然如此，如果没有按劳分配的激励，那些不属于人们生活第一需要的非创造性劳动就不会有人愿意去做，于是整个社会生产过程也就没有办法进行、运转和完成。这就说明，在创造性劳动成为人们生活的第一需要之后，按劳分配还是有必要的，而奠基按劳分配的生产资料私有制自然也是需要继续保留的。

或许将来可能发明出的智能机器人可以代替人类去完成那些我们不愿承担的众多重复性的非创造性劳动，可是对这些机器人的指令、管理、保养和维修，仍然是属于重复性的非创造性劳动。因而重复性的非创造性劳动其实只能被不断减少，而不能被彻底消除。

退一步讲，即便有朝一日发达的科技可以让人类彻底告别所有重复性的非创造性劳动，而只需从事自己乐意承担的创造性劳动，我们还是不能按下取消生产资料私有制和以其为基础的按劳分配制的“按钮”，因为前面刚说过，按需分配是任何时候都达不到也无法操作的乌托邦。

总而言之，私有制不是万恶之源。它作为最基本的按劳分配方式，能长久地推动社会生产的发展；作为使人们之间形成那种活得更好的竞争之因，也是整个社会发展的巨大引擎。相反，如果没有私有制，就像历史经验已经证明的那样，社会生产和社会发展将必定因失去动力机制而陷于停滞或倒退。尽管只要消灭生产资料私有制就肯定能消灭阶级和阶级剥削，但我们是否真的能消灭私有制还是一个巨大的疑问。更重要的是，在不消灭生产资料私有制的情况下，我们只要愿意，也完全可以做到消灭阶级和任何形式的剥削。所以，私有制不仅难以被消灭，也完全没有必要去消灭。

这时，势必有人会问：倘若私有制确有如此巨大的好处，那为什么人们会普遍认为"私有制是万恶之源"？

"私有制是万恶之源"之说意为，因为有了私有制，也就有了出于一己之私的罪恶，如偷盗、欺诈、抢劫、掠夺、谋财害命、阶级剥削乃至各种战争，等等。而其中影响面最大的罪恶，就是阶级剥削。私有制与罪恶之间的这种必然性联系，按照恩格斯的观点推论，就在于私有制"激起了人们的最卑劣的动机和情欲"，使"卑劣的贪欲"成为"文明时代从它存在的第一日起直至今日的动力"，使"微不足道的单个的个人的财富"，成为"文明时代唯一的，具有决定意义的目的"。[①] 于是，只要能获取个人财富，一切手段哪怕罪恶，皆无不可。

然而，尽管任何时候我们都不应将追求个人财富视为唯一目的，却也不能据此一概说追求个人财富就是"卑劣的贪欲"。否则，今天我们所实行或倡导的市场经济、奔小康和发家致富之类，亦都将成为不应当的选择和追求。其实，获取个人财富，并非只有通过犯罪这一条途径；只要不是损人利己地追求个人财富，比如通过劳动和创造，就是正当的，毫无卑劣可言。

私有制不仅激起的并不都是"卑劣的贪欲"，而且实际上它也的确只是产生上述罪恶的可能性因素而非决定性因素。因为在更早的还没有生产资料私有制的原始时代，已经有偷盗、欺骗、抢夺和为抢夺而进行的杀戮、战争等罪恶的存在，只不过它们不是存在于原始社会内部，而是存在于两个相互独立而分别有各自产权并对内实行生产资料公有制的原始社会或氏族公社之间。生产资料私有制的出现，只不过是扩大了这些罪恶出现的范围，使社会内部也开始有了出现这些罪恶的可能。也就是说，生产资料私有制的出现，使社会内部原本没有什么实际意义，也基本上不可能出现的诸多损人利己恶行，变得有了实际意义而有可能出现。而后来的历史事实也表明，这些罪恶确实都在有私有制的社会内部出现了，这才会有"私有制是万恶之源"之说法的出现与流传。

尽管如此，还没有生产资料私有制的原始公有制时代也存在诸多罪恶的事实还是告诉我们，私有制甚至连诸多罪恶产生的必要条件都算不上；产权或产权制度才是这样的必要条件。不过，即使产权也仅仅是这里的必要条件而非充分条件。这就是说，没有产权，就注定不会有诸多罪恶的出现；而有了产权，即便是私有产权或私有制这样的产权，也只是可能会而不是必然会有诸多罪恶的出现，更不是必然会有诸多罪恶的大面积、大数量的出现。所以，从人类有生产资料私有制以来的历史中，我们能够看

---

① 《马克思恩格斯选集》第4卷，人民出版社1972年版，第173页。

到，同为私有制社会，由于存在治理差异，有的社会犯罪率甚高，人人自危；有的社会犯罪率甚低，大家相安无事。这就说明，私有制确实并非诸多罪恶产生的决定因素，因私有产权制度而在社会内部出现的诸多罪恶，也有可能予以避免。如前所述，阶级剥削就是有可能完全避免的，而那些或许不能完全避免的罪恶，如诈骗、偷盗、抢劫、侵占、贪污之类，只要社会公正，防范方法得当有效，也至少可以将其压缩在很小的发生概率之内，使之成为极其偶发的现象。

当然，个人之间的财富不平等倒是与生产资料私有制有必然联系，因为生产资料私有制意味着按劳分配，意味着“多劳”的人要比“少劳”“不劳”的人得到更多的财富。不过，这种由按劳分配导致的财富不平等，实际上并不能叫“罪恶”，否则就等于说按劳分配是罪恶。何况，伴随这种不平等的是社会财富总量的增加，这就使那些具有制度共定性质的政府，可以有条件通过各种二次社会分配政策来使劳动能力不强的弱势群体也能活得越来越好。而这种有贫富差异的共同越来越富，总比没有贫富差异的共同越来越穷要好得多。

至此可以说，人类当初发明生产资料私有制，不管主观上究竟是怎么想的，客观上都是高明的。一方面，它作为大善之源是确确实实的，作为万恶之源则只是一种可能性；另一方面，它产生恶的可能性是可以防范的，它已经产生的恶是可以铲除或杜绝的。因此，人类对生产资料私有制的发明和选择，显然是利大于弊的，并且还完全可以看作“获巨利而存微害”的结果。

第十七章

解惑自由理论的质疑

制度决定论很可能会面临来自“人性自由”的自由理论的三个质疑：自由的人有无可控性？追求自由的人是否需要制度调控？制度与自由是否相悖？

这三个质疑都不能回避，其中的任何一个如果不能得到令人信服的解释，都可能对制度决定论形成根本性的颠覆。因为这三个质疑都是在或直接或间接地挑战笔者的制度决定论的这个立论大前提——绝大多数人的行为都是被制度化社会赏罚机制所规导、型塑或调控的。

一、自由的人有无可控性

这个质疑的挑战性是：如果人的行为是可以被制度赏罚调控的，将意味着人有可控性。如此，人岂不是成了机器？人的意志自由又何以体现？相反，如果承认人是有意志自由的，那么人就不能被制度所规导型塑或调控。

不错，社会赏罚要想达到导塑大众行为或调控大众行为的效果，就必须依赖于一个前提性条件，这就是人要有可控性。人的可控性是指人的行为可以被外在于他的社会力量所影响、所左右。在制度化社会赏罚方面，这个社会力量就是指制度。

问题是人是否有可控性？人真的会被社会赏罚控制吗？说机器有可控性不会有人置疑，但人不是机器，怎么可能会像机器一样被控制？况且，说人有可控性，岂不是对人的意志自由乃至人类尊严的亵渎？

人的确不是机器，不过从控制的角度说，人与机器的差别只在于：人不能被绝对控制，但能被相对控制。这里的所谓“相对控制”，是指一个人只要自己决意不在乎社会赏罚的诱逼激励，哪怕付出沉重代价也在所不惜，就可以使自己的行为不按社会赏罚的导塑来进行，而机器则完全做不到这一点，是被绝对控制的。

实质上，人是否有可控性是一个事实问题而非价值判断，关于这个问题的答案无论是“有”还是“没有”，都不是对人的意志自由或人类尊严的亵渎，甚至也未必就是对人的意志自由的否定。因为，如果人的意志自由只是相对意义上的意志自由，那就不与人有相对可控性的观点矛盾，除非是绝对意志自由的观点，才与人有任何可控性的观点相互排斥。

绝对意志自由论以人性自由论为理论基础，从古至今有伊壁鸠鲁、霍布斯、康德和萨特等人物。他们在说人的自由时强调的都是人的意志可以完全自由地决定人的行为，因而他们的理论才被称为“绝对意志自由论”。绝对意志自由论有两个基本观点：一是人的动机或意愿由自己凭意志自愿确定而非外物强加，即我们想做什么由我们自己做主；二是动机或意愿一旦确定就可以按意志去做，在意愿变成行为之间不存在任何障碍，即我们想做什么就能做什么。[①] 所以霍布斯说，自由就是不受阻碍的状况，就是没有什么东西能阻碍行动的发生。

在绝对意志自由论的阵营中，康德和萨特的观点最具代表性并最有特色。

与人们通常把自由理解为不受约束的状态或约束的对立面不同，康德把自由解释为人在自由地决定自己的行为时，自觉地为自己立法，自己约束自己。康德宣称，人有善良意志且不证自明。人的善良意志是绝对自由的，一方面它是人的行动这种现象的无条件原因，具有“在现象中原因的无条件的原因性”[②]；另一方面它在对行动起作用时，不靠来自外部的规定，具有“不依赖于外来的规定它的原因而起作用时的那种属性”[③]。意志自由的作用体现为人能为自己立法即制定普遍而绝对的道德律令并自觉履行，即自律，因而“意志对于自己来说是一个法则的那种属性”[④]。在意志对行为起作用的上述过程中，人不必屈从于人之外的任何因素，所以人是自由而有尊严的。

萨特从存在论出发论证人有绝对意志自由。他认为，人与其他存在物不一样，人是“存在先于本质”，而不是存在与本质同时出现。人是先出场，没有任何规定性，而后再经自由的选择、设计、创造获得自己的本质，因而自由是人的规定性，所以他说：“假如存在确实先于本质，那么，就无法用一个定型的现成的人性来说明人的行动，换言之，不容有决定论。人是自由的。人就是自由。”他还特别强调，人在选择时是绝对自由的，“自由是与生俱来的，人是不能不自由的，人没有选择不自由的自由，人只能是自由的存在”。即是说自由不可逃避，“人是注定自由的”，即使不选择也是一种选择。人在选择中，“我的个人自由就是价值的唯一基础，此外绝对没有任何东西提供这种和那种价值”，因而“除了自己以外，无所谓其他立法者。由于他处在孤寂之中，他必须凭自己决定”[⑤][⑥]。总之，自由就意味着“选择自主”，不受外部条件摆布，自己抉择，前无托词，后无庇护。尽管萨特也不完全否认外部条件的存在及其对人的影响，但他又认为人不应被这些所左右。他的具体解释是：外部条件压抑人的个性，是人活动的障碍。但是，这种障碍其实更是人的主观意志造成的。事实上，人即使在很严酷的外部条件下也是绝对自由的，比如集中营的战俘，并不是只有老老实实当战俘，也可以选择越营、暴动；二战时期，德国军队中的军人，也不是只有服从军令去侵略他国，而是还有当逃兵或反叛的选择。

绝对意志自由论看到人在选择行为时有不可规避的自主性是其合理性所在，但由此宣称人有绝对意志自由则不可取。

---

① 参见张传有：《伦理学引论》，人民出版社 2006 年版，第 257 页。

② ［德］康德：《康德三大批判合集》上卷，邓晓芒译，杨祖陶校，人民出版社 2009 年版，第 329 页。

③ ［德］康德：《康德著作全集》第 4 卷，李秋零主编，中国人民大学出版社 2005 年版，第 454 页。

④ ［德］康德：《康德著作全集》第 4 卷，李秋零主编，中国人民大学出版社 2005 年版，第 454 页。

⑤ 王守昌、车铭洲：《现代西方哲学概论》商务印书馆 1983 年版，第 228 页。

⑥ 刘放桐等编著：《现代西方哲学概论》，人民出版社 1981 年版，第 231 页。

康德的绝对意志自由论，以人有意愿为自己制定可普遍推行而不是仅仅有利自己的行为法则这种不证自明的善良意志为前提，可大量诸如曹孟德“宁教我负天下人，休教天下人负我”的经验事实证明的恰恰是人没有善良意志。或者至少在康德之前，我们没听说过有任何人是用自己的善良意志为自己先立法，再依法行动。甚至康德本人是不是如此，也有待考证。所以，康德断言人有善良意志和绝对意志自由，与其说是在陈述一种事实之境，不如说是在表达对一种理想之境的渴望。因而就算康德说得对，人遵从自己的立法不算不自由，自由正是人遵从自己的立法，但实际上真能体现并享用这种自由的人，迄今为止我们又是否能找出一个？

萨特的绝对意志自由论有一定的道理和积极意义。其道理在于人确实有自由的规定性，确实在任何情况下人都不会只有唯一的做法；积极意义则在于它凸显并启发了人们的主体意识。尽管如此，该理论仍然不能证明人有绝对意志自由。为什么有时我们可以有多种可能的选择而有时却只能在非此即彼的两种可能性中挣扎？为什么有时我们的选择是轻松的而有时却是痛苦的？为什么有时我们的选择没有什么代价而有时却要付出巨大的代价甚至是牺牲生命？显然，萨特并不能否认有些自由选择，或是要冒巨大风险，或是要付出沉重代价的。风险和代价总是对人不利的事，而它们正是由外部条件造成的。既然如此，人在进行自由选择时，就不能不考虑风险和代价的有无轻重。而行为人一旦经考虑后在行为选项上避重就轻、避有就无，这时他实际上就等于是被外部条件制约或左右了，除非萨特能证明任何人的任何选择都是不计风险和代价的。事实上，他不可能给出这样的证明，因而萨特宣称的人的绝对意志自由是不存在的。

根据以上分析，适当的观点是：人有意志自由并可自由选择的命题是成立的，但人的意志自由的边界或自由选择的可能性的多少是受到外部情境限定的。这就是说，人只有相对意志自由，而没有绝对意志自由。

绝对意志自由论之不可取，除了从理论上说不通之外，还表现为在解答责任问题时的荒谬。因为它夸大人的意志自由，否认外部条件对人的限制，必然会得出每个人要对自己的行为负全责的结论。比如萨特，就提出个人“要为自己所做的一切承担责任”。为了强调个人责任，他甚至举例说，如果没有制止住将爆发的战争，实际上就等于选择了战争而应对战争负责，所以“战争中没有无辜的牺牲者”①。尽管萨特在这里的初衷是要唤醒人们对自己行为的责任心，但是这种不讲外部制约而无限夸大个人选择的意志自由的观点，不仅忽略了外部条件对人的影响，也抹杀了战争发动者与一般被迫参战者的界线，甚至是战争罪犯与战争受害者的界线，导致人人平摊责任，从而在客观上为真正的战争罪犯起到了开脱罪责或减轻罪责的作用。由此可知，取消社会的一切责任，并由个人不分具体情况地平均担责，乃是绝对自由论在责任问题上的荒谬之处。

既然人有绝对意志自由的立论不能成立，那么人有相对可控性的反命题就无不

---

① ［法］萨特：《存在主义是一种人道主义》，载中国科学院哲学研究所西方哲学史组编：《存在主义哲学》，商务印书馆1963年版，第342页。

当。其基本道理是，因为人是怀赏畏罚的理性自利人，社会力量就能利用人的这种内在规定性通过赏罚来对其行为进行调控。这个道理，中国先秦时的韩非就已洞悉，他说“凡治天下，必因人情。人情者有好恶，故赏罚可用”①。而他所谓的“人情”“好恶”，就是指人有“好利恶害”的本性。法国近代思想家爱尔维修也发现了这个秘密，他说：既然快乐和痛苦的感觉是人们行为的基本动力，那么，就应当利用这一点引导人们向善；由政府或社会舆论施行一定的奖赏或惩罚，目的在于使人们将德行与快乐相联系，恶行与痛苦相联系，从而崇善抑恶。②

对人的可控性，除有依人的内在规定性提供的理论证明之外，也有无数经验事实告诉我们：一种特定行为，一旦被社会明令禁止并配以相应的罚则，其发生率便会大幅度下降；一种特定行为一旦被社会提倡并配以相应的奖赏，其发生率就会大幅度上升。前者如我国多生子女的发生率，在计划生育政策及其严厉罚则出台后急剧下降；后者如我国在 20 世纪 90 年代的“车匪路霸横行期”，社会极端匮乏的见义勇为行为，在后来社会有了见义勇为奖励基金和大力宣扬褒奖见义勇为者的举措之后，见义勇为的行为就多了起来。

因此，无论人有多么自由、多么尊贵，无情的事实还是证明了：人有一定的可控性。即使不是全部人，至少也是绝大多数人，在现实社会中是难以超越他们自己的怀赏畏罚的内在规定性即本性的。

二、追求自由的人是否需要被制度调控

自近代至今，自由已逐渐成为一个人人称颂的共同价值，被全球人普遍追求。在此情势之下，纵然是人有可控性这一点不可否认，社会又有无必要继续乃至永远用制度化的社会赏罚对追求自由的人们进行调控？倘若至少在将来的某一天社会开始不再需要这样做，岂不意味着“制度决定历史”之结论或规律的终结？

对这个疑问的回答，可从人所追求的自由是什么意义的自由开始。

卢梭说：“人生而自由，却无往不在枷锁之中。”这句话甚是精辟，被广泛引用，却又一直让人们困顿不解，以致到了阿伦特那里，干脆用否认“人生而自由”来化解疑惑。她的理由倒也简单，就是如果“人生而自由”，哪里还需要争取自由?! 所以人不是“生而自由”，而是“为自由而生”③。不过，这个解释过于偏颇。笔者认为，不管卢梭当初说这句话是想表达什么意思——实际上他也从未告诉过我们——我们都可以对其做如下解读：一方面，人是天生具有自由特性亦即意志自由的存在者，能够自主选择自己的行为，并且自己就是自己如何行动的缘由。而“自由”一词在构词意义上，本来也是自己是自己行动的缘由或理由之义。另一方面，从迄今为止的人类历史看，人以往又无不是生活在枷锁之中，其行动或行为选择受到各种后天限制。据此可知，人有先天

① 《韩非子・八经》。
② 参见王润生：《西方功利主义》，中国社会科学出版社 1986 年版，第 31 页。
③ ［德］阿伦特：《什么是自由》，田立年译，贺照田主编：《西方现代性的曲折与展开》，吉林人民出版社 2002 年版，第 377 页。

意志自由，缺乏的是后天自由，或说后天自由不足，因而人对自由的追求，就肯定不是对生而有之的意志自由的追求，而是不断突破来自后天的各种限制，以争取到越来越多的后天自由。

人在后天被套上的枷锁来自三个方面，即自然、社会和人自身。自然对人的限制主要表现为：人作为一种实体性的物质，被地球的万有引力束缚在地球上；作为一种生命体，离不开大自然的阳光、空气、水和适合生命成长的生态环境；作为一种陆生动物，只能生活在地上而不能生活在水里和空中；作为一个有“想要对象”的特殊活动者，无法像其他动物那样直接从大自然中获取，而只能靠自己创造、生产。社会对人的限制不外两种，即人对人的限制和社会规则即习俗、道德、制度对人的限制。人对人的限制表现在所有类型的人际关系之中，并且基本上都是相互限制的，因为所有的人际关系都存在权利与义务的问题。这些权利与义务，不是通过制度，就是通过道德或习俗划分的，因而人对人的限制往往也是通过社会规则对人的限制实现的，如管理者和被管理者之间的权利与义务，就是被管理制度建构并维系的；如朋友和朋友之间的权利与义务，有的是被法律限定，有的是被道德限定。而社会规则中，对人的限制力度最强的，就是制度的限制，道德的限制和习俗的限制都比不上。来自人自身的限制大致有三个方面：一是自己所掌握的信息和知识的有限，会使自己不知道一些其实已经存在的选项，从而缩小个人可自由选择的范围；二是思想观念的陈旧，使自己跟不上时代的变化，从而忽略或舍弃一些实际上更有利于自己生存发展的选项；三是意志不够坚强，在遇到困难时，畏首畏尾，裹足不前，经常把各种困难也当作不能触碰的限制，于是使自己可做出的选项变少。

既然束缚人的枷锁来自三个方面，人对自由的追求也就要在这三个方面展开。在自然方面，人对自由的争取主要体现为努力使自由活动的空间不断扩大和自由活动的时间不断延长。在自身方面，人对自由的争取体现为不断扩充自己的知识和有用信息，及时更新完善自己的观念，有意锤炼强化自己的意志。在社会方面，人对自由的争取主要体现为对制度限制的不断突破，就像人不断突破自然和自身对人的自由的限制一样。但是，也正如人可以不断突破自然和自身对自由的限制，却永远不能一劳永逸地彻底突破自然和自身对自由的限制一样，人也是可以不断突破制度对自由的限制，却不能一劳永逸地彻底突破制度对自由的限制。

从向社会争取更多自由的角度说，人对制度限制的不断突破，不是指向所有制度，也不包括对失灵制度或低效制度的改革，因其结果不过是在用新的制度替换旧的制度，这个过程并没减少制度对人的既有限制，因而属于减少限制的制度突破就只包含这三项内容：一是废除不公正的制度，即废除所有不是由全体公民或其代表所共定的制度，因为这种出于非共定形式或非共定程序的制度在实质上必然不公正，只能是有利某些人而不利其他所有人的规定。二是废除不合理的制度，即废除那些虽属程序公正却因认知或技术的失误而制定出的与其他社会规则之价值导向存在冲突或不一致的制度，它们或者在实质上不符合社会基本制度或社会基本价值或道德原则，或者直接与其他同类的制度相矛盾，从而使人陷入左右为难、不知如何是好的境地。三是废除不必要的制度，即废除那些画蛇添足、多此一举的制度和可以交由道德管辖、由道德规范替代的制度，减少多余的制度限制。如美国某州有“消防队接警后要在院子里先跑三圈再出警”的法规，就属于画蛇添足、多此一举，而西方古代曾有的“不准自杀和处罚自杀者”的法律，则属可交由道德管辖的制度。所有不必要或多余的制度安排，或同样源于认知或技术上的失误，或由社会发展和时势变化所导致。不公正的制度、不合理的制度和不必要的制度，都妨碍人的正当权益或自由，均属不正当的制度。产生这三类制度的原因在任何时代和任何社会都不能完全避免，因而对制度限制的突破，确切地说是对不正当制度的废除，也需要不断地进行，无法一劳永逸地彻底解决。

那么，我们可不可以通过取消一切制度的方式而彻底摆脱来自制度的束缚？

笔者认为这是不可能的。

从个人方面看，一个社会如果没有广义利益制度，有自利性的人们在毫无外部约束的情况下，对各种有限资源的索取活动，逐渐就会变成无序的纷争或你死我活的拼杀，这时谁也不愿采用生产的方式来获取资源，因为由他生产出的资源是否就能归他所有还很难说，结果是可争资源日少，人们越来越穷，离“活得更好的愿望”越来越远。这样的局面显然不能为人们长期容忍。更诡异的情况是你死我活的拼杀，终会形成弱肉强食的丛林法则，而对这个法则的明确化、固定化和强化，又是制度的诞生。这就是说，没有制度限定的人与人的利益博弈结果还是要形成制度。不过，丛林法则也不会总是对强者有利，因强者不能恒强，也有年老体衰变成弱者的时候，因而丛林法则最后还是要被大家都能平等相待，和平相处，资源共享，安渡一生的制度取代，而这也就是人类最初的社会制度即原始社会制度。正是这种制度的发明，使人的社会及其相互关系不再与动物的世界及其相互关系相同。而在此之前，人类的动物祖先想必也有一段丛林法则的历史。

从社会方面看，没有公正的程序制度，人们就根本形成不了明确而统一的社会发展目标，而如果没有这样的社会目标，人们建构社会的活动就只能是相互冲突、相互排斥的，结果最终谁认定的社会目标都实现不了，人人受损却不可避免。即便在用公正的程序制度形成明确而统一的社会目标之后，还是不能取消所有制度，还是不能没有制度这个实现组织目的的工具，因为个人之间存在理论和认知方面的偏差，所以他们各自所选择的自认为符合共同社会目标的行为，其实仍然可能是相互冲突、相互排斥的。这就如同大家都认可公共交通要追求通畅快捷的目标，却因没有“右侧通行”“红灯停绿灯行”之类的交通制度而势必要陷入混乱拥堵、事故不断的乱象一样。所以，所有类似交通规则之类的制度都是必要的制度，它们存在于人类活动或人类实践的各个领域，须臾都不可或缺。尽管这些必要制度有可能是失灵的或低效的，但我们还是只能对其进行改良而不能完全抛弃。因此，没有制度的社会是不可能的。

那么，采用将所有必要的制度都变成道德这种只有弱强制性的社会规范的方法，来完全彻底地取消制度这种对人的强强制性调控又如何？

用道德取代所有制度的设想，只能在人人都同样达到孔子所谓“从心所欲不逾矩”的道德境界的时代才能做到。但这同样是不可能的，因为谁都不可能不经过社会化过程就达到这样的境界。这个过程即使不似孔圣人那么长，要七十岁时才达到，至少也得三四十年吧。如是，在新生人口绵延不断和总有大量青少年的社会，就根本无法做到所有社会成员整齐划一地“从心所欲不逾矩”。何况，谁能保证已完成社会化过程的成年人，形成的就必然是“从心所欲不逾矩”的道德境界？因为在一个社会中，如果用“逾矩”的方式去获取更多的个人利益，最多只是受道德舆论的谴责而没有任何实际利益的损失，那么对于那些更看重实利的自利人来说，他们为什么又要“不逾矩”呢？何况，不少案例表明，即使曾经的道德楷模，其思想境界也不是不再上下波动的。尤其是在不重道义重实利的“喻于利”的小人总能在社会上畅通无阻地获得其所欲之利的时候，还能继续坚守道德规范的人就更加稀少了。正如在插队的人总是能先上车的情况下，还愿继续排队上车的人就越来越少。

综上可知，人类社会永远不能没有制度，而且绝大多数制度也不可能由道德替代。所以，人类社会永远需要用制度来调控人们的行为。只不过这个制度，不能是或不公正或不合理或不必要的不正当制度，而只能是其反面，即同时具有公正性、合理性和必要性的正当制度，或曰“公正合理的必要制度”。

三、制度与自由是否成反比？

从整个人类历史过程看，制度呈愈来愈多的走势，尤其是近代世界各国陆续进入法治社会以来，社会中制度的种类和数量更是以不同以往的速度与日俱增。在此背景下，如果我们承认追求自由的人永远需要被制度化的社会赏罚导塑、调控，岂不意味着人们在追求自由的途中所追求到的自由反而越来越少？这显然是一个悖论。

问题是：制度多就必然意味着自由少吗？

对于这个问题，以往的思想家就有不少讨论，只不过这些讨论往往是在“法律与自由”而不是“制度与自由”的话语下进行的。法律是制度的典型形态，所以法律与自由的关系，也就是制度与自由的关系，二者并无实质性不同。

按照英国19世纪功利主义代表约翰·密尔的意见，自由是法律规定下的领域。我们的行为受法律规定越多，我们的自由就变得越少。美国的早期总统和《独立宣言》的参与制定者杰弗逊也用不同的说法表达了相同的意思。他说最懒惰的政府是最好的政府，因为政府干预越少，我们就越自由。

英国17世纪哲学家洛克则不认为法律会妨碍自由。为此他提供了两条论据：一是“法律的目的不是废除或限制自由，而是保护和扩大自由”；二是他认为不管法律规定得如何广泛，我们的大多数行为并不受法律规定的限制。也就是说，我们的许多行为是和法律乃至道德毫不相关的，法律和道德既不要求也不禁止，因而我们完全有自由做我们喜欢做的事。比如利用闲暇时间去会友、远足、钓鱼、踢球、看电影等，都是法律和道德不干涉的事情。

马克思似乎也倾向于洛克的观点，他说：“法律不是压制自由的手段”，“法律在人的生活即自由的生活面前是退缩的”。[①]

在上述两种有代表性的意见中，密尔的见解显得过于偏激。他把法律完全当作了自由的对立物。法律固然对人的行为有限制性，但我们并不能由此推出法律规定越多，自由就越少的结论。否则我们就得承认这样一种荒谬的说法，即制定大量法律的现代社会反而比法律规定明显稀少的奴隶社会更不自由。

杰弗逊关于“政府干预越少就越自由”中的所谓“政府干预”，如果是指政府对具体事务下达的各种具体指令，那这句话是有道理的。可如果是指政府就普遍事务制定的各种法规、政策、政令、条例之类，则也犯了与密尔一样的错误。

相对而言，洛克的观点比较有理。在洛克时代以来的法治社会，法律的确有保护自由的功能。且不说各类宪法中都有对公民自由权利的明文规定，就是各种实体法中也有这样的内容，像民法中“欠债要还”一类的条款，就保护了债权人有向债务人讨债的自由权利。我们每个人都可能成为债务人也可能成为债权人，因而法律中关于我们必须做什么之类的义务性规范，从另一方面说，又恰恰是对我们自由权利的保护。洛克关于还有大量个人活动领域从来不被法律、道德覆盖的观点也有道理。是的，制度并不限制我们何时睡觉、何时吃饭，也不规定我们必须用哪种姿势睡觉，用什么方式吃饭和怎样交谈、怎样消闲等，而这些日常行为正是我们一生中经常要做的事和所有行为中的大部分行为。

尽管如此，洛克的说法仍不能彻底消除人们对法律有碍自由的疑虑。按照洛克的法律能保护和扩大自由的逻辑，我们是不是可以得出法律越多越自由的结论？因此，我们是不是应该制定尽可能多的法律？但是有一天，当法律多到连吃、喝、拉、撒、睡、玩也要规定的时候，我们还能说法律之外有更广阔的自由空间吗？按照洛克的逻辑，我们似乎也有必要将道德规范全都换成法律规范。可是当我们由于法律的强制性规定而不得不扶老携幼、不得不助人为乐、不得不艰苦朴素、不得不艰苦奋斗时，我们还会觉得比以前更自由吗？由此看来，并不是在任何情况下都是制度越多越自由。因而我们既不能贸然地将制度当作自由的劲敌，也不能简单地将制度等同于自由。

要厘清制度与自由在数量或程度上是否成反比关系，就不能不先定义自由是什么。笔者认为，自由就是自愿自主决定做或不做什么而免受阻限的状况。其中，“自愿自主”是自由在主观方面的必要条件，因为无论是不自愿还是不自主，都不可能是自由的体现；“免受阻限”是自由在客观方面的必要条件，因为自己想做要做的事情因被外部条件限制做不了，也不可能是自由的体现。正因如此，这种既能自愿自主决定做或不做某事，又确实能免受阻限的状况越多，则自由越多，亦即越自由，反之，则自由越少，越不自由。笔者给出的这个自由定义，尽管在表述上与以往各种有影响力的自由观均不相同，例如，自由“在于做一个人想做的事情”（亚里士多德），自由就是做自己喜欢做的事情而不受限制和约束（哈耶克），“自由意味着能够自行决定与自己有关的一切事情”（罗素），自由就是从被束缚中解脱出来（“自由”的拉丁语词源义），自由指的是

---

① 《马克思恩格斯全集》第1卷，人民出版社1961年版，第71-72页。

没有阻碍的状况(霍布斯),自由意味自己做主和免于干扰(伯林),“自由就是人的行动不受除自己意志和天性外的任何限制”(法国《大百科全书》),“自由就是做法律所许可的一切事情的权利”(孟德斯鸠),自由是在法律的范围内做自己想做的事(密尔),“自由即有权做一切无害于他人的任何事情”(法国《人权宣言》),自由就是自己立法并自愿守法或“自由即是理性在任何时候都不为感觉世界的原因所决定”(康德),自由就是选择自主(萨特),自由是人在善恶和理性与非理性之间作出选择的能力(弗洛姆),自由是指一切公正的限制最有效地适用于社会的全体成员(弗格森),自由就是“从心所欲不逾矩”(孔子),自由就是“无待”(庄子),自由就是顺天道而行之(中国古人),自由意味独立自治(梁启超),“自由就是从事一切对别人没有害处的活动的权利”(马克思),“自由就在于根据对自然界的必然性认识来支配我们自己和外部自然,因此它必然是历史发展的产物”(恩格斯)……但在实质上并不相互冲突,因为这些自由观所表达的各种意思,稍加分析,就知道它们均属于能自主决定做什么而不受阻限地去做的状态中的某种情况或某个方面的情况。也就是说,它们都未超出笔者关于自由的定义。由此可知,以往的这些互不相同却又不能相互否定对方的自由观都有些褊狭,都不如把自由定义为“能自主决定做什么且不受限阻的状态”来得周全。

从这个自由定义出发,制度增多而不影响自由增长的情形只能在下述条件下成为现实,这就是社会为个人开放或开辟了新的社会活动空间,而新的社会活动空间的必要秩序又要求用制度对个人在此间的行为有所限制。这就好似我们不建花园,也就不必有“不许在园内摘花”的规定一样。在这里,我们自然不能因为多了一个这样的制度规定而断言我们失去了一份原有的自由。将这个例子的模式运用于解释“自由的悖论”,悖论也就不再是悖论了。原来,制度限制越来越多和自由越来越多的确是两种可以同时并存的状态。而且正是因为我们在近现代社会获得了许多新的自由活动领域,我们才需要制定许多相应的新制度。例如,因有能力上天飞行,才需要制定航空航天法;因建起高速公路,才需要制定高速公路法;因发明了互联网,才需制定互联网法;因发展出全球经济贸易,才需要制定国际贸易公约;因经济改革开放了市场,才需要建构进出市场的制度和市场竞争的制度……

那么这是否意味着,在所有新开放或新开辟的个人活动领域,都一定要装上制度的栅栏呢?不错。“不许在园内摘花”的规定之所以必要,是因为若无此规定,花园就可能因不再有赏心悦目的花朵而不成其为花园,我们也同时失去了在花园中看花的自由。与之同理,在所有新的人类活动领域,若无新的制度来规定行为,建立秩序,其结果就是混乱无序、冲突不断,人人都不会从中感到有自由带来的欢乐不说,而且也失去许多自由。

因此,如果我们将自由比作一个圆,那么,必要的制度就好像圆的周边线,它总是随着圆面积的增大而变长。反过来说,自由圆的制度周边线越短,自由圆的面积也会越小。譬如对一个被锁在屋子里的人就根本不需要制定任何制度,徒有四壁即可,不过他也因而几乎没有任何行动自由。

当然我们也看到,当代社会或各个国家所出台的各项新制度并不全都是建立在人的新的活动空间里，像环境保护法、野生动植物保护法、森林法、水法乃至行政法等，就不是什么新增“自由圆面积”的“周长”。据此而论，我们是不是还是失去了一些自由？

与原来相比，我们既然再不能随便打猎、随便砍伐、随便利用水资源、随便行政，那的确不如原来自由。但其实，我们原来就不该随便如此……因为后来所发生的自然资源危机、生态环境危机和公共权力异化，都是当初没有未雨绸缪地预设相应制度的恶果，因而这些新制度也并不是多余的和不必要的制度安排，而是原来就该有却没有的制度，或是原来还没有意识到该有的制度。这样一看，我们仍不算失去自由。

当然，新增制度也不一定一概都是自由圆的新边长，其中也可能有减少自由圆边长或减少人自由的制度，就是前面说到的“不必要的制度”，它有两种形式：一种是越俎代庖，以制度来调整本应由其他社会规范调整的行为，如以法律取代道德，将助人为乐、见义勇为之类高线道德要求变为个人必须做的事情；另一种是在人的正当行为域中作过多限制或多余限制，比如用制度规定男女到一定岁数不男婚女嫁要受处罚，规定超过了晚上10点不准冲马桶，规定一个企业只能生产某一种产品、经营某一项业务、销售某一类商品，等等。

总之，制度多并不意味着自由少。因此，在争取社会自由的途中，我们就不必担忧和拒斥必要的新制度，而只需防范或及时取消不必要的新制度。

有人也许会提出质疑，这就是，制度即便是必要的或必需的，也会导致“善善冲突”的结果，即为了得到某一种善或价值对象而牺牲了一定的自由这种善的结果，譬如交通法是为了安全而牺牲了人们随意行驶的自由，税法是为了有钱支撑公共服务而牺牲了人们自由支配自己所有钱财的自由，野生动物保护法是为了保护野生动植物而牺牲了我们一定的打猎自由和砍伐自由，水资源保护法是为了保护水资源而牺牲了人们随意用水的自由……因此，任何必要制度的出现和增多，仍然是代表人们自由的减少而不是增多。

可以承认，各种必要制度的出现，都意味着发生了自由这种善与另一种善二者不可兼得的冲突，也意味着人们为了另一种善而牺牲了一定的自由，但至此还不是全部的结论。要补充的结论是，人们在此是失去了一些自由，可同时也得到了另一些自由，而且这些新得到的自由比失去的那些自由更加珍贵，甚至更多。比如，在没有交通法之前，人们是可以随意行驶，却没有安全行驶的自由，而且由于行驶无序所势必造成的道路拥堵，最终也会剥夺我们随意行驶的自由。税法也是如此，我们是为之失去了支配自己一部分钱财的自由，可由税收支撑的公共服务也给我们提供了各种便利，使我们得到了许多以前不曾有的自由。如桥梁、铁路、公路、高速公路之类，让我们走得更远、更快；路灯、路边树、绿化带、路边座椅等公共设施，让我们走得敞亮、舒适；各种公共管网，让我们随时都能用上水、电、燃气、暖气、电话、手机、网络；义务教育使每个人都能上学受教育……野生动植物保护法和水资源保护法也都是如此。野生动植物保护法使我们不能随意捕猎、砍伐，但至少能让我们总能观赏到它们，而如果没有这样的法律，总有一天野生动植物会消失殆尽。这时，人类不仅将彻底丧失掉捕猎或砍伐它们的自由，而且连观赏它们的自由亦不复存在。水资源保护法是使我们不能随意用水，但它可以让我们乃至我们的子孙都长期有水可用，有可用之水，而不是有一天连饮用清洁水的自由都没有，甚至无水可用。以上所举必要制度如此，其他任何一种必要制度也定是这样。谓予不信，尽管自己去照此一一分析，而其结果，将是屡试不爽。所以，这里可以肯定地说，所有必要制度都具有这种看似让人失去自由，其实是给了人更多更大更好的自由的优秀品质。因此，所有必要制度其实都不是为解决自由与另一种善的冲突而推出的，而是为了解决一种自由与另一种自由的冲突而推出的。

言之及此，若是诸位对“必要制度多不等于自由少”的观点仍存怀疑，那么再想一想下面的问题便能彻底明白。

这个问题是：人是在没有任何规则的纯自然状态下自由多，还是在有规则的社会中的自由多？

如果人们相信了格老修斯、霍布斯、洛克、卢梭等人的社会契约论，认为当初自然状态下的人们组成社会是放弃了为所欲为的天然自由或天赋人权而选择了有所不为的社会自由，那势必会说社会人的自由大大少于自然人的自由。殊不知这是大谬。人如果没有组成社会，就还是纯粹的动物，与一般动物无异。可是，所有所谓能“为所欲为”的动物又能“为”些什么呢？千万年来，它们的自由可曾增加过一点？难道不还是只能在丛林中一代又一代周而复始地按其本性重复着同样的仅仅是吃、喝、住、行、性的活动？而其吃、喝、住、行、性的对象和方式，还不是千万年来几乎没有任何变化的那么几种？再看看“有所不为”的人，组成社会以后岂不是本事越来越大，能做到的事越来越多？从用于吃、喝、住、行、性的东西和方式越来越多到精神文化生活的出现和日益丰富多彩，从日行万里到坐观天下，从上九天揽月到下五洋捉鳖，从器官移植到克隆生命，从闲暇越来越多到寿命越来越长……倒是无不显示出社会人才能为所欲为。

因此，社会人的自由远远超过自然人的自由才是正确的结论；社会人虽然制定的必要制度越来越多，但其自由同样也是越来越多；人类并不是如卢梭所说，因历史的不可逆性而不能重返原初拥有天然自由的自然状态，而是可以重返自然状态而不愿重返。这一点甚至连卢梭本人也不否认，他在致波兰国王的信中说：“纵使人类能够退回到野蛮人的状态，他们也不会因此就更幸福些。”[①]

总之，制度与自由在数量或程度上并不必然成反比，即制度的增多并不必然导致自由的减少，只要新增的制度都是必要的制度，它们就只会给人们带来更多的自由。

---

① 转引自吴永华：《卢梭：以为孤独漫步者》，《中国社会科学报》2013 年 8 月 19 日，A06 版。

第十八章

制度决定论批判的批判

非常奇怪，在中国乃至整个世界也搜索不到一种自称"制度决定论"的理论或专门著述的时候，竟然就已经有了专门针对制度决定论的批判，尹伊文先生的《制度决定论的神话》(以下简称《神话》)[①]，就是率先发难的檄文。

实际情况也是如此。虽然的确是有一些中外解读者将以诺思为首的新制度经济学说成是"制度决定论"，但诺思本人从未这样说过，他最多只说过制度"在经济绩效方面……是一个至关重要的因素"[②]。而从《神话》的内容看，它所提到的"制度决定论"的理论基础或理论来源，也确实不是诺思或其他人的新制度经济学，而是由杜尔凯姆所构论的社会学结构功能主义。该理论认为，在解释社会现象时，社会结构具有决定性影响，人的社会行为是由社会结构决定的。然而，"社会结构"与"制度"并不是相互等同的。在社会学中，"社会结构"是一个非常宽泛的概念，它包含构成社会的所有要素及其相互联系，而制度只是所有这些要素中的一种。其他的构成要素是人口、家庭、各种社会组织、阶层阶级，政府甚至社会意识形态等，因而当某些结构功能主义者在说"社会结构对个人行为有决定性的影响"时，并不等于在说"制度对个人行为有决定性的影响"。所以，《神话》作者将制度决定论溯源于结构功能主义完全是找错了对象。至此事情已经非常清楚，如果学界确实已有理论化、系统化的制度决定论，对它的指认就不会困难，也不会出错；相反，只有在还没有的情况下，才会出现指认错误。

虽然迄今理论上还没有成系统的制度决定论，但这些年来，国内外的经济学、政治学和社会学领域内，在研究方法上，确实逐渐有了一种乐于从制度维度出发去解释人的行为及各种由行为构成的社会现象的制度决定论倾向。而从《神话》全文的具体内容来看，其批判矛头实际针对的，也正是这种方法论意义上的制度决定论。

不管是理论化的制度决定论，抑或是方法论的制度决定论，毕竟都是制度决定论。所以，《神话》如果对方法论的制度决定论的批判是可以成立的，那么应该也可以用来对付各种可能出现的理论化的制度决定论，包括笔者在本书中建构的制度决定论。

《神话》对"制度决定论"的批判逻辑并不复杂，大致可归为两个层面：一是通过解析囚徒困境引出若干理据来颠覆制度决定论；二是以诸多正反事证来进一步证明其颠覆的有理和制度决定论的无理。

然而在笔者看来，这两个层面的批判逻辑都不能成立。

---

① 尹伊文：《制度决定论的神话》，《读书》2008年第7期。

② [美]道格拉斯·诺思：《制度、制度变迁与经济绩效》，杭行等译，上海三联出版社2008年版，第97页。

一、对《神话》理据的批驳

基于流行于经济学、政治学和社会学的囚徒困境解释模型隐含有制度决定论的意思，用《神话》作者的说法，是“囚徒困境的分析隐含着结构决定论的思维方法”，《神话》作者就选择了以颠覆囚徒困境解释模型为突破口，以便从中引出若干理据来展开其对制度决定论的批判。

博弈论的囚徒困境解释模型的具体内容，现如今在学界已广为人知，此处无须再加介绍。不过它所隐含的制度决定论则还需明示为：外部的制度能对个人的行为选择产生决定性影响。因为囚徒困境解释模型证明，在有一套关于如何给犯罪嫌疑人定罪及量刑的制度安排之后，两个共同犯罪嫌疑人（囚徒）经过博弈论的分析和算计，最终分别做出的不是进行相互合作并最有利于各自的选择——都拒不交代自己的罪行而逃避应有刑罚，而是相互防范对方出卖自己这种最符合制度导向或最有利于制度安排者所想要的选择——老实坦白自己的全部罪行，得到应有刑罚。

但《神话》作者认为事情并非“如此简单”，“如果我们去询问警察……警察会告诉我们，审讯员必须采用各种各样的攻心战术，才能使囚徒坦白”。这就是说，《神话》要传达给我们的信息是：在囚徒困境中，攻心术比制度更重要。

“警察的实践和囚徒困境的推理为什么会有差异呢？”《神话》给出的解释可以概括为如下内容：囚徒困境将人都规定为理性自利人的假设，忽略掉了许多具体条件或具体情况。但“人并不是千篇一律的棋子，而是千差万别的有能动性的主体”。其中，“千差万别”是说，理性自利人所追求或看重的“利”有所不同，；理性自利人的理性是有限理性，这种有限理性的理性化程度也不同，并且往往是情绪化的。因此，同样的制度对有上述差异的理性自利人来说，并不能起到同样的作用。“有能动性”是说，每个人都不是只能受动于制度的“棋子”，而是可以自己决定自己如何选择、如何行动的主体。是故制度对这样有能动性的主体不可能起决定作用。

且不说《神话》用“如果我们去询问警察”这样的假设所得到的假设性回答，来说明“警察的实践和囚徒困境的推理”之间存在实际差异的论证方法是否太不认真、太不靠谱。就算这里是存在差异，即实际情况是“警察要在审讯时用到种种攻心术，才能让嫌犯坦白”，那也还是不能够否证制度决定论。道理不用多说。如果事先没有“坦白从宽，抗拒从严”的制度安排——囚徒困境实质上就是一种这样的制度安排，那么在面对警察或司法官员时，嫌犯选择不坦白就永远优于选择坦白，这时又有多少嫌犯会在“种种攻心术”下坦白自己的罪行？再说，警察种种攻心术的基本内容，岂不就是先向嫌犯“交代相关政策（即‘从宽从严’政策，而政策乃制度之一种）”，再帮助嫌犯分析在此政策框架下，选择坦白和选择抗拒对自己的有利与不利？事实上，没有任何人会把制度决定论解释为只要把制度制定出来，就万事大吉，制度就能自动发挥决定作用。所以，有人去解释制度，有人去执行制度之类情况，都仍然属于制度运作的范畴。

当然，理性自利人所追求的“利”从来都不止一种，并且每个人对不同之利的先后排序也有不同。所以这里可以承认，在囚徒困境中，有嫌犯会出于“哥们义气”或害怕同伙报复等原因而拒不坦白。但从概率上说，这样的情况只能是极少数。因为差不多所有不是为了政治诉求而共同犯罪的嫌犯都是为了谋取一己私利而犯事，所以他们中乃至黑道人士中，真正相信哥们义气的人从来都是极少数。偶有真正相信的，也定是少不更事，初入其中，一时被蒙骗的人。至于害怕同伙报复，也不可能是一个普遍的担忧，而只能是个别案例中个别嫌犯的顾虑，即极小概率事件。一来有很多犯罪是个人犯罪而非共同犯罪，二来嫌犯本人是同伙中的强者不怕报复，三来可能实施报复的同伙也已归案，四来警方可用提供保护或预先警告有报复可能性的嫌犯同伙等方法来打消嫌犯的顾虑。而这最后一点，显然可以成为一个与“从宽从严制度”相配套的制度安排。然而，在没有任何相关制度安排或具体制度措施的前提下，警察能仅用种种攻心术，就解除掉嫌犯害怕同伙报复的顾虑吗？显然不能。所以，在这里仍能起关键作用的，还是制度而不是攻心术。与上相同，倘若没有“从宽从严”的制度安排，那么对嫌犯来说，采取拒不坦白的策略就只有好处而没有任何坏处，所以这时仅仅通过警察的种种攻心术就能坦白自己罪行的嫌犯，从概率上讲也只能是极少数。这就从正反两个方面证明，在让嫌犯坦白的问题上，有还是没有“从宽从严”的制度安排的情况大不一样，制度在对付嫌犯的行为选择方面的确是起决定作用的。

为什么有多种利益追求且对不同利益有不同先后排序的人们竟然都会被同样的一种制度左右？这不奇怪。人有多种需求，因而也追求多种能满足自己需求的资源即利益。这些利益都是人生存发展的条件，缺少其中的任何一种都对人的生存发展不利，所以在任何时候，只要存在可能性，就没有任何人愿意放弃对任何一种利益的追求，也没有任何人愿意被剥夺任何一种既有的利益。就嫌犯来说，就是没有任何嫌犯会因为自己还有其他许多利益追求或更重要的利益追求，而不在乎被剥夺行动自由这种既有的利益或权利。正因为每一种利益都事关人的生存发展，所以制度就能通过对任何一种利益的剥夺或给予这种社会赏罚，来对人们的行为选择进行左右和调控。

当然这里也承认，理性自利人的理性是有限理性，理性化程度也不同。不过，《神话》说人“往往是情绪化的”则不够准确，应该说人“有时是情绪化的”。因为若没有特殊的外部刺激，人的情绪是不会凭空起波澜的。而任何人客观地想一下也能知道，自己平生平静的时候要远多于情绪化的时刻，凭理性选择也远多于凭情绪选择。此事且不多说。既然这里也承认人的理性是有限理性，甚至有时是情绪化的，这就导致也要承认，理性自利人在有的时候也会做出一些不够理性的行为，或是不顾制度的率性而为，比如激情犯罪；或未能选择制度化社会赏罚为人们预设的利益最大化行为，比如因不知驾车有限速规定而超速受罚。可所有这些仍不能形成对制度决定论的否定。制度不是一次性的命令，而是长期有效的固定指令或正式规则。所以，虽然有人会率性而为，虽然理性的有限或程度的不同也是会使有的人未按制度赏罚的导向行动，但行动之后他们所遭遇的受罚经历或未获赏的挫折之正反结果，立刻就会让他们获教训、长见识、增理性，并迅速将自己以后在这件事情上的行动选择调整到与制度赏罚导向相一致的方式上，不再率性而为，比如开车超速受罚后再不超速行驶。这就说明，在任何一个人的一生中，情绪化的率性而为和有限理性所导致的非理性或不够理性的行为选择，只可能是极少数的行为，而不可能是绝大多数的行为；若从他对待或处理同一件具体事务来说，基本上只是一次性行为，而不可能是反复发生的行为。因此，每一个人的绝大多数行为和反复出现的行为，只可能是符合制度赏罚导向从而也符合自己实现利益最大化的行为；而整个社会中的绝大多数行为和反复出现的行为，也只可能是符合制度赏罚导向从而也符合个人实现利益最大化的行为。这就是说，偶尔出现的率性而为和不够理性的行为，并不意味着制度对个人的行为没有决定性的影响力。

当然，人也是有能动性的主体。一个人究竟听不听制度的摆布，还是要由他自己决定。这就似乎证明了不是制度在决定，而是行动者个人在决定。但是，有能动性的主体也有自己的各种需求，并且他的各种行动追根溯源地讲，也都是为了满足自己的需求。否则，他就什么都不需要做。用马克思的话说就是："任何人如果不同时为自己的某种需要和为这种需要的器官做事，他就什么也不能做。"[①]既然有能动性的主体最终是为了满足自己的各种需求才"动"，那么他在考虑怎么"动"的时候，就自然会考虑怎样"动"才会最大限度地满足自己的需求，亦即怎么"动"才能实现个人利益的最大化。如果他经过思考发现只有按制度赏罚的导向行动才能实现自己利益的最大化，那么他就会选择按这样的行动方式行动，并且会在制度赏罚规则发生变化的时候随之相应调整自己的行动方式。在这里，从外部看，是行动者被制度决定了行动方式；从内部看，也是行动者发挥主观能动性审时度势进行选择的结果。这就表明，说人的行为被制度决定，并不等于说人不是有能动性的主体，因为一个人从若干行为选项中选出其中之一这件事本身，就是有能动性的体现，只不过经过理性思考，他最终选择的是对他来说最为有利的行为而已。而这种对他最有利的行为，同时也是制度安排者所希望看到的行为。如同人在洪水、海啸、火山、地震等自然灾难发生时的快速逃离，不意味着人没有能动性一样，人在制度赏罚的框架下趋利避害，也不意味着人没有能动性。当然，人在这里如果选择逆制度赏罚导向而动，也是有能动性的体现。但是他为什么要选择这种对自己明显不利的行为方式呢？难道舍此就不能彰显自己有能动性？在人的需求与能动性之间，显然需求是目的，能动性是手段或工具，即人的能动性是为满足人的需求服务的而不是相反。否则，人的能动性有还是没有，对人来说都无所谓。所以，最能体现人的能动性的，还是每次自主做出的选择是否最有利于自己。如是，则有能动性，或能动性强；如不是，则缺乏能动性，或能动性不强。据此而论，倘若在制度赏罚灵敏有效的前提下，还是有人经理性思考后逆制度赏罚而动，那就只可能出于这两种情况：一是嗜财如命的利令智昏者心存侥幸地赌一把，他自以为可以凭借其高明的作案手段躲避制度惩罚，从而实现自己的利益最大化；一是将"兴天下之大利"(《墨子》)作为自己的最高利益来追求的革命者，他所追求的天下大利为既有社会制度所不容，所以只有采取革命这种逆制度赏罚而动的方式来进行。如是可知，这两种逆制度赏罚而动的情况，仍然符合人的能动性或理性在服务于自己的利益追求这一判断。诚

① 《马克思恩格斯选集》第3卷，人民出版社1972年版，第286页。

然，这两种逆制度赏罚导向而动的情况在整个社会中只能是少数。一个原因是绝大多数人经过理性思考后，不愿意在风险极高而成功率极低的情况下“赌一把”；另一个原因是绝大多数人还没有达到能将“兴天下大利”作为自己的最高利益来追求的崇高境界。因而在制度灵敏有效时，制度对有能动性的主体起决定作用还是普遍情况，而不起作用则是罕见的情况。其实，有能动性的主体能被制度调控，本不应该是一个无法被我们接受的奇特观点。如果不是这样，社会管理和组织管理就没有任何可能性，管理学也不可能成为一门学问，各种管理理论，也都会是一些废话。

《神话》作者为进一步夯实自己的批判理据，还以其囚徒困境分析中警察的攻心术为喻，将直接决定能动主体如何行动的东西，说成行动者的“心”，并声称“‘心’是能动主体的一个黑箱，是数千年来人们探索的一个谜。人们可以找出无数的能影响‘心’的因素，但至今也没有找到全部因素”。虽然“制度对黑箱有影响，但不能决定黑箱中的运作”。

《神话》喻为的“心”，实际上就是人的动机。虽然影响能动主体动机即“人心”的因素是很多，而制度只是其中之一。但与其他其实并非“无数”的社会因素相比，制度还是对“人心”最有影响力的因素。撇开非人力可以控制的自然因素不谈，社会中还能影响“人心”的东西，无非就是说教、习俗、道德、宗教、艺术感化（即古人所谓的“乐”）和文化价值观念这些。而这些因素，或者不能对人实施赏罚，如习俗、艺术感化和文化价值观念，或者只能对人实施关乎声誉的赏罚，如说教、道德，或者只能对人实施虚构的关乎来世的赏罚，如宗教，所以比之既能对人的声誉实施赏罚，也能对人的其他一切利益进行赏罚的制度来说，它们就显得软弱乏力，只能退居其后，叨陪末座。特别是当制度的导向与其他社会因素的导向出现不一致的时候，败下阵来的只会是后者。尽管制度不管来世，似乎难以决定宗教徒的动机，但因宗教往往是统治者的工具，所以宗教徒违反社会制度也会被说成是违反教规，同样影响其来世去向。因此，在所有社会因素中，对人的动机或如何“动”有决定性影响的因素就是制度。简易言，人心基本由制度决定。而这一观点，其实连《神话》作者自己也已承认。他在文中自问自答道：“什么东西能影响‘心’呢？制度当然能够影响‘心’，但不能完全决定‘心’。”可制度“不能完全决定‘心’”的说法，岂不就等于说“制度能基本决定‘心’”？

二、对《神话》事证的批驳

不知出于什么样的想法或微妙考虑，或许是为了使“制度决定论”显得更荒谬和更容易被批倒吧，《神话》作者在文中经常将其批判对象“制度决定论”偷换成不知道从哪儿弄来的另一个命题——“制度决定一切”，并且在其行文至第三部分时，特地举出四个正、反事证来对其进行否证。

“制度决定论”与“制度决定一切”这两个说法，虽然在字面上仅有“论”与“一切”这一两个字的差异，但实质上已有天壤之别。因为新制度经济学、制度主义政治学和社会学制度主义在方法论上的制度决定论倾向，充其量只是认为，在有制度规定的地方，个人的行为和由个人行为构成的社会现象是被制度决定的。这就是说，他们不认为，除此之外的其他所有事物也都在制度决定的范围之内。笔者的制度决定论，尽管含义更广，还包括制度决定历史、制度决定生产力、制度决定社会、制度决定国家等内容，可也没有制度能决定一切的意思。具体说来，至少笔者的制度决定论不认为，制度能决定自然万物的运行和生灭，制度能决定人心里怎么想甚或必须怎么想，制度能决定制度安排者和制度安排者制定制度的目的，制度能决定自己如何演变和事情不论巨细都被制度覆盖并决定，等等。

偷换批判命题的做法，已经暴露出批评者底气的不足，而四个正反事证也奈何不了制度决定论，下面依次来说。

第一个事证是：

当20世纪50年代推行国有化、公社化的时候，许多人都相信一个逻辑：私有财产是私有观念的根源，如果消灭了私有财产，人的私有观念就会逐渐消失，就会变得一心为公；在人民公社中，人没有了私有财产，大家都会大公无私地各尽所能、各取所需；在公有制的企业中，人都变成了公有企业的主人，大家都会一心为公地努力工作。但是二三十年的实践却告诉我们，公有制的结构并没有消灭所有人的私有观念，并没有使人人都变得一心为公。

关于这个例证，其一，如果严格按照《神话》的叙事逻辑推论，根据后来“公有制的结构并没有消灭所有人的私有观念”这一事实，并不能证明“消灭了私有财产，人的私有观念就会逐渐消失”的预期就是错误的，因为其时的国有化和公社化只是基本上消灭了生产资料的私有，即生产方面的私有财产，而没有消灭生活资料的私有，即生活方面的私有财产。既然这时还有私有财产，不仅有生活方面的大量私产，也还有一定的生产方面的私产，如农村的自留地或菜地和家禽生猪之类，那么这时人们还有私心也是很正常的。所以用这个例证来否证制度决定论是没有用的。其二，退一步讲，即便在消灭了生产和生活中的全部私有财产之后人们还有私心，也同样不能够否证制度决定论是不对的。因为私有财产根本就不是利己心的根源，以为消除私有财产就能消除私有观念的想法本身是极其幼稚和错误的。前文已述，利己心是人的本性，生而有之，无法消除也不能消除。一个真正意义上的人，而不仅仅是生物学意义上的人，如果自己都不操心自己的生存发展，他就根本不可能生存发展，其结果不是死亡，就是像婴幼儿一样依然完全依赖他人，成为一个极端自私的人！而要能生存发展，就必须操心自己的生存发展，必须为自己谋取生存发展所需的各种资源或利益。所以，在这个意义上说，确实是“人不为己，天诛地灭”。很多否认人性自利的人，是把“自利”“为己”等同于恶，以为承认人性自利就等于承认人性恶，承认恶的必然性，承认恶是永远无法消除的。但实际上，人为己或有利己心本身并不是恶，并且将其变成为自己谋利的现实行为也不是必然为恶。只有在谋利时选择了损人利己的行为方式才是“恶”，才导致“恶”的发生。但如果他采用的是利己而不损人或既利己也利人的行为方式，那就完全是正当的，毫无“恶”可言。

第二个事证是：

公有制使人吃大锅饭使企业效率低下，私有制会使人努力工作，会提高效率。这个逻辑是推行国有企业私有化时的强力话语、主导说教。私有制真的使人都努力工作了吗？私有制真的使企业都提高效率了吗？实践中展现出来的现实是非常复杂的。有人努力工作，有人要滑偷懒。有的私有企业高效成功，有的私有企业低效破产。

在这个事证中，《神话》作者仅用“有人努力工作，有人要滑偷懒。有的私有企业高效成功，有的私有企业低效破产”这一句完全没有任何实际统计数据的话来否证“私有制会使人努力工作，会提高效率”的制度决定论观点的逻辑是非常草率的。私有制可明确产权，使企业有明确的所有人或业主，而业主对企业经营的好坏又直接决定其收益，因而私有企业相比产权不清，企业没有实际业主或企业所有人无法在场的公有制企业来说，一般都会有明显的效率优势。这既是世界范围的经验事实，也是得到公认的产权理论的基本常识。此其一。其二，有私有企业的社会，一般都是市场经济社会。市场经济是竞争性经济，通过市场竞争进行利益分配和优化资源的社会配置，因而在市场经济社会中，所谓“有的私有企业低效破产”，不过意味着破产企业的资源已被转移到更有效率的企业中去，这时整个社会的生产效率实际上得到提高。这种优胜劣汰式竞争持续存在，各个企业和整个社会的生产效率相对以往也就越来越高。因此，“有的私有企业低效破产”的事实，不仅不等于说私有制在总体上没有效率，反而意味着其在总体上有日益增进的效率。何况，在市场经济社会中，那些“低效破产的私有企业”之所谓“低效”，也只是相对效率更高的私有企业而言，若是相对公有制企业来说，则很可能仍然是算高的。其三，“私有制会使人努力工作”这句话意味着：只要实行私有制，就能使所有的人努力工作。但《神话》作者并没有告诉我们，究竟是谁曾这样低能地说过？且不管有没有人这样说。事实上，说“私有制必然会使私企业主努力工作”是对的，说“私有制也必然会使企业雇员努力工作”则不够严谨。因为如果私企业主不能在企业内部建立和实行严格的按劳分配制度和有效的奖勤罚懒制度，企业雇员就不会全都努力地工作。因之即便某些私企确实存在“有人要滑偷懒”的现象，那也与私有制无关，而是与企业内的激励制度有关，即该企业内部的赏罚制度失灵低效。这就还是取决于制度！

第三个事证是：

根据制度决定论的逻辑，制度可以决定谁给出乌纱帽，因此也可以决定接受乌纱帽的人会对谁负责。但当我们观察现实和历史，我们会发现事情并非如此简单。历史上有无数的皇帝委任的贪官，他们并没有对皇帝负责。现实中也有无数上级委任的恶吏，他们并没有对上级负责。在选举制度中产生的官员，也不是人人都对选民负责。

戴乌纱帽的人贪污，不等于他没对给乌纱帽的人负责。事情很简单，给乌纱帽的人，不管他是皇帝、上级还是人民，都不会是傻子，如果戴乌纱帽的人没按自己的意志做事，完成指派给他的工作任务，给乌纱帽的人就会立刻摘去他的乌纱帽。另换他人来干。比如和珅，虽是特大贪官，但若没有不俗的工作能力和业绩，能办好皇帝交代的各种差事，他也不可能得到皇帝的赏识，官越做越大。因而制度的确“也可以决定接受乌纱帽的人会对谁负责”。既然戴乌纱帽的人会对给乌纱帽的人负责，那其中为什么还会有人贪污？这是因为官员也是追求个人利益最大化的理性自利人，而凡贪污者都认为其贪污行为不会被发现，贪污符合其个人利益最大化的追求。所以，为给自己乌纱帽的人负责和为自己贪污，在一个官员身上，并不是不能兼做或不可能同时发生的事情。诚然，给乌纱帽的人是不仅希望戴乌纱帽的人为自己做事，也希望戴乌纱帽的人不搞贪污，在后一件事情上也为自己负责。但凡有点经验的人应该都知道，他要想做到后一点，光靠给乌纱帽是不行的，而是还要另行设计防范贪污的制度。因此，官员是否贪污还是由制度决定的，只不过不是由给乌纱帽的制度，而是由反腐败制度：反腐败制度有效，官员就不敢贪污；反腐败制度无效，就没有不敢贪污的官员。所以，以官员贪污之事来解构制度决定论也是不成立的。

第四个事证是：

笔者有一位朋友是"制度决定论"的坚定信仰者，……他和他的太太在美国经营一个小店，两人从不同时回中国探亲，因为他们找不到一个可靠的人来替他们看店。他似乎并不相信他可以在他的小店中建立一个制度，而这个制度能决定一切。相反，他还是要用"人治"，要找一个可靠的人来看管他的店。这位朋友的所为并不罕见，笔者见到许多"制度决定论"的坚定信仰者在雇用家庭保姆的时候，首先考虑的是保姆人品是否可靠，而不是去想法建立制度来决定保姆的行为。

这个事证似乎很有说服力，其实仍然威胁不到制度决定论。在小店或家中实际上是完全可以建立一个制度来决定雇工的行为的，只不过这样做的成本太大，既要花时间精力设计制定制度，也要安排专人来监督雇工是否遵守制度，甚至还得再设专人来预防监督者与雇工的串通合谋，这就远远超过雇一个人看店或做家务的收益。因此，在这类事务中，并不是不能由制度来决定，而是由制度决定实在划不来。确切地说，为雇一个人来做以上制度安排实在划不来。所有具有制度决定论倾向的人，都没说过"制度决定一切"，也没认为制度覆盖了所有的人类事务，任何事务或问题都需要通过建立制度来解决。所以制度决定论是这样的观点：在有制度的地方是制度起决定作用，在没有制度的地方也没有制度的任何作用。没有制度的地方，一般都是不需要制定制度或制定制度的收益超过成本而不值得制定制度的地方。在这些地方，起作用的通常是习俗、道德或说教，它们都是成本低廉的社会管理工具。因此，好人品是可以节约交易成本，甚至达到免设制度的程度。而且如果人人都是圣人，那就在任何地方都不需要建立制度。但问题是只要世界上还不断有新的人口降生，本性使然的理性自利人就不可能都在某一天同时修炼成圣人并再不会沉沦。既然如此，人类社会也就不会有不需要任何制度的时候，也永远不会有仅仅凭借道德或"人治"就能平天下的时代。

三、总结性批驳

经过以上分析和反批可知，《神话》对制度决定论的批判逻辑，不论在理据方面，还是事证方面都站不住脚，因而它也就没有在任何方面伤及制度决定论，更不用说是整个驳倒。

制度决定论是驳不倒的，不仅是《神话》的作者驳不倒，换了其他任何人也驳不倒。因为制度决定论的核心观点“在有制度的地方，制度对人的行为起决定作用”是谁都无法否认的。这个核心观点，既不意味着在没有制度的地方制度也起决定作用，也不意味着在有制度的地方其他相关因素不起任何作用。其他相关因素这时起的是次要作用，其次要性可以从其他因素与制度可能出现的两种情况看出：第一种情况是，如果其他因素的价值导向与制度是一致的，那么这时所有人的行事方式都是一样的，既符合制度的愿望，也符合其他因素的愿望；第二种情况是，如果其他相关因素的价值导向与制度是不一致的，则会有少数人按其他因素的导向行事而未按制度的价值导向行事，从而出现个体间行事的差异。但无论何时，由于制度是强导向，绝大多数人还是都会按制度的价值导向行事，正如“大锅饭”时代，虽然思想政治工作教育人们热爱劳动，也教育出一些如王进喜、时传祥那样的劳动模范，但绝大多数人还是越变越懒，整个社会生产的效率也是越来越低。这就是说，其他社会因素在第一种情况下，起的作用是辅助制度导向，提高制度导向整体效率；在第二种情况下，起的作用是干扰制度导向，小幅降低制度导向整体效率。

制度决定论是驳不倒的，甚至《神话》列出的两个事实也隐喻了这一点。

第一个事实是《神话》作者在介绍社会学中的两种相互对立的理论方法时写道：“在‘结构’和‘个人能动主体’的框架中，杜尔凯姆的传统强调结构决定；韦伯的传统是方法论个人主义，强调个人能动主体。其后的各种社会学人类学理论往往在这两个传统中徘徊，在徘徊中有时从一个传统衍生出来的理论会最终滑到另一个传统中去。譬如，20世纪中叶的行动理论的重要代表帕森斯，他的理论本是从韦伯传统衍生出来，但他在解释个人行动的时候，强调社会规范和社会价值观对个人选择的决定性影响，使其理论最终落入结构决定的框架中。博弈理论也是韦伯传统的方法论个人主义理论，它的囚徒困境分析却也在设置假设条件的时候埋下了结构决定的种子。”

为什么后来源自韦伯“个人能动主体”传统的个人行动理论和博弈理论，最终都滑到了被《神话》作者视同制度决定论的结构决定论的传统那里？相反，却没有某种社会学理论从结构决定论滑到能动主体论的例子？这些事实岂不已经隐喻了在解释个人行动和社会现象时，制度决定论的不可抗拒？

第二个事实是《神话》作者在论述“能动主体”的“心”这个不可捉摸的“黑箱”时写道：“能动主体的黑箱最终决定人的行动。能动主体处在社会结构中，制度是结构的重要部分，结构和制度对黑箱有影响，但不能决定黑箱中的运作。建立制度比深入黑箱容易得多，浮躁懒惰的政治家往往相信‘制度决定论’，企图建立制度就万事大吉。务实负责任的政治家会小心地探索黑箱，想出各种各样的方法来影响黑箱。虽然他们不能百分之百地控制黑箱，但是他们会对能动主体的行为有更准确的预测，有更多的影响。当然，有些影响黑箱的方法也可以视作为某种小制度。制定这些具体、微观、渐进的小制度要比盲目空洞地改变大制度往往能更有效地解决社会问题。譬如，在国有企业中制定一些质量控制、成本控制的小制度，会比改变企业的所有制的大制度更能影响企业员工的行为。但是在当下的‘制度决定一切’的神话中，人们的着眼点多数在大制度上，幻想只要改变了大制度，一切问题就会迎刃而解，或者根本不用再在小制度上下功夫，或者小制度会随着大制度自然而然地生出来。”

综上所述，所谓“务实负责任的政治家”想出的影响黑箱的“各种各样的方法”，原来主要就是制定小制度。可“小制度”还不是制度?！又有哪个相信制度决定论的人说过“小制度不是制度”，“只要有大制度就万事大吉了”?！退一步讲，如果现实中确实有人只制定大制度，不制定小制度，那也只是他个人学艺不精的问题，而与制度决定论无关。既然用小制度解决问题的观点也还是制度决定论，那就证明，《神话》的作者也和上述哪些试图抗拒制度决定论的理论家的宿命一样，绕了一圈最终也还是滑到了制度决定论的这一边。

第十九章
解构文化决定论

在社会历史方面，制度决定论的确证，不能回避学界业已存在的其他各种决定论。因为对于事实性问题的解释，不可能同时存在不同的正确回答，所以它们中只要有一种是正确的，笔者的制度决定论就不可能同时也是正确的。

先已存在的历史决定论或社会决定论，计有神意决定论、理性决定论、有机进化决定论、结构决定论、生产力决定论、科技决定论、地理环境决定论和文化决定论这八种。至于教育决定论和基因决定论之类，则只是关于人性的决定论，而不是关于社会历史方面的决定论，不属于需要在此讨论的问题。在八种有关社会历史的决定论中，将地理环境这种外在于社会与人的自然因素作为人类社会历史决定因素的观点，与以往历史严重不符，也解释不了诸如处于沙漠贫瘠之地的以色列何以能繁荣昌盛的问题，早已被世界学界普遍抛弃，无须再议；而神意决定论、理性决定论、有机进化决定论和结构决定论，笔者则已在本书开篇部分就对它们进行了批判性清理；还有历史唯物主义的生产力决定论以及与之类似的科技决定论，笔者也在本书第二篇即“制度决定生产力”中对之做了根本性的否定，这样，现在就只剩下了文化决定论还没有给予应对。

那么，文化决定论到底是不是正确的呢？

应该也不是，以下是笔者对它的否定性解构。

一、文化决定论种种

“文化决定论”是个含义较复杂的概念，在学界有四种所指：

其一是指文化决定历史的理论，其基本观点是历史就是文化发展史。这一意义的文化决定论，主要来自斯宾格勒的文化有机体理论。他认为，世界历史就是各种文化兴亡盛衰的过程，是人类各种文化的传记。而文化是活生生的有机体，具有青春、生长、成长、衰老的周期性特征，“它们和田野上的花一样无终极目的地生长着”[①]。因此，世界历史及所有文化都是宿命的。此外，近年国内文化哲学界出现的那种试图从文化的维度解释历史发展原因的理论建构，也可归入这种文化决定论的范围。

其二是指文化决定文化的理论，其基本观点是文化的发展变化由文化本身决定。这一意义的文化决定论的代表人物是博厄斯和怀特。

---

① ［德］斯宾格勒：《西方的没落》，齐世荣等译，商务印书馆 1963 年版，第 39 页。

博厄斯认为,一种文化的形成,一不是由地理环境决定的,二不是由经济决定的,三不是由人的生物特征决定的,在文化形成过程中起决定作用的恰恰是文化自身,文化现象只能通过文化现象来解释。简单地说,就是"文化决定了文化"①。

怀特也认为文化必须用文化本身来解释,并为此提出了各文化要素交互作用的理论。在他看来,文化是一条由工具、器皿、风格、信仰等要素组成的宽阔河流。在这一文化巨河中,各文化要素间自始至终存在着持续不断的交互作用。在各文化要素相互作用的过程中,某些要素发生了变化,有些要素发生了变更,有一些要素则结合在一起,构成了新的综合、新的要素。陈腐落后的东西在这一过程中不断被淘汰,新的要素则不断补充进来。如此,文化就有了变化,有了发展。他还特地指出,发明、发现实际并非真正是人发明、发现的,它们仅仅是"在文化巨河中相互作用的各文化要素的一种新的结合或综合",比如牛顿物理学的三大定律和万有引力定律,乃是开普勒、布拉厄、伽利略等许多科学家研究成果的综合。②

其三是指文化决定人格的理论,其基本观点是人的性格和以性格为基础的行为模式是由文化决定的。这个意义上的文化决定论主要由玛格丽特·米德建构。米德是人类学家,她通过对多个当代原始部落的实地调查得出这样的结论:人的性格、气质等心理特征和行为模式不是与生俱来的,也不是由生理结构及性别决定的,而是文化塑造的结果,是文化的产物,是特定社会的文化条件的反映。米德的这一结论,也得到了前述为"文化决定文化"立论的博厄斯的赞同:人类之所以有各种不同的行为模式,这不是由其生物特征决定的,而是由其各自独特的文化背景决定的,社会的刺激远比生物机制更有效。③

不同于文化人类学的路径,张东荪自我命名的"文化主义决定论",是从文化哲学的路径得出类似观点:文化有自我"变化本能,使其向丰富优美和谐的方面去发挥"。因此,"文化出来了,个人反而为文化所熏染,所变易","文化是由人所创造的,迨文化起来以后,文化却又创造了人"。④ 饶有趣味的是,前述另一位为"文化决定文化"立论的怀特,在此是与张东荪的说法相似,只是更加绝对,他特地强调,并不是人创造了文化,恰恰相反,是文化塑造了人。文化不仅是生物人向文化人转变的决定因素,而且决定了人类生活和人类行为的一切方面。⑤

其四是指文化决定制度的理论,其基本观点是社会或社会制度由文化决定。属于这一意义的文化决定论者人数最多。

先是有马克斯·韦伯。他通过对西方宗教改革的考察,发现新教伦理观是近代西方资本主义制度形成的关键,尤其是加尔文改革后形成的禁欲主义天职观念成为资本主义的精神基础,使清教徒具有一种合乎理性的能组织资本和劳动的人文精神。由此推论,他认为传统中国社会之所以不能建立资本主义制度,是因为中国的儒家伦理教

---

① 倡婷:《文化特殊论的视角——〈人类学与现代生活〉书评》,《辽宁行政学院学报》2008年第7期。
② 应雪林:《怀特的文化决定论评析》,《浙江学刊》1998年第2期。
③ 张帆:《人类学与社会心理学的结合:玛格丽特·米德之文化决定论综述》,《社会科学评论》2007年第3期。
④ 江琳:《试析张东荪的"文化主义的决定论"》,《历史教学》2007年第7期。
⑤ 应雪林:《怀特的文化决定论评析》,《浙江学刊》1998年第2期。

义与“近代资本主义精神”正好相反。[①]

继而有当代西方学者戴维·兰德斯、罗纳德·英格尔哈特和埃迪加·曼格尔等人。历史学家戴维·兰德斯在《国家的穷与富》中断言：“如果说经济发展给我们什么启示，那就是文化乃举足轻重之因素。”罗纳德·英格尔哈特对60余个国家进行了价值观调查，结果发现，在基督教新教社会、东正教社会、儒学社会、伊斯兰社会等不同区域中，同样文化背景的共同体，其经济发展和社会状况有很大的相似性。这说明各国文化状况在很大程度上决定了其政治的状况。埃迪加·曼格尔更是提出了一个颇具世界影响力的响亮命题：“文化乃制度之母。”[②]

最近有的是国内某些赞同曼格尔“文化乃制度之母”命题的学者与政要。政要如国务院前总理温家宝，他在强调要注重对社会转型期道德文化建设的研究时说：“从一定意义上讲，文化是制度之母。一种社会制度的形成、巩固和发展，需要有相应的文化为其提供指导和奠定基础。”学者则有赵晓、孟凡驰、宋鲁郑等人，他们不仅常将“文化是制度之母”挂在嘴边，而且还分别为之提供了一些自己的论证。

以上四种意义的文化决定论，除了第二种文化决定文化的决定论之外，其他意义的文化决定论都对制度决定论构成了挑战。当然，如果第一种即历史就是文化发展史的文化决定论是正确的，那么第二种意义的文化决定论就等于是给它做了补充论证。从这一意义上说，第二种文化决定论也能对制度决定论有所威胁。因此，对于四种文化决定论，这里都得有所回应。

回应当从讨论“文化究竟是什么”开始，因为各种文化决定论，都是“文化决定XX”的表述形式，这说明“文化”是这里的关键所在，如何解说“文化”至关重要。显然，对文化的不同解说，也将使“文化决定 XX”的理路和含义有所不同。换言之，我们只有先明确文化是什么，才能知道文化究竟能不能决定 XX，又是如何决定 XX 的。然而，各种文化决定论者并非都对“文化”有明确的解释，这就使其立论有些含糊不清。而那些有明确解释的，是不是就有道理，也大为可疑。

二、文化的工具论诠释

中外学界有关文化的说法甚多，但有影响力的还是如下五类：

其一是将文化归结为生活方式。文化哲学的开创者之一，18世纪德国启蒙思想家赫尔德，在他的《人类历史哲学概要》中首先将文化定位于社会生活模式，认为人的每一言每一行都成为“这一”文化无可置疑的组成部分。美国人类学家克拉克洪也说：“文化是历史上所创造的生存样式的系统，既包含显型式样又包含隐型式样，它具有为整个群体共享的倾向，或是在一定时期中为群体的特定部分所共享。”[③]中国文化哲学的先行研究者胡适和梁漱溟同样把文化先后界定为“人们生活的方式”“人类生活的样

---

① 何东霞、何一鸣：《文化与制度耦合：一个文献综述》，《学术研究》2006 年第 10 期。

② 此段内容来自祁述裕：《文化乃制度之母》，《世界》2003 年第 2-3 期。

③ 克鲁柯亨：《文化概念》，载庄锡昌、顾晓鸣、顾云深等编《多维视野中的文化理论》，浙江人民出版社 1987 年版，第 117-119 页。

法”。

其二是将文化归结为人类活动本身。英国人类学家马林诺夫认为,“文化不过是人类的有组织的行为”。美国学者菲利普·巴格比在分析了众多文化定义的基础上,把文化界定为人类“内在的和外在的行为模式”①。苏联学者卡甘刚说,文化是“人类在生产和生活范围内某种活动的类型。它并不包括人类的所有活动,只是那种在物质生产和精神生产范围内的创造性活动”②。

其三是将文化归结为人类活动的结果。英国著名文化学家爱德华·泰勒1871年在他的《文化的起源》中将文化规定为包括知识、信仰、艺术、道德、法律、习俗、习惯等人类知识和经验的总和。不少苏联学者则给予更大范围的理解。萨哈罗夫认为:“文化从广义上讲,就是人类创造的结果的总和。”兹沃金说:“文化是人类所创造的一切,与自然所赋予的一切是不同的。”谢班斯基说得更具体:“文化是人类活动的全部物质和精神成果、价值以及受到承认的行为方式。”③

其四是将文化归结为人类活动结果的质量与水平。中国学者杨宪邦说:“文化是一个社会历史范畴,是指人类创造社会历史的发展水平、程度和质量的状态。”④

其五是将文化归结为一套符号体系。如德国文化哲学家卡西尔就把文化看作是人运用符号所创造的符号体系,并把神话、宗教、语言、艺术、历史、科学视为这种符号体系的具体形态。⑤ 国内也有学者将文化定义为“某一个群体所共同拥有、传承和遵循的一整套价值符号体系”⑥。

纵观以上五类文化定义,不难察觉,前两类文化定义思路都存在窄化了文化的外延的毛病,明显不可取。可以承认,人的行为方式和生活方式属于文化,但不能反过来说,文化就是人类的行为方式或生活方式。文化并不仅仅是行为方式和生活方式,只要我们不否认中国的大运河、埃及的金字塔、印度的泰姬陵、意大利的古罗马斗兽场和各民族的历史典籍等都是人类文化遗产,或者否认了就会感到荒谬,就能立刻意识到这一点。鉴于此,笔者赞成对文化采取了最广义理解的第三类文化定义思路,并将其修正为这样的表述:文化是人类创造力的果实。它包括人所创造的一切,如食品、用具、机器、组织、社会、规则、语言、知识、科学、艺术、神话、信仰等,并且也包括人进行创造的方式方法,如技术、观念和思维方式之类。人的行为方式乃至生产生活方式总是由一定的规则(包括正式规制与非正式规制)与一定的技术结合而成,因而人的行为方式或生产生活方式也属人类自己的创造,同样被包含在这个文化定义之中。至于上述第四类文化定义思路,其实并不适宜定义文化,而只适合定义文明。“文明”是与“文化”最相似的概念,经常被人们互换使用。但它们既然是两个词,我们就不妨对它们做

---

① 衣俊卿《文化哲学》,云南人民出版社2001年版,第11页。

② 鲍良骏:《苏联文化研究的过去和现在》,载庄锡昌、顾晓鸣、顾云深等编《多维视野中的文化理论》,浙江人民出版社1987年版,第376-385页。

③ 鲍良骏:《苏联文化研究的过去和现在》,载庄锡昌、顾晓鸣、顾云深等编《多维视野中的文化理论》,浙江人民出版社1987年版,第376-385页。

④ 杨宪邦:《对中国传统文化的再评价》,载张立文等主编《传统文化与现代化》,中国人民大学出版社1987年版,第3页。

⑤ 卡西尔:《人论》,甘阳译,上海译文出版社1985年版,第81-91页。

⑥ 程建明:《认识文化》,山西科普网。

个职能分工。如果说文化是人类创造力的果实，那文明则代表人类创造力所达到的高度或发展水平。于是“文明”成为与“野蛮”一词相反对的概念，代表着人类或各个民族的创造力的进化程度和创造成果所达到的高度。第五类文化定义确切地说并不是对文化的定义，而是对不包括器物类的人类创造物在内的狭义文化的定义。若非如此理解，它也会产生极大窄化文化概念的问题。

既然文化是人类创造力的果实，它就不是大自然直接赐予人类的东西，而是人创造的东西。换言之，凡是留有人的创造印记的东西，就是文化的体现或文化之物。譬如原始人的石斧，尽管表面看与普通石头差不多，但就因其上面留有人工打磨的痕迹，便成为文物。创造是人的一种有意识、有目的和有想象的活动，这个特点表明，那些由人于不经意间留在世界上的痕迹或东西，如脚印、手印、划痕、废弃物之类，尽管也似乎是非自然之物，但并非文化。生产作为重复发生的创造或创造的批量化重复，其产品自然也属文化之物。

其实，从创造的维度定义文化，也符合文化的辞源意义。中国的“文化”一词，源自早期经典《易传》“观乎天文，已察时变；观乎人文，以化成天下”，意为天下由人文化成。因为其时“文”同“纹”，故形象地说，天下即人的世界，就是由人在大地上画出纹路而成。这就是说，文化，即文(纹)而化之，即用人力文饰自然，化成天下。culture(文化)，由拉丁文 culur 转化而来，此词原意为人们对土地的耕耘、加工、改良。这一含义，同样象征性地凸现出文化是用人力文饰自然大地之意，是人的创造。马克思未直接定义文化，但他关于“社会就是自然的人化”①的观点，似乎也有“观乎人文，以化成天下”之义。

文化作为人创造的果实，有多种多样的形态。如果说人能够创造文化是由于人是唯一有自由自觉活动能力的主体，那人又究竟是为了什么要去耗神费力、不厌其烦地创造那么多形态不一的文化及文化之物？

归根结底是人为了满足自身的需求。如果人像石头一样没有任何需求，也就不会有任何创造。人的需求多种多样，因而人所创造的文化成果也多种多样，于是世上各种形态不一的文化成果，也就分别指向人的不同需求。粮食、果蔬、衣服、房屋、道路、车辆、船舶、飞机等物质产品满足的是人的吃、喝、住、行等方面的需求；弓箭、镰刀、斧头、耕犁、锤子、机器等用具满足的是人为生活提供用品的物质生产的需求；习惯、风俗、道德、法律、纪律、政策等各种社会规则满足的是人适应环境、做事做人和建立秩序的需求；组织、社会满足的是人的安全、归宿、交往、合群以及增加自身力量和利益的需求；语言满足的是人相互表达、沟通的需求；游戏、文学、艺术满足的是人的娱乐、倾诉、审美的需求；教育满足的是个人学习知识与人类传承知识的需求；知识与科学满足的是人了解世界及自身的需求；技术满足的是人提高自身能力和改造世界的需求；哲学与宗教则是以不同的方式满足人对本原、生死、鬼神、灵肉、来世、幸福、意义与至善、最终目的等终极关怀的需求。至于禁忌、巫术、迷信、邪教之类似乎与人的需求相悖的人

---

① 《马克思恩格斯全集》第 44 卷，人民出版社 2001 年版，第 428 页。

类创造物，在早期社会，满足的是能力低下的原始人幻想增强力量以应对神秘大自然的需求；在后来的社会，则逐渐变成了少数人达到不可告人之目的的手段。正因为是人的需求构成了人创造的动机，所以我们找不到任何一种人类创造物或文化成果竟然与人的需求无关。

正因文化源自人的需求又服务于人的需求，所以文化就是满足人需求的工具。虽然各种不同形态、不同品种的文化的具体功能千差万别，但它们都有这一共同点，就是均能满足人的某种需求。由此可知，文化源自人的需求，其基本功能就是满足人的需求。

衣俊卿在《文化哲学》中说："文化是满足人的需要的创价活动和价值体系。"[①]与衣先生一样，很多学者在谈到文化的起因时，喜欢使用的词汇也是"需要"而不是"需求"。但笔者认为，仅凭需要，人类其实根本无法创造文化。

"需求"与"需要"是不同的概念，需求不仅包括需要，也包括想要，是需要和想要的统一。想要和需要，代表不同所指，有诸多明显差异。首先，需要是一切生物先天就有的生理性欲望，如吃、喝、穿、住、行、性等欲望，就是人生而有之的。而想要则是在后天人类社会生活中形成的社会性欲望，这种欲望只有人才会具有。其次，人的需要是人人都共同具有的客观性欲望，一个人即使不去想它也会产生，而人的想要则是主观性的欲望，起初总是被某个人刻意地想出来的，不同之人又会有所不同。再次，人的需要是一种匮乏状态，如果得不到起码的满足，就立刻会危及人的生存。而人的想要则没有这种情况，它对人起的是锦上添花的作用，有利于人的进一步发展，即使它得不到满足，也不至于危及人的生存。最后，也是最重要的区别：先天而客观的需要之对象不可能指向世上还没有的东西，它只能指向世上既有之物，也总是靠世上已存在的东西来获得满足。后天而主观的想要之对象才指向世上原本未有之物，是要用自己创造出的东西来求得满足。适如世上本无飞机，是人"想要"飞上天才发明出了飞机。因此，实际上正是想要，才真正构成了人进行创造的直接动机，并将人从动物界中提升出来，与只有需要的动物相区别。同样，人之所以具有自由自觉活动的能力即创造力，其关键也是因为有了能"无中生有"的想要。所以，马克思把"想象力"说成是"十分强烈地促进人类发展的伟大天赋"，是非常有洞见的。

虽然需要不是人进行创造的直接动机，但它是想要所不可或缺的基础和人进行创造的大前提。这就是说，人倘若没有需要，也就绝不会有任何想要，正如假设没有吃的需要，人类也不会想要创造一个可以用于狩猎的弓箭一样。从这种意义上说，想要乃是需要的升华，它能让需要得到更好的满足。正如人通过想要而发明的弓箭和长矛，让人捕猎到了更多满足吃的需要的猎物。正因为需要和想要如此密不可分，所以这里还是将"需求"而不仅仅是"想要"作为人创造文化的动因。

不过也需指出，想要虽总是以需要为基础，尤其最初的想要更是在需要的基础上产生的，但想要一旦出现，就逐渐有了自己的独立性，并能超出需要。换言之，越到后

① 衣俊卿：《文化哲学》，云南人民出版社2001年版，第61页。

来的时代，人类想要的东西就与需要越远，有些甚至与需要的满足完全无关，比如烟酒、公园、纪念碑、原子弹、计算机、网络、火星探测器、信仰、共产主义等，就只是人想要的对象而不是人需要的对象。

正因为想要首先是个人的，并且不同之人会有不同的想要及创造，满足人的某个特定需求的工具才往往不止一种，并由此造成了各民族文化的差异性。正因为人总是不断地想要创造新的东西来使自己过得更好，人的需求对象才成为一个开放的、不断发展变化的无限序列，作为人类创造力总和的人类文化才越来越丰富多彩。

既然文化是由人创造的满足人自身需求的工具，那么人自然就是文化的主体与目的，并对所有既存文化拥有不容置疑的主导权或支配取舍权；既然文化是由人创造的满足人自身需求的工具，就绝不存在与人的需求无关的、神圣化的、本体化的文化，也没有本身就是最高目的的文化，更不能让人的发展或不断变化的需求去适应既有文化。相反，我们应将人作为文化的根本，并让文化通过不断创新去适应人的不断发展及其不断发展的需求。

由人创造的丰富多彩的文化，是个极其庞大的系统，它首先可形象地划分为“硬文化”和“软文化”两大部分。硬文化是指人类创造的各种实体性的有形产品，如食品、衣物、家具、房屋、斧头、弓箭、镰刀、车床、工厂等以实物形态出现的创造物均属硬文化。实体性有形产品可谓器物，因而硬文化亦称“器物文化”。器物不是用于人的物质生活，就是用于人的物质生产，故器物文化又可再作生产器物文化与生活器物文化之分。软文化是指人类创造的各种非实体性的无形产品，有字语、宗教、哲学、科学、技术、文艺和规则等七种形态。由于这些形态的软文化都是用文字、语言、声音、数字、线条、图形、音符、色彩等符号构成的符号化系统，所以软文化亦称“符号文化”。符号文化是人用来传达信息的，满足的是人在精神方面的需求。在日常用语的很多时候，人们所说的“文化”仅指符号文化，如“学习文化”“张三有文化”“李四文化水平高”等，是故“文化”这个概念也有狭义用法，而符号文化即是狭义文化。

根据符号文化所传信息的不同性质，又可将符号文化分为五类，它们分别是以语言、文字、音符为外延的表意性文化，以科学、技术为外延的描述性文化，以哲学、宗教为外延的解玄性文化，以文学、艺术为外延的倾诉性文化，以习俗、道德和制度为外延的指令性文化。

表意性文化用于提供负载各种信息的初始符号(用于提供各种代表不同意思的固定符号)，以构造规定为基本方法，即每个语言、音符、字母、文字、几何图形之类，都是被人先将其构造出来，再规定其是何所指的固定符号。这些固定符号是其余四种符号文化传达各自信息所不可或缺的初始符号，否则它们就会因没有传达其信息的载体而无法传达信息。

描述性文化用于弄清世界的真相，以经验实证为基本方法，所负载传达的信息是对各种事物的状况、形态、实质、规律、历程的描述及预测，各门自然科学和社会科学是其典型形态。

解玄性文化用于人的终极关怀，以思辨与虚构为基本方法，所负载传达的信息是对各类无法用经验实证方法研究的玄难问题或终极问题做出的解答,宗教神话是其初级形态,哲学是其高级形态。

倾诉性文化用于抒发人的内心情感,以形象思维为基本方法,所负载传达的信息是对自然、社会、自我、他人、生活的体验与感想等,文学、音乐、美术之类是其典型形态。

指令性文化用于构建社会秩序,以定规立则为基本方法,所负载传达的信息是什么正当,什么不正当、什么可做、什么不可做等,规则或规范是其一般形态,习俗、道德和制度是其典型形态。

三、用文化工具论审视文化决定论

以上笔者关于文化的"文化工具论"解释,自信其在整体或基本观点上是经得起仔细推敲和严格拷问的。如是,下面就可以以文化工具论为理论大前提,来依次对四种不同意义的文化决定论进行一番是非对错的理性审视。

先来审视第一种意义即"文化决定历史"的文化决定论。

根据文化工具论的解释,无论是器物文化还是符号文化,都是人为了满足自己的需求而创造出的工具。既然如此,不论是各种具体的文化之物还是文化总体,都不可能是一个能自生自灭且其生灭与人无涉的活生生的独立生命有机体。

事实也是如此,文化的所有变化均是对人的不断变化发展的需求的适应。不难发现,每一个具体品种的文化,在历史中都不是一成不变的。当它们从一种形态变为另一种形态,就发生了文化变迁。如从文言文到白话文是语言文化的变迁,从长袍马褂到西装革履是服饰文化的变迁,从轿子到轿车是交通文化的变迁,从驿站传书到电报电话是通讯文化的变迁,从传统戏剧的式微到电影电视的兴起是娱乐文化的变迁,从私塾的消匿到学校的普及是教育文化的变迁,从自然经济到计划经济再到市场经济是生产文化的变迁,从君主制到共和制是政治文化的变迁,西方从中世纪宗教禁欲主义到高扬人性的文艺复兴是整个西方文化的变迁,日本从明治维新前全面学中国到明治维新后全面学西方是整个日本民族文化的变迁。

文化之所以会发生变迁,在于文化报答力的减弱或丧失。

文化作为人为满足自己需求创造出来的工具,自然应该具有满足人需求的效用,而文化也正是由于这个缘故才留传于世。反之,如果一个创造物没有达到满足人的某种需求的预期,那它就不具有这种效用,尽管它也是由人创造的,却不会被人使用,更不会留传于世。而所谓"文化报答力",就是指被人根据自身需求创造出来的文化所具有的满足人需求的效用。文化的这种效用,就是文化作为工具对创造它的创造者即人的报答。一种文化满足人需求的效用大,它的报答力就大,反之则小。但这种效用或报答力无论是大是小,一般说来都不会是永恒不变的,而是逐渐衰减甚至消失于无的。

"随着人们的需要的变化,传统的行为和态度不断在被取代或改变着。正如没有哪个人永远不死，也没有哪种文化永远不变。"[①]诚如斯言，文化报答力衰减和丧失的具体原因及形式虽不尽相同，但最终都与人的需求有关。其一是人的需求趣向发生了变化或转移。例如唐诗宋词元曲的交替，传统戏剧的由盛及衰，不同服饰的先后流行之类文化变迁，都是由需求偏好趣向的改变导致的。其二是人有了更高的需求。如交通工具的变迁，是由更快、更省力、更舒服的要求推动的；住所的变迁，是由更舒适、更美观的要求推动的；制度的变迁，是由更适合人性的要求推动的。其三是人发现了能更有效满足自己需求的其他工具。如古代西方人之弃用羊皮书写文化，就是因为发现了中国的造纸术和印刷术；近代日本人的"脱亚入欧"，就是因为发现了比中国传统文化更利于富国强兵的西方文化。其四是人的多种需求的排序发生了位移。如我国从计划经济生产文化改为市场经济生产文化，就是优先效率的需求取代了优先公平的需求。总之，正是人的不断发展变化的需求，导致了既有文化对人的报答力的衰减与丧失，并构成文化变迁的根本动力。而这一点也再次凸显出文化是为人的需求服务的工具。

既然人的需求是会发展变化的，而任何一种文化之物最初都是由首创者按照自己的想要创造出来的，那就可知，文化之物的报答力总是对首创者来说显得最大，也总是在该文化之物诞生之时显得最大，而对越来越往后的时代的使用者来说，则势必会呈现出报答力递减的趋势，其中道理不仅在于该工具会在使用的过程中逐渐暴露出创造者创造它时所始料未及的缺陷，而且也在于该工具难以一直做到并完全符合后来使用者的需求，于是后人也会按照自己的想要对该工具进行改造，或者创造出新的更适合自己的同类需求的替代工具。

文化报答力的这种有限性规律，即文化报答力势必会由大变小，由强减弱乃至由有趋无的态势表明，任何一种人类创造物即文化之物都不会一劳永逸地满足人的任何一种需求，也不会在历史中永占优势地位或显要地位，当它们作为工具所具有的报答力随着时间的推移或世代的交替而日益衰减乃至消失于无，即再也不能有效地满足人的需求之时，便是它们的边缘化之日。此时，不论这些文化之物在历史上曾经如何辉煌，人们也不会继续重用它，有的则只有藏身于博物馆。

正因为各种具体形态的文化之物的变化发展和消亡，都在于人的需求的发展变化，所以不仅文化生于人的需求，也死于人的需求，所谓文化"具有青春、生长、成长、衰老的周期性特征"，也不过是奠基于人的需求变化的文化报答力效力递减规律的表现而已。这就是说，被人创造出来并外在于人的文化虽有相对独立性，但其生生灭灭和一切发展变化，还是被人及其需求决定的。

此外，"历史就是文化发展史"的文化决定论的不合理性还在于：人对文化的创造和使用从来不是一次性的，而是总在时间的长河里不断地进行，这就意味着我们可以为文化修史，但这绝不意味着我们也可以用文化史来等同或替代世界史，否则就是将工具的历史当作了人的历史。显然，不论是车船的历史还是诗歌的历史，都不等于人

---

① [美]C·恩伯、N·恩伯：《文化的变异》，辽宁人民出版社1988年版，第531页。

的历史。因为历史是人的活动,而人的活动并非全都是创造性活动,也不是任何人的活动或人的任何活动都能产生一个前所未有的创造物。事实上,人的大量反复出现的活动都是非创造性的活动,这些活动固然也会产生一定的结果,却不是新果,但这些活动和由这些活动构成的各种事件,如在不同朝代或历史时期多次出现的造反、起义、示威、罢工、改革、革命、战争等,也是人类历史的一部分。何况,人的活动并非只有结果没有过程,人的历史也不能只记录活动结果而不记录活动过程。

用文化史等同人类历史不对,那种准备以文化哲学的名义从整体文化的维度出发探究人类历史发展之因的图谋也行不通。因为文化是个庞大的系统,属于文化的东西实在太多。于是由文化入手,不仅不能使问题越来越明晰,反而会使问题变得越来越复杂;不仅不能让历史动因露出真容,反而会让历史动因变得更加云遮雾障。

接着来看第二种意义即"文化决定文化"的文化决定论。

与上同理,既然文化不可能是不受控于人的独立生命有机体,那么号称文化的发展变化是由文化本身决定的文化决定论,也注定只能是错误的。

再来看第三种意义即"文化决定人格"的文化决定论。

根据文化工具论的解释,人是用文化作为工具来满足自己的各种需求的,因而每个人的生活都离不开各式各样的文化工具,文化也由此而成为人们的生活方式。但是,对于具体个人来说,绝大多数的工具即文化之物都不是由他本人创造的,而是由前人或他人创造的,所以他要想用这些工具来满足自己的需求,必须先学会使用这些工具的方法,于是每个时代的个人都要通过学习文化来掌握对工具的用法,而这个过程就是个人被"文化"或"文而化之"的过程。在这个意义上,可以说"是文化塑造了人",但却不能进而如怀特那样说"不是人创造了文化"。在人创造文化和文化塑造人这个人与文化的双向互动中,人是主体,占主导地位,而文化则是客体,要服务和服从于人。因为文化是被人创造出来的,并且要根据人的需求的发展变化而发展变化,所以文化对人的塑造,其实更是人对自己的塑造。这就是说,人对文化的决定作用,属于最基本的、始发性的决定作用,或曰第一层面的决定作用,而文化对人的决定作用,则属于非基本的、继发性的决定作用,即第二层面的决定作用。

即便是这种第二层面的决定作用,还是需要回答这两个问题:在文化对人的塑造中,是不是所有的文化之物都参与了塑造?并起的是同等作用?怀特在此语焉不详,米德和博厄斯指认,能塑造人的性格和行为模式的文化,只是符号文化中的习俗、道德、制度、价值观念和宗教信仰这些东西,张东荪则说是"传说、制度、民俗、言语,甚至于时代精神等"。两种说法虽有不同,但都提到了制度,并且都没深究其中哪种文化之物更重要,从而也就都没能对第二个问题做出回答。这就可以说,文化决定人格和行为模式的文化决定论,并未构成对制度决定论的反对和否证。由于有违心行为的存在,或说人有时会做违心的行为,人的性格和行为模式并不完全一致或总是一致,并不是有什么样的人格,就必有什么样的行为;也不是有什么样的行为,就必有什么样的人格。因此,对人格有重大塑造作用的道德、价值观念和宗教信仰,在对行为模式的塑造中就不起决定作用。决定人的行为模式的,只能是制度。正如本书前面所述,在对人的行为的导向性方面，无论是习俗、道德还是价值观念甚或宗教信仰这样的非正式规制，在强度上都比不上有合法暴力支持并拥有最多赏罚之物的制度。这是因为由习俗、道德构成的社会赏罚机制，不仅不能直接动用合法暴力，而且仅能以无形的名声和人情资源为赏罚之物。至于宗教的社会赏罚机制，则完全是虚构的，只对真正的信徒有效。因此，当制度对人行为的导向与这些东西的导向不一致时，人们一般都会按制度的导向选择行为方式；因此，人格是否由制度决定且不说，至少构成人类历史过程的人的活动的走向和方式，是被制度最终决定的。

最后来看第四种意义即"文化决定制度"的文化决定论。

这一文化决定论的基本命题是"文化乃制度之母"，意为"文化是制度诞生之源"；"有什么样的文化，就必然有什么样的制度"；"如果文化不改变，制度就不可能改变"；"制度是由人根据文化来制定和执行的"，等等。可是，差不多所有以此命题展开论述的人，都没向我们清楚交代他们所说的文化究竟是什么。由于文化是个庞大的系统，即便他们说的文化是狭义文化即符号文化，也同样算得上庞大系统。并且，制度本来也属于符号文化的一种即指令文化。所以，"文化是制度之母"乃是一个概念极其不清、逻辑十分混乱的说法。它无异于在说"猛兽是老虎之母"，不仅内含"老虎是老虎之母"般的同义反复，更有"狼、豹、熊、狮也都是老虎之母"式的荒谬。中西学界尤其是经济学和管理学界，普遍不恰当地将习俗、道德等非正式规则也视为制度的不同形态，而实际上，制度应仅为正式规则，即由组织制度的规则①，所以"文化是制度之母"的命题在他们那里也等于说"习俗、道德、制度是习俗、道德、制度之母"。当然，其中也有人说得比较具体，将文化界定为一套价值体系或一套价值观念。但是，内含各种行为规定的制度岂不也是一套价值体系？当这套体系进入人的意识被人认同，岂不也是一套价值观念？因而即便如此界定文化，仍然属于"制度是制度之母"的同义反复。

为了支持"文化乃制度之母"的理念，赵晓提供了这样的理据："同样的外部正规制度，对于具有不同文化内核的人来说，其含义往往大不相同，人的行为选择也会大不同。"并以胡适没有选择自由恋爱而是顺从了母亲的包办婚姻为例加以佐证。可是，在胡适时代已有的自由婚姻制度，并不惩罚自愿包办婚姻的人，所以胡适婚姻遵从母亲意志，其实仍在制度所容许的范围之内，正所谓"法无禁止即可为"。在"法无禁止即可为"的正当行为域内，本来制度就允许人们有多种选择，因而人们不论从中做出的是哪种选择，都不意味制度的失效或失败。但是，在"杀人偿命"这种非正当行为域的禁令性制度安排面前，尽管人们的价值观念或"文化内核"各不相同，甚至大异其趣，又有几个人会逆制度规定而动？而偶有冒犯这一禁令的人，又岂是因为文化的不同？并且，在有效的诱导性制度面前，如"多劳多得，少劳少得，不劳不得"之类，尽管此处仍属于没有任何禁止性指令制度的正当行为域，但完全不理睬制度导向的人，比如坚持不劳者，又能有几个？赵晓还说企业也是这样，在外部相同的制度环境中，"往往会做出大相径庭的选择。许多例证向我们表明，是企业文化而不是外在制度，在真正地决定着

---

① 韩东屏：《论制度的本质与开端》，《江汉论坛》2014年第8期。

一个企业的行为选择和发展结果"[1]。但是,企业内部没有制度吗?企业文化不包括企业制度吗?事实上,企业的发展只能是企业所有人员共同行动的结果,而塑造他们行动方式的决定性因素,难道不是企业制度?至于各个企业的内部制度为何大相径庭,这与外部社会制度无关。因为社会制度只是从大的方面告诉企业哪些事情不能做(如不当竞争),哪些事情必须做(如依法纳税),哪些事情最好做(如技术创新),此外一切其他事情,包括如何制定企业制度,则任由企业自定。

罗纳德·英格尔哈特倒是没说"文化是制度之母",他关于"同属一种文化背景的国家的经济发展和社会状况有很大的相似性,这说明各国文化状况在很大程度上决定了其政治的状况"这一结论,是以对诸多国家的价值观念调查为据得出的。可是这个调查结论仍然很成问题。一是所谓的"政治状况"其实也属于"文化状况"的一个部分,因而同属一种文化背景的国家会有同样的政治状况,本不足为奇。二是即便"文化状况"不包含"政治状况"或"社会制度",这个结论也非常容易被证伪。别的且不说,至少同样在历史上属于儒家文化社会的朝鲜,其当代经济发展和政治制度,就与其他儒家文化国家存在天壤之别。

与用庞大而含糊的文化概念解释社会制度的成因不同,也与用"价值体系"或"价值观念"这类不能和制度划清界限的概念解释社会制度的成因不同,韦伯用价值观念中的"伦理观念"这一非常具体而明确的术语进行解释。不过,韦伯本人并没有将自己的解释命名为"文化决定论",甚至也不排除经济、技术对制度演进的某种决定作用。不仅如此,他的解释也不属于有关各种社会制度成因的普遍性论述,而仅仅是关于资本主义社会制度成因的特殊性论述。[2] 即便如此,韦伯将"伦理观念",确切地说,是"基督教新教的伦理观念"视为形成资本主义社会制度的关键因素,还是有待商榷。

可以承认,伦理观念或道德观念确实与制度有密切关联,主要体现为任何一种制度,作为可做什么和不可做什么的价值规定,都总是要以某种伦理道德为自己的价值来源或价值基础,并且它所体现的也正是这种伦理道德的价值取向。纵然如此,制度与伦理道德毕竟不是一回事,仍有本质和形式方面的种种差异。所以,没有谁能仅凭伦理观念就直接整出社会各领域的制度,也不是只要从一套伦理观念出发,无论由谁来设计或选择社会制度,其结果都完全一样。正因如此,一直以儒家伦理为正统的传统中国,其社会制度在历史中也是经常有变甚至多次出现过大的改革;正因如此,当代同样是宣称崇尚自由、平等观念或民主观念的国家,也有不尽相同甚至大不相同的社会制度。

还有,日本和亚洲"四小龙"即韩国、新加坡、中国台湾地区和中国香港地区的情况也证伪了韦伯的解释。这些国家及地区的文化,都受到中国传统文化的深远影响,一致推崇儒家文化。按韦伯推论,它们都建立不了资本主义制度,可事实上还不是各自都在其内部确立起了经济绩效显赫的所谓资本主义制度?

何况,一个现实的社会之中,往往并不是只有一套伦理道德,而是既有主流道德,

---

① 赵晓:《文化是制度之母》,《董事会》2005年第8期。

② [德]马克斯·韦伯:《新教伦理与资本主义精神》,上海三联书店1987年版。

又有非主流道德的。这时,能够衍生社会制度的道德究竟会是哪种道德?人们通常都会以为是主流道德,但在有的时候,尤其是革命或改革年代,却为何恰恰不是主流道德?将这个疑问运用于韦伯的语境就是,在既有基督教伦理精神又有基督教新教伦理精神的时代,为什么倒是非主流的后者成了社会制度的价值基础?

以上所有都表明,韦伯的解释是非常片面的。同时再次表明,国内学者那种"有什么样的文化,就必然有什么样的制度"的断言也是极其草率而不能成立的。

若是伦理道德也不是制度之母,社会制度究竟从何而来?

无论是社会制度还是社会组织制度,作为由组织制定的规则,都是由组织中的人即制度安排者构思设计制定而成,而制度安排者在构思设计制定制度时,总是需要依据某种思想。这种思想,虽然必内含文化,但非文化总体;虽然必与伦理道德、价值观念相关,但不直接就是它们。让人构思设计制定制度的思想,别无其他,只能是制度意识形态。制度意识形态是关于制度的一切成型见解,这些成型见解是理性思维的产物,包括制度常识、制度体验、制度经验、制度历史、制度理念和制度理论等成分。试问:若无这样的意识,制度安排者焉能制定出制度?是故真正堪称制度之母的,唯有制度意识形态。制度安排者的制度意识形态,可以来自他人的述说,也可以来自自己的运思、想象和创造,或者这些都兼而有之。不论哪种情形,都能建构出制度。

然而,如果制度确实是从制度意识形态而来,制度意识形态的确是制度之母,那岂不应当将"制度决定历史"改为"制度意识形态决定历史"?

不可。因为制度意识形态并不能直接决定人们的活动,只有变成社会制度之后才能决定人们的活动;也因为制度意识形态种类很多,并不是每一种制度意识形态能够变成社会制度。所以,能决定构成历史的人们的活动的东西,是社会制度而非制度意识形态。

至此可知,现实的逻辑是:文化中的制度意识形态影响制度安排者,在此基础之上,制度安排者依据其偏好选择某种制度意识形态或自创某种制度意识形态来建构制度,该制度就能决定受其管辖的人们的行为走向和方式,从而决定人类历史。

总之,四种文化决定论基本上都是说不通的,仅第三种文化决定论中米德关于人的性格由习俗、道德、制度、价值观念和宗教信仰塑造这一具体观点还有一定道理。但米德的这个观点却不应该被冠以"文化决定论"之名,而应具体为"指令文化决定论",因她提到的这些都属于不同种类的指令文化。此外,米德未论及它们在塑造人的性格中的作用差异也是一个不足。实际上,不仅四种意义的文化决定论行不通,所有"文化决定XX"的思维方式也都不可取,都不能为我们解决任何问题。因为属于文化的东西太多,在分析解决某个问题时,这样的思维方式要么等于什么都没说的同义反复,那么就是非但不能澄清问题,还会将问题搞得更加迷乱的结果。而目前国内哲学界那种试图从文化来解释社会历史的文化哲学论理路,要从已有的深入分析退回到含糊笼统的总括,就属于这样的不良倾向。

第二十章

历史没有规律吗？——颠覆反历史决定论

人类思想史上关于历史的解释，在根本层面存在两种相互反对的立场，这就是历史决定论的立场和反历史决定论立场。

历史决定论立场的基本观点是，人类历史的发展是被某个存在者决定并推动的过程，有自己的目的或一以贯之的走向，其发展过程具有必然性和规律性，也有一定的模式，因而其未来是可以预测的。反历史决定论则相反，认为人类历史的发展没有什么决定者，也没有自己的目的或固定的发展方向，更无必然性、规律和任何模式可寻，因而也是不可预测的。

笔者的制度决定论自然也属于一种历史决定论，这就必须对反历史决定论有所反应。

在笔者做出反应之前，有必要先回顾一下已有的历史决定论与反历史决定论的交锋。因为如果这个交锋的结果是制度决定论取得胜利，那在这里就不必再花费力气去"打死狗"。

一、反历史决定论的理据链

历史决定论始于中世纪奥古斯丁所代表的神意决定论。在近代，有维柯和康德所代表的天意决定论或曰自然决定论、黑格尔所代表的理性决定论。在现代，有马克思和恩格斯创立的历史唯物主义的生产力决定论、斯宾塞提出的进化决定论、赫尔德和斯宾格勒等人论说的有机体决定论、列维-斯特劳斯所主张的结构决定论和汤因比独创的人性自然法则决定论或曰心灵规律决定论。

反历史决定论则出现较晚，是在 19 世纪末才由狄尔泰开启，后经文德尔班、李凯尔特、克罗齐、柯林伍德、沃尔什、柏林、波普尔、亨普尔、德雷等人"添砖加瓦"，形成了多种用于反对历史决定论的论证或理据。与历史决定论阵营中的各种观点是相互对立、相互排斥的关系不同，反历史决定论阵营中的各种观点基本上是相互支持、相互补充的关系，从而形成了一条有内在逻辑关联的反历史决定论的理据链。

这条理据链，大致可以简约地梳理为如下几个层次的环节：

首先，"历史没有规律"的观点是其核心理据，也是其首要观点，意指历史过程没有必然性，或说没有客观而固定的因果关系，因而也就不可能有任何决定者和任何目的。不承认历史有规律，是所有反历史决定论学者都持有或含有的观点。从狄尔泰的发现历史规律几乎不可能，到波普尔的“不可能有什么历史规律”，[①]再到亨普尔的历史本身没有规律，只是一般规律，即物理规律、生物规律起作用的地方[②]，莫不如此。

其次，历史之所以被反历史决定论确认为没有规律可言，靠的是另一个理据的支持，这就是尽管自然世界的规律已经被大量发现，但社会历史的各种现象远较自然世界复杂，充满着不确定性，导致社会与自然、历史过程与自然过程之间存在着根本差异，这就决定了历史中不存在类似于自然规律那样的普遍有效的规律，也决定了人文社会学科及历史学，不可能为社会历史进行受控实验、量化研究和重复检验，不能像自然科学揭示自然规律那样为人们提供关于历史规律的概括。

再次，社会历史不同于自然世界的观点，又在于有如下理由或论点的支持。自然、自然过程及其自然事物，都是外在于人的自生、自长、自灭的纯客观性存在，用李凯尔特的话说就是：“自然是那些从自身中成长起来、‘诞生出来的’和任其自生自长的东西的总和。”[③]这就使所有自然事物之间的相互作用，具有齐一性和固定的因果关联，从而形成属于自己不变的运动规律，于是科学便能据此规律预测自然事物的未来。但历史或历史过程却不是纯客观的存在，而是由人和人的活动构成的。人的活动不仅仅是物质性的活动，也是包含思想意识、精神动机的思想活动、精神活动，并受思想、精神的支配。是故柯林伍德干脆宣称一切历史都是思想史：“除了思想之外，任何事物都不可能有历史。”[④]作为历史的人的思想活动或精神活动只能是出于人的自由意志，而人也的确是唯一有自由意志的存在者。正因如此，人们各自的精神动机或思想目的之间没有齐一性，各自的行为或活动之间也没有同一性，更不可能有任何固定的因果关联，这就决定了“复杂的人类行为既不能再现，也不能故意创造”[⑤]，而由这样的活动所构成的历史过程、历史事件或历史事实，就全都是个别性的、一次性的、偶然性的东西，没有重复性或说重演性。文德尔班就率先说：“历史是有个人特征的人物的王国，是本身有价值而又不可能重演的个别事件的王国。”[⑥]因此，在历史方面和历史学那里，就概括不出普遍命题，发现不了历史规律，从而也不能根据以往预测未来。后来，波普尔甚至把这种观点扩大到了所有的生命过程：“地球上生命的演化或人类社会的演化，都是一场独一无二的过程，我们就无法希望去检验一种普遍的假说或发现一种为科学可以接受的自然规律。”[⑦]因为他认为，所有规律都需要用事实加以检验，但生命过程和历史过程的一次性，使这种检验成为不可能。

最后，是再用一些反证来加强对“历史有规律”之观点的否证。

其一，如果历史是有规律的，那就可以根据历史规律对未来进行预测或预言。可是从以往的实际情况看，所有不同类型的历史决定论，在运用各自给出的历史规律进

---

① [英]波普尔：《历史有意义吗？》，载田汝康，金重远选编：《现代西方史学流派文选》，上海人民出版社 1982 年版，第 150 页。

② [美]亨普尔：《普遍规律在历史中的作用》，《史学理论》1987 年第 3 期。

③ [德]李凯尔特：《文化科学和自然科学》，涂纪亮译，商务印书馆 1986 年版，第 20 页。

④ [英]柯林伍德：《历史的观念》，何兆武、张文杰译，中国社会科学出版社 1982 年版，第 344 页。

⑤ [美]塔奇曼：《历史能指导未来吗？》，《现代外国哲学社会科学文摘》1987 年第 11 期。

⑥ [德]文德尔班：《哲学史教程》(上)，罗达仁译，商务印书馆 1987 年版，第 24 页。

⑦ ［英]波普尔：《历史主义贫困论》，杜汝楫、邱仁宗译，华夏出版社 1987 年版，第 85 页。

行预测预言时，从来就没有成功过。

其二，人有意志自由，而“自由选择和决定论这两种断言之间是相互矛盾的”。这就是说，人因为是有意志自由的，可以自由选择自己的行为，这才需要为自己的行为负责。相反，如果历史有规律，历史过程是必然的，就意味着人没有意志自由，也就不需要为自己的任何行为负责。这样的结论不仅荒谬，也与现实社会的实际情况即人要为自己的行为负责相悖。伯林就说：“如果我判断一个人的行为实际上是被决定的，他不可能以其他方式行动（感受、思考、欲求与选择），那么我必须说，这样一种褒贬用在他身上是不恰当的。”①

其三，是方法论上的反面诘难，这个诘难主要是由克罗齐提出，其主要意思是：历史决定论以及历史有规律的说法，意味着历史过程是由一个因果链条构成的，于是历史学的任务就在于从这个因果链条中找到历史的终极原因。“但是，把一件事实当作另一件事实的原因，形成一串因果链条的结果是尽人皆知的：我们就这样开始了一种无限的倒退，我们决不能找到与我们的辛勤地套成的链条相联系的最后的原因或多种原因。”②

二、历史决定论的反击

面对反历史决定论的强悍攻击及其立论理据链，历史决定论者，主要是当代的历史唯物主义者，进行了一些自卫反击，其中堪称有效的反击是这两点。

第一，“历史规律的存在问题，从根本上说是本体论的问题。因此，讨论能否发现、如何发现以及自然科学定律的形式是否适用于历史等问题，都不能直接证实或否证历史规律的存在”③。的确，发现不了历史规律，不等于不存在历史规律；目前没概括出历史的普遍命题，不等于今后永远概括不出历史的普遍命题。人类对很多事物的发现都要晚于它们的存在，比如对氧气的发现就是如此，因而历史决定论者的这个反击是有效的。

第二，自然过程及自然事件细究起来，其实也全都是个别性的、一次性的和没有重复性的。④ 的确如此，正如世界上没有两片完全相同的树叶一样，自然界中也没有两个完全相同的自然事件。比如每一次四季轮换、每一次刮风下雨、每一次地震海啸，都不尽相同，因而这个反击也是有效的。倘若在此做出一点儿让步，说不必完全相同，只要大致相同的那些先后发生的自然事件就算重复发生的事件，而不算个别性的一次性出现的事件，那么，历史中也同样有这样重复出现的事件，最明显的事实就是，每天都在重复发生着的人类物质生活资料的生产和再生产。⑤

不过，历史决定论的其余反击就差强人意了。

---

① ［英］以塞亚·伯林：《自由论》，胡传胜译，译林出版社2003年版，第6、10页。

② ［意］贝奈戴托·克罗齐：《历史学的理论和实际》，傅任敢译，商务印书馆1982年版，第47页。

③ 庄国雄、马拥军、孙承叔：《历史哲学》，复旦大学出版社2004年版，第182页。

④ 张耕华：《历史哲学引来》，复旦大学出版社2009年版，第144-151页。

⑤ 李志江：《反历史决定论批判》，《河北学刊》1995年第6期。

一则为对于历史终极原因不可言说的反击。这个反击是这样的："所谓'终极'，并不是在时间之外，而是按照某种标准设定一个范围。在这一范围内起作用的根本原因即是终极原因。在唯物史观看来，人们的社会存在就是一切历史事件和思想的终极原因。人们的社会存在就是他们的实际生活过程即物质生活的生产和再生产，构成了历史过程中的最基本的、客观的因果关系。"①

这个反击存在两个缺点。一是那个设定因果链条范围的"某种标准"究竟是什么没有加以交代，并且该由谁来设定和怎么设定也没有交代，这就似乎意味着谁都可以来任意地设定这种标准，这就难免历史终极原因的多元化言说和相对主义。二是生产和再生产即便按照唯物史观也还是有自己内在的构成因素的，即生产者、生产工具、生产对象、生产关系之类，这些属不属于社会存在？至少生产工具和生产关系是铁定属于的，那为什么不再由此继续深挖历史的终极原因？

二则为对于历史不能预测之观点的反击。这类反击一般都是由两个层面的内容组成：一是在经验事实层面举出若干个历史可以被预测或预言的具体事例，如阿克顿所说的"权力导致腐败，绝对的权力绝对导致腐败"；又如恩格斯说的"各阶级的联合在某种程度上就总是一切革命的必要条件。这种联合却不能持久——一切革命的命运都是如此。一当战胜共同的敌人之后，战胜者之间就要分成不同的营垒，彼此动起武来"②。二是在理论层面解释，有的历史预言即便落空，也不意味历史不能预言，因为在决定预言能否成功的因果关系上，"因果关系是有确定性的，而因果关系的现实则无确定性。这是两个不同的问题，不能混为一谈。我们既不能因为因果关系的现实无确定性而说因果关系也无确定性，也不能因为因果关系有确定性而说因果关系的现实也一定有确定性"。比如"人吃了砒霜会在几分钟内死去，这是一个因果关系，不会有例外。但是，某甲在吃了若干砒霜之后，医生马上设法让他吐出来，结果某甲得救"，这时，我们能说人吃砒霜会死的因果关系不具有普遍的确定性吗？

但是，这两个层面的反击都存在问题。经验层面的问题是，所举成功预言的事例都只是些小事情，却从来举不出就历史发展大势所做出的准确预言，因而也就无法在经验层面证明人类历史这个宏大事物存在根本性的规律。理论层面的问题是，以因果关系有确定性不等于因果关系的实现也有确定性所做的辩解，只是概念游戏，并没有获得事实的支持，也不能用于解释事实。因为它用"砒霜事例"证明"预言落空不等于不能预言"是不成立的。这里姑且不说这只是个科学的事例而不是历史的事例，只需指出，"人吃了砒霜会在几分钟内死去"其实并不是一个关于某种具体因果关系的严谨表述。严谨的表述应是："若不采取任何抢救措施，人吃了砒霜会在几分钟内死去。"在这一表述之下，人吃砒霜被抢救过来的事实，就没有使严谨表述的预言落空，也不存在使"因果关系的确定性"和"因果关系的现实的确定性"，成为相互分离的两回事。

三则为对"自由意志论与历史决定论不相容"这个攻击的反击。这类反击表现为四种内容不同的具体说词。

---

① 庄国雄、马拥军、孙承叔：《历史哲学》，复旦大学出版社 2004 年版，第 177 页。

② 《马克思恩格斯全集》第 8 卷，人民出版社 1965 年版，第 38 页。

一种反击是以恩格斯的“合力说”为武器，指出个人虽然有意志自由，但因他们的活动目的不一样且往往相互冲突，所以历史的最终走向是被由这些相互冲突的个人活动形成的合力所决定的，它不以任何个人的主观目的和意志为转移，具有必然性，类似于自然史的过程。这个解释虽然似乎说出了个人有自由意志却又要被历史决定的道理，但如本书开篇所述，“合力说”没有说明历史合力又是被什么决定的，也没说明历史合力会走向何方，其中具有什么样的规律，因而这个维护历史决定论的反击，其实就已经在盲目的没有规律可言的“合力”这个层面上，又变成了非决定论，即没有必然性的合力的自由意志论。

另一种最有影响力也是用的最为普遍的反击方式是在坚持“历史合力说”的前提下，再祭出辩证法的宝器，以“历史规律的作用方式体现为历史发展中决定性和选择性的统一”来加以应对。这就是，历史过程的决定性是通过人类活动的合力来表现和实现的。这样的决定论内在地包含着个人的意志自由和目的性活动的参与。因此，历史规律的决定性不仅不排除历史主体的选择性，相反是通过这种选择性来实现的。① 换言之，“历史规律无非是人们的社会历史活动的规律……历史唯物主义是一种决定论，因为它承认人的历史创造活动受到外在的和内在的因素的制约，即受到人们实践活动结果的生产力、生产关系、经济基础和上层建筑的制约和他的发展程度的制约，这种制约体现为历史运动的必然性。同时，历史唯物主义也是一种选择论，因为它承认人的历史活动具有相当大的自由空间，可以供人们进行选择”②。首先，在生产力决定生产关系、经济基础决定上层建筑的大趋势下，生产关系和上层建筑总是要通过人们的历史活动和一定范围内的历史选择性才能建立起来。其次，在这一定范围内的可能的选项中，哪一种会被选中，取决于人们的自觉的活动。最后，每一种可能的选项的实现，又存在多种多样的形式由人选择。③ 可是，在对历史选择性做出了如此之多的解释之后，还有生产力对生产关系、经济基础对上层建筑的决定作用吗？还有“有什么样的生产力就有什么样的生产关系，有什么样的经济基础就有什么样的上层建筑”的决定性和必然性吗？分明应该改为，是人在决定生产关系，是人在决定上层建筑；而历史规律也应改为：是有什么样的人，就有什么样的生产关系和上层建筑。

也有与上一反击有部分相似又有所不同的反击是，“历史规律本质上是人的活动规律”。一方面，历史的决定性体现为，人们不能随心所欲地创造历史，历史规律制约着人的自觉活动；另一方面，人的自由意志体现为，历史规律是在人们的自觉活动中形成和实现的，并也会随着人们自觉活动的改变而消失，因而历史规律不同于不能够被人消灭的自然规律，而所谓历史规律“不以人的意志为转移”的说法，也不是绝对的。④ 可以想象，没有人的活动，就不会有人的活动规律或说历史规律。但是，如果确实有人的活动规律即历史规律存在，它又怎么会随着人们活动的改变而消失？比如说，存在

---

① 马克思主义哲学编写组：《马克思主义哲学》，高等教育出版社和人民出版社 2009 年版，第 165 页。
② 严建强、王渊明：《从思辨到分析到批判的西方历史哲学》，浙江人民出版社第 1997 年版，第 97-98 页、第 105-106 页。
③ 马克思主义哲学编写组：《马克思主义哲学》，高等教育出版社和人民出版社 2009 年版，第 166-167 页。
④ 庄国雄、马拥军、孙承叔：《历史哲学》，复旦大学出版社 2004 年版，第 195-201 页。

于人类经济领域中的商品价格的供求规律,即商品在供大于求的时候价格低,在供不应求的时候价格高,就是一种具体的历史规律或说具体的经济活动规律,这个规律确实是在人们的经济活动中实现的,但是它会因为人们经济活动的变化而消失吗?又究竟是会在发生哪一种变化时消失?笔者确信,任何人都不能为此找出事证,哪怕只有一个。因为人们无论是奢侈性消费还是节俭性消费,都不会使这个与人们的消费活动有关的商品价格供求规律本身发生任何变化,包括仅仅是作用变小,更不用说使之消失。反过来问:会随着人们活动的改变而消失的历史规律,还能是制约着人们活动的历史规律吗?如果人们活动的规律特别是普遍起作用的根本规律,会因人们活动的改变而消失,那岂不是说,在历史进程中,会存在某些没有任何历史规律起作用的时期?

还有一种与以上各种反击在观点上严重相左的别出心裁的反击是说,历史的真正主体是社会而不是个人。社会作为主体,不是个人的简单加和,而是不同于且大于个人加和的系统,因而个人有意志自由,不等于社会也有。[①] 这就是说,历史决定论中的被决定者是指社会,而不是指个人。于是,个人有意志自由这个事实,就与历史有规律和必然性的观点不相冲突。反过来说就是,只有当作为历史主体的社会也被说成是有意志自由时,才会与历史有规律或必然性的观点发生冲突。但是,既然说社会是内涵大于所有个人加和的系统,为何在加和之后,反而会缺少了意志自由?再就是,既然认为社会是历史的主体,那么,作为主体的社会又怎么会没有意志自由?而没有意志自由的主体又如何配称主体?

由此可知,以上各种反击都有失误。前三种反击的失误在于为了说明人有意志自由及自由选择,却将历史规律或历史规律本应有的不以人的意志为转移的必然性或历史的决定性搞没有了;第四种反击的失误则相反,是为了说明认为历史有规律的历史决定论可以和意志自由论相容,却将社会这种主体的意志自由搞没有了。

三、历史决定论的自我辩护

在历史能否预测和历史决定论能否与意志自由相容的问题上,历史决定论之所以不能对反历史决定论的攻击给予有效反击,主要是因为所有的历史决定论都拿不出一个既可以与它们的反击性解释相一致,又与人的自由意志相容,还可以经得起历史事实检视的普遍有效的历史规律。这才是让所有的历史决定论者都苦不堪言的事情。因而就算历史决定论的所有反击都是有效的,亦即就算反历史决定论的其他所有理据全都是无效的,历史决定论整体上还是会处在“拜下风”的地位。或许也正是因为存在这个难以弥补的短板,所以历史决定论自汤因比之后,再无新的理论形态出现。

说到这里,必有当代中国的历史唯物主义者表示不服,提出“生产关系一定要适应生产力状况的规律”和“上层建筑一定要适合经济基础状况的规律”[②],不就正是这样的历史规律吗?在这种历史规律中,一方面,历史的决定性体现为生产关系要适应生

---

① 李志江:《反历史决定论批判》,《河北学刊》1995 年第 6 期。

② 马克思主义哲学编写组:《马克思主义哲学》,高等教育出版社和人民出版社 2009 年版,第 173、179 页。

产力的状况，上层建筑要适应经济基础的状况；另一方面，历史的选择性体现为，历史主体为生产力选择生产关系和为经济基础选择上层建筑，只不过在选择中，只有能适合生产力状况的生产关系和能适合经济基础状况的上层建筑，才能实现社会生产力和社会经济的发展。在做了这样的解释之后，他们想必还会继续反问：整个人类历史，不普遍都是这种情况吗？又怎么能说，历史唯物主义揭示的历史规律不是普遍有效的？

然而，这个辩解是无效的。因为"生产关系一定要适应生产力状况"和"上层建筑一定要适合经济基础状况"并不是什么历史规律，而是为建构生产关系和建构上层建筑的活动提出的行动规范或行动原则，不难理喻，概括规律的语言只能是关于某种客观事实的描述性语言或陈述性语言，而不可能是关于还没发生的事，即要人准备去做什么的指令性语言。而在指令性语言中，凡是没有特定指令对象的指令，都是属于普遍有效的固定指令即规范，因而"生产关系一定要适应生产力状况"和"上层建筑一定要适合经济基础状况"，也和"要孝顺父母""要诚实守信""不要说谎""不要盗窃"等一样，都是属于规范而不是规律。所有规律都内含因果关系事实，并且不是偶然的因果关系而是有必然性的因果关系，这才能重复出现，反复起作用，且不以任何人的意志为转移。因而凡是没有因果关系内蕴的表述，都肯定不会是关于规律的表述，是故历史唯物主义关于历史规律的真正表述应是：有什么样的生产力就会有什么样的生产关系，当生产力出现新的变化以后，生产关系也会随之发生改变；有什么样的经济基础就会有什么样的上层建筑，当经济基础发生变化以后，上层建筑也会随之发生变化。用历史唯物主义创始人的原话来说，前一个意义的历史规律就是"人们生产力的一切变化必然引起他们的生产关系的变化"①；后一个意义的历史规律就是"随着经济基础的变更，全部庞大的上层建筑也或慢或快地发生变革"②。因而所谓的"生产关系一定要适应生产力状况"和"上层建筑一定要适合经济基础状况"之说，不过是从已被认定的历史规律中推出来的两个关于社会建构的原则。好了，如果现在我们不能否认，"有什么样的生产力就会有什么样的生产关系"和"有什么样的经济基础就会有什么样的上层建筑"才是历史唯物主义所说的历史规律，那么，这种其中不存在任何其他可能性的必然的、不以人的意志为转移的因果过程，又怎么会给人留下自由选择的余地，变成可以以人的意志为转移？

但是，即便如此表述历史规律还是有问题。大量历史过程的事实都表明，并不是有什么样的生产力就必然会有什么样的生产关系，也不是有什么样的经济基础就必然会有什么样的上层建筑。比如，中国当代经济体制改革的事实说明，在同等状况的生产力条件下，社会可以实行不同性质的生产资料所有制关系，即可以是公有制的，也可以是私有制的，还可以是多元所有制的；再放眼世界来看，同样是市场经济的经济基础，在不同国家，却可以有不同性质的上层建筑或政治制度建立其上，有的是民主政体，有的是非民主政体。所以，无论是历史唯物主义所说的生产关系还是上层建筑，都是可以以人的意志为转移的。

---

① 《马克思恩格斯选集》第 1 卷，人民出版社 1995 年版，第 152 页。
② 《马克思恩格斯选集》第 2 卷，人民出版社 1995 年版，第 33 页。

更重要的理由是，本书前面的部分已经证明，生产关系并不是被生产力决定的，而是被生产力中的决定因素生产制度决定的，并且由于生产关系不能对生产制度形成任何反作用，也就与生产力形成不了任何反作用和矛盾运动，从而显得无关紧要甚至可以忽略不计。还证明了，生产力也不是历史的最终决定因素，而只是生产制度及其他诸多社会原因的结果。因此，最基本的历史规律，就不可能体现或形成于所谓的“生产力与生产关系的矛盾运动”之中，对历史规律的概括，也不能由生产力和生产关系这两个概念来加以表述。

最后，还可以再退一步讲，既然当代历史唯物主义者都承认“历史的规律就是人们的活动规律”，那么，就算是生产力和生产关系、经济基础和上层建筑之间确实存在着历史唯物主义所说的决定和被决定的规律，又与人们的活动有什么关系？又怎么能说它是人们活动的历史规律？我们除了只能从中看到一些非人的范畴和它们之间的矛盾运动之外，还能看到些什么？

四、给出一个真正的历史规律

通过以上回顾和分析表明，在反历史决定论与历史决定论的已有交锋中，总体结果是前者获胜后者落败。不过，这并不意味着反历史决定论就是正确的。

笔者在本书开篇时已经分析指出，当反历史决定论者说历史过程及历史事件出于人们的活动，而每个人的活动又都是受自己的自由意志支配而各有不同时，已经意味着他们已从反历史决定论的立场，变到了历史决定论的立场，即认为构成历史的人们的活动是被人自己的自由意志决定的。因而反历史决定论其实也是一种历史决定论——自由意志决定历史，只是在历史有无规律的问题上，才与其他历史决定论相左，成为不承认有历史规律的历史决定论。并且也正是有此缘故，历史没有规律的观点才成为它反对有规律的历史决定论的核心命题。而交锋中历史决定论对反历史决定论的反击乏力的关键，也在于一直给不出一个可与人的意志自由兼容的历史规律。

鉴于此，若想彻底驳倒反历史决定论，最有效的方法就是找到一个真正属于规律的历史规律。并且，它客观上要有这样的效果：一方面这个历史规律与以往和今后的历史过程相吻合，并可用于成功地预测预言未来；另一方面不会因为这个历史规律的存在或对它的解释而颠覆人有意志自由的事实。不然的话，它不论是缺少哪一个方面的效果，都奈何不得反历史决定论。

可是，历史有这样的规律吗？我们又能否找到？

当然可以，这就是由笔者的制度决定论所揭示的：“制度决定历史，有什么样的制度，就有什么样的人类活动和历史；当制度发生改变时，人类活动和历史也会随之发生改变”。它应该就属于这样的历史规律。

其中的道理颇为复杂，以下将分两大步骤来进行论述。这一节先论述它的确是真正的历史规律，后面一节再来论述它与意志自由是否真能相容等问题。

根据本书第一章的论述，制度决定论的历史规律的基本内涵是：人都是好利恶害、怀赏畏罚的理性自利人，而制度化社会赏罚又是社会中最为强大的行为赏罚调控机制，因而只要有某种社会制度以及由这种社会制度构成的制度化社会赏罚机制存在，人们的活动就会形成与这种制度化社会赏罚机制的实际塑导效果相符合的活动方式和活动方向，亦即形成了一种特定的活动模式。当这种社会制度出现变化之后，人们原有的特定活动模式也会随之发生变化，变得与新的制度化社会赏罚机制的实际塑导效果相符合。[①]

现在可能的疑问是：笔者关于历史规律的表述是否确实是关于规律及历史规律的表述，而不是关于别的什么东西的表述？

这就需要先明确规律是什么。

关于规律，《西方哲学英汉对照辞典》中竟然没有这个词条，不知这是否意味着国外哲学界普遍认为哲学论域无规律可言？而该辞典中与规律概念最相近的词条"规则必然性"，被解释为"存在于自然现象之间的规则性和齐一性"[②]，似乎也印证了这一揣测。不过这不等于说，所有的西方人文学者都没有关于规律的界说。如孔德有规律就是共存现象或连续现象的一种恒常关系的观点[③]，波普尔有规律是假定性的全称判断命题，或者说是一种关于相反的现象不可能存在的论述这样的见解[④]，亨普尔有"'规律'一词，意味着它所提出的陈述实际上已经能得到有关事实充分地证实了"[⑤]的解释。只是这些界说全都没能抓准和点出规律的本质或独特性之所在，均算不上是对于规律的标准定义。

国内哲学界的情况则大不相同，不仅有关于规律的定义，而且被罕见地不存争议也较少文字差异地表述为："规律就是事物及其发展过程中的本质的、必然的、稳定的联系"[⑥]，或者"规律是事物发展过程中的本质联系和必然趋势"[⑦]。

但是，笔者觉得这种规律定义存在缺陷，至少是不够贴切和到位。按照这类定义，规律只是事物自身的规律，这就等于说事物之间没有规律或规律的作用，可这符合客观事实吗？"进入地球引力范围的流星必然会往地面方向坠落"，应该是一种自然规律，可它是属于地球本身的规律还是属于流星本身的规律？显然都不是。这就说明规律也体现在事物之间。还有"本质联系"被用作规律的定义用语之一也让人费解，它是指事物自身的内在本质之间的联系还是指事物内在的本质性的联系？实际上，不论哪一种意思都说不通。任何事物的本质即根本属性或基本特性都只有一个，而不会是两个，那"本质联系"作为"本质之间的联系"又是何意？又何以可能？人们普遍承认，庞大事物或复杂系统的内部，如自然和社会之类，有根本规律和普通规律或一般规律和特殊规律或普遍规律和具体规律之分。那么，就算"本质联系"作为"本质性的联系"是

---

① 韩东屏：《制度决定历史》，《南国学术》2016 年第 1 期。

② [英]尼古拉·布宁、涂纪元主编：《西方哲学英汉对照辞典》，人民出版社 2001 年版，第 682 页。

③ [法]阿隆：《历史的规律》，张文杰等编译：《现代西方历史哲学译文集》，上海译文出版社 1984 年版，第 59 页。

④ [英]波普尔：《历史主义贫困论》，杜汝楫、邱仁宗译，华夏出版社 1987 年版，第 47-48、91 页。

⑤ 亨普尔：《普遍规律在历史中的作用》，《史学理论》1987 年第 3 期。

⑥ 马克思主义哲学编写组：《马克思主义哲学》，高等教育出版社和人民出版社 2009 年版，第 115 页。

⑦ 《辞海・哲学分册》，上海辞书出版社 1980 年版，第 73 页。

一个可以被解释得通的用语，也会导致得出任何事物的内部都只能有一个规律的谬论。还有有时也被作为这类规律定义语的“必然趋势”，则缺乏与规律相一致的普遍性。自然界的根本规律是能量守恒规律，它的完整表述为：能量既不能创造也不能消灭，一个封闭系统的总能量保持不变。可是，由此我们除了能知道封闭系统的总能量是永远保持不变这一点之外，还能从中看出封闭系统如宇宙的发展的“必然趋势”吗？显然也是不能的，所以至少并不是任何规律都能体现事物发展的必然趋势。

当然，国内学界的这种通行的规律定义也有一个值得称道的地方，这就是把规律归结于“联系”的这个大方向是对的。这是因为，一个既没有内部联系也没有外部联系的绝对单纯自然也就绝对静止的事物，是不可能形成什么规律的。只不过该定义不应将这种联系只限定在事物的内部，也不应将其规定为“本质联系”。如前所述，规律也存在于或体现在事物之间，这就说明“本质联系”即便真的有，也因是小于规律所呈现的联系之范围而不宜作为规律的定义语。能形成规律的那种联系，不论是内部联系还是外部联系，都只能是因果性的联系。因为规律不论是由事物自身运动形成还是事物相互作用形成，都是有原因的，而不是无缘无故的。譬如，在能量守恒规律中，能量既不能创造也不能消灭就是总能量保持不变的原因；在“适者生存，不适者被淘汰”的自然选择规律中，能否适应环境及其变化，就是生物物种得以生存或被淘汰的原因；在商品价格的供求规律中，消费者对某商品的需求量的大小就是该商品价格或高或低的原因。所以，所有已被揭示出并得到公认的规律，不论是自然界的各种规律还是社会中的各种规律，都定会含有原因或因果关系的内蕴，都是原因层面的说明或概括。并且，规律所具有或蕴含的因果关系不会是偶然性的关联，而只会是必然性的关联。否则，它就不能稳定地重复地起作用，就不能成为规律。

据此，规律的定义就是：现象之间的必然性因果关联。这个定义意味着规律在本质上属于因果律。反过来说，除了因果律，再没有别的什么规律。即便是出于统计归纳的统计学规律或所谓的“概然规律”，只要的确是永远也不会出现反例的真正规律，也必定是有必然性因果关系在里面起作用的，只不过它究竟是怎样的一种因果关系，还暂时不为人知罢了。否则它就不是真正的规律，而只是一种大概率性现象。既然规律本质上都是因果律，这里就可以再用类似数学的方式将关于规律的定义表述为：有现象 q，就必有现象 p。如果如此定义规律是正确的，那么就可推论，规律除了具有必然的因果性之外，自然还会具有客观性、重复性、恒定性和决定性等属性。因为规律既然是必然性因果关联，它就肯定是不以人的意志为转移的客观存在，更不可能被人创造或消灭，也肯定是永远如此存在和反复呈现或不断起作用的，而其决定性则表现为，规律中原因的存在对结果的出现起决定性作用。

规律的所有这些属性，看似都带有绝对性色彩，但规律起作用的范围并不是无限制的，而是有限的。因为规律所蕴含的因果必然性不是无条件的，而是有条件的。也就是说，只有在具备某种或某些特定条件的大前提下，这样的因果关联才会必然地发生，总是存在，反复呈现；相反，如果不具备这一大前提，这样的因果关联就不会必然地发生，也不会总是存在，反复呈现。在客观世界中，规律需要具备的特定条件作为规律的大前提，其存在都是常态，即长时间如此，甚至有的规律所需的特定条件不存在被改变的可能性，这就使它可以被我们在表述规律或概括规律命题时省略掉。如“水往低处流”，就是一个没有交代所需前提条件的规律表述。但是，事实上这种前提条件是存在的，并且每个规律概莫能外。例如，只有在封闭系统这个条件总是不变的情况下，能量守恒规律才会反复起作用；只有在地心引力大于其他东西对水的引力的这个条件总是不变的情况下，水才会总是往低处流；只有在自然环境是不断变化的这个条件总是不变的情况下，生物的自然选择规律才会反复起作用；只有在有充分竞争的市场经济体制这个条件总是不变的情况下，商品价格的供求规律才会反复起作用……总之，我们在任何地方都找不到一个只需有一个原因，而不必再需要任何其他前提条件的规律。

正因为规律总是在一定前提条件下才会必然出现的因果关系，所以如果能改变原有的前提条件，这种因果关系就不会再出现，原有的规律就不再起作用。改变原有的前提条件并不意味着对原有规律的破坏或消灭，而只意味着开始进入了其他规律起作用的势力范围或时空范围。因为这种被改变了的前提条件，恰恰就是另一种规律开始起作用时所需要的必要性前提条件。比如我们加大了对水的压力，并且使之超出了地心引力对水的作用，“水往低处流”的规律就不再起作用，而“大于地心引力的水压越大则水位越高”的水压规律则开始起作用。又如，如果市场经济中某商品的充分竞争或相对充分竞争变成了垄断，商品价格的供求规律就不再起作用，取而代之的则是商品垄断者决定商品价格的规律。再如，如果没有封闭系统这个条件，那么能量守恒规律将失效，取而代之的会是能量不守恒规律。正因如此，虽然人类做了很多自然界或自然过程所没有的事情，如用抽水机使水往高处流、用飞机把人送上天、用核电站让原子核发生裂变、用克隆技术产出哺乳动物，如此等，却从来不被我们认为是违背了自然规律。在所有这些事情上，人类实际上并没有破坏或消灭什么规律，而只是发现和利用了新的在某种特定条件下能够出现和反复出现的必然性因果关联，即一种新的规律。

至此可知，笔者提出的同样内含必然性因果关系的制度决定论的规律，应该确实是属于规律。

并且，进而还可以说，这个规律也应该就是关于历史的规律，而不是其他性质的规律。自维柯说历史是由人创造的以来，学界已经普遍承认这种事实性逻辑，即没有人们的活动就肯定不会有人类历史，因而历史规律确实就只能是人们活动的规律。既然如此，历史规律就应该是关于人们活动的必然性因果关系的揭示，而“有什么样的制度，人们就有什么样的活动；当制度发生变化时，人们的活动也会随之发生变化”的表述，也就是“有什么样的制度，历史就有什么样的走势走向；当制度发生变化时，历史的走势走向也会随之发生变化”的表述，它正是对作为人们的活动的历史中的因果关系的清楚说明。其中，有什么样的制度，是人们有什么样的活动之因，而人们有什么样的活动，则是有什么样的制度的结果。并且，这二者间的这种因果关系没有任何例外，是必然性的因果关系。

当然，这个历史规律也有自己的前提条件，也是有条件的有限性规律，这就是如果人不是怀赏畏罚的自利人，或者如果制度化社会赏罚机制不是社会最强的行为赏罚调控机制，那么，社会制度就不再是人们活动的决定因素。只不过这两种关于前提条件的改变，只是一种理论上的可能性，而在现实中，我们还看不到有任何可能性。

五、制度决定论的历史规律的解释力

笔者提出的制度决定论的历史规律，不仅真实，而且敢说具有迄今为止最强大的解释力，也就是它还可以对其他相关问题，即历史规律是否与人的意志自由相容的问题，历史规律是否会消解人的历史责任的问题，能否根据历史规律预测预言未来的问题，历史因果链条上的终极原因何在的问题，乃至历史为何能不断进化的问题，均做出合理的解释。

先说历史规律是否与人的意志自由相容的问题。

制度决定论的历史规律虽然肯定制度决定人们的活动，却不等于否认人有自由或自由意志，也不等于排除了人的自由选择在历史中的作用。制度不是自生的，而是由人即制度安排者制定的。制度安排者在制定制度时，从来都不会是只有一种可能或一种制度选项，而是会有多种甚至无限多的可能和制度选项，至于最终究竟会以哪种可能或选项制定制度，就取决于制度安排者的自由意志或选择自由。所以，人的意志自由也在历史中发挥作用，人在这里也是有自由的。此其一。

其二，自由在本质上是一种人自愿自主决定做某事而免受阻限的状况①，因而人按照自己自愿选择自主制定的制度行动，就不仅不是没有自由或没有意志自由的体现，反而恰恰是人有自由或意志自由的体现。因此，虽然康德将自由定性为“自律”，即自己立法并自愿守法，属于对自由概念的内涵与外延的严重窄化，但说自己立法并自觉遵守是自由的一种体现，则没有丝毫不妥。而孔子所说的“从心所欲不逾矩”，其实也只有在所有规矩都是由自己自愿确定或自愿认同的时候，才能得以完全实现。

只不过这里的具体情况会有差异。如果社会制度是由所有社会成员共同制定的，那么就是所有人的自由意志都在历史中发挥了作用，所有人在这里都是自由的。同时，所有人遵循共定制度或按共定制度行事，也是所有人都有自由的体现。反之，如果社会制度是由一个人或少数人独自制定的，则是只有这个人或这些人的自由意志发挥了作用，只有他们在这里有自由。同时，他们遵循自己独定的制度或按自己独定的制度行事，也是他们有自由的体现。而其他的所有非制度安排者，则比他们的自由要少得多。这时候这里为什么对非制度安排者不用“完全没有自由”的表述？这是因为，经验事实表明，即便是由历史上最坏的独裁者制定的社会制度，也不会全都是违背其他所有人的意愿的制度，比如任何文明社会都存续的禁止偷盗、抢劫、绑票、敲诈、强奸、伤人、杀人之类的行为的制度安排，即便是那些没有制度安排权的人们，也都会赞同并愿意遵守的制度安排。所以，在所有的非制度共定社会时代，民众在按非共定的制度

---

① 韩东屏：《制度与自由是否相悖》，《天津社会科学》2014年第2期。

行事时，也就不是完全没有自由的状况，而是仍会有一定程度的自由。而其自由程度，则依其所意愿的制度的多少而定。这就是说，非制度安排者，只是在被迫遵守那些非自愿服从的社会制度时，他们才是不自由的。此其三。

这就说明，笔者提出的历史规律，的确可以与人有自由或意志自由相容，从而也可以使历史决定论和意志自由论互不妨碍。

既然在笔者的历史规律解释模式下，人们的意志自由的体现和其自由的有无或大小，是根据其是否有制度安排权或制度是否符合其意愿而定，那么，历史的责任问题也可以随之得到圆满的解释和解决。这就是，在任何时候，社会的制度安排者，都要对历史过程与历史结果负首要责任；而自愿服从该社会制度的非制度安排者负次要责任；那些本不愿意却违心地服从该社会制度的非制度安排者，则仅需负微小的责任；如果该社会制度的强制性极强，不服从者会不可避免地付出极大代价，那么，这时对他们的微小责任也可以忽略不计。

笔者的制度决定论的历史规律，除了可与人的意志自由相容之外，也能用于对未来的预测或预言，并至少保证大致准确。这些预言起码可以体现在下述五种境况：

第一，在一个具体的社会或国家，如果其社会制度安排者发生了变化，这时就可以预言，社会制度也将出现变化，进而人们的活动模式也将出现变化。如果社会制度安排者的变化，是体制内的人员交替乃至大政不变的改朝换代，那么还可以预言，社会制度的变化和人们活动模式的变化都不会很大；反之，如果是革命的结果，即革命者取代原制度安排者，那么则可以预言，社会制度也将出现革命性的变化，进而人们的活动模式也将出现革命性的变化。

第二，在一个具体的社会或国家，如果其社会制度安排者没有变，只是制度安排者的制度目的或制度意图变了，这时就可以预言，社会制度和人们的活动模式也将相继随之发生变化。并且，其变化程度，将以社会制度安排者的制度意图的前后差异程度而定。

第三，在一个具体的社会或国家，如果其社会制度是由所有社会成员共定的(包括由他们的真正代表代为制定)，那么就可以预言，这个社会中人们的活动模式一定会是互利性质的，这个社会一定会是公正和谐的社会，这个社会一定会不断改善所有人的生活质量，从而不断地走向繁荣昌盛。因为这时社会制度是他们实现统一目的的共同手段。相反，如果社会制度是非共定的，那么就可以预言，这个社会的人们的活动模式一定会是有相互间的损害与被损害的，这个社会一定是存在尖锐利益冲突的不公正、不和谐的社会，这个社会在总趋势上一定只会不断改善少数人的生活质量而不断恶化多数人的生活质量，从而不仅不能走向繁荣昌盛，反而日益内耗衰落，甚至不断走向爆发内乱即造反或革命的危机。

第四，在一个具体的社会或国家，如果认为某种社会状况亦即人们的某种活动模式，是不能令人满意的，那么这时就可以预言，只要去调整改变与之相应相关的社会制度并使之有效灵验，就能够随后改变这种令人不满的社会状况。

第五，在一个具体的社会或国家，就一项具体制度而言，如果它是有效灵验的，那么就可以预言，它能使人们的相关活动合乎并实现该制度的目的；如果它是无效失灵的，那么就可以预言，它非但不能使人们的相关活动合乎和实现该制度的目的，而是只会与之相违反。比如社会中的反腐败制度安排的效果越差，该社会中的腐败行为就越多越严重。

当然，以制度决定论的历史规律为据，对历史过程或未来状况，也有不能预言的地方。这就是，我们无法准确地预言一个现实社会的社会制度安排者的制度意图何时会变，以及会怎么变？因为制度意图隐藏在制度安排者的大脑中不但谁也看不到，而且属于其自由意志的范围，完全没有任何可确定性，除非社会制度安排者自己有过明确的表白。可是一旦有此表白，他人据此再说就又不再属于预言。同时，我们也不能据此规律完全准确地预言新上台的社会制度安排者，不管是用哪种方式上台的，究竟会怎么改变原有的社会制度。即便在其上台前就有关于这方面的宣言，还是会有临时起变的可能性。除非是这种情况，即新上台的社会制度安排者为全体社会成员，他们的制度安排宣言才是不会轻易发生变化的。之所以以上情况不能预言，除了有这些事情的主观色彩太强而外人不可把握的原因之外，更根本的原因是，这些事情本来就不是能被制度决定的，因而也就不属于制度决定论的历史规律能起作用的范围。

正因为制度在这些事情上没有决定性，历史规律不能在这些方面起作用，所以人类历史也就是在这些地方会出现新的变数，走出新的样式，从而人类历史才会有进化，才不会千篇一律或周而复始地原样循环。而能导致这类历史新变数、新样式和进化的，只能是制度思想的创新及随后的制度安排的创新。无论是制度思想的创新还是制度安排的创新，都是人的创造发明，这就进一步地彰显出人的确是历史的创造者和主导者。

由此，笔者这个制度决定论的历史规律，能有效反击反历史决定论的那个方法论的攻击：永远无法找到和确定历史的终极原因。这个攻击，以往也曾同样让所有的历史决定论者颇感尴尬难堪。然而，现在的情况不同了。根据笔者所理解的历史规律来做解释，社会制度被人从无到有地创造，就是人类社会历史开端的终极原因，而社会制度被人从旧到新的创造或改变，就是人类社会历史会出现新的变化和进化的终极原因。这就表明，出于人的自由意志的自由创造，就是社会历史领域的一切因果链条的开端。换言之，主导制度创造的创新思想自由或自由意志，就是历史开端的因果链条的开端和历史进化的因果链条的开端。是故，与自然界不同，人类社会的一切都未蕴含无限因果链条，而是由自由创造为开端的有限因果链条；人类社会也不是完全受必然性法则的支配，而是有如康德所说的那种“出自自由的因果性的法则”[①]在起作用。

① 李秋零主编：《康德著作全集》第5卷，中国人民大学出版社2007年版，第16页。

第六部分

总　　结

如同一局棋有开局也有收官，一部书有开篇也有闭篇。

笔者的制度决定论，经过制度决定历史、制度决定生产力、制度决定社会、制度决定国家的论证，以及对各种可能的质疑与非议的回应，现在也该收官闭篇了。

闭篇当以总结的方式完成，它包含两个方面的内容：一是将前面对人类社会历史在空间性叙事逻辑中所得到的内容，再按时间性叙事逻辑梳理一遍，以对人类社会历史的发展过程做一个简要的勾勒；二是依据已有的所有具体论证，来对社会历史的基本逻辑进行最终提炼，从而将人类社会历史的本真性正义呈现出来，以正社会历史论域混沌已久的视听。前一种总结可谓是对人类社会历史真相的揭示，后一种总结可谓是对人类社会历史的真谛的澄明，它们共同构成了对人类社会历史的正确释义。

第二十一章 社会历史的总原理

一、人类简历

现代人类是从距今约500万年前生活于非洲大陆的南方古猿逐渐进化来的。其间前后经历了从能人到直立人再到早期智人最后到晚期智人这样的几个阶段。其中，从本质上说，只有晚期智人才是完全形成的人，而能人、直立人和早期智人，则还属于正在形成中的人，是动物与人的中间过渡环节。

这个进化过程大致是这样的：南方古猿作为人类的动物祖先和其他动物一样，都属于特定化的动物，即只能依赖自身先天器官本能性地对应着的自然物来维持生存。后来，它们或是为了获取更多的食物，或是为了更方便、更安全地获取食物，或是为了应对不利于自己的自然现象，鉴于自己多次经验到的一些偶然自然现象，如滚落的石头砸碎坚果、掉下的枯树枝惊吓了自己、大树叶下淋不到雨水之类，通过运用灵长类动物才具有的简单联想力，破天荒地发明了使用树棍、树枝、树叶、石头之类的天然工具来取食、自卫、遮雨。这就开启了由动物的特定化向人的非特定化的转变之旅，并经过约250万年的时间，首先实现并完成了由古猿到能人的进化。

能人又因现成可用的天然工具非常稀少难觅，还是在简单联想力的帮助下，发明了由自己动手模仿天然工具来制造木棒、石斧之类的自造工具。并在这个不断使用、制造和携带工具的长期过程中，于距今约50万年时进化为直立人。

此后，随着自造工具的经常化和使用工具的体验的长期积累，直立人发现有的模仿性自制工具好用，有的不太好用，这就意识到了实际上存在制造出相对更好用的工具的可能性，同时也就形成了要制造更好用的工具的意识。在生存活动中，更好用的工具总能有更好的使用效果，于是要制造更好用的工具的意识也越来越强，越来越恒常化。直到有一天，他们终于在自己的大脑中酝酿出了其他灵长类动物所没有的可超越模仿的"无中生有"的想象力，并通过运用这种想象力，先在头脑里构想某种东西，再按构想运用自己的体力和活动创造出了自然界从来都没有相似物的东西，如带木柄的石斧之类的复合工具。从而在距今约20万年时，使自己变成了具有想象力和创造力的早期智人。

起初，这些创造物只有器物形态的，随着想象力的不断运用和大脑日益发达，逐渐地又有了符号形态的创造物，如语言、规则(议事规则、分工规则、性规则等)、艺术、观念、信仰，等等。当这些器物形态和符号形态的创造物，在生产生活的各个主要方面都得到运用时，早期智人就过渡为晚期智人。晚期智人由于是全面性地运用自造物实现自己的生存发展，这就形成了一种全新的生命活动方式，它意味着那种由动物的特定化到人的非特定化的转变过程在这个时期已经全部结束，也意味着从猿到"形成中的人"，再到"完全形成的人"的演变过程的结束。因此，晚期智人就是完全形成的人，就是现代人类的开端。

人类诞生以后，为了化解一直存在于自然群亦即原始群之间的相邻为敌、相互恶斗、相互消灭的"原始群僵局"，在距今约7万年左右的时候，通过规则共定的方式创造出了一套以外婚制为主的前所未有的人事行为制度安排和与之相配套的制度传释机制与制度保障机制，进行了或是自然群的分群变革，或是两个自然群的相互结盟，从而也就发明出了氏族这种与自然群亦即动物群在群体的性质和结构上都完全不同的人类组织，亦即唯独人类才有的社会。

氏族最初都是成对的，包含两个通婚群体，或曰"半族"，后来随着世代和人口的递增，变成了包含多对通婚群体的部落，继而又变成了由两个或多个部落结成的部落联盟。正因为人类社会一开始在成员规模上就至少是自然群或原始群的两倍大，加之它还能不断地几何级数式倍增，所以那些在人科物种上还没有能形成社会的其他支系的人种，如尼安德特人、丹尼索瓦人等，就都在与人类的生存竞争中纷纷败北，不复存在。

氏族作为人类社会的最初形态，在经济上是以通婚群体为单位平分天下所有的资源，也以通婚群体为单位在各自分得的领地上进行集体生产，共同劳动，平等分配劳动果实。生产资源即土地、牲畜等生产对象类生产资料，实行的是氏族公有制。后来，在家庭由氏族大家庭经辈分家庭、偶婚家庭逐渐演变为个体家庭之后，为了解决集体劳动中随之出现的严重影响社会生产效果的"懒汉问题"，进行了以个体家庭为生产经营单位的全部生产资料的私有制改革，让每个家庭都分得了同样多的耕地、牲畜，从而可以独立自主地进行生产。

全部生产资料的私有制改革之后，以往只存在于不同的氏族之间的活得更好的竞争，也扩大到了氏族内部的家庭与家庭、个人与个人之间，并由此生发出许多新的社会矛盾或社会问题，如地界纠纷、灌溉纠纷、财物纠纷和多种财物侵权行为。

人类社会初期的公共管理是无政府的，所有公共管理人员都是非专职的兼职人员，也没有固定的办公场所。当社会发展到大部落阶段或部落联盟阶段时，地域广大、人口众多和个体家庭成为生产经营单位后，社会中的纠纷、冲突的大幅增长，导致了社会公务的空前繁多和兼职公管人员的不堪重负。为了解决这个问题，或许在经过一番试错之后，发现最好的方法就是使公共管理者由兼职变为专职，并为之设置固定的办公场所。于是，社会也就变成了国家——有政府的社会。

由社会演变而成的国家，不论在哪个族群的历史上，最初都是为所有社会成员提供均等公共服务的服务性国家，亦即正常国家。但是，当时正常国家中的人们缺乏经验，没能设计安排出可有效预防国家变质的制度，而专职公务人员在追求个人利益最大化的动机下，逐渐结成了以最高长官为首的特殊利益集团，从而开始不断利用代行公务的管理权力窃取社会制安权，以为本集团谋私利。最终，原来国家中拥有全部制安权的民主议事机构被彻底架空，最高长官成为垄断所有社会制安权的独裁者即君王之类，而以其为首的特殊群体即官僚集团，也成了可以凭借制度权力剥削压迫其他所有社会成员的统治者。于是，制度共定社会就异化为君王单独定制的制度非共定社会，正常的服务性国家也异化变质为专事剥削压迫的统治性国家。与之同时，人类历史也由制度共定时代，进入到制度非共定时代。

在制度非共定时代，虽然在有些地方的有的时候，君王一人单独定制也曾被多人定制即寡头定制和代表定制取代过，但其实质仍然属于统治集团的单独定制，只不过代表统治集团定制的人不再是君王。在社会制安权实行分封定制的国家，这个统治集团主要由王族和大小贵族构成；在社会制安权实行集中定制的国家，这个统治集团主要由皇室和各级官僚构成。

统治集团实现统治靠两种基本方式，一是在制度意识形态方面搞"君权神授""人有贵贱等差"之类的欺骗性愚民宣传教育；二是在社会制度方面建构"顺我者昌逆我者亡"的社会赏罚机制，以诱导服从者，惩戒不服者。但是，统治集团欲壑难填，且自身规模因世代繁衍和官场"帕金森冗员定律"而不断膨胀，就会在社会可控资源分配制度上日趋苛政，不断地加大剥削力度，以搜刮尽可能多的民脂民膏为己所用。苛政不仅严重地打击了所有生产者的生产积极性，而且使所有被剥削者面临日益严峻的生存危机。当他们再也无法忍受或是感到活不下去之时，就会聚集起来揭竿而起，起义造反。

起义造反不外两种结局，或是被统治集团用合法暴力镇压而失败，或是获胜后改朝换代。因为改朝换代只是换了新的帝王而不是消灭了统治集团本身，更不是消灭了制度非共定社会，所以它不过是新一轮压迫剥削和社会制度日趋苛政的开始，最终还是会酿成起义、造反。这就使历史在非制度共定时代陷入周而复始的重复性循环。

这种状况直到被压迫剥削群体觉醒出"天下乃天下人的天下，国家乃全体国民的国家”这种由近代民主理论奠基的新制度意识形态，并由此将起义造反变成改变社会根本制度的革命之后，才终被打破。这个时点发生于17世纪的欧洲，它意味着人类历史开始进入复归制度共定时代，从此各个已经异化的国家开始陆续复归正常国家。

社会及国家本来就是也完全应该是属于全民的，所以比原始民主更先进、完善的近代民主制一旦出现，很快就成了一股来势迅猛的世界性潮流。由那时起至今，这个潮流的声势越来越大，世界上已经实现民主而复归制度共定社会亦即正常国家的国家越来越多，乃至现今许多根本不是民主制的国家，也往往要用“民主”为自己贴金，号称自己是民主国家。

从目前情况看，这个复归制度共定社会的历史进程还没有完成，世界上真正的民主国家的总体数量也还不算很多，它们目前主要集中在西北欧、北美和大洋洲。但是，这个进程既然符合全民意志和国家的本质，就一定会彻底完成，差异只在时间上或迟或早而已。

二、社会历史的逻辑

这里所谓“社会历史的逻辑”，是指关于社会历史的规律、性质、主体、动因、动力、目的、过程、宿命、趋势等一般性命题的理论说明。经过前面篇章的具体论述，现在可以将其总结如下。

其一，关于人类社会历史的规律。在现实而不是理论抽象中，人类的社会与历史是浑然一体的，而不是各自独立的。因此，如果可以确认，历史的基本规律是“制度决定历史。有什么样的制度，就有什么样的人类活动和历史；当制度发生改变时，人类活动和历史也会随之发生改变”，社会的基本规律是“制度决定社会。有什么样的制度，就有什么样的社会形态；当制度发生变化时，社会的形态也会随之发生变化”，那么，整个社会历史的总规律就是：制度决定社会历史。有什么样的制度，就有什么样的社会历史，也就有什么样的社会形态和被这种社会形态总体塑型的人的活动；当制度发生变化时，社会历史也会随之发生变化，也就是说，由制度建构和决定的社会形态和被制度总体塑型的人的活动的方式方向也会随之发生变化。

其二，关于人类社会历史的决定因素。既然整个人类社会历史都是被制度决定的，那制度当然就是人类社会历史中的决定因素，它一方面决定社会的形态，一方面决定历史的走势走向。但是，制度是人的创造物，所有制度都是被组织中的制度安排者设计、制定的，所以，制度决定社会历史的实质乃是人决定。

其三，关于人类社会历史的性质。既然制度不是自然而然的，而是人为的产物，这就说明，人类社会历史不可能是不以人的意志为转移的类似自然史的必然过程，而只能是人为史的选择过程，即制度安排者按自己的意志选择并确定制度，于是就有了被这种制度决定的历史走势走向，亦即人们活动的方式方向。同时，也就有了被这种制度决定的社会形态。因此，人类社会也不可能是一些不以人的意志为转移的独立范畴，如生产力、生产关系、经济基础、上层建筑之类的自动组合与建构。人类社会历史的人为性说明，制度决定论对社会历史的解释，是可以与人有自由意志的事实相容的。

其四，关于人类社会历史的主体。以上情况表明，人类社会历史不是无主体的而是有主体的，并且这个主体既不是神也不是大自然，而就是人本身。人作为社会历史的主体，不仅仅体现为历史是人们的活动，社会是人们活动的一个结果，更体现为通过制度塑型人们活动的方式方向和通过制度决定社会形态的制度安排者也是人。

其五，关于社会历史的实际创造者。从人类已有的历史看，代表社会这种最大组织来制定社会制度的制度安排者，有时是某个或某些个个人，即所谓“英雄”；有时是所有个人，即所谓“人民”。所以，人类社会历史既不完全是被英雄创造的，也不完全是被人民创造的，而是有时被英雄创造，有时被人民创造。在英雄创造社会历史的时期，人民只是被动而他律地服从英雄所制定的制度；在人民创造社会历史的时期，人民则是主动而自律地服从自己所制定的制度。

其六，关于社会历史的动因和动力。既然人是社会历史的主体，那么社会历史发展的动因和动力就不需要到别的地方去寻找，它们只能在人自身，而不在任何其他存在者。具体说来，本书此前反复提到的每个人都有的活得更好的欲望，就是社会历史的最初的也是每个时代一直都持续存在的最基本的动因，而受这种欲望所启动和驱使的人的活动。也就是以活得更好为动机的人的活动，客观上就是推动社会历史不断向前发展的基本动力，同时也是这里的永恒的现实力量。这就是说，人类社会历史的动因和动力，不仅有史以来莫不如此，而且以后也是永远如此。相反，倘若人没有活得更好的动机及其被这种动机所驱动的活动，就不可能有人的历史和人的社会，更不会有社会历史的任何发展变化。

其七，关于社会历史的目的。既然有史以来每个人或一切人在社会历史中的一切活动无不是为了使自己活得更好，而且以后也势必永远如此，那么在事实上，使人活得更好也就成了社会历史从来就有、也会永远都有的目的，尽管在笔者如此解说之前，人们还没有如此自觉到这一点。但是，每个人对于究竟怎样才算“活得更好”往往存在不同甚至大不相同的理解，这就使人们以往为活得更好而开展的活动，也往往是不相一致甚至是相互分裂和相互冲突的。这种情况影响了社会历史向前发展的步伐，亦即影响了每个人追求活得更好的活动的效果。

其八，关于社会历史的宿命。人们若想活得更好，必须面对并解决好两个方面的基本问题。一是如何解决人们活得更好的无限欲望与总是有限的社会生产之间的供求性紧张关系？二是如何解决每个人都想活得比其他所有人都更好的竞争性紧张关系？前一种紧张关系直接体现的是需求与生产的矛盾，最终则体现的是人与自然之间的矛盾，因为不仅大自然中能被人直接用于满足人需求的生产的资源在每个历史时期都总是有限的，而且自然生态系统对人类的生产规模的承载量也是有限度的，这才导致了这种供求性紧张关系的出现。后一种紧张关系则体现的是人与人之间的利益矛盾。显然，只要人类存在一天，这两个方面的基本问题就将始终存在且永远不会消失，所以如何解决这两个方面的问题，也就成了每个社会历史时代的命中必答课题和命中必行任务。于是，每个社会历史时代亦因对这两个问题会有自己不同的回答或不同的解决而有所不同。而所谓“不同的回答或不同的解决”，都是通过各自不同的制度安排实现并完成的。在国际社会历史中，人与人之间的利益矛盾，还表现为在国家与国家之间进行的活得更好的竞争，这种竞争的结果，一般取决于各竞争国本身制度安排的好坏优劣。

其九，关于人类社会历史的过程与趋势。迄今为止，人类社会历史的基本过程经历了三大阶段：第一阶段是制度共定的社会历史时代，第二阶段是因国家异化变成的制度非共定的社会历史时代，第三阶段也是当下还在继续的阶段，则是由新的制度意识形态，即近代民主制度意识形态启蒙并开启的复归制度共定的社会历史时代。人们一旦从被“君权神授”之类愚民性的制度意识形态的欺骗中觉醒，就再不可能被用这样的谎言再次欺骗，因而人类社会历史发展的大势绝不会是上述三阶段的周而复始的无限重复或循环，而是一旦扬弃社会或国家的异化，完成复归，就不会再有第二次异化发生，除非是人们都愚蠢地忘记了第一次国家异化所留下的教训。因此，人类社会历史车轮将从此一直在制度共定的康庄大道上行驶，并逐渐由各个国家民族的制度共定时代走向全球全人类的制度共定时代。

其十，关于人类社会历史的意义。人类社会历史的意义，只能是对人而言所具有的意义。从根本上说，可以将其概括为两句话：人类社会是人们追求活得更好的活动的必要场所和有效手段，人类历史是人们追求活得更好也在总趋势上确实是活得越来越好的持续过程。前者使人类告别了动物世界，变得越来越强大、高明；后者则为所有的后世之人提供了如何追求活得更好的经验、教训与智慧。

以上十点，就是由笔者的制度决定论给出的社会历史的基本逻辑。有了这种基本逻辑，既可以对整个人类社会历史有基本的把握，而且可以据此对各种现实的社会历史问题进行深入而合理的解析。

最后，还需做两点声明：

其一，笔者的制度决定论，只负责探讨人类社会历史的实然性问题，而其中的应然性问题，即应该将每个人都有的活得更好的欲望统一为什么样的社会终极价值目标，应该怎样进行制度共定，应该共定什么样的制度，应该如何使社会历史良性发展等，则已不属于“制度决定”的范畴，只能今后另行立论。

其二，笔者的制度决定论主要指制度决定人们的活动即历史、制度决定生产力、制度决定生产关系、制度决定社会、制度决定国家这些，而绝不意味着制度能决定一切。制度的局限性主要在于：制度虽能直接决定人们的活动，却不能直接决定人心或人们活动的动机，适如按劳分配的制度安排尽管可以马上促使人们多干多生产，却不能立刻改变懒汉厌恶劳动的心理。不过，若从长时段看，制度对人心甚至人的得性（即后天所得之性）或人格也还是会有很大的塑造作用。这就是说，当制度化社会赏罚机制总是使人善有善报、恶有恶报时，一个后天得性不好的坏人，也只好通过只做好事而不干坏事的方式来追求自己的利益最大化，久而久之，他就会逐渐从内心变得认可做好人的必要性，并愿意做一个好人；相反，当制度化社会赏罚机制总是使人善有恶报，恶有善报时，一个后天得性好的好人为了个人利益最大化的追求也难免不做坏事，久而久之，他就会逐渐放弃做好人的决心，并对做坏事变得心安理得。

参考文献

[1] 青木昌彦.比较制度分析[M].周黎安,译.上海:上海远东出版社,2001.
[2] 柏拉图全集[M].王晓朝,译.北京:人民出版社,2000.
[3] 塞缪尔·P.亨廷顿.变化社会中的政治秩序[M].北京:生活·读书·新知三联书店,1989.
[4] 董仲舒.春秋繁露[M].上海:上海古籍出版社,1989.
[5] 辞海·哲学分册[M].上海:上海辞书出版社,1980.
[6] 顾准.希腊城邦制度[M].北京:中国社会科学出版社,1986.
[7] 成中英.C理论:中国管理学[M].上海:学林出版社,1999.
[8] 张维迎.产权、政府与信誉[M].北京:生活·读书·新知三联书店,2001.
[9] 严建强,王渊明.从思辨的到分析与批判的西方历史哲学[M].杭州:浙江人民出版社,1997.
[10] 黄少安.产权经济学[M].济南:山东人民出版社,1995.
[11] 中国科学院哲学研究所西方哲学史组.存在主义哲学[M].北京:商务印书馆,1963.
[12] 张立文.传统文化与现代化[M].北京:中国人民大学出版社,1987.
[13] 亚历山大·莫瑞,G.戴维.从部落到帝国[M].郭子林,译.郑州:大象出版社,2010.
[14] 罗维.初民社会[M].吕叔湘,译.南京:江苏教育出版社,2006.
[15] R.科斯,等.财产权利与制度变迁[M].上海:上海三联书店,上海人民出版社,1994.
[16] 马奇,奥尔森.重新发现制度——政治的组织基础[M].张伟,译.北京:生活·读书·新知三联出版社,2011.
[17] 詹姆斯·布坎南.成本与选择[M].刘志铭,李芳,译.杭州:浙江大学出版社,2009.
[18] 邓小平文选[M].北京:人民出版社,1993.
[19] 杨善华.当代西方社会学理论[M].北京:北京大学出版社,1999.
[20] 陈新.当代西方历史哲学读本[M].上海:复旦大学出版社,2006.
[21] 徐浩,候建新.当代西方史学流派[M].北京:中国人民大学出版社,1996.

[22] 张文显.当代西方法哲学[M].长春:吉林大学出版社,1987.
[23] 姚大志.当代西方政治哲学[M].北京:北京大学出版社,2011.
[24] 唐晋.大国崛起[M].北京:人民出版社,2006.
[25] 茅于轼.道德、经济、制度[M].郑州:河南人民出版社,2002.
[26] 庄锡昌,顾晓鸣,顾云深.多维视野中的文化理论[M].杭州:浙江人民出版社,1987.
[27] 江畅.当代中西价值哲学比较研究[M].武汉:湖北人民出版社,2010.
[28] 布赖恩·费根.地球人:世界史前史导论[M].方辉,等,译.山东画报出版社,2014.
[29] 威尔·金里卡.当代政治哲学[M].刘莘,译.上海:上海译文出版社,2015.
[30] 狄德罗哲学选集[M].江天骥,陈修斋,王太庆,译.北京:商务印书馆,1979.
[31] 亚当·斯密.道德情操论[M].蒋自强,等,译.北京:商务印书馆,2002.
[32] 边沁.道德立法原理导论[M].时殷弘,译.北京:商务印书馆,2000.
[33] 施太格缪勒.当代哲学主流[M].王炳文,等,译.商务印书馆,1996.
[34] 霍乐斯特·埃曼.德国民法中的一般人格权制度[M].邵建东,等,译.香港:香港金桥文化出版公司,2002.
[35] 福山.大分裂[M].刘榜离,等,译.北京:中国社会科学出版社,2002.
[36] 迈克尔·H.莱斯诺夫.二十世纪的政治哲学家[M].冯克利,译.北京:商务印书馆,2015.
[37] 史均.疯狂人类进化史[M].重庆:重庆出版社,2006.
[38] 陈富良.放松规制与强化规制[M].上海:上海三联书店,2001.
[39] 罗昌翰.非正式制度的演化博弈分析[M].北京:中国财政经济出版社,2007.
[40] 刘森林.发展哲学引论[M].广州:广东人民出版社,2000.
[41] 袁玉立.发展与发展哲学[M].贵阳:贵州人民出版社,2001.
[42] 康德.法的形而上学原理[M].北京:商务印书馆,1991.
[43] 哈耶克.法律、立法与自由[M].邓正来,等,译.北京:中国大百科全书出版社,2000.
[44] 埃德加·博登海默.法理学——法律哲学和方法[M].张智仁,译.上海:上海人民出版社,1992.
[45] 哈特.法律的概念[M].张文显,译.北京:中国大百科全书出版社,1996.
[46] 北京大学哲学系.古希腊罗马哲学[M].北京:商务印书馆,1961.
[47] 编辑组.关于人的学说的哲学探讨[M].北京:人民出版社,1982.
[48] 周三多,陈传明,鲁明泓.管理学——原理与方法[M].上海:复旦大学出版社,1999.
[49] 杨武栓.管理哲学新论[M].北京:北京大学出版社,2003.
[50] 戴木才.管理的伦理法则[M].南昌:江西人民出版社,2001.
[51] 亨利·摩尔根.古代社会[M].杨东莼,马雍,马巨,译.北京:中央编译出版

社，2007.
[52] 詹姆斯·马奇.规则的动态演变[M].上海：上海人民出版社，2003.
[53] 詹姆斯·布坎南.公共物品的需求与供给[M].上海：上海人民出版社，2009.
[54] 满瑟·奥尔森.国家的兴衰：经济增长、滞胀和社会僵化[M].李增刚，译.上海人民出版社，2007.
[55] 色诺芬.回忆苏格拉底[M].吴永泉，译.北京：商务印书馆，1984.
[56] 大卫·格里芬.后现代精神[M].王成兵，译.北京：中央编译出版社，2002.
[57] 张五常.经济解释卷——科学说需求[M].北京：中信出版社，2010.
[58] 张宇燕.经济发展与制度选择[M].北京：中国人民大学出版社，1992.
[59] 李维森.经济学与哲学：制度分析的哲学基础[M].北京：北京世纪文景出版公司，2005.
[60] 北京大学简明世界史编写组.简明世界史[M].北京：人民出版社，1978.
[61] 李德顺，马俊峰.价值论原理[M].北京：中国人民大学出版社，2002.
[62] 弗雷泽.金枝——巫术与宗教研究[M].徐育新，等，译.北京：中国民间文艺出版社，1987.
[63] 马科斯·韦伯.经济与社会[M].北京：商务印书馆，1997.
[64] 哈贝马斯.交往行为理论[M].曹卫东，译.上海：上海人民出版社，2005.
[65] 大卫·克里斯蒂安.极简人类史——从宇宙大爆炸到21世纪[M].王睿，译.北京：中信出版社，2006.
[66] 斯蒂格利茨，E·沃尔什.经济学[M].黄险峰，张帆，译.北京：中国人民大学出版社，2013.
[67] 保罗·萨缪尔森，威廉·诺德豪斯.经济学[M].肖琛，译.北京：商务印书馆，2013.
[68] 格里高利·曼昆.经济学原理[M].梁小民，梁砾，译.北京：北京大学出版社，2015.
[69] 丹尼尔·W·布罗姆利.经济利益与经济制度[M].陈郁，译.上海：上海三联书店，1996.
[70] 奥尔森.集体行动的逻辑[M].陈郁，郭宇峰，李崇新，译.上海：上海三联书店，上海人民出版社，1995.
[71] 诺思.经济史上的结构和变革[M].厉以平，译.北京：商务印书馆，1999.
[72] 罗纳德·S.伯特.结构洞：竞争的社会结构[M].任敏，等，译.上海：格致出版社，2017.
[73] 罗伯特·L·海尔布罗纳.几位著名经济思想家的生平、时代和思想[M].蔡受百，等，译.北京：商务印书馆，1994.
[74] H.S.赖斯.康德政治著作选[M].金威，译.北京：中国政法大学出版社，2013.
[75] 康德.康德著作全集[M].李秋零.北京：中国人民大学出版社，2005.
[76] 康德.康德三大批判合集[M].邓晓芒，译.北京：人民出版社，2009.

[77] 列宁选集(第1—4卷).北京:人民出版社,1995.
[78] 刘圣中.历史制度主义[M].上海:上海人民出版社,2010.
[79] 韩震.西方历史哲学导论[M].北京:北京师范大学出版社,2008.
[80] 陈新.历史认识——从现代到后现代[M].北京:北京大学出版社,年版2010.
[81] 刘圣中.历史制度主义——制度变迁的比较历史研究[M].上海:上海人民出版社,2010.
[82] 庄国雄,马拥军,孙承叔.历史哲学[M].上海:复旦大学出版社,2004.
[83] 张耕华.历史哲学引论[M].上海:复旦大学出版社,2009.
[84] 陈允,应时.罗马法[M].北京:商务印书馆,1931.
[85] 张传有.伦理学引论[M].北京:人民出版社,2006.
[86] 程立显.伦理学与社会公正[M].北京:北京大学出版社,2002.
[87] 柏拉图.理想国[M].郭斌和,张竹明,译.北京:商务印书馆,1986.
[88] 希罗多德.历史[M].王以铸,译.北京:商务印书馆,1985.
[89] 阿庇安.罗马史[M].谢德风,译.北京:商务印书馆,1985.
[90] 西塞罗.论共和国[M].王焕生,译.北京:上海人民出版社,2005.
[91] 霍布斯.利维坦[M].黎思复,黎廷弼,译.北京:商务印书馆,1985.
[92] 柯林伍德.历史的观念[M].何兆武,张文杰,译.北京:中国社会科学出版社,1982.
[93] 沃尔什.历史哲学导论[M].何兆武,张文杰,译.南宁:广西大学出版社,2001.
[94] 卡尔.历史是什么[M].陈恒,译.北京:商务印书馆,2008.
[95] 密尔.论自由[M].许宝骙,译.北京:商务印书馆,1959.
[96] 波普尔.历史主义贫困论[M].杜汝楫,邱仁宗,译.北京:华夏出版社,1987.
[97] 黑格尔.历史哲学[M].王造时,译.三联书店,1956.
[98] 康德.历史理性批判文集[M].何兆武,译.北京:商务印书馆,1991.
[99] 卡尔·雅思贝尔斯.历史的起源与目标·雅思贝尔斯文集[M].朱更生,译.青海人民出版社,2003.
[100] 路德维希·艾合德.来自竞争的繁荣[M].祝世康,穆家骥,译.北京:商务印书馆,1983.
[101] 贝奈戴托·克罗齐.历史学的理论和实际[M].傅任敢,译.北京:商务印书馆,1982.
[102] 道格拉斯·诺斯.理解经济变迁过程[M].钟正声,邢华,译.北京:中国人民大学出版社,2008.
[103] 宾克莱.理想的冲突[M].马元德,等,译.北京:商务印书馆1983.
[104] 弗朗西斯·福山.历史的终结和最后的人[M].黄胜强,许铭原,译.北京:中国社会科学出版社,2003.
[105] 阿马蒂亚·森.伦理学与经济学[M].王宇,王文玉,译.北京:商务印书馆2001.

[106] 尼·别尔嘉耶夫.论人的奴役与自由[M].张百春,译.北京:中国城市出版社,2002.
[107] 马克思恩格斯文集(第1-10卷)[M].北京:人民出版社,2009.
[108] 马克思恩格斯选集(第1-4卷)[M].北京:人民出版社,2010.
[109] 马克思恩格斯全集(第1-46卷)[M].北京:人民出版社,.
[110] 毛泽东选集(第1-4卷)[M].北京:人民出版社,1991.
[111] 袁贵仁.马克思主义哲学[M].北京:人民出版社,2009.
[112] 赵家祥.马克思主义哲学史[M].北京:人民出版社,2012.
[113] 刘树成.马克思主义政治经济学概论[M].北京:人民出版社,2011.
[114] 刘军宁.民主与民主化[M].北京:商务印书馆,1999.
[115] 丰子义,袁贵仁,杨耕.马克思主义社会发展理论研究[M].北京:北京师范大学出版社,2012.
[116] 布坎南.民主财政论[M].穆怀朋,译.北京:商务印书馆 1993.
[117] 亚里士多德.尼可马克伦理学[M].苗力田,译.北京:中国社会科学出版社,1990.
[118] 诺曼·戴维斯.欧洲史[M].郭方,刘北成,译.北京:世界知识出版社,2007.
[119] 霍克海默.批判理论[M].李小兵,译.重庆出版社,1989.
[120] 蒋先福.契约文明:法治文明的源与流[M].上海人民出版社,1999.
[121] 斯塔夫里阿诺斯.全球通史——从史前史到21世纪[M].吴象婴,梁亦民,董书慧,译.北京:北京大学出版社,2006.
[122] 奥尔森.权力与繁荣[M].苏长和,稽飞,译.上海世纪出版集团 2005.
[123] 罗纳德·哈里·科斯.企业、市场与法律[M].上海:格致出版社,上海三联出版社,上海人民出版社,2009.
[124] 张振.人类六万年[M].北京:北京时代华文书局,2015.
[125] 蔡俊生.人类社会的形成和原始社会形态[M].北京:中国社会科学出版社,1988.
[126] 庄孔韶.人类学概论[M].北京:中国人民大学出版社,2015.
[127] 庄孔韶.人类学经典导读[M].北京:中国人民大学出版社,2008.
[128] 王铭铭.人类学讲义稿[M].北京:世界图书出版公司 2011.
[129] 黄楠森.人学原理[M].南宁:广西人民出版社,2000.
[130] 韩东屏.人是元价值——人本价值哲学[M].武汉:华中科技大学出版社,2013.
[131] 休谟.人性论[M].关文运,译.北京:商务印书馆 1983.
[132] G.埃利奥特·史密斯.人类史[M].李申,等,译.北京:中国社会科学出版社,2009.
[133] 阿诺德·汤因比.人类与大地母亲:一部叙事体世界历史[M].徐波,译.上海:上海人民出版社,2012.

[134] 卢梭. 人类不平等的起源和基础[M]. 李常山，译. 北京：商务印书馆 1997.
[135] 恩斯特·卡西尔. 人论[M]. 甘阳，译. 上海：上海译文出版社，1985.
[136] 弗雷德里克，安德烈金格里希，罗伯特帕金. 人类学的四大传统：英国、德国、法国和美国的人类学[M]. 高丙中，王晓燕，欧阳敏，译. 北京：商务印书馆，2008.
[137] D·匹尔比姆. 人类的兴起：人类进化概论[M]. 北京：科学出版社，1983.
[138] 房龙. 人类故事[M]. 徐承，沈健，译. 北京：中国华侨出版社，2000.
[139] 约翰·塞尔. 人类文明的结构：社会世界的构造[M]. 文学平，盈俐，译. 北京：中国人民大学出版社，2015.
[140] 菲利普·科塔克. 人类学：人类多样性的探索[M]. 黄剑波，方静文，译. 北京：中国人民大学出版社，2012.
[141] 托马斯·内格尔. 人的问题[M]. 万以，译. 上海：上海译文出版社，2000.
[142] 英格尔斯. 人的现代化[M]. 殷陆君，译. 成都：四川人民出版社，1995.
[143] 北京大学哲学系外国哲学史教研室. 18 世纪法国哲学[M]. 北京：商务印书馆，1991.
[144] 张志成，张佐友，等. 生产力经济学辞典[M]. 苏州：立信会计出版社，2002.
[145] 社会学概论编写组. 社会学概论[M]. 北京：人民出版社，2011.
[146] 郑杭生. 社会学概论新编[M]. 北京：中国人民大学出版社，1987.
[147] 孙本文. 社会学概论[M]. 天津：天津人民出版社，1985.
[148] 吴于廑，齐世荣. 世界史[M]. 北京：高等教育出版社，2011.
[149] 张岩. <山海经>和古代社会[M]. 北京：文化艺术出版社，1999.
[150] 刘远传. 社会本体论[M]. 武汉：武汉大学出版社，1999.
[151] 韦森. 社会制序的经济分析导论[M]. 上海：上海三联书店 2001.
[152] 王南湜. 社会哲学[M]. 昆明：云南人民出版社，2001.
[153] 孙伟平. 事实与价值[M]. 北京：中国社会科学出版社，2000.
[154] 甘绍平. 人权伦理学[M]. 北京：中国发展出版社，2009.
[155] 乔·韦尔斯. 世界史纲[M]. 吴文藻等，译. 北京：人民出版社，1987.
[156] 安东尼·吉登斯. 社会的构成：结构化理论纲要[M]. 李康，李猛，译. 北京：中国人民大学出版社，2016.
[157] 安东尼·吉登斯、菲利普·萨顿. 社会学[M]. 赵旭东，等，译. 北京：北京大学出版社，2015.
[158] 蒂莫西·贝斯利. 守规的代理人——良政的政治经济学[M]. 李明，译. 上海：上海人民出版社，2009.
[159] E. 迪尔凯姆. 社会学方法的准则[M]. 狄玉明，译. 北京：商务印书馆，1995.
[160] 卢梭. 社会契约论[M]. 何兆武，译. 北京：商务印书馆，1980.
[161] 雷蒙·阿隆. 社会学主要思潮[M]. 葛智强，等，译. 北京：华夏出版社，1999.
[162] 马克斯·韦伯著. 社会科学方法论[M]. 韩水法，译. 北京：中国人民大学出版社，1992.

[163] 布莱恩·费根.世界史前史[M].杨宁,译.北京:世界图书出版公司,2011.
[164] 伯恩斯、拉尔夫.世界文明史[M].罗经国,等,译.北京:商务印书馆,1987.
[165] 乔纳森·哈斯.史前国家的演进[M].罗林平,等,译.北京:求实出版社,1988.
[166] 乔纳森·H·特纳.社会学理论的结构[M].吴曲辉,等,译.杭州:浙江人民出版社,1987.
[167] 戴维·波普诺.社会学[M].李强,等,译.北京:中国人民大学出版社,2007.
[168] 理查德·谢弗.社会学与生活[M].赵旭东,等,译.北京:世界图书出版公司,2014.
[169] 约翰·J·麦休尼斯.社会学[M].风笑天,译.北京:中国人民大学出版社,2015.
[170] 罗伯特·K.默顿.社会理论和社会结构[M].唐少杰,齐心,译.南京:译林出版社,2015.
[171] 塔尔科特·帕森斯.社会行动的结构[M].张明德,等,译.南京:译林出版社,2012.
[172] 奈吉尔·巴利.天真的人类学家[M].何颖怡,译.桂林:广西师范大学出版社,2011.
[173] 列维-斯特劳斯.图腾制度[M].渠敬东,译.北京:商务印书馆,2012.
[174] 弗洛姆.逃避自由[M].孙向晨,译.上海:上海文学杂志社,1986.
[175] 张岩.文明起源——从原始群到部落社会[M].北京:科学出版社,2012.
[176] 周大鸣.文化人类学概论[M].广州:中山大学出版社,2008.
[177] 韦森.文化与制序[M].上海:上海人民出版社,2003年.
[178] 施忠连.文化的生物——人[M].长沙:湖南文艺出版社,1988.
[179] 司马云杰.文化社会学[M].济南:山东人民出版社,1987.
[180] 衣俊卿.文化哲学[M].昆明:云南人民出版社,2001.
[181] 盛洪.为什么制度重要[M].郑州:郑州大学出版社,2004.
[182] 崔希福.唯物史观制度理论研究[M].北京:北京师范大学出版社,2010.
[183] 何勤华,李秀清.外国法制史[M].上海:复旦大学出版社,2002.
[184] 阿尔贝特·施韦泽.文化哲学[M].陈泽环,译.上海:上海人民出版社,2008.
[185] 李凯尔特.文化科学和自然科学[M].涂纪亮,译.北京:商务印书馆,1986.
[186] C·恩伯、N·恩伯.文化的变异[M].沈阳:辽宁人民出版社,1988.
[187] 诺奇克.无政府、国家和乌托邦[M].姚大志,译.北京:中国社会科学出版社,2008.
[188] 菲利普·科塔克.文化人类学[M].周云水,译.北京:中国人民大学出版社,2012.
[189] 西方哲学史编写组.西方哲学史[M].北京:人民出版社,2011.
[190] 汪子嵩.希腊哲学史[M].北京:人民出版社,2003.
[191] 徐大同.西方政治思想史[M].天津:天津人民出版社,1987.

[192] 西方政治思想史编写组.西方政治思想史[M].北京:人民出版社,2011.
[193] 张宏生.西方法律思想史[M].北京:北京大学出版社,1983.
[194] 应克复,等.西方民主史[M].北京:中国社会科学出版社,1997.
[195] 贺照田.西方现代性的曲折与展开[M].长春:吉林人民出版社,2002.
[196] 张传有.西方社会思想的历史进程[M].武汉:武汉大学出版社,2005.
[197] 卢现祥.西方新制度经济学[M].北京:中国发展出版社,2005.
[198] 刘玉萼,石永义.西方政治制度[M].北京:中国人民大学出版社,2002.
[199] 朱德生主编.西方哲学通史[M].北京:北京大学出版社,1996.
[200] 赵敦华.西方哲学史[M].北京:北京大学出版社,2001.
[201] 宋希仁.西方伦理思想史[M].北京:中国人民大学出版社,2004.
[202] 王润生.西方功利主义[M].北京:中国社会科学出版社,1986.
[203] 吕中楼.新制度经济学研究[M].北京:中国经济出版社,2005.
[204] 张文杰,译.现代西方历史哲学译文集[M].上海:上海译文出版社,1984.
[205] 田汝康,金重远.现代西方史学流派文选[M].上海:上海人民出版社,1982.
[206] 杨弘、刘彤.现代政治学分析基础[M].北京:人民出版社,2004.
[207] 张博树.现代性与制度现代化[M].上海:学林出版社,1998.
[208] 刘放桐等编著.新编现代西方哲学[M].北京:人民出版社,2000.
[209] 欧阳光伟.现代哲学人类学[M].沈阳:辽宁人民出版社,1986.
[210] 王守昌,车铭洲.现代西方哲学概论[M].北京:商务印书馆,1983.
[211] 江畅.现代西方价值哲学[M].武汉:湖北人民出版社,2003.
[212] 尼古拉斯·布宁,余纪元.西方哲学英汉对照辞典[M].北京:人民出版社,2000.
[213] 罗素.西方哲学史[M].何兆武,李约瑟,译.北京:商务印书馆,1982.
[214] 文德尔班.西方哲学史[M].北京:商务印书馆,1987.
[215] 马克斯·韦伯.新教伦理与资本主义精神[M].上海:上海三联书店,1987.
[216] 斯宾格勒.西方的没落[M].齐世荣,等,译.北京:商务印书馆,1963.
[217] 埃娃·多曼斯卡编.邂逅:后现代主义的历史哲学[M].彭刚,译.北京:北京大学出版社,2007.
[218] 诺思,罗伯特·托马斯.西方世界的兴起[M].厉以平,蔡磊,译.北京:华夏出版社,1999.
[219] 伊恩·莫里斯.西方将主宰多久[M].钱峰,译.北京:中信出版社,2014.
[220] 乔治·赫伯特·米德.心灵、自我与社会[M].霍桂桓,译.北京:华夏出版社,1999.
[221] 柏忠言.西方社会病[M].北京:生活·读书·新知三联书店,1983.
[222] 乔纳森·H·特纳.现代西方社会学理论[M].范伟达,译.天津:天津人民出版社,1988.
[223] 苗力田.亚里士多德全集[M].北京:中国人民大学出版社,1994.

[224] 陈金桂.猿猴社会[M].北京:科学出版社,1982.
[225] 马林诺夫斯基.原始社会的犯罪与习俗[M].北京:法律出版社,2007.
[226] 拉德克利夫-布朗.原始社会的解构与功能[M].北京:中国社会科学出版社,2001.
[227] 凡勃伦.有闲阶级论——关于制度的经济研究[M].北京:商务印书馆,1997.
[228] 唐世平.制度变迁的广义理论[M].北京:北京大学出版社,2016.
[229] 陈朝宗.制度学理论与我国制度创新实践[M].北京:中共中央党校出版社,2008.
[230] 汪洪涛.制度经济学[M].上海:复旦大学出版社,2006.
[231] 李松玉.制度权威研究:制度规范与社会秩序[M].北京:社会科学文献出版社,2005.
[232] 陈维.制度的成本约束功能[M].上海:上海社会科学出版社,2000.
[233] 鲁鹏.制度与发展关系研究[M].北京:人民出版社,2002.
[234] 辛鸣.制度论——关于制度哲学的理论建构[M].北京:人民出版社,2005.
[235] 杨俊一,等.制度哲学导论[M].上海:上海大学出版社,2007.
[236] 贺培育.制度学:走向文明与理性的必然审视[M].长沙:湖南人民出版社,2004.
[237] 崔新生.制度简史[M].北京:中国工人出版社,2002.
[238] 魏杰.制度安排:企业存亡诊断书[M].北京:中国发展出版社,2002.
[239] 高兆明.制度公正论[M].上海:上海文艺出版社,2001.
[240] 姚洋.制度与效率[M].成都:四川人民出版社,2002.
[241] 姚洋.自由、公正和制度变迁[M].郑州:河南人民出版社,2002.
[242] 邹吉忠.自由与秩序——制度价值研究[M].北京:北京师范大学出版社,2003.
[243] 刘李胜.制度文明论[M].北京:中共中央党校出版社,1993.
[244] 施惠玲.制度伦理研究论纲[M].北京:北京师范大学出版社,2003.
[245] 程虹.制度变迁的周期——一个一般理论及其对中国的研究[M].北京:人民出版社,2000.
[246] 陈朝宗.制度学理论与我国制度创新实践[M].北京:中共中央党校出版社,2008.
[247] 葛剑雄.制度文明与中国社会[M].长春:长春出版社,2004.
[248] 张永桃.政治学概论[M].北京:人民出版社,2011.
[249] 包刚升.政治学通识[M].北京:北京大学出版社,2015.
[250] 蒋学模.政治经济学[M].上海:上海人民出版社,2005.
[251] 莫东杰.政治是什么[M].上海:上海人民出版社,2015.
[252] 许涤新.政治经济学辞典[M].北京:人民出版社,1980.
[253] 杨光斌.政治变迁中的国家与制度[M].北京:中国编译出版社,2011.

[254] 朱绍候，齐涛，王育济. 中国古代史[M]. 福州：福建人民出版社，2010.
[255] 黄淑娉，程德祺，王培英. 中国原始社会史话[M]. 北京：北京出版社，1982.
[256] 吕思勉. 中国制度史[M]. 上海：上海教育出版社，1985.
[257] 杨鸿年，欧阳鑫. 中国政制史[M]. 武汉：武汉大学出版社，2005.
[258] 宋兆麟. 中国风俗通史[M]. 上海：上海文艺出版社，2001.
[259] 方克立. 中国哲学史[M]. 北京：人民出版社，2012.
[260] 张国华. 中国法律思想史[M]. 北京：法律出版社，1982.
[261] 张中秋. 中西法律文化比较[M]. 南京：南京大学出版社，1999.
[262] 李桂海. 中国封建结构探要[M]. 沈阳：辽宁人民出版社，1987.
[263] 熊月之. 中国近代民主思想史[M]. 上海：上海人民出版社，1988.
[264] 李乐刚、陈金清等著. 走向复兴之路[M]. 北京：商务印书馆 2013.
[265] 河连燮. 制度分析：理论与争议[M]. 李秀峰，柴宝勇，译. 北京：中国人民大学出版社，2014.
[266] 阿马蒂亚·森. 正义的理念[M]. 刘民权，等，译. 北京：中国人民大学出版社，2012.
[267] 亚里士多德：《政治学[M]. 吴寿彭，译. 北京：商务印书馆，1996.
[268] 洛克. 政府论[M]. 叶启芳，瞿菊农，译. 北京：商务印书馆，1964.
[269] 洛克. 自然法论文集[M]. 李季璇，译. 北京：商务印书馆，2014.
[270] 威廉·葛德文. 政治正义论[M]. 何慕李，译. 北京：商务印书馆，1980.
[271] 以塞亚·伯林. 自由论[M]. 胡传胜，译. 南京：译林出版社，2003.
[272] 安德鲁·海伍德. 政治学导论[M]. 吴勇，译. 北京：中国人民大学出版社，2011.
[273] 安德鲁·海伍德. 政治学核心概念[M]. 吴勇，译. 北京：中国人民大学出版社，2015.
[274] 玛丽·道格拉斯. 制度如何思考[M]. 张晨曲，译. 北京：经济管理出版社，2013.
[275] 卢梭. 政治经济学[M]. 李平沤，译. 北京：商务印书馆，2013.
[276] 莫里斯·迪韦尔热. 政治社会学[M]. 杨祖功，等，译. 北京：华夏出版社，1987.
[277] 文德尔班. 哲学史教程(上)[M]. 罗达仁，译. 北京：商务印书馆，1987.
[278] 陈志武，史漫飞. 制度经济学[M]. 北京：商务印书馆，2001.
[279] 黑格尔. 哲学史讲演录[M]. 贺麟，王太庆，等，译. 北京：商务印书馆，1959.
[280] 康芒斯. 制度经济学[M]. 北京：商务印书馆 1997.
[281] 理查德·斯科特. 制度与组织[M]. 姚伟，王黎芳，译. 北京：中国人民大学出版社，2010.
[282] 道格拉斯·C·诺斯. 制度、制度变迁与经济绩效[M]. 上海：上海三联书店，2009.
[283] 熊彼特. 资本主义、社会主义与民主[M]. 北京：商务印书馆，1999.

[284] 萨拜因.政治学说史[M].刘山,等,译.北京:商务印书馆,1986.
[285] 哈罗德.D.拉其伟.政治学[M].杨昌裕,译.北京:商务印书馆,1992.
[286] 迈克尔·G·罗斯金,等.政治科学[M].林震,译.北京:中国人民大学出版社,2014.
[287] 施特劳斯,克罗波西.政治哲学史[M].李天然,等,译.石家庄:河北人民出版社,1998.
[288] B.盖伊·彼德斯.政治科学中的制度理论:"新制度主义"[M].王向民,段红伟,译.上海:上海人民出版社,2011.
[289] 约翰·罗尔斯.正义论[M].何怀宏,等,译.北京:中国社会科学出版社,1988.
[290] 约翰·罗尔斯.政治自由主义导论[M].万俊人,译.北京:译林出版社,2000.
[291] 约翰·罗尔斯.政治哲学讲义[M].杨通进,等,译.北京:中国社会科学出版社,2011.
[292] 戴维·伊斯顿.政治结构分析[M].王浦劬,译.北京:北京大学出版社,2016.
[293] B.盖伊·彼得斯.政治科学中的制度理论:新制度主义[M].王向民,段红伟,译.上海:上海人民出版社,2016.
[294] 弗朗西斯·福山.政治秩序的起源:从前人类时代到法国大革命[M].毛俊杰,译.桂林:广西师范大学出版社,2012.
[295] 杰克·奈特.制度与社会冲突[M].上海:上海人民出版社,2009.
[296] 奥斯特罗姆,等.制度分析与发展的反思[M].王斌,等,译.北京:商务印书馆 2001.